U0519957

洪汉鼎 主编
伽达默尔著作集
第 5 卷

希腊哲学 I

马小虎 王宏健 等译

商务印书馆

Gadamer, Hans-Georg
Gesammelte Werke
Bd. 5 Griechische Philosophie I

© 1985 J. C. B. Mohr(Paul Siebeck), Tübingen.

本书根据德国蒂宾根莫尔·西贝克出版社1985年版译出

国家社会科学基金重大项目成果
（项目编号：15ZDB026）

目　录

前言 …………………………………………………………… 1

Ⅰ　论文

1. 柏拉图的辩证法伦理学
　　——《斐莱布篇》的现象学解释 ………………… 5
2. 亚里士多德的《劝勉篇》与对亚里士多德伦理学的
　　发展史考察 ………………………………………… 249
3. 柏拉图与诗人 ………………………………………… 281
4. 新近的柏拉图研究 …………………………………… 317
5. 实践知识 ……………………………………………… 342
6. 柏拉图的教育城邦 …………………………………… 373
7. 古代原子论 …………………………………………… 393

Ⅱ　书评

8. 关于希腊形而上学 …………………………………… 417
9. 苏格拉底 ……………………………………………… 465
10. 柏拉图作为政治思想家 ……………………………… 481
11. 关于柏拉图的辩证法 ………………………………… 501
12. 关于精神传承物 ……………………………………… 517

本书论文版源……………………………………… 538
概念索引…………………………………………… 543
人名索引…………………………………………… 560
文献索引…………………………………………… 564

译校后记…………………………………………… 567

前　言

　　第5卷到第7卷将涵盖我有关希腊哲学的全部论文。部分论文已经以其他语言（主要是英语和意大利语）发表过了，这次自成一体的三卷本形式对于德语读者而言可谓是某种补救。总体而言，我尝试按照时间顺序将这些论文进行了排序。那些不成熟的开端，或许有些已经被超越了，但是并没有被完全抹去，这倒不是因为它们对历史的和语文学的研究做出了多少贡献，而是因为在这些论文中业已显示出了对于各个不同的 genera dicendi（表达风格）的诠释学兴趣。这样一来，诠释学实践和诠释学理论的关联就得到了具体的实现，而这种关联正是哲学诠释学的灵魂。一个学者在其成长岁月中往往在做批判性书评时会首次表达出某些新的视角，而且这些视角在后续的研究中还会得到引用，因而在我看来这里对于书评的选编乃是合理的。

　　文本完全保持原样，只在风格上进行了微小的润色。凡在我添加一些注释的地方，由于这些都是后来的附释，因此用方括号（[]）加以标注。

汉斯-格奥尔格·伽达默尔

Ⅰ

论　文

I

文 分

1. 柏拉图的辩证法伦理学
——《斐莱布篇》的现象学解释
(1931年)

目 录

导言

第一章 论柏拉图的辩证法

 第一部分 对话和相互理解的实行方式

  §1 科学的观念

  §2 谈话和逻各斯

  §3 实事性的共同世界主题(逻各斯和辩证法)

  §4 言谈的沉沦样式

  §5 苏格拉底对话

 第二部分 柏拉图辩证法和相互理解的主题

  §6 《斐多篇》和《国家篇》中的辩证法

  §7 《斐德罗篇》的辩证法理论

  §8 辩证法的诸种存在论预设
    (《智者篇》和《巴门尼德篇》)

第二章　关于《斐莱布篇》的解释
　　第一部分　有关《斐莱布篇》11a—19b 的解释
　　　　§1　这篇对话的论题(11a—12b)
　　　　§2　方法的可靠性(12b—14b)
　　　　§3　有关辩证法的增补(14c—19b)
　　第二部分　问题的重新设置(19c—31a)
　　　　§4　关于主题的更为确切的表述(19c—23b)
　　　　§5　关于四种科属的学说(23b—27b)
　　　　§6　将此学说运用到本篇对话的问题中(27c—31a)
　　第三部分　关于快乐之品种的研究
　　　　§7　身体快乐和灵魂快乐(31b—35d)
　　　　§8　欲求和期待之愉悦(Vorfreude)
　　　　§9　"虚假"快乐作为缺乏基础的希望(36b—41b)
　　　　§10　"虚假的"快乐之为过度的和自负的期待中的愉悦(41b—44a)
　　　　§11　混合快乐之为"虚假"快乐(对于痛苦的遗忘)(44b—50e)
　　　　§12　非混合的快乐作为对令人愉悦者的愉悦(50e—52d)
　　第四部分
　　　　§13　科学理论(55c—59e)
　　第五部分
　　　　§14　问题的解决(59e—67b)

附录
1931 年初版前言
1967 年再版前言
1982 年新版前言

导　言

　　下面的研究包括对柏拉图《斐莱布篇》的一个详细的哲学解释，并且在这种哲学解释之前还对柏拉图辩证法的结构进行了一般性的探讨。将《斐莱布篇》选取为解释的对象，首先是因为这篇对话在古代伦理学史中具有核心意义。不过，最重要的根据是，自从耶格尔（W. Jaeger）在其《亚里士多德》一书中试图将发展史的考察方法应用到亚里士多德伦理学以来，有关《斐莱布篇》诸种难题的哲学解释就成了某种需要。因为耶格尔通过证明《欧德谟伦理学》的真实性和亚里士多德《劝勉篇》中存在着柏拉图主义而为《尼各马可伦理学》设置的诸种实事性关联，乃是着眼于《斐莱布篇》所呈现的所谓柏拉图伦理学的后期形式而设计出来的。① 对于《斐莱布篇》的解释——作为亚里士多德伦理学研究定向所提出的任务——而言，关键在于，在这里确实已经看到了伦理学疑难，但是并没有将这种疑难把握为某种任务。《斐莱布篇》的存在论立场和通常人们所说的柏拉图理念论乃是同一的，但是，这并不能掩盖《斐莱布篇》追问伦理学疑难亦即人类生活之善的特有安排。依循

---

　　① ［参见我的论文"亚里士多德的《劝勉篇》与对亚里士多德伦理学的发展史考察"（1927年），收入本卷即我的著作集，第5卷，第164页以下。］

那种一般存在论上的善的理念，实际的人类此在的善恰好可以得到说明。在此种实事性的意图中会遭遇到有关 ἡδονή（快乐）和 ἐπιστήμη（知识）的某种深入的辩证分析，此种分析的肯定性内容以及其方法态度使《斐莱布篇》成了某种真正的基础，可用来说明亚里士多德特有的伦理学科学的问题。

与此同时，肯定有这样一种预设：柏拉图并未传授过哲学伦理学，就像他从未传授过任何一种哲学学科一样。使柏拉图成为苏格拉底主义者（Sokratiker），并且使苏格拉底成为柏拉图借以表达自己哲学意图的人物形象（Gestalt），这恰好是因为柏拉图的文学作品以文学的详尽性重演了苏格拉底的完全非文学的和非教条的存在。柏拉图的对话与其说是哲学论著，毋宁说是问答性的辩驳（elenktischen Dispute），这些对话却使苏格拉底在其同时代人眼中成为时而可笑时而可恨的人物。只有当人们将这些对话看作是通往哲学家存在理想，亦即纯粹理论生活的诸种导引时，这些对话的本己意图才能得到真正的把握。此种实存理想并不是城邦之外的实存理想，它不会放弃所有实践，而且实践（Praxis）对于自由的希腊人而言从不意味着劳动（Arbeit）那种庸俗的活动，毋宁说意味着那种致力于城邦事务的活动，这是现代人理解柏拉图的前提背景（Vordergrund）。但是，关键在于，此种现代认识据以引证的柏拉图《第七封信》之自我陈述却恰好告诉我们，柏拉图原本很清楚是要直接投身于"政治"，但由于苏格拉底以及雅典城邦对苏格拉底的拒绝，他走上了哲学的弯路。因为由此一来政治家的概念对柏拉图而言发生了关键性的改变：苏格拉底及其问答论辩的和令人躁动的实存，在柏拉图看来恰好是对真正的政治使命的实现。

所以,柏拉图的《国家篇》并不是宪法改革的著作,宪法改革的著作有如其他的政治改革主张一样,应当发生直接的政治效应,毋宁说,柏拉图刻画的乃是某种教育城邦。② 此种宪法并不是作为设想得更好的制度要对现存的城邦进行改革,而是要建立某种新的城邦,而这就意味着:教育人,使人有能力建构某种真正的城邦。柏拉图的"城邦"作为教育城邦,乃是对人的筹划,并且城邦的创建者就是人的教育者。因而,如若说柏拉图终其一生都寄希望于政治效应并且在此方面进行着亲自尝试,那么这种希望和尝试始终都行进在哲学的道路上。恰恰是政治向他提出了导向哲学的使命,因为只有通达了哲学的人才能反过来使他人亦即整个城邦纳入到那种作为真正理解的视角的东西中,亦即善的理念中。

但由此一来,哲学伦理学的真正关切的东西:即那种将人类特有的此在可能性和此在可理解性——通过概念——塑造成某种可掌握的和可重演的财富的德性(Arete),就根本未被柏拉图所接受,并且这并不是因为在与城邦相关的实践和德性之上还有某种更高的德性,亦即纯粹理论生活的德性,——柏拉图还没有将此种生活和希腊人普遍的哲学实存理想区分开来——而是因为,实际的人类实存和这种人类现实性的善的概念本身并不是规定和保持的对象,而是被规定,因此它们指引着某种是真正的"存在"和真正的"善"的东西,并且还被规定为某种在此指引中方才存在的东西,但也就是说,是由它们依循真正的存在和真正的善而来的东西。

柏拉图哲学是辩证法,这不仅因为此种哲学在把握活动中坚

---

② [参见我的论文"柏拉图的教育城邦"(1942年),收入本卷即我的著作集,第5卷,第249页以下。]

持在通往概念的途中，而且也因为此种哲学作为如此这般的把握者懂得人类本身就是此种中途（Unterwegs）和之间（Zwischen）之物。这种辩证法中的苏格拉底因素（das Sokratische）就在于：此种辩证法把自身践行为懂得观看人类存在（sie selbst das vollzieht, als das sie die menschliche Existenz zu sehen meint）。哲学由此获得了其名称：哲学不是智慧（σοφία）——对某物的知识性掌握，而是对智慧的追寻。作为此种追寻，哲学是人类的最高可能性。并且，如若苏格拉底是哲学家，柏拉图追随着苏格拉底，那么，柏拉图哲学就不是对此种最高可能性的把握性的保持，而是对此种可能性本身的践行。而这就意味着，人类并未掌握其自身，并且哲学作为人类的可能性在此种辩证的可追问性中（由此可见哲学是人类的可能性）也辩证地践行自身。苏格拉底关于他自己的智慧（σοφία）曾说过某种极有标识性的话，智慧乃是 ἀμφισβητήσιμος ὥσπερ ὄναρ（太可疑，有如梦幻）（《会饮篇》，175e3）；这就是说，它是有争议的，是有歧义的，人们并不知道自己是否拥有了它，就像梦中所见是否真有存在充满争议那样——这一点可以在某种自身不断增强的、更好的 σοφία——πολλὴν ἐπίδοσιν ἔχειν（拥有很多的赠予）的反面（Gegenbilde）那里显示出来，只要在其中被意识到的东西不再是可疑的。反之，苏格拉底的智慧并不通过其不断地发展而得到证实，毋宁说，此种智慧乃是这样的，它把梦境的孤立性和不可重演性等同了起来：它不是我们面对某个与之争论的人时可确实引证的财富。虽然哲学伦理学也是有关生活理想的学说，因而具有间接的劝勉性——众所周知，亚里士多德伦理学就在理论活动那种实存理想的筹划中达到了顶峰，以至于在他那里，人类

1. 柏拉图的辩证法伦理学　11

伦理的全部现象领域作为人类实存的最高可能性都被包括进来了——然而，亚里士多德努力的难点并不在于像柏拉图那样对理论生活之实存理想进行引导性的揭示，而是在于对人类特有的诸种可能性和人类的实存方式的分析，与这些东西相比，纯粹理论知识只是某种最极端（最外在）的东西，并且从来不能得到完全的实现。纯粹理论理想的不可实现性固然在柏拉图那里以及在亚里士多德那里都是对人类之为人类的某种本质性规定，但是，柏拉图看待人类存在以及伦理和实践的实际关系始终受到这种规定性的引导，也就是说，他总是在超越伦理实践的超越性规定性展示伦理实践。人类总是不断地超越着自身。与此相反，亚里士多德却总是在人类自身，在人类自己的完善可能性观看人类生活的现实性以及理论活动那种极端的可能性（亦即人类生活之上，超越于人类生活而有待追寻的那种可能性）：在最好的和真正的生活之外还有次好的生活，此种次好的生活实际上也是最好的生活，此种人类生活本身也有某种完善性，而且此种完善性与纯粹理论的理想生活根本上的新的不完善性最终构成着对立。③

　　于是，这就使亚里士多德成了有关伦理学的哲学科学的创始人；并不是说，亚里士多德首次将伦理中的次好生活，亦即深入到感受和激情的那种生活，当作哲学追问的对象——此种工作柏拉图在《斐莱布篇》做得同样明显；而是说，亚里士多德首次不再以否定的方式、从人类的此岸（这是从纯粹理论出发并旨在纯粹理论）去规定伦理（Ethos）和德性（Arete），而是以肯定的方式就其自身地进行规定。但是，这就使亚里士多德成了第一位理论家；其哲思

---

　　③　[参见我的论文"关于理论的和实践的生活理想"，现收入我的著作集，第7卷。]

不再是对哲学之共同性的实行,其文学作品不再劝导性地表现哲思的此种存在形式,就像柏拉图的作品在表现和被表现的实行中仅仅间接地包含着某种学说内容。如若哲思的学说在对其内容的纯粹把握活动中仅仅道说出其疑难而没有道说出其自身,那么,就会从词语中产生出概念的真正使命:将思想内容就其结构进行分解,并且在逻各斯中加以掌握。概念成为哲思的真正语言,并且哲思内容的任何领域都分环勾连着某种专门适用于此内容的概念系统。即使按照亚里士多德的意见,哲学伦理学也并不是没有实践的要求(praktische Ansprüche),这一点也并不构成对此的反驳。因为这一实事领域的独特方式在于,去把握那些适合此种实事领域的概念,由此一来,这些概念就要同时效力于伦理现实性。任何哲学伦理学都会以某种形式提出此种要求,但这并不是说伦理行为需要哲学概念,而是说,伦理概念和伦理把握活动的本质在于,使自己定位于伦理现实性并且将自己带回伦理现实性。于是,伦理概念的本质就必然在于,在那种与行为之具体当下和一次性的处境的距离中承认那种它得以进行把握的普遍性和平均状态,而这也就是承认,借助概念的普遍规定和平均状态而实现的保持和掌握并没有呈现对行为之具体当下现实性的完全的掌握,毋宁说只能为此提供某种帮助,而这种帮助除了单纯的帮助外,别无其他。因而,此种局限属于适合于实事的概念的要求意义(Anspruchssinn)④,

---

④ 此种限制性的方法意识普遍地规定着《尼各马可伦理学》的科学要求。很有必要对这部作品的科学性疑难展开阐释。[在对这一疑难的探索中,我最终得出了一些哲学上的结论,演变成了我的哲学诠释学论文。《真理与方法》以及哲学诠释学通往实践哲学的持续发展,参见我的著作集第1卷和第2卷。)]

在这种局限中这里的概念本身乃是占有（Besitzergreifung）。但是，这与柏拉图伦理辩证法所坚持的那种劝勉性的临时性乃是根本不同的，因为此种临时性并不是在受局限意义上的占有，而是恰好超越了一切自以为是的占有进而指向那种不断地在它面前出现但是不断地从它面前滑落的占有可能性。

但是，柏拉图辩证法和亚里士多德概念研究的此种对立，如果应当在哲学上加以把握的话，那就必定要在概念的层面上进行把握。在概念的层面上，亚里士多德与柏拉图相比肯定是正确的。亚里士多德之柏拉图批判的意义和正当性始终是充满争议的难题。依据先前的诸种考虑，并且从我们的认识立场出发，此种难题并不是偶然的，毋宁说表现出某种必然性，并不像其他某些阐释难题按照理念就可获得解决。要说亚里士多德误解了柏拉图，那肯定是一个不可能的答复。当然，这一点也是肯定的：在此种批判中，真正的柏拉图的东西以及柏拉图本身对我们当前所具有的积极意义，并没有得到恰当的处理。亚里士多德将柏拉图投射到了概念性阐明的层面上，而在此投射中表现出来的柏拉图乃是其批判的对象。但是，这种投射并没有捕捉到柏拉图哲思的内在张力和能量，这些东西使我们对诸种对话形成了无与伦比的信服，这是亚里士多德之柏拉图批判的问题。因此，亚里士多德这种批判具有独特的重要性，因为它并不是哲学史某个一次性处境中某种彻底误解的历史谜团，而是对哲学本身之关键问题的表达：要想从生活现实性中进入概念，那总是意味着某种扁平化，就像把某个立体性的东西投射到平面上一样。要想获得清晰的可把握性和可重复的确定性，激动人心的意义多样性就会遭受损失。亚里士多德的柏拉图批判并不是他对其伟大老师的某种误解,某种在历史上不可把握的误解,这一点是我们必须预设的。亚里士多德给出的投射乃是某种极其正确的投射。但是,就像任何投射一样,它创造了某种完全不相似的和完全不同的东西,只要人们在此投射的层面停留着,并且将其阴影线条当作是被给予性本身,而不是将其当作对某个维度完全不同的构成物的指引。⑤

关于亚里士多德和柏拉图的关系这一疑难,从历史以及哲学的角度而进行的预先观看,就进行到这里。但是,有关活生生的东西(des Lebendigen)和概念之间关系的一切反思只能在概念中得到把握,于是,要想以哲学的方式去把握柏拉图的哲学实存,那就需要像亚里士多德所做的那样使自己再次重做一个相应的在概念上的投射。一切科学的哲学都是亚里士多德主义,只要此种哲学是概念的作品,而且,如若人们要以哲学的方式去阐释柏拉图哲学,也必定要通过亚里士多德去进行阐释。这始终是某种投射(Projektion),人们会有这样的历史性认识,但是,如若人们消解这种投射,或者避免这种投射,那就不会有什么收获。诚然,柏拉图肯定不是亚里士多德和概念分析可以穷尽的,但是这一直接经验并不能就其自身而得到传达。此种直接经验处在一切柏拉图阐释的边界,就像如下经验处在一切概念性哲学作品的边界那样:一切阐释都是单向度的,并且只要它有所揭示,就必定会有所遮蔽。

哲学对于柏拉图而言乃是辩证法。辩证法,作为追寻 λόγος

---

⑤ [此后,我在一些新的论文中,尤其是在学院论文"柏拉图与亚里士多德之间的善之理念"(1978年)中对这些问题进行了进一步的探讨。这些论文参见我的著作集第7卷。]

οὐσία(有关实事的逻各斯)的努力,乃依循存在的意义而得以规定。柏拉图理念的源初主题乃是对善的追问,此种追问无非是要追问:某个存在者应当是什么(zu sein hat),它可以面向这种东西(woraufhin)而被理解为某种始终同一者。这种关于善的概念的规定乃是某种普遍存在论的规定:借助此种规定,一切事物都可以就其"应当是什么"(was es zu sein hat)而得到统一的规定,但这也就是说:世界,作为存在者整体(das All des Seienden),得到了存在论的和整体性的规定,得到了完全相同的规定,无论被规定的存在者是面向这个存在本身而得到规定的,诸如人类,还是本身不能面向某个东西而得到规定的存在者。一切存在者的真正存在乃是理念的存在。这是针对一切存在者而提出来的有关存在论可理解性的要求,此种要求使生成者和变化者根本不能以肯定性的方式前来照面,而这就意味着,人类就其实际境况和有限性而言就像不断变化的自然一样在存在论上都被看作是虚幻的(nichtig),只有就其真正的存在才能被看作是存在的和可理解的,其真正的存在乃是与生成和消逝无关的(ἀπαθής)努斯的自身同一(das Sich-gleiche),对自身同一者的自身同一的直观。然而,对于柏拉图而言,可能还有一个问题:此种真正的存在如何在人类此在的范围内显现出来并且前来照面;或者更好的表述是这样的:在实际的人类此在意识那里作为"善的"前来照面的东西,与真正的善究竟是否相似,并且何以相似;换言之:人类在依循其实际可实现的诸种可能性而理解自身时,如何能够不错置和遮蔽真正的善,并且人类在对其诸种实际可能性进行理解时,如何能够拥有某种定向,亦即指向那种真正存在和真正能够存在的东西,同时也是其最为本己的可能性。出于此种目的,柏拉图在《斐莱布篇》这样提问:人类究竟应当面向快乐或愉悦来理解自身,还是应当面向其理解存在的可能性来理解自身;这意味着,人类可能面向这二者来理解自身,不错,人类必定面向这二者来理解自身,因为人类的实际状况就是如此。然而,问题在于,在这两种理解中,究竟哪一种可以使人类得到更好的理解,哪一种理解视角可以使人面对"善"而保持开放,也就是说,哪一种理解视角同时可以给出另一种理解视角,并且使另一种理解视角成为真正意义上的理解。

于是,人们必须在柏拉图后期的伦理学讲话那里注意到这一点,好像这里并不是说实际的人类此在和人类的 ἀγαθόν(ἀνθρώπιμον ἀγαθόν,人类的善),而是说在何种方法意义上进行此种探讨,是不是要将那作为"善"与人类照面的东西,诸如快乐和认识,就其最高可能性加以保持,并且借助对实际人类此在理解的概念性加工而形成这善自身。这显然并不是柏拉图的意图。即使此种意图发生了,也并不是研究本身的目的,毋宁说:要从诸种完善的人类可能性所观察到的和所赢获的诸种内容中去读取,着眼于其普遍性——存在论结构到底什么构成着其善存在,并且在此基础上去评判和决断何种基本可能性优先于其他可能性,快乐和认识到底孰为优先,而这就意味着,实际此在在筹划中要面对其中哪一种可能性进而致力于存在和善:是要在享受和激情的自身丧失和自身遗忘中进行,还是要在那种有意识的状态中进行,使自身在一切事物中得到保持并且依循一切事物得到期待。但是,《斐莱布篇》依循此种问题而进行的有所区分的分析,其最大特点并不是从概念上确定有关被解释现象而获得的理解,而是要进行某种在概念上并不明确但是具有深度劝勉性的决断，乃是对依循善本身之先行概念的引导问题的决断。

因此，这一解释的关切是，将柏拉图得以把握其所看到的现象的概念性手段和柏拉图为感受疑难及其"真实性"特意提出的一般的存在论的先行把握（Vorgriff），从柏拉图如此表述的有关实事的肯定性见解中清理出来。身体上的快乐和痛苦一般被理解为围绕平衡状态的诸种摇摆，感受的要素在欲求和希望中被认为是基于有关未来的意见，特别是此种视角——快乐和痛苦之"混合"作为二者的同时存在；所有这些有关实事性认识的表达都要再次流动起来，如此才能看到这一分析的统一性指导线索以及此种分析的一般性存在论先行把握。有关哲学家柏拉图的恰当的解释方法，恰好不能束缚于柏拉图的诸种概念规定性并且将柏拉图"学说"构造成某种统一的系统，并且由此系统出发去考量诸种单篇对话，就其陈述的实事正当性和其证明逻辑的流畅性展开批判，毋宁说要作为追问者去追踪对话所展示的追问过程，并且去刻画柏拉图仅仅提示出来而没有亲自行进的方向。只有在此种预设下才存在某种柏拉图"学说"，其研究对象才可以是哲学的和历史的研究。《斐莱布篇》对于那种束缚于词语概念的解释而言乃是某种不可克服的疑难，而且这大概不只是因为文本流传的不可信赖性，而是因为柏拉图在这里截住了那些不相干的概念上的先行意见，这些意见可以在他那个时代经常讨论的领域遭遇到，柏拉图并不打算使这些先行意见和某种统一的和得到巩固的概念性进行和解，而是要在对这些先行意见的阐释中去形成面向实事的洞察力（Blick）。

此外，柏拉图分析所处的关联之逻辑在这里要比在其他地方更受遮蔽，并且只能通过回溯有关实事的推理才能得到揭示。⑥这样一种实事性的阐释从一开始就要考虑到辩证法的临时性（Vorläufigkeit）——这是柏拉图哲学在根本上得以坚持的东西，这一点依循前面有关亚里士多德和柏拉图之关系的说明，乃是非常明显的。但是，此种考虑在实行时不能让辩证法的临时性如其所是地停顿着，毋宁说恰好相反，人们要以致力于概念的方式去塑造那种在辩证法的临时性中虽然不明确但是作为先行把握却发挥作用的东西。将柏拉图研究真正地接受到概念中，此种接受必定要把柏拉图辩证法所揭示的实事按照其揭示方式在术语上确定下来，就像面对柏拉图特有的语言表现手段时的那种彻底自由一样。由于柏拉图特有的修辞手段不能实现概念在术语上的清晰性，所以就向我们给出了克服其自身局限性的自由，此种自由恰好意味着，要把术语清晰化当作哲学解释的任务。因此有关柏拉图的现代哲学解释并不是简单地重演亚里士多德特色的柏拉图批判，亚里士多德尝试把柏拉图那里没有得到术语约束性的东西在术语上确定下来。毋宁说，客观的柏拉图解释，是要在柏拉图语言松动的范围内同时清理出那些摆脱亚里士多德的概念尺度的意义倾向，

---

⑥ 布兰穆德（A. Bremond）在"斐莱布的疑难"（Les Perplexites du Philebe, *Revue Neoscolastique*, Nov. 1911）为这一事态提供了富有启发性的说明，尽管他采取的那种教条的、逻辑的和实事性的批评乃是某种朴素的和未经审视的操作。他的论文"关于柏拉图的逻辑"（Essai sur la Logique de Platon）更有教益，如若他没有把亚里士多德经院主义立场的教条的和实事性的批评混杂到某种教条的和逻辑的批评中。[站在现代逻辑和"分析"的立场上，更有学识、更加细致和更加深刻的《斐莱布篇》评论此后在戈斯林（Gosling）那里出现了，代表着另一种方法极端（"我们更加清楚"）。参见戈斯林（C. B. Gosling）：《柏拉图〈斐莱布篇〉译注和评论》，牛津，1975年。]

这就是说，我们不会依循亚里士多德去批判柏拉图，而是要使我们从亚里士多德那里去预先确定，希腊人在总体上如何看待这里所探讨的诸种现象。于是，我们要在柏拉图和亚里士多德的明确差异中去寻找那种同一的和有联系的先行理解；并不是说他们之间的差异对我们来说不存在了，而是说，我们与希腊人阐释世界和阐释生活的特有距离使我们在观看柏拉图时，可以不使用亚里士多德提供出来的并且作为尺度加以运用的概念性区分（表现为某种进步），毋宁说，可以依循自身同一的实事直观，此种实事直观使柏拉图在任何地方都接近于亚里士多德，只要人们敢于超越柏拉图辩证阐释的临时性。

此种有关历史性哲学论断的哲学解释不太会使自己局限于某种历史性研究的讨论。此种解释并不要求用那种所谓第二真理的尺度去加以衡量。它的目标始终不同于历史研究的目标。所以它很少能摆脱历史学批判（如若要进行批判的话）的矛盾，当然，它也很少受历史学研究要求的规定。如若历史学批判觉得此种解释所说的乃是某种不言而喻的东西，根本无助于历史学批判，那么它与历史学批判的关系业已是某种肯定性关系。此种解释就是要致力于阐释那种不言而喻的东西，即使面对历史文本的理解任务也是如此。人们可以尝试这种悖论：作为对历史文本的解释，它要阐释性地理解历史文本中那种不言而喻的东西。这种理解在历史学家看来乃是他自己研究的不言而喻的先行工作，但是，就在此种理解中可以发现诸种疑难并且由此形成解释的任务。从自身出发而得到理解的东西，作为不言而喻的东西，总是致力于摆脱明确的把握和应对。这样一来，尽管它和其他事物构成着精神历史的某个段落,但是,在与其他一切事物的关系中,它似乎会遭受不断的损失,而不是就其实事性内容的深刻性而得到自身表现。

于是,从自身出发得到理解的东西,乃是历史学意见对文本自身的某种肯定性规定。文本阐释标识着那种看似不言而喻但是非常艰难并很容易迷失的阐释道路,它要把我们对历史文本的理解带向概念;对于历史文本所探讨的东西,我们坚持着自身的实事性理解,这是我们的出发点,但是,其意图并不在于强奸历史,以便巩固自身的实事理解,毋宁说恰好相反,只是要去理解当时得到了理解的东西。显然,在这条道路上并非一切有待理解的东西都是可理解的,但是,如此这般可理解的东西也具有直接的明见性,这种明见性质先于一切绕弯路的历史学揭示和研究,这恰好是因为它的要求本身就是谦逊的。

因此,接下来对于《斐莱布篇》的解释就是要通过阐明诸种历史性关联,亦即本篇对话谜一般的构成物中汇合而成的诸种关联,去应对历史学研究。而且,它追寻着这篇对话内在的意义内容,特别是要阐明这篇对话在结构布局上的诸种疑难。当然,它一方面要应对这种任务:通过严肃地对待柏拉图所讲的东西,进而严肃地对待柏拉图讲话本身,尽管它本身不愿得到严肃对待。反讽到处可见,不仅局限于人人感觉到反讽的地方,而且规定着柏拉图作品的整体特征,这一点完全被它忽视了[7];如若它不停留在柏拉图哲

---

[7] 弗里德兰德(Friedlaender)的新著《柏拉图》(第 1 卷,1926 年;第 2 卷,1930 年)以某种更为深入和更好理解的方式探讨了柏拉图反讽的论题。值得注意的不仅是这本书的丰富含义,毋宁说是评判这本书必须使用的那种尺度。在我看来,这本书首次依循柏拉图对话中文学特性的核心主题来探索柏拉图对话的形式疑难。

思的辩证法临时性中，而是要超越此种辩证法临时性，就必须注意这一点。因为由此它突显了某种距离，只有在此种距离中才能折射出文学创作的整体。这就是谈话过程中毫无幽默的听众的态度，柏拉图对谈话的报道只是为了那种聆听才显得必要，因为他试图使柏拉图用以进行严肃游戏的手段在一切严肃性中变得可以理解。

对柏拉图辩证法的先行概述原本打算作为《斐莱布篇》所展示的辩证法理论的某种增补。它完全是从《斐莱布篇》的疑难问题中赢获的，并且使柏拉图全部文学作品中只有《斐莱布篇》表现出来的对话和辩证法的统一性在柏拉图其他论著的典型事例中就其起源和哲学意义关联而得到了说明。对于此种统一性的认识乃是某种先决条件，基于此种条件才能实现对这篇对话之整体结构的认识。因此，建议这样安排：在解释《斐莱布篇》的同时或之后阅读这一部分。

第一章　论柏拉图的辩证法

第一部分　对话和相互理解的实行方式

§1　科学的观念

15　　在对话中,客观上的相互理解指向知识(Wissen)。这种相互理解的观念以及其实行方式都源自知识的观念和科学的观念,有如这种观念曾发展了古希腊哲学。根据这种发展出来的形式,必定可以识别出,促使它产生的创造性要素到底是什么,也就是说,对话要素(das Dialogische)在这种产生过程中到底意味着什么。看起来似乎有些奇怪,这里柏拉图由辩证法问题偏偏指向那种以亚里士多德关于知识(Episteme)——这种知识乃是演绎推理(Apodeixis)——的严格概念。联系到亚里士多德的辩证法概念,切近的东西似乎是相反的东西,当然,不可否认,亚里士多德的辩证法概念可以回溯到柏拉图的辩证法以及(柏拉图)学园的实际应用——尽管是以某种彻底的重估和贬低的方式。然而,从柏拉图辩证法直接到亚里士多德演绎推理学(Apodeiktik)这种历史发展的路线,乃是现在得到了广泛认可的某种事实。不那么清楚的只是，柏拉图辩证法——无可争议地源自苏格拉底对话——何以（warum）是那种恰好走到了亚里士多德克服辩证法（Dialektik）和对话学（Dialogik）的知识（Episteme）的发展过程中的历史性的中间环节（Zwischenglied）。因为亚里士多德式科学的特征是，它无须任何谈话者的明确同意，它是基于某种必然性的揭示或陈述（Aufzeigen），这种揭示或陈述无须关心其他人在实事上的同意。与此相反，辩证法的生命却依赖着对话中相互理解的力量，依赖着其他人的理解性的参与，并且在其行进的每个步骤上都需要通过其谈话伙伴的同意而获得证实。

接下来的诸种分析并不想复述（nachzeichnen）科学概念的历史形成过程——这种形成过程有其形式历史上的（formgeschichtlich）对照，亦即从苏格拉底的口头谈话，经过柏拉图的对话，走向亚里士多德的讨论性对话，并且在亚里士多德的专著（Pragmatie）中实现了术语化——而是尝试从其意义历史上的（sinngeschichtlich）的连续性去理解这种过程，并且尝试从实事上进行分析，到底是什么东西把苏格拉底—柏拉图对话和亚里士多德演绎推理学（Apodeiktik）以统一的方式连接了起来。

此外，要从这种观点出发，即辩证法在古希腊人那里并非某种统一的现象，毋宁说可以有着多样的显现形式。被柏拉图（延续着苏格拉底的形象）命名为辩证法的东西，绝对没有覆盖在希腊人那里作为辩证法的活生生东西的全部范围。众所周知，辩证法起源于埃利亚学派对感官（die Sinne）的批判，并且高尔吉亚与辩证法也有关系。这种辩证法在本质上具有否定的意义：它并不给出实事本身，而是在探寻它的支持者和它的反对者，这就是说，它并没有采取这种立场,即通过不断的观看和逐步接近所考察的实事,从而去解释这种实事,而是从各种角度(allseitig)去发展与它照面的事物的诸种被解释性,并且卷入到诸种矛盾之中,以至于变得和事物有了距离;因此,它把这些解释当作出发点,这就是说,它一开始设定某种假设,并且发展这种假设到其后果的明显不可能性,然后得到相反的设定,并且最终要让这个相反的设定实现自身扬弃。此种练习(γυμνασία,参见《巴门尼德篇》,135d)的目的是,通过预先加工这种设定或那种设定的支持意见,为实事本身的可通达性做好准备。辩证法关涉到对于实事的某种观看,这种观看恰好应通过以下方式而被准备出来:人们把 τὰ δοκοῦντα(显现出来的东西),即作为该实事在公众的语言解释中所遭遇到的东西表达出来,以便把这些东西消解掉。于是,它在反驳的过程中释放出了某种实事领域,却并未持有任何用以把实事那里的 τὰ δοκοῦντα 带向积极规定的手段。

在辩证法的此种本质中——依循亚里士多德并着眼于埃利亚学派的辩证法(参见柏拉图的《巴门尼德篇》)都可以得到这样的刻画——柏拉图揭示出了一种有特色的肯定性,这一点正是柏拉图的功绩。[①]芝诺对于多以及与之相应的一的反驳,似乎可以得到普遍的应用,可以应用到任何类型的逻各斯中。一个独特的东西(例如人)可以多种方式而得到谈论,着眼于颜色、身材、高矮、性格等

[①] 为了避免误解有必要明确地强调一下,刚开始刻画出来的柏拉图著作的辩证法暂时性(Vorlaeufigkeit)与此处对其功绩的刻画想必是一致的。因为柏拉图用辩证法所意指的东西和他所坚持的辩证法的暂时性,就像他的其他一切意见一样,乃是不同的。

等，这使它变成多（《智者篇》，251a）。不过，并没有由此而质疑这种可能性，即把一个事物当作某物而加以谈论，而是要提出某种任务（Aufgabe），为这种谈论的可能性进行肯定性的论证说明。因为一的这种多样性乃是逻各斯的某种积极的可能性，这一点可以从借助逻各斯的相互理解的实事中传达出来。在对实事的揭示中，存在着某种不断前进的言谈（Rede），它不断地把某物当作另一东西而加以谈论，完全不顾这种言谈中出现的那种一和多的矛盾。这是至关重要的。从这种积极的可能性出发，柏拉图意义上的辩证法可以获得某种别具一格的领域：经由逻各斯规定的并且由此一来在知识的支配性领域中存在着的一切，获得了辩证法的那种约束性的确定性。一切科学和一切技艺都是此种积极的辩证法。

而这就意味着——听起来有些自相矛盾——柏拉图辩证法并不是对实际生活中讨论辩证法（Diskussionsdialektik）的某种反映，那种讨论辩证法乃是有问有答的 Synousia［共同在场］，具有特定处境下的生动性。这种讨论辩证法在对话中以文字形式表现出来，即使对于柏拉图后期对话而言，这一点也既没有这样的意味：对话形式乃是柏拉图正面的揭示性的倾向的束缚和枷锁（斯坦策尔〔J. Stenzel〕：《柏拉图和亚里士多德的辩证法发展研究》，柏林，1917 年，第 46 页），也没有那种相反的意味：柏拉图的这种对话把学园的辩证法在实践上的讨论适当性固定为某种单一风格（Einreihigkeit）（苏尔姆逊〔F. Solmsen〕：《亚里士多德逻辑学和修辞学的发展》，柏林，1929 年）。毋宁说，至关重要的是，柏拉图在苏格拉底式对话本身中致力于揭示实事的努力认识了那种中介

(Mittel),那种要通达到某种真正可靠的面对事物的姿态的独特的中介。苏格拉底对话恰好区别于一切论辩技术,因为这种对话并不是毫无规则的论辩性的夸夸其谈,互相之间争论来争辩去,争论的只是某个人的偶然意见,苏格拉底对话本身恰好具有单一的风格,在这种对话中首次得到了实行的乃是那种作为科学的逻各斯根本标志的东西:推理正确的和揭示实事的言谈。苏格拉底谈话,具有论辩性风格——尽管其否定性的助产术(maieutisch)特征还有变化——并不排斥其真正的本质而成为柏拉图学说的肯定性容器,毋宁说,苏格拉底谈话恰好在于让那些业已存在的肯定性得到后续发展。关于这一点,黑格尔有着很好的刻画,他提到(《逻辑学》,第2版前言,拉松版,第20页):柏拉图创造出了"这些栩栩如生的青年人和成年人,他们如此平静地对自己的诸种反思和诸种想法进行了自身否定(Selbstverleugnung),由此,自我思考(Selbstdenken)迫不及待地证实自身是仅仅追随实事的听众"。

这也是以下概述的意图,古希腊科学概念的起源——它在亚里士多德的演绎推理学中达到了成熟——依循柏拉图辩证法通过下面这一点而加以澄清,即柏拉图辩证法的客观起源将被揭示为苏格拉底谈话实行的某种特殊形式。有关历史上的苏格拉底的疑难,则始终不在考虑的范围内。斯坦策尔[2]尝试把苏格拉底的东西和柏拉图的东西加以区分,这里不采用这种立场,因为这里试图说明的是,对话和辩证法的关联,对于理解柏拉图辩证法的后期形

---

[2] 参见《大保利古典学百科全书》(*Paulys Realencyclopaedie der classichen Altertumwissenschaft*,简称R.E.),"苏格拉底"词条,第871页以下。

式乃是非常有益的。

亚里士多德在其《形而上学》的开头(第1卷,第1—2章)描述了科学观念的起源,以及科学植根于此在之原初主题中。此种回溯——回溯到在此在本身就存在着的主题,既不具有历史性说明(Erklärung)的特征,也不具有科学正当性论证(Begründung)的特征。此种回溯只是把"科学的事实(Faktum)"作为事实而加以澄清,这就是说,它显示出,科学何以是人类实存的诸种可能性之一。③这种揭示的未曾明言的视域乃是这种视域:一切此在都存在于某个世界中,并且"拥有着"它的世界,这就是说,它始终处在某种理解之中,即对自身的理解和对它生活在其中的那个世界的理解。

此在生活在其中的这一世界,并不是像其周围世界(Umgebung)那种东西,而是其本己的实存实行(Existenzvollzug)的媒介(Medium)。这一世界乃是此在自身实行的地方,也就是说,是此在拥有自身的地方。有关其自身的一切理解都属于此在,并且依循着有关世界的理解,这个世界乃是它生活在其中的世界,乃是"造就"其此在和规定其此在的那个世界。自行设置入其世界乃是此在最源初的操心。但是,这一操心的实行不仅具有操劳某事的特征,实践性制作的特征和存在于其中的寻视操心的特征,而且此在还同等源初地将那种对存在者的纯粹观看置于其操心之中。因

---

③ 接下来的阐释正好通过回溯人生此在本身的源初主题而具有了"现象学的"特征。其基本可能性乃是基于某种预设;实际的人生此在乃是一切意义的本源,因而必定是一切哲学思考的开端;海德格尔在其作品中揭示了这种预设的基础存在论意义和历史诠释学意义。

而，并不是说，只有实践性的寻视才是源初的，在此寻视中此在作为故乡生成（Heimischwerden）在其世界中自身实行着，并不是简单地在制作活动中对周围世界之整体进行揭示性的和分环节的解释，同时着眼于对于某物而言的用途，并且最终着眼于对于此在而言的用途。毋宁说，此在在其世界中就在家，因而它始终业已具有某种知识，依据这种知识此在和万物一道存在，不仅面向未来对于世界的操劳性的制作活动，而且完全脱离了世界，以至于在其观看的视域中不存在什么不认识的和不熟悉的东西了。

朝向知识的这种源初倾向亦即对一切陌生的和生疏的扬弃，在亚里士多德的分析中得到了与众不同的和清晰的刻画。亚里士多德明确地说：视觉之于其他感官的优先性倒不是基于它在引领制作的寻视中的有限作用，而是基于它面对其诸种差异的多样性时单纯熟悉化的过程中的优先作用。任何感觉都比不上视觉，因为一切事物都有颜色，因此在观看中那些共同的规定性如图形、大小、数目和运动都被一同观看到了（《论感觉》，437a3）。因而，视觉的熟悉化作用乃是最伟大的。知识具有相同的倾向，区别于制作性的技能，知识乃是此在之操心的某种独立的样式，这一点可以在人类此在优越于其他生物而保留的那些特有的可能性——技艺（Techne）和算计（Logismos）中表现出来。在与世界的操劳性的交道活动中存在着某种观看（Sicht），此种观看借助不断保持的记忆而形成了经验（Erfahrung）：在对同一制作的反复操劳中，在各个当下以寻视的方式被观看到的实事（Sache）被保持下来，并且这同一实事在制作活动的每一情况中得到重新确认。于是，从诸种记忆的多样性中就产生出了某种技能的统一性，就产生出了经验。

1. 柏拉图的辩证法伦理学　29

于是,对经验的本质规定乃是,依据对同一实事的不断制作,通过保持诸种情况下的同一者,从而形成了某种更为伟大的寻视。在此种寻视形成的趋势中,赢获了某种观看(Sicht),这种观看并不在制作活动的每一新情况下实际表现为引领制作活动的那种寻视,而是一般性地预先知道,对于相关制作活动的一切可能情况而言,到底该做什么。这种增强——从经验增强为技艺,业已不再是着眼于制作活动本身的那种增强了。因为对于各个情况下的操劳活动而言,它根本不是什么增强,因为并没有进一步形成在操劳活动本身中起引领作用的寻视。仅仅依据经验而创作的人,有可能是更好的实行家(Praktiker),而且,掌握了技艺的人,在实践之时也不能离开经验。也就是说,在单个制作活动的实行中,并没有出现技艺和经验的区分。这种区分毋宁说在于,技艺在某种新的意义上乃是知识。这种知识并不是经验性的技能,这种技能面对着具体制作的任务,选择着恰当的手段和恰当的实行时机,毋宁说,这种知识预先并且以某种预先的可靠性,为相关制作活动的任何可能情况,拥有着那种实行,而这就意味着:这种业已揭示和拥有在某种更为严格的意义上揭示了并且拥有了某种普遍的东西,而且,经验乃是某种普遍性的技能,从多种被保持的东西得出了统一性的东西。因为经验这种技能的普遍性总是在具体的制作活动中才会显现出来。在对当前个别情况的观看中,同一者(无区别者)和杂多者亦即从前被看到的东西一同被观看到。于是,经验基于对过去之物的保持和对被保持者在当前处境下的再认。而在技艺中,对于制作活动的先行拥有通达了某种普遍性的拥有,这种拥有先于一切制作而存在,并且免除了在制作中的显现。拥有技艺

20

的人,不仅认识事实(das Daß)——和从前的那些情况一样,这个病人可以用这个药剂加以治愈,而且认识根据(das Warum)——为什么这种类型的所有病人都可以通过这种药剂而治愈。于是,这种人掌握着制作活动,因为他的知识知道得更多,不仅知道在那些个别情况下该如何治疗。实践家即使没有技艺,没有在回顾已取得的成功中获得其行动的关联,在实践的自身可靠性方面,也可以等同于甚至优越于有知识的人(dem Wissenden),只不过这种个人的自身可靠性就像实事上的切中可靠性一样并不意味着对有待制作者的自由的拥有或支配。有经验的实行家固然知道该怎么做,但是他并未拥有或支配这种可能性,以其他的方式去论证其知识的正当性,而是只能在行动本身的事功(Erfolg)中去论证其知识的正当性。有经验的人要想显示其办法(Rat)的正确性,就要对这种办法进行试验。因为他的知识通过试验来证实自身,正如这些知识的获取也是通过试验。他实在不知道他行动的根据,不能依据这一根据为其行动(为他指派经验的行动)提供论证或说明,并且为其事功之可靠性预期提供合理性说明。然而,他在行事上就像医生。他观看病人到底缺乏什么,而这包括预先观看着健康亦即病人的外观,他有待成为的样子(wie es zu sein hat)。然后,他为病人开出药剂,这种药剂按照他的经验是有助益的。真正的医生无非也是这样行事,但是他对此种关联的理解乃是大不相同的。对他而言,健康是怎样的和是什么,他可以基于根据或本源(Grund)为他的行动做出论证和说明。他知道,什么东西始终造就着健康,由此出发他试图认识,病人到底缺乏什么,这就意味着,他形成了有关健康的某种图像:身体运行原本是怎样的,如何走向了纷扰,并且依据对何谓疾病的理解,他选择药剂,这意味着:他为病人开出的药剂,是依据他对药剂之效果的理解而做出的选择,对于药剂之效果的理解则是来自对疾病之本性和药剂之本性的理解。无论如何,只有医生依循这种理解来行事,他才是作为有知识的人而行事,这就意味着,他预先就确定,通过他的行动可以制作出健康;因为他知道健康的永恒本质,并且依循这种预先的知识获取了其他知识——健康如何走向纷扰,如何恢复健康。于是,对根据的掌握首先乃是有关制作之目的(Worumwillen)的知识,而这种根据(Grund)不仅包括形式意义上的根据(有待制作者的形式或外观),从何而来意义上的根据(质料),而且包括制作之开端意义上的根据(制作活动得以开始的何以开始)。对于四种意义上的根据的预先拥有或支配恰好构成了那种对制作活动的普遍性和必然性的拥有或支配。

此处不再详细分析亚里士多德多次提出的那种关联(《形而上学》,第1卷,第3章,多次提及),那里旨在对知识的概念以及知识的此在式主题进行普遍性的刻画。可以确定的是,在技艺的概念中,知识的观念业已发挥引领性作用,就其最本己的意义而言已经超越了它在制作活动中的作用,作为技艺已经意味着此在之操心的某种新的样式。自行设置入世界,此在把它对世界的拥有或支配的可靠性(Sicherheit)设置入其操心之中。对于可靠性的操心首先作为技艺之中对有待制作者的预先掌握而出现,这种掌握具有那种根据之知识的实行特征,具有其多样关联之展开的实行特征。被制作者,在对诸种根据本身的此种拥有或支配中,就其存在而言变得可以掌握了。在此种操心的倾向中,一切都以相同方式就其存在而言变得可掌握,这意味着,在根据之被揭示和根据之知识中,存在者要依循其根据而加以理解,这个根据也就是存在者永恒而必然的本质。于是,借助技艺,在制作活动的首要视域中,形成了有关存在的真正的科学概念。被制作者之存在,在关于被制作者之从何而来和作为什么的理解中,处于此在的掌握之中,并不依赖它在感知中的各个不同的实际在场。在这一相同的倾向中——此在试图可靠地掌握它生活于其中的世界,形成了理论(Theoria)的观念,亦即形成了依循其存在的根据的、有关世界的知识。躲避在无知之中的这种知识的主题并不依赖一切实践性运用,而是本己操心的那种独立的和引领性的主题,尽管这种主题依然基于那种实际性的先决条件,即此在的一切实践性需要都要得到满足或实现。无论如何,在这种实际性先决条件的基础身上建立起了逗留的可能性,也就是闲暇(Muße)的可能性,这固然是理论之实行的先决条件,但是并不能将其阐释为缺乏操心的。科学(理论)本身就是在世操心的某种特有的实行特征。科学之于诸种技艺的优先性在于,在科学中所追寻的知识不因其他目的而被追寻,毋宁说纯粹是为了揭示知识之最本己的作用,因为知识在这里不再被应用到任何实践性的制作活动中。

但是,技艺的特性,并不在于它与诸种理论性科学的区分,亦即并不在于它们与实践性应用的关联,而是在于它和诸种理论科学的共同点,即它们都有给出解释(Rechenschaft)的能力,会解释以下问题:为什么某物有待制作(zu tun),并且为什么它在某些方式中(依循这种质料,借助这种手段)有待制作(κατὰ τὸ λόγου ἔχειν αὐτοὺς καὶ τὰς αἰτίας γνωρίζειν,981b6)。因而,逻各斯的首要意义乃是形成言谈（Redestehen），给出解释（Rechenschaftsgabe），也就是陈述根据（Angabe des Grundes）。对于某种技艺的掌握具有某种实行特征，是对有待制作者之预先掌握的实行，并且是在理解的方式中，并且是在有关有待制作者之诸种根据的阐明性的言谈中。这种拥有或支配具有普遍性和必然性等特征，只要根据（在那种关联展开中的诸种根据）对于相关制作活动的一切可能情况而言都是普遍的、必然的和具有论证说明作用的，例如：为了健康——就其外观（普遍的形式）而言处在医术的观看中，一位患有这种或那种疾病的病人，可以使用这种药剂加以治疗，以便重新恢复健康。在技艺的实行中，这种关联非常清晰，这就是说，可以在言谈中显现出来。与此相应，倘若此在之操心转而关注对非制作者（亦即根据自身而在此者）的揭示和拥有，那就需要对诸种根据的揭示（依循这些根据此类此在者永恒而且必然地是其所是），因而就需要能够从语言上进行解释的理解，在此理解中存在者可以得到拥有或支配。在对根据的陈述中，借助对根据的揭示和居有，存在者就其必然的如此存在（Sosein）中被谈论了出来。

将存在者谈论为必定如此的存在者，在这种可谈论性的基础上有一种可传授性（Lehrbarkeit），这种可传授性将技艺与科学和那种实践性的经验加以区分。因为依循根据而意识到的东西，可以通过对根据的陈述而让其他人就其存在而加以拥有或支配。于是，在知识中通达的实事之存在必定会提出这种可分享的要求，这同样也是对其他人的要求，要借助对根据的陈述，使存在者就其存在而言对于所有人都变得清晰可见。于是，言谈作为知识的实行方式在此具有这种特征，要向自己和他人提供有关存在者的揭示性服务,并且将如此这般被揭示出来的东西加以固定。一切论证都预设着有关存在者的知识,这种存在者要被论证。事实(das Daß)必须得到确定,如若要借助意义去追问根据(das Warum)。于是,知识之操心乃是论证之操心。此种操心预设着对作为某物的存在者的、首要的、被理解的东西,它在有关世界的理解中——在此在之理解本身中存在着有关世界的理解,被一道给出。因而,论证乃是对此种知识的某种居有。被论证者处于有知识者的拥有或支配之中,无论它是某种可以确定地不断制作出来的东西,还是某种可以不断地遭遇到的东西,只要它在进行论证者面前摆放着。某物作为被理解的东西而被居有,只要显示出它被理解为何物(参见《形而上学》,第7卷,第17章)。那些并不必然地属于存在者的东西,对于科学的逻各斯而言也就不是可以把握的了(有关 κατὰ συμβεβηκός 的研究,参见《形而上学》,第6卷,第2章)。言谈(Rede),作为论证性的揭示,提出了某种与众不同的要求,要对个别存在者进行普遍性和必然性的道说。于是,此种言谈就是某种与众不同的道说(Spechen),可以和其他人进行交谈的那种道说。

  因而,接下来要突出科学论证性的陈述(Aussage),区别于前科学的陈述。这一分析尝试,以互相交谈中他人的作用为指导线索,澄清科学性言谈之为实事性相互理解的实行特征,并且更清晰地把握以上描述的那种科学论证性的陈述结构。同时,要为清理那种历史性视域做好基础,在那种视域中科学观念在古希腊人那里的形成过程将实现理论上的清晰性。以此方式可以说明,从亚里士多德那里提取出科学和技艺这些明确的概念,这对于澄清柏拉图的逻各斯学说乃是恰当的。

§2 谈话和逻各斯

原初的言谈处在与某物的共同关联之中。这种言谈，乃是有关某物的分环勾连的陈述（Aussage），将被谈及的东西作为某物而公开出来，但是这种公开并不是为了将被谈论的东西公开出来。毋宁说，它在这里借助这种公开从而具有某种因缘（Bewandtnis），此种因缘关涉到那种共同操劳的实行。陈述在这里属于那种引领操劳的寻视之实行。此处被作为某物而公开出来的东西，要着眼于某种它在操劳活动中所具有的因缘而加以解释，只是这一因缘视角本身却并未被一道陈述出来。于是，它在结构上就与那种在寻视着的操劳中不断地练习着并将某物作为某物而进行的沉默领会（Verstehen）并无不同。这种作为什么（Als-Was）具有用途（Wozu）之特征。将某物领会为锤子，这意味着将它领会为用来捶打的用具，在这种用途（Wozu）中即在捶打活动本身中（im Hämmern selbst），它以最本真的方式得到了通达和领会。④于是，"这把锤子是重的"，这种陈述之实行，也是由寻视所发动的。这个陈述并不是让那个它对之说话的他人被带到这样的理解中，即这里的事物具有重的特性，而是让他人在对这个对他所说的东西的领会中去追随对某种被它带到共同的操劳中的事情的指引，即去寻视某个轻一些的锤子。只要他人没有领会到，通过这种陈述真正要告诉他的东西，那么，这个人就是个笨拙的助手。所以，在对说出来的东西本身进行理解的时候，并且在对他人本身进行理解

---

④ 参见海德格尔：《存在与时间》，第67页以下。

的时候，很少能喊来一个善解人意的他人或者可以帮到自己的他人。人们的作为和言说只是有所寻视地面向对于作品的操劳。

即使是在关于某物的制作活动中，他人在其面对制作者之存在中明确地被置入操心之中，例如作为学徒，在这里得到实行的诸种陈述的特征，也并不是那种科学上得以论证的揭示的特征，进而此种陈述对于可领会性而提出的要求，也有不同的根基。因为在这里理解之传达，就其最为源初的实行方式而言，并不在于对被说出来的东西的进行谈论和领会，而是在于通过示范（Vormachen）和让模仿（Nachmachenlassen）；例如，当某人在学会某种手艺后，在寻视着的领会中，会被带向某种并不熟悉的用具（Werkzeug）。这时候对此用具的深入观看，并且将此用具作为现成物进行深入的描述，这些都不能使用具对他而言变得熟悉起来。因为这种不熟悉并不是因为它作为现成物，而是因为它（被观看或被描述）必须是熟悉的，然后才能作为不可理解的东西而加以遭遇。进一步而言，作为不可理解的东西，它始终已经处在某种可理解的视角之中：作为在工场关联中前来照面的，它为了制作活动而被规定，也就是作为用具业已得到了理解。恰好作为如此这般被理解的用具，它在其用途（Wozu）方面才是不熟悉的和不可理解的。这种用途（Wozu）在对其规定性的单纯陈述（Angabe）中还不能得到真正的理解，毋宁说要在使用本身之中才能得到真正的理解。在使用活动中证实自身的、从现在起与用具进行的打交道能力，现在才显现出来，对其规定性的陈述在多大程度上使它变得可理解。此种陈述，在传授性的示范或让制作之中从传授者方面得到了实行，还只是对实践性寻视的某种语言上的"解说"（Erläuterung）。这种

1. 柏拉图的辩证法伦理学　37

陈述并不自然,从以下说法可以看出来:它还要求某种本己的努力,即不要倒退到那种自身制作之中,此种自身制作不关心学习者并且选取了操劳活动的自然方向。陈述本身在这里并不能就其字面意思而得到理解,毋宁说,它要捕捉它的意义,这种意义就像它对于可理解性的要求那样要依循操劳活动的那种未曾明言的当前关联,此种关联将陈述划分为诸种环节。(在这种实事处境中扎根着某种诙谐性主题〔Eulenspiegelmotiv〕,爱开玩笑的人〔Schalk〕从字面上理解人们说的话,但这却是某种有意的误解〔mißversteht〕。)

在两种情况下,言谈乃是对寻视的寻视着的阐释(Auslegen),从而具有指示(Anweisung)之特征,这就是说,通过这种言谈,他人并没有被指向(gewiesen)在言谈中揭示出来的东西本身,而是被指向由此而来的某种尽心尽力的制作性的交道活动(Umgehen)。于是,陈述作为寻视的某种样式揭示着存在者,并且是在那种对于寻视而言可以公开出来的称手状态(Zuhandenheit)的存在方式之中。作为寻视的实行要素,陈述并没有建构出任何自身独立的、在陈述之操劳活动中自身完善的操劳关联。

这一点无非是说,观看在存在论意义上对于实践性寻视的脱离。在对存在者的单纯观看和考察中,存在者仅仅就其外观而得到理解,而这就意味着,就存在论而言,它被当作是某种如此这般显现的现成者(Vorhanden)。⑤即使是这种缺乏操心的考察也是在世存在(In-der-Welt-sein)的操心的某种样式。它源自从制作之操心解脱出来的某种闲暇(Ausruhen)。闲暇地居留于对存在者的

---

⑤　参见海德格尔:《存在与时间》,第 172 页以下。

考察中,不再把存在者当作有待制作者而加以操劳,这种行动具有自身完成之特征,即完成了日常操劳的任务。但是,作为闲暇,它始终关涉着制作性的操劳,它就是从这种操劳中解脱出来而得到闲暇的。这种关涉不应如此理解,好像人们在此种闲暇中把有待操劳的东西保持在了视线之中。恰好相反,人们在面向他物的存在中试图忘记那些无须去操劳的东西。但是,这种面向他物的存在(在考察活动中)在其特性上有所调整,亦即这种面向它物乃是把它物当作那种它物,它期待着某个人进行某种操劳的任务。这种调整了的特征可以在某种特殊形式的闲暇中,亦即在游戏(Spiel)中得到最为清晰的说明。对于游戏来说,关键是各位游戏者要"参与其中"(dabei),这就是说,被游戏之任务占用着,而不是将游戏保持在视线之中,那样就不认真了。然而,游戏活动(Spielen)只是为了休养(Erholung),这就是说,是为了之后的工作(Tätigkeit)(参见《尼各马可伦理学》,第10卷,第6章,1176b35)。因而,面向实事的存在在游戏活动中具有特有的中立性。在游戏活动中,实事固然要得到认真对待,它是游戏活动的目的,但是,面向实事的存在方式却大不相同,实事虽然是某种操心和努力的对象,但并不是这种操心的"严肃的"对象。游戏性努力的对象无非就是游戏本身:游戏活动本身就是游戏的目的(das Worumwillen)(《尼各马可伦理学》,第10卷,第6章,1176b6)。这种中立性样式也就是闲暇性考察活动的特征。这种考察活动被世界之外观占用着,虽然始终就存在者之外观性的现成存在而揭示着存在者,但是,这种揭示不会产生某种独立的致力于被揭示性的操心,亦即某种对被揭示性进行确定的操劳活动。因而,这种在此观察中传达和解释被理解之物的言谈,并未规定将被揭示者作为被揭示者而加以确定,毋宁说,它会改变自身,在进行传达之际将存在者交付给那种相同的闲暇性的和居留性的观察,无论这种言谈处在倾听本身之中,还是借助那种在传达中给出的对于本己观看的提示(Hinweis)。作为闲暇性的居留,这种活动具有某种有特色的倾向,即意愿和他人一道存在。即使是互相谈话(Miteinandersprechen)——这种共同存在(Miteinandersein)的某种实行方式,也表现出了那种中立性。在传达活动中,与其说是面向实事的存在想被当作有待传达的东西,毋宁说是这种面向实事的存在中的共同性。因而,言谈在本质上乃是自身道说(Sichaussprechen),亦即对本己的现身情态(Sichbefinden)的传达。(在这种对世界之外观和与此相应的交谈方式的闲暇性的被占用之中,存在着沉沦的倾向,对此沉沦倾向海德格尔在《存在与时间》第35—36节有过揭示,那里分析了某种存在论的根本性关联,此在之日常状态被揭示为"好奇"和"闲谈"。)言谈和可道说之存在在这种仅仅考察性的解释活动中并没有那种调整理解本身的含义,并且就连他人,人们与之谈话的他人,也被与众不同的作用要求着(beansprucht),亦即被那种参与构成阐释及其要求意义的东西要求着。

仅当世界之被揭示状态因其自身而被置入此在之操心中,对此被揭示状态的语言上的分环勾连的阐释才赢获了某种特有的作用,这种作用在建构性的角色中显示出自身,被谈及之物在言谈中获得了这一角色。对于拥有世界或支配世界之可靠性的操心——扎根于在此在之存在机制中存在着的对世界之依赖,如上所述,构成着那种有关先行于自身的拥有活动或支配活动的观念。这是实践科学以及理论科学的观念。此种对于拥有或支配之可靠性的操心的实行特征，乃是有关存在者之诸种根据（άρχαί 或 αίτία）的研究。因而，研究乃是对根据的追寻。这种被追寻到的有关世界及此在自身的理解，似乎是此在由自身出发在语言中作为业已被阐释之物而找到的。⑥在科学研究中，这就是那种特有的阐释着－居有着的努力（eigene auslegend-aneignend Bemühung）之对象。有关根据的追寻，会受到有关被追寻者亦即根据（存在者之存在的根据）的理解的引导。科学研究旨在实现言谈的某种特有的可能性，不仅使存在者作为某物变得清晰可见，而且依循着使存在者是其所是的东西将存在者揭示为必定如此存在的东西。

在这种论证性的进行规定的观念中，陈述作为理论活动的实行方式方才完成了自身。虽然关于某物的一切言谈都把被谈及的东西作为某物而加以谈论，但是，被陈述之存在本身（das Ausgesagtsein als solche）并不招致那种平整化，亦即将寻视性的领会平整化为对现成存在者的解释，而且陈述的这种在理论上进行规定的特征还随着那种单纯的观看活动而被一道给出了。毋宁说，这种陈述性判断要求言谈在那种与众不同的"规定性"作用中，亦即通过言谈的揭示性作用使被谈论东西单独变得可以拥有或支配。这种规定性的和保存性的逻各斯的观念指示着希腊存在论之真正的此在主题，希腊存在论将存在理解为当前的现成者。希腊存在论对逻辑学的塑造，支配着迄今为止科学陈述的观念。于是，逻辑学的那些真正的主题，并不在判断之中，而是在推论（Schluß）

---

⑥ 因此苏格拉底转向了诸种 λόγοι，参见本书第52页以下。

中发挥着作用。只是"个体化"(individualisierende)科学就其方法独特性而被人认识到，以及此在存在论之观念被揭示出来，这才导致科学陈述的那种谓词结构的普遍性要求变得可疑了。不管怎么说，有关现成者的希腊存在论和希腊的科学观念有着极其紧密的联系，并且从那时候起就规定着有关逻各斯的理论。在希腊人那里，"逻各斯"不仅意味着被陈述出来的东西，而且意味着根据，这并不是某种偶然；因为被追寻的乃是某种逻各斯，这种逻各斯提供着那种就存在者之存在而论证存在者的东西。于是，被追寻的逻各斯的实事内容就是实事之根据（αἰτίας λογισμός，《美诺篇》，98a）。

§3 实事性的共同世界主题（逻各斯和辩证法）

在这种科学性的言谈(Sprechen)中存在着某种对可理解性的特有要求。任何言谈就其本身都是和某人一起言谈（mit-Jemandem-Sprechen），并且倾向于使被谈论的东西得到理解，并且被理解为那种使言谈变得清晰可见的东西。即使并没有他人在场聆听我的谈话(Rede)，那种被说出来的东西依照其本己的观念始终对于他人而言是可以理解的。甚至于没有形诸言辞和语音，只是在"思想"之中，人们也是在某种语言中进行着思想，这种语言作为语言指向某个可能的他人，这个他人会讲这种语言并且能够理解我的"诸种想法"，如若他有能力"阅读那些想法"。同样，一切与他人的言谈都是鉴于他人的回应而对他人的谈论，当然这种回应不一定具有言谈那种特征。不过，即使他人合乎规则地进行应答，"对此说出些什么"——在科学的逻各斯中，对于可理解性和回应的另一种特有的要求被提出来，这种要求构成了言谈的特有的实事性。任何科学陈述都是无须再加以论证的，或者是可以进行进一步论证的论断(Behauptung)，本身就具有论证(Begründung)这种特征，只要它不是简单地论断实事关联，而是依循它的那种作为必然性的根据而揭示实事关联。于是，只有作为对根据的论断，科学性陈述才论断着被论证者的必然性。随着这种必然性的要求，可理解性(Einsichtigkeit)之要求也被同时设定了。而这就要求他人做出同意的表示，而且要纯粹依循那种参与(Mitgehen)，即参与对先前被揭示实事的论证性揭示。但是，在此种进行论证的意义中，他人在回应(zurückkommen)这种论证时是有自由的，这就是说，他人不仅可以表示同意，也有可能表示反对。这种反驳，与被论断者的两个层次相应，要么是针对被称作根据的实事关联的那种无须再加论证的可理解性，要么（作为更为本真的反驳）是针对那种被要求的论证性作用——为了先前已知的事实(Tatbestand)而对这种实事关联(Sachverhalt)进行的论证，亦即针对论证性解释本身对于实事的恰当性。在第一种情况下，通过反驳而提出了这种任务——对根据本身进行论证，并且以此方式去实施这种论证性的解释，在另一种情况下，追寻的乃是对于实事关联的某种更为本真的论证(den οἰκεῖος λόγος)。但是，究其本质，反驳并不针对实事关联本身，而是针对关于它的诸种根据以及关于诸种根据的那种弯路。与此相应，可理解性这种要求在同意中的实现意味着，对于言谈者而言，那种论证性的解释在他人那里得到了回应(zurückgegeben)，要求得到了证实。论断和反驳，都是科学性的，都处在实事性的同一观念之下，这种实事性观念刻画着它对必然性和可理解性的要求。

这种与纯粹的实事揭示观念的联系意味着对言谈本身之作用的某种特定的限制。因为在关于某物的言谈中，此在总是将其自身一同道说出来。语调和手势比那些说出来的话能够更为强烈地将言谈者的当下情调和内在状态传达出来。在对被道说的和被意指的东西的领会中，言谈者这种内在的现身情态总是被他人一道理解了，并且这种现身情态还调整着对于被意指东西的定了调了的领会。被意指的东西以及通过言谈而公开出来的实事，并不仅仅就其自身而得到把握和理解，而且也在言谈者传达出来的东西，即他有意或无意而说出来的东西和要理解的东西中而得到把握和理解。与此相应，他人并不是真的在回应被道说的东西本身，而是在以一种回答着的自身—对此—道说的方式回应言谈者的自身道说。在这种与他人一起的自身道说（Sich-miteinander-Aussprechen）中，建构着共在（Miteinandersein）的某种特有的可能性。在此发挥着主导性作用的相互理解（Verständigung）观念，并不是那种在被言说的实事中的达成一致的观念，而且并不是为了揭示这种实事的可靠性，而是要在这种关于实事本身的言谈中让彼此之间公开出来。因而，即使人们在实事方面未能达到相互理解，这样一种谈话在根本上也并不缺少成果，只要言谈者的存在对于他人而言变得明确和清晰可见了。当然，这是一个关键问题，构成着共同世界性的此在的某种核心疑难：即他人的这种领会到底是不是共在的某种真诚的方式。因为需要追问的是，在关于某物的自身道说中，他人的这种领会是否没有忽略那种对于实事揭示的逃避而是共在自身的某种反思的沉沦样式。一个人要懂得某个以任何一种方式反驳他的他人,而不将其视为正确,也就正好在面对他人的反驳时保护了自己,这就是说,在对自身的领会中,始终在根本上把自身和他人区别开,那么他就可以在诸种可能性中巩固着自身,在这些可能性中他对于他人而言恰好是无法通达的。真诚的(echtes)共在难以建立在这种有所领会的、对他人的驱离中,而是建立在那种与他人的共同存在之中,这种存在拒绝那种有关他人和自身的理解的本己要求。

相互理解这种观念源自共在的某种特有的反思性倾向,如若要反对这一相互理解观念,那就势必要突出那种纯粹实事性的相互理解观念及其在科学谈话中的实行方式。当然,科学性言谈的实事性并不排除,它作为言谈并不是言谈者在其现身情态中的自身道说。但是,它所提出来的理解和回应的要求,恰好要求着某种忽略,不要在有关实事的言谈中将那些彼此在一并道说出来的东西传达出来,同样,回应者也要求某种相同的忽略,不要在其回应中将那些非实事性的东西传达出来。此种言谈方式就其姿态而言被刻画为某种单纯否定性的忽略——在观看被道说出来的实事之际没有把一并出现的东西传达出来——乃是不恰当的。因为在这种揭示实事的谈话中,在那种依据实事性观念而被忽略掉的东西之外,此在的某种本己的和积极的状态被传达了出来,这种积极的状态无须被忽略,因为这种状态或机制也被参与谈话的他人分享着,同时它也无法被忽略,因为它构成着谈话之实事性的实际人的基础,这是追问活动共同的准备。它作为本己的共同现身情态,构建着那由诸种根据组成的并且倾听着诸种根据的相互理解。

这种相互理解完全而且从根本上适应着那种要在实事中加以

实现的符合一致性。在这种对于实事的纯粹现身的范围内,与他人的言谈获得了其本真的可能性,可通过他人在揭示实事方面继续前进。言谈者确实和他人分享着有关存在者的先前理解,而且提出了这种要求,通过对存在者的谈论——将存在者的诸种根据揭示出来,对这种理解本身加以论证。于是,这种要求在具体情况下到底在何种程度上是恰当的,关键取决于这种决断,即对于实事的理解是否真的依循陈述出来的根据而得到了论证,也就是说,实事是否就什么使得它成为必然的并始终令它成为先前被理解的那样而得到了谈论。但是,这在谈话中是在他人的同意或反驳中才能见出分晓,就是说,恰好在这时——当人们开放他人的主张或反驳(Entgegnung)之际。因为,如若反对意见(Widerspruch)是可能的,那么正面意见(Anspruch)就遭到了反驳,但是与此同时,在任何反对意见当中都存在着某种新的理解,并且这样一来就构成了对更为本真的论证的某种先行刻画。谈话在实事上的创造性是这样形成的:谈话所追寻的方向会受到这种反对意见的指引。如若从谈话之最本己的倾向来看,无法相互理解绝对不是某种结果,而是相互理解的某种单纯的尚未完成,并且因此需要重新启动谈话,这种谈话就其本己的意义而言要被重演,而且恰好就在这种重演中指向对实事的揭示,并且这样一来就在达成一致的面向上得到了向前推进。

相互理解的那种实际上的失败在实事性的谈话中有时会被这样解释,某种由南北所显示的反对意见被看作是积极的成果,也就是说,揭示出了在那些不可讨论的诸种预设中存在着的差异,使有关实事性观念的那种被道说的东西不再变得可疑,反而得到了证实。因为在这种"解释"(Deutung)中存在着某种背离,即对于言谈之揭示实事的意图的背离。人们之所以宣称,意见的差异乃是不可消解的,是为了让他人的反对意见在其实事性的意图中不要再次出现。如若人们"理解"了他人的反对意见,这就是说,依循反对意见之诸种预设与自己的那些不可讨论的诸种预设之间的差异而对反对意见进行解释,而不是将那些预设处理成谈话的对象,那么人们就由此把他人的积极作用给排除了,他人的积极作用在于被要求在实事上做出同意或相互理解。这样一来谈话就不再是它过去那样了:有关实事的相互理解。此种背离和此种排除,也可以从他人方面获得实现:如若他提出了反对意见,但是却并不愿意坚持他的反对意见,或者为了摆脱谈话,只是表面上表示同意,在揭示实事的事业上就不再真正参与了。在这些情况下,他人就被排除在实事上相互理解那种意图的共同性之外了,因为他没有就其实事性意见而接受被谈论的东西,并且没有把被谈论的东西处理为他回应的对象,而是未曾明言地去反思其谈话伙伴的诸种预设,他要去"领会"这些预设——这样一来,他在抵制他人的实事性意见之际就把自身封闭起来了。

正面的情况由此变得清晰可见:他人在科学性谈话中只是为了实事上的相互理解,这就是说,他人要有能力和有准备,去聆听诸种根据并且借助诸种根据而回应,这就是对他人的要求。只要他与某人分享着对于实事的先行理解,并且拥有着实事性审视的这种意愿,那么他在实事上的同意就足以成为考量逻各斯是否合乎实事的那种尺度,而不是像支配性意见那样的先入之见。但是,与此同时,那个坚持某种意见的人总是具有关键性的作用,因为与他一起相互理解的实现,保证了"真理";那种被共同发现的根据乃是某种真正的根据,依循这种根据实事可以在对其必然存在和如此存在中被揭示和论证。于是,他人——由于他,达成一致被追寻——与一切他人在任何方面都毫无差异,更确切地说,对于他人(der Andere)的要求恰好是,他不能和诸种他人(den Anderen)有差异。因此,他的同意就是对那种他所同意的真理的见证。任何他人都必定和他一样,都会实施同样的谈话,都会同意谈话的结果。如若他拒绝同意并且说明了他的反对意见,那么,将另一个他人引入谈话和放在他的立场上,那就没有意义了。因为如若第一个人可以有根据或有根据地提出反驳,那么另一个人也可以使用同样的根据,然后他想要反驳的东西就被反驳了。因此,要想实现相互理解的意图,恰好需要对有关论题的先行意见进行最为彻底的反驳。这种反对意见越彻底,通过最终的一致性而确认的东西就会越可靠。如若人们注意到了这种实事性谈话的观念,那么很显然,这种谈话并不是对于揭示实事的科学逻各斯的本质而言显得陌生的言谈形式,恰好相反,它为逻各斯赢获了某种可能性,即将自身塑造成认识性的揭示和居有。

于是,在这种相互理解的观念结构中说明了,为什么我,即使并没有和他人谈话,也能够深入到对于某物的科学论证性的揭示和居有,并且能够通达真正的逻各斯。因为即使是那种并不谈话的思想活动也是一种言谈(Sprechen),只不过他人——也就是谈话所面对者,就是我本身。这一点之所以是可能的,是因为他人在实际谈话中被要求做的事情无非就是我可以为我自己做的事情:回溯到某种被给出的解释中,因为我会就实事的那种理解去审视那种给出的解释。其基础是,在"思想活动"中分环勾连出来的理解,就像道说出来的解释那样得到了确定,并且是可以重演的,并且可以自由地进行此种回溯。在提出反对意见之际自由地前来照面,这种可能性当然有某种自身的困难;因为这就需要人们懂得摆脱自身及其理解的业已固定的诸种方向,并且懂得去倾听实事面向某种新的追问而不得不向某人道说的东西。但是,实际的谈话确实需要仅仅坚持那种有关被谈论东西的实事性意见,而不要坚持那种在言谈中被此在一同道说出来的东西。非实事性的诸种主题确实有助于反对意见之发现和道说。竞争,作为共在的某种基本主题,使得那些为了抵制他人的论题而做的陈述在实事性的谈话中变得清晰可见。但是,对于谈话的实事性而言,只需要将实事性的诸种根据当作争论的对象,而无须把那些实事性的诸种主题当作争论的对象。他人——人们借助这些根据向他提出反对意见,完全就实事性内容而看待争论。那种自己与自己的无声的思想活动,面对着同样的要求。它必须排除一切此类主题,以便在实事性上向前推进。审视性地朝向自由的同意或自由的反驳,如此去应对它自己的逻各斯,这就要求做出某种源初的忽略,忽略掉这种逻各斯乃是自己的逻各斯。实际上,这种忽略当然可以以反思性的方式而得到实施,以至于观看着他人的可能的反对意见。但是,对他人的反思性的预先讨论,并没有把他人当作某些确定的他人——某些人们可以在其中获得优势的他人,而是把他人当作那种无名的承载者,这种承载者有可能在实事上提出反对意见,而这就是说,人们在观看自己的论题时也只能就其实事性内容而进行观看。这种实事性意味着决意进行提问和质疑。⑦它也是那种预设,在此预设中存在着真诚的自身反驳,这种自身反驳从根本上并不总是处在自己论题的下风,也就是说,并不是从一开始就意在追寻自己论题的那种可靠性,而只是提出反对意见,从而预先观看到那些可以拒绝的和无效的东西。

在对他人作实事性要求(科学性的逻各斯提出了这要求)时,同时也就说明了,仅在他人那里就存在着真正的传授(Lehren)。传授乃是相互谈话(Miteinandersprechen)的某种衍生样式,相互谈话通常乃是在实事性论证的揭示活动中得到实施的。在传授中,言谈者被规定为传授者,而他人则被规定为学习者。但是,传授者给学习者提出来的理解要求,与彼此之间在实事性相互理解的理解要求上乃是根本一致的。传授者固然不会为了他自己的实事理解而要求学生做出同意性的领会,因为他对于他所传授的东西业已真正地知道和掌握了。但是,学习者在这里还是要依据对论证性揭示的自由洞察去表示同意,就是说,他不应为了可以进行复述而接受,而是要通过实事性的揭示本身,进而达到对实事的认识和掌握。可传授性的本质确实要求,那种可传授的东西不只是对于这个人是可学习的,对于那个人却是不可学习的,就是说,学习者作为他人并没有被要求其中的差异性(Andersheit),被要求

33

---

⑦ "思想"并不是对诸种固定的思想预设的单纯编造(Fortspinnen),并不会沉浸在单纯的推理逻辑中,即使是独白式的思想过程也并非如此,强调这一事实及其根据乃是为了反驳洛维特(Löwith)的片面分析,参见洛维特:《个体在共在中的作用》,慕尼黑,1928年。毋宁说,单纯推理的发展乃是依循共同世界的主题而产生出来的,这与洛维特分析的深层语境刚好相应。参见我的书评,载《逻各斯》,第18卷(1929年)。[现收入我的著作集,第10卷]

的乃是那种同一性(Selbigkeit),亦即对于传授者和学习者而言共同的东西。于是,知识是可传授的,这一点是借助了科学性逻各斯的要求而被给出的:在依循根据的揭示中就实事的必然性存在而谈论实事。

他人的这种作用,在实事性相互理解的对话倾向中,恰好构成了辩证性的本质。因为辩证性的反对意见(Widerspruch)并不单纯是某种反面论题,这种反面论题乃是把所主张的意见的他人作为他的意见加以对立。辩证性的反对意见尚未出现,如若只是意见反对着意见,毋宁说,它恰好是这样才建构出来的:一个且同一个理性(Vernunft)必定使正面意见和反面意见都有效。辩证法意义上的反对意见并不是指另一个人提出了反对意见,而是指某物提出了异议,不管这个反驳是另一个人做出的还是我本身做出的。⑧

§4　言谈的沉沦样式

知识的要求在相互理解中显现出来。依据他人的同意可以表明,被给出的逻各斯是否真的可以用可理解的方式把实事揭示出来。但是,言谈作为人类实存的可能性,它在这里还有某种特有的可能性,即非本真存在的可能性。对于对话中相互理解的这种实事性精神,柏拉图进行着反复的刻画,而且,这些刻画体现在苏格

---

⑧　有某种特有的现象:人们可以代表两种对立的论题,为这两种论题各自进行一番辩护,明确地而且任性地为两种论题分配谈话者,就像《法律篇》963d9以下那样。此种分配只是某种技术性工作。对于辩证法而言事关宏旨的乃是,两个论题对于同一理性而言恰好具有相同的有效性。

拉底对话、柏拉图后期对话（诸如《智者篇》和《法律篇》）和学园对话（《第七封信》）之中。它们都可以被统一概括为妒忌之排除（Ausschluß des φθόνος）。φθόνος（妒忌）意味着（参见有关《斐莱布篇》的阐释，第48页以下）这种操心：想要胜过他人或者不落后于他人。作为这样的操心，妒忌在对话中确实发挥着作用，表现为言谈的某种有所操劳的抑制，抑制着对于真实的实事关联的揭示。此种顾念自身的言谈，于是就被某种保留态度（Vorbehalt）规定着：关于实事的言谈要由言谈者本身积极地且与众不同地负责。这种保留态度向言谈隐藏了那种对实事关联的自由的适应，因而恰好隐藏了那种无所保留的解释决心。与此相反，谁要是立身于不带保留（ἄνευ φθόνου, εὐμενής, ἀλύπως）的言谈中，亦即摆脱了因自以为是（Rechthabenwollen）而招致的委屈和痛苦，那么他就决意 ἀφθόνως（毫无妒忌地）进行解释。

言谈的这种反面的沉沦样式与前面所讨论的那种言谈有着根本区别，它没有使实事性相互理解的要求以反思的方式变得麻木不仁，而是使用着这种要求的假象（或假装使用着这种要求），意图实现自己在他人面前的与众不同。不过，这种沉沦样式在希腊人那里确曾发挥过作用。它支配着那种对于言谈暴力的信赖以及对于同一性的信赖。这种言谈只是给出追求知识的假象，只要它通过在它自身中存在着的引诱而创造出他人的同意，或者由此而懂得了如何反驳他人。于是，这种假象性要求的实行方式要这样刻画：没有让逻各斯自由地遭遇对于实事的同意或者对于实事的反驳，没有让逻各斯由此证实或推进其揭示实事的作用，恰好相反，竟然把逻各斯的目的设置为截断他人自由反驳的那种可能性。因而,这种假象性的知识要么致力于赢获他人的同意,要么致力于对他人的(成功的)反驳。⑨这两种言谈样式都不是言谈的首要作用——使实事就其存在而变得更加清晰并且通过他人来证实自身,毋宁说它们在言谈中并不依赖对于实事的揭示,反而要构建这种可能性:恰好要将相互理解中属于共同言谈者和共同认知者的他人及其作用排除掉。

(1) 知识的要求在这里意味着对于那种最强(stärksten)逻各斯的掌握。这种"强"(Stärke)乃是因为在这里偶然性是不可能的,在这里矛盾或反对意见(Widerspruch)是不可能的。在这种意义上,任何逻各斯,要想成为知识,就必须是强的,而且只要它是不可反驳的,那么它就是强的。这种"强",由此看来,表达的只是被谈论的东西在实事上的恰当性。在这种方式中,"强"并不是为了强自身而追寻到的,而是在追寻被谈论的东西在实事上的恰当性时被一同给出的。但是,它也可能脱离实事上的恰当性观念,通过努力超过他人而被追寻到。这种(Diese)朝向更强逻各斯的倾向可以这样刻画:它通过在言谈本身当中存在着的诸种可能性,把任

---

⑨ 逻各斯的这种论辩(agonal)意义不会源自那种从根本上就质疑着揭示实事的言谈可能性的逻各斯理论,霍夫曼(E. Hoffmann)就试图从语言的某种 νομῳ(规范)理论中推导出智者的诡辩术(Eristik),参见他的《语言和本原性逻辑》,蒂宾根,1925年。毋宁说,逻各斯的论辩用法乃是基于这种预设:逻各斯揭示着实事。只有这样才能理解智者对于知识的要求,这种要求建基于那种可以谈论一切的能力。只有这样逻各斯才能"切中听众"(霍夫曼,同上书,第28页以下),听众才能在其实事性要求中将被谈论的东西接受为知识。因而,言谈之论辩运用的主题并不在于某种语言理论和知识理论的立场,而在于实际的公众的共同世界的此在的某种倾向:试图通过言谈把自己刻画为优越于别人的知识人。逻各斯理论中的怀疑转向正是基于实际言谈的这些沉沦可能性。

意一种（哪怕是在事实上更虚弱的，也就是说并不合乎实事的）逻各斯做得（machen）更强，并且将通常不可实现的那种要求加以实现，亦即要求始终拥有更强的逻各斯，这就是它的出发点。这种要求只能表现出对于知识的某种假象性的要求，这一点可以由此看出来：在这种言谈的支配下，人们要求知晓一切。人们准备回应任何问题，而且相信有此种能力，这是因为，人们虽然还并不知道他们要应答什么问题，但是他们事先就自以为掌握了言谈的诸种可能性，无须依赖事实上的恰当性就可以截断任何反对意见。这种想要知晓一切但本身并不可能的要求，对其假象的宣称乃是这样进行的：此种言谈把实事如此遮蔽了，以至于实事对于那些提出反对意见的人来说竟然变得不可再遭遇了。此种言谈遮蔽实事的倾向表现为，言谈者并不能真正地通达他所说的东西。（当然即使是遮蔽性的言谈也有实事性的内容，因为这种遮蔽也是对实事的某种揭示，不过，它所揭示出来的乃是它并不是的东西。）对它来说要紧的事情仅仅是在矛盾当中保持优势地位。言谈所提出来的对于知识的要求总已经得到了实现，不再是通过相互理解才能得到实现。如若被提出来的逻各斯出乎意料地不再是不可反驳的并且被反驳了——与真正的提问者进行谈话之际，人们当然要尽可能地依循实事的自行显现而行，那么人们并不依循反对意见的实事性内容和起初提出的那种逻各斯进而提出某种对于实事的更为本真的解释，而是会站在被反驳的立场上提出某种新的逻各斯，这种新的逻各斯指向并且仅仅指向那种反驳性的争论。于是，任何逻各斯，如若遭遇到反驳，就会被完全取消，并且被某种新的逻各斯所取代，这种新的逻各斯看似足够强大，其实是要抵制那种反对意见而为自己进行辩护。于是,任何逻各斯都是为了实现更强的优势地位而被选取的,并且想要成为封闭性的存在,并不能开启有关实事的新的阐释。因而,当这种逻各斯遭到反驳时没有坚守住自身,而是完全消失了,完全不顾及它所说的东西到底有没有被所讨论的实事揭示出来。对于逻各斯之优势地位的操心就这样遮蔽了对于实事的观看,实事原本是要通过反驳而指引出某种可以继续前进的解释,这种解释会赢获并且巩固那种在赞成和反对中自行显示出来的东西。于是,此种言谈的非实事性恰好可以这样公开出来:它回避着可能的反驳性言谈。于是,此种言谈的本质在于避免进行对话。它倾向于发表言谈(Redenhalten),倾向于某种长篇大论(Makrologie),此种长篇大论虽然回溯着被说出来的东西,但是业已通过其长度而加剧了外在的难度,而且这种长度并没有内在的秩序,只是通过对同一者进行不断的变形而联系着自身,并没有在说明实事方面得到向前推进。

在发表言谈中,人们从一开始就不会求助于某个个人——与他一起追寻在实事上的相互理解,而是求助于一群人,和一群人在一起当然不可能实现实事上的相互理解,因为一群人无法进行回应。于是这种言谈并不是某种单纯的实事性的揭示活动(Aufzeigen),而是某种说服活动(Überreden)。它考虑的乃是,通过制造某种印象,使实事——正常运行着的实事,变得值得信赖。这种并不依赖实事内容的、存在于谈话中的制造印象的手段,就是谈话本身那种讨人喜欢的特征(Gefälligkeit)。它就是此处要加以刻画的那种言谈要努力追寻的真正对象;在此手段的作用之外,它还意欲使它本身得到赞赏。那种坚决要求对实事进行解释的人,完全不在乎此种言谈艺术,只会认为这种言谈艺术在其推进中并没有实现揭示实事方面的任何推进,尽管使用了多种方式,但是它所谈论的始终是同一个东西(《斐多篇》,235a)。而且当这种言谈走向终结时,几乎不能觉察到它要走向终结了:这种言谈,由于并没有选取任何一条揭示实事的道路,所以也不可能通达某种适合于实事本身的终结。它停止了,但是它的魔力却还持续着,直到人们从中苏醒过来(《普罗泰戈拉篇》,328d)。但是,这种美妙言谈走向独立的最极端形式——在此形式中不会面对任何确定的他人而进行言谈,乃是演讲词写作(Redenschreibung)(《斐德罗篇》中的吕西亚斯)。这种修辞学以极端的方式显示出,言谈者完全不在乎这种言谈所讨论的实事,而仅仅在乎那种可能性,在任一实事上显示其言谈艺术的那种可能性。与此相反,真正的修辞学,尽管像这种言谈者一样,并不会显示出实事,但是它要向听众们发布出某个并非如此的东西,而这就要受到某种实事性意图的引导了:使众多他人通过令人迷惑的道路而确信某个东西,并且在被说服中信服了某个东西,而这个东西恰好是言谈者所在乎的。因而,他做言谈并不是为了显示自身或显示自己的艺术,而是意图将听众固定到某种状态,某种他可以代理的状态,面对众人并非一件简单的事情,因为众人并不是某一个人,并不能通过事实上的相互理解而加以强迫。

(2) 这种非实事性言谈意在将自身显示为有知识的、不可反驳的,这种言谈的反面乃是他人为了反驳而进行的反驳。即使是在这里这种言谈也服务于这种目的,通过反驳能力向自己给出有知识的假象。只是他在实现其意图时不能通过直接地宣布自己的优势地位，而是相反要通过证明他人的劣势来表明自己的优势地位。即使是在这里也误用了揭示实事的那种原初倾向，这种倾向在于通过反对性言谈使他人和自己能够继续前进，以更加本真的方式去解释实事。即使是在这里也还缺乏可以和他人在存在中一起通达实事的那种共同关系。在这里，通过反驳不会将他人带向那种境界，在更为本真的实行中提出新的反驳，反而使他人恰好变得沉默起来。在这种为了其自身的反驳活动中存在着这种倾向，将一切论题和任何论题都当作不可坚持的而加以反驳，这种要求呼应着那种要求，以为一切都是可以谈论的。即使是在这里借助这种要求也已经显示出，此处事关宏旨的并不是那种依循实事的真正的反驳。因为在这种要求中那种反驳的可能性已经得到了事先的掌握，毫不顾及有待反驳的那些具体当下的实事内容。因而即使在这里在言谈本身当中也存在着假象之可能性：任何陈述或命题都要通过揭示其反面而加以反驳。这是可能的，因为任何解释都是由关于有待解释的那种实事的某种先行的视角而加以实施的，这种视角在解释过程中未必会明确地传达出来，尽管这种视角还规定着解释的实事性意义。任何意义都处在意义关联的整体中，并且依循着这个整体而得到规定。于是，就其自身而言，只要它从其规定性的关联中产生出来，它根本上就是多义的（vieldeutig）。如若就其非实事性的独立性而进行反驳，那么这种多义性就始终处在遮蔽中。解释可以未经明言地置入到某一个新的视角中。这种视角的转变始终是未曾明言的：他人（其论题应当得到反驳）不被允许就其论题再做陈述，只能得到某种回答的假象（或只能假装做出同意性的回应），至于是肯定还是否定都无关紧要了（参见《欧绪德谟篇》中的描述)。于是,被道说的东西总是处于其中的那种视角的差异就被遮蔽了,因为人们坚持着词语的同一性($\kappa\alpha\tau$ $\ddot{o}\nu o\mu\alpha$ $\delta\iota\acute{\omega}\kappa\epsilon\iota\nu$),并且由此而通达那种进行着反驳的反对意见。即使是这种言谈样式也具有如下特征,即它被其实事性的意图所阻断,没有观看到被意指的东西,并且由此而坚持着有关被道说东西的多义的可能性,这些可能性恰好遮蔽了实事,进而破坏着在事实上进行的真正的相互理解。这种遮蔽倾向的主题在这里也作为反驳者,作为有知识者,而自行显现了出来。这就是论辩术(Eristik)。

§5 苏格拉底对话

科学性言谈的结构及其沉沦样式的一般特性同时也刻画出了某种历史性视域,苏格拉底对话以及由此而来的柏拉图辩证法的诸种起源就是被设置在这种历史性视域中。前面所刻画的那种非本真形式的言谈的统治地位,可以体现在智者学派的历史性事实中。智者学派的历史性缔造者同时也是修辞学的创始人。修辞术和论辩术具有结构上的亲缘关系,这一点前面已经在纯粹实事上做出了说明,这种亲缘关系可以在其历史性根源的同一性中得到证实。相反,依循前面揭示出来的言谈本身之沉沦的诸种共同世界主题,智者学派(广义上)的那种实际上的统治地位可以得到理解。在言谈的这种非本真形式中显示出了科学性要求的独特性:面对人们自以为知道的东西,要能够做出解释(Redestehen)。于是,任何人,只要他与苏格拉底进行谈话,他自以为知道向他追问的东西,那么他就不能拒绝这种要做出解释(Rede zu stehen)的要求。他要求知识的真诚性可以通过他对解释的要求而得到审视。

尽管柏拉图笔下的苏格拉底越来越放弃了那种提问者和由此而来的审视者的姿态，并且谈话的引导者变成了后期对话中那种对于知识有要求的人，但是，这种知识的实行形式仍有理由保留对话的形式。因为在那里，他本身不断地将其所说的东西置于这种审视之下，并证明自己满足了其谈话的那种要求，即他的言谈在与他人的相互理解中对于知识的要求。对话形式服务于那种不断的确定性活动，要确定他人确实参与了实事的揭示，并且对话形式由此而来保护着本己的言谈，使它不至于沉沦于那种空洞的、与观看到的实事失之交臂的言谈，这种言谈在善于言谈的时代危及着一切言谈。于是，柏拉图的这种历史性处境可以解释，为什么知识不再是那种对于真理的智慧性的宣布或报道了，而是要在对话性的相互理解中，因而势必要在无限的决心中对所有被道说东西进行正当性的说明和解释。

接下来的概述所试图进行的有关苏格拉底对话的分析，其目的在于，在通过对话特征而给出的相互理解的结构中，将科学性的实事性言谈的诸种要素揭示出来。对此种结构性要素的揭示应当为阐释辩证法理论给出指导线索。随着对对话和辩证法之关联的阐释性实行，阐释要将其要求限制在这种方面：要证明实事性的相互理解的主题，乃是辩证法疑难之诸种形态的引导性主题。因而，这种阐释希望《斐莱布篇》中有关辩证法的增补性阐释能够创造出某种框架，依循这种框架那种增补性阐释的作用在与谈话的关联中可以得到理解。因而，在这里得出的实事性关联将在第二章具体阐释《斐莱布篇》时发挥有益的作用。因为它将显示，那里所讨论的 διαλεκτικὴ δύναμις（辩证能力），在对话中恰好表现为辩证法,而这种辩证法在《斐莱布篇》开头出于谈话处境的需要在方法论上被加以讨论。

首先要刻画出的是那些为可能与苏格拉底对话的对象性论题取得相互理解而给出的预设。因为苏格拉底所审视的那种对于知识的要求乃是一种与众不同的要求。它涉及的不是那种这个人拥有而另一个人并不拥有的知识,这个人需要而另一个人并不需要的知识——也就是说,不是那种只能让"智者们"(die Weisen)与众不同的知识,而是那种每个人都必定需要的知识,因而如若他暂时还没有,那么他就必定会不断地去追寻的那种知识。因为对于这种知识的要求构成了人类实存的存在方式本身:它是有关善的知识,有关德性的知识。人的存在就要求人就其德性而理解自身,这就是说,人要依循他所是的诸种可能性并且依循他可以是的诸种可能性去理解自身。于是,苏格拉底的问题,何谓德性(或者何谓某种特定的德性),受到某种先行把握,即提问者和被提问者关于德性的共同的先行把握(Vorgriff)的引导。一切此在始终处在对于德性的某种理解中。何谓好公民,以及如何成为好公民,这些问题在那种支配着公共性此在理解的解释中,也就是在所谓道德的解释中,预先规定着每一个人。于是,德性概念乃是某种"公共性的"概念。在这种概念中,人的存在被理解为与他人在共同体(城邦)中之存在。德性可以使任何一个人成为城邦之公民,但是,这就是说,对于德性的理解并不是那种简单意义上的共同和公共每个人都分享着那种支配性的意见,都知道所有人都知道的东西,毋宁说伴随着成为公民的要求的必然是进一步的要求,亦即这种可以使一个人成为公民也就是成为人的德性,必须要亲自拥有才行。此种主题在苏格拉底的诸种对话中明确地发挥着作用。因而,倘若有人不宣称自己是正义的(《普罗泰戈拉篇》,323b;类似的地方还有《卡尔米德篇》,158d,以及《高尔吉亚篇》,461c),那么,这种人在普罗泰戈拉看来简直就是精神错乱了。任何人都要这样做(致力于拥有德性),只要他还属于人类。于是,在关于德性到底是什么的追问中从一开始就存在着某种预设:任何人都要提出这种要求,也就是说,要依循德性去理解自身。之后,每个人都要准备好并且要有能力做出解释,为什么他要这样做事和这样表现;他要能讲出来(sagen),借助这种对于德性的要求他把自己理解成什么了,因为人只能在 λόγος 中理解某物,也就是说,只能在逻各斯中面对某种并不在当前现身的东西。

这种看似不言而喻的要求并不能得到不言而喻的实现,关于此在的日常的自身理解只是满足于这种知识的假象,并不能从自身出发给出解释,这是苏格拉底的发现。于是,苏格拉底对于何谓德性的探究,就是对于做出解释的要求。例如,苏格拉底追问,为什么那些我们都认为正义的人是正义的:何谓正义本身,它与某人共在就能使某人变得正义?对于这个问题,每个人都必须能回应,因为他以此向他自身提出问题。苏格拉底的每场谈话都导向某种审视,亦即对某某本身(einer selbst)是什么的审视(《拉凯斯篇》,187e)。即使某场对话刚开始并没有讨论有关自身存在的知识,而是在要求某个具体领域的某种特定知识,苏格拉底的追问也会在对这种要求的审视中转向对某某本身(einen selbst)。借助这种知识,人们肯定会相信他们拥有了善。至于它是不是善,则并不取决于人们是否真的拥有这种知识——精通某个实事领域或者熟悉某种制作活动，而是取决于对于这种知识的使用是否受到那种统一的洞见的引导，那种洞见使一个人以及人们做所的一切都成为善的。任何个别的知识或能力就其自身而言都不是善的，毋宁说需要某种正当性的说明，需要依循人们所理解的本己实存的目的（Worumwillen）而进行正当性的说明。人们要能够讲出来，为什么人们要以某种方式表现自己，就是说，人们在其行为表现中所理解的那种善到底是什么。

根据这种要做出解释的要求，那种占据统治地位的此在理解就显得不够充分了。有关正义的知识，即人们在拥有正义时所要求的那种知识，乃是某种自然的理解，亦即对于诸种行为方式之持续的共同性的理解，而这些行为方式在公共阐释中被看作是正义的。但是，这些行为方式中的任何一种依然有可能是坏的，而且与它相反的那种行为方式也有可能是善的。坚守在战场前线通常被看作是勇敢，但是也可能有这样的战术：通过表面上的溃逃而使敌人的前线放松警惕并且最终消灭敌人的前线。于是，坚守前线本身并不是勇敢的本质；因为溃逃在这种情况下也是勇敢（《拉凯斯篇》，190e 以下）。于是，依循行为表现的共同性而做出的对于德性的自然理解并不意味着真正掌握了何谓德性，只要人们通常只是满足于正义、勇敢以及诸如此类有效的东西（Geltenden）的假象。人们或可提出这样的反对意见：人们遵循着公共的责任性伦理。难道这还不是对其自身的理解吗？然而，对于何谓德性的真正掌握仅仅出现在那种情况下，即人们有能力做出解释，到底是什么使得这个被看作是德性的东西成为善的。而这就意味着：如若对于善做出解释这种要求受到了质疑，那么这种质疑就会变成对

41

行之有效者之正当性的质疑。这种质疑的最终后果就是快乐主义（《国家篇》，538d）。因为，如若人们不能着眼于德性而真正地理解自身，那么善的观念，作为所有人自身理解的那种形式上的观念，就会退回到那种直接的和绝对确定的愉悦（Sichgutbefinden）经验。于是，苏格拉底的审视，不仅要求理解德性，而且还要对快乐主义的德性观念进行质疑，快乐主义似乎是此在理解之自行辩护的极端情况。

善——关于善的知识被苏格拉底要求着，而且关于善要做出解释——可以从两方面在内容上进行理解：要么作为德性，指向某种公共的道德性的此在理解；要么作为快乐，就是说，当占统治地位的道德解释破裂时，指向关于善的最直接的经验确定性。不过，即使是这种经验确定性也要在此在理解（Daseinsverständnis）中才能构建起来，就是说，快乐必须作为存在的目的（Worumwillen）而表现为有关此在的某种统一性的自身理解。这种自身理解的要求，作为对其自身在一切行为表现中的某种先行的确定的掌握，始终还是需要着其预设。对于这种要求的批判在苏格拉底对话中具有某种特有的二重性。苏格拉底的对话操作一方面是反驳的实行方式，但是在反驳本身中实现了对被追寻者的发掘。将会看到，在被反驳者中被要求的东西必定是什么。苏格拉底的这两种作用都服务于某种统一的目的，即要赢获某种真正共同的追寻。

作为反驳活动，苏格拉底的追问旨在证明，在自身中借助必然性而被提出来的那种要求、即意欲知道何谓善，并没有得到实现。这种证明活动在实行时采取了反讽（Ironie）的形式。这意味着：苏格拉底出场并不是作为有知识的人并且决意依据其知识上的优势去反驳他人的要求,而是在具有劣势的假象中作为本身并无知识的人而出场。反讽首先表现在,苏格拉底认为他人对于知识的要求已经得到了实现。这种反讽的典型形式是,苏格拉底表示他对他人的回答是满意的,"只是对某个小细节"还不满意(例如《普罗泰戈拉篇》,329b,σμικροῦ τονος ἐνδεής ...)。于是,苏格拉底之反驳在开始时并不是作为反驳,而是作为对某种补充说明的要求。他认真对待那种回答,将那种回答当作是确实从被追问东西的理解出发而创造出来的阐释,已经隐晦地表达出了苏格拉底依然不理解的东西,只是需要进行更加详尽的解释。这种对于补充说明或详尽解释的请求,确实基于这种预设:那种业已给出的回答,已经向那个尚未得到明确回答的东西,未曾明言地给出了回答。如若这种补充说明不能令人满意,那么那种论题本身就还没有被触及;此种论题对于实事上恰当性的要求就正好由此得到了反驳。真正的实事性的阐释乃是,能够依循它由以产生的实事理解不断地确证自身和阐释自身,就是说,从论题出发去得出那些包含在论题中并且从论题中推导出来的东西。但是,智者派的逻各斯却不能满足这种要求,因为它不是着眼于实事而获得的,而是着眼于其对于共同世界的印象性而获得的。由此可见,一方面,智者假装允许从论题推导出结论,但事实上根本就推导不出来。这样一来,苏格拉底的反驳就可以将其自身规定为论辩性的。关于这一点人们不能这样解释,似乎苏格拉底的这种反驳方式是要通过致命一击将谈话伙伴卷入诸种矛盾中,由此看出他的无能和逻辑错误并且使他出洋相。这种唯一的主题可以通过苏格拉底的意图来加以反驳,即要让谈话对手承认某种论题,这种论题就其结论而言与谈话对手原来的论题乃是不可调和的。苏格拉底不仅尝试借助真正的逻辑推论,而且尝试借助他自己的智者派武器,去反击其谈话对手,从而使苏格拉底意图的实事性变得不再可疑。因为,即使是掌握了致命一击的大师也有可能以此方式被击败,其根据在于,他对其武器的运用并没有基于对语言之遮蔽可能性的强势应用——这将预设某种真正的实事理解⑩,而是建立在这种根据上,他自己被语言以及在语言中存在着的多义性占据了,他充分地利用了这种多义性,因而无须对实事作亲自理解,仅仅使用本能就能够对他人形成打击。恰好因为智者派的逻各斯在其好斗的目的中没有把那些各个不同的被意指的视角公布出来和确定下来,所以他自身就陷入了这种多义性之中,以此对他人进行攻击。相反,苏格拉底则始终朝向实事。恰好因为苏格拉底并不在意反驳本身,而是致力于将谈话对手解放出来并且让他面对共同的实事性追问,所以苏格拉底才能和这样的谈话对手进行争辩,并且是按照苏格拉底自己的水准而进行争辩——这种谈话对手根本不操心其诸种论断的逻辑推理正确性以及在实事上的恰当性,而仅仅关心论断的效果,因而对他们而言更加重要的乃是推论的假象和真理的假象。他们的致命一击只是那些尝试,将反驳的道路加以缩短,这种道路其实也可以在严格的方式上加以实行。因而,如若苏格拉底所尝试的致命一击没有发挥作用(参见《普罗泰戈拉篇》,350c6),他对此是无动于衷的;他并没有简单地陷入这种致命一击,而且并没有随着

---

⑩ 柏拉图在《斐德罗篇》对修辞学的批判中,对此进行了清晰的说明,参见本书第61页。

他的拒绝而失去了他在反驳上的方向,因为对他来说反驳的目标在始终依循对于实事的正面理解而得到了预先规定。于是,对于柏拉图主义逻辑学(柏拉图对话中逻辑推理的)谬误性的评价,通常是这样进行的:苏格拉底的那些致命一击并不打算成为某种技艺高超的技艺家的技巧——只要简单地使用一下,就可以许诺成功,而是要成为相互理解的那种鲜活的形式,可以将实事本身不断地放在眼前,并且仅仅由此而获得实事的尺度,对于实事而言此种尺度可以成功地形成观看实事的眼光。这与科学逻辑学的立场既没有积极的关系,也没有消极的关系。一切鲜活的实事性谈话是而且如今依然充斥着这种非逻辑性的急迫(Ungeduld)。

但是,一般而言,苏格拉底这样进行反驳:他为谈话对手的论题合乎逻辑地推导出诸种结论,但是,就在这些结论上,通过对一般有效的意见特别是道德规范的考虑,使其谈话对手不可能坚持其论题的诸种结论。这是反驳的最彻底形式:依循那些即使是谈话对手也会坚持的实事性预设去反驳谈话对手,因为谈话对手自己的论题和那些他们必须坚持的实事性预设不能调和。例如,我们可以想起苏格拉底在《高尔吉亚篇》中对智者学派快乐主义反驳的那三重进路。依循那里(高尔吉亚、波罗斯和卡里克勒斯)每个人提出的论题而得出了诸种结论,但是这些结论与这些论题的辩护者所坚持的那种实事性意见形成了矛盾(zuwiderlaufen)。而且,卡里克勒斯的那种最彻底的快乐主义在其自己的推论中就已经崩溃了。尽管卡里克勒斯在其快乐主义论题中就其自身内容而坚持着某些东西,但是这些东西竟是对快乐主义的必然的反驳。他为了维护他真正的意见,打算按照某种标准对快乐的种类进行

44 划分，但是这种标准本身却不再是快乐。有关力量和高贵的冷漠（adeliger Ungebundenheit）的正面观念，对于卡里勒克斯而言这就是实际的和未曾明言的标准，但是却反对着其快乐主义的理论性内容。

这种反驳性谈话在证明无知的过程中走向了终结。这样一来，这种反驳性谈话在其每个步骤上直到结束时就坚持着某种反讽的预设，被追问者乃是有知识的人，而追问者乃是无知者。在证明被假定为有知识的人其实无知的过程中，他人提出的那种对于知识的表面性要求遭到了否定性的揭示。因此，在对话的结尾出现了反讽的束手无策。这显然是相互理解之尝试的唯一结果，而且事实上是首要的一致性认同（Homologie）。但是，对于无知的一致认同，乃是赢获真正知识的首要条件。因为，借助这种首要条件可以给出两种东西：在无知上的共同性，以及在必须求知上的共同性，就是说，洞察到了这种必要性，能够对知识提出某种真正的和可论证的要求。所以，就此而言，苏格拉底风格的反驳具有肯定性作用，其目的并不是要把他人带向沉默，并不是要以此方式将自己作为有知识的人在他人面前突显出来，而是致力于赢获某种共同的追求。而且，从其他方面也可以看出苏格拉底式的反驳具有肯定性作用：一方面，在反驳活动中被追寻者就其被追寻的东西而被释放了出来；另一方面，从这种洞察中还得出了追寻和追问本身的某种方法上的技艺（Geführtheit），并且由此得出了不断前进着的相互理解的持续性，这种相互理解的持续性也是苏格拉底谈话和论辩性反驳技巧的区别。

苏格拉底在反驳那些回答，亦即那些他在追问德性的本质时所获得的诸种回答的过程中搞清楚了被追寻的德性是什么：是关于善的知识。于是，善就是知识的对象。这是一种统一性视角，依循这一视角可以将一切联系起来，依循这一视角特别是人类实存本身可以得到统一性的理解。善具有某种存在之目的（Worumwillen）的普遍特征，尤其具有人类存在之目的的普遍特征。着眼于善，人理解着自身，并且在其具体当下的行为和存在中面向他不得不做和不得不是的东西。此在在这种自身理解中获得了某种立场，只要它认识到了善，为了这种本己的能在意愿而行事，而不是被世界中向他前来照面的东西，以单纯照面的方式，亦即以愉悦（促进性）的方式或者痛苦（阻碍性）的方式占用着，毋宁说此在会在事物对于某种目的的有用性或妨碍性中理解事物，这种目的最终要回溯到此在本身的目的中。因此，有关本己存在之目的的知识乃是这种知识，它使此在从某种混乱状态（那种混乱状态使得此在陷入那种从世界出发向他袭来的事物的互相矛盾性和不可计算的状态）中走向某种朝向他的立场，并且由此而进入对于本己能在的坚持之中。

有关善的这种普遍性意义在《普罗泰戈拉篇》中已经表现得非常清晰了。在那里，对于知识的那种要求，作为智慧教师的智者派尤其是普罗泰戈拉（参见《普罗泰戈拉篇》，318d—e）必定会提出的那种要求，苏格拉底则针锋相对给予了反驳。

苏格拉底迫使其谈话对手就此在理解而提出某种统一性的指向（Woraufhin），亦即提出某种有关善的概念，并且在那种被称作善的事物中搞清楚，以善的概念到底可以必然地给出什么。

因为本己存在的这种目的可以被理解为什么，以至于它必定是知识的对象,这个问题尚未得到解决。对于德性的占据统治地位的道德规范性解释,也是普罗泰戈拉的主张,如上所述,并不能为德性之善是什么这个问题做出解释。而且,如若一个人可以对此问题做出解释,那么他还要有能力解释,什么东西可以被理解为此在之善,似乎还并不清楚,为什么人们要依循德性来理解自身,而不是依循有关善的那种直接经验亦即那种本己的愉悦,这种愉悦看起来通过道德的诸种要求而得到了不可理解的限制。因为这种愉悦会使一切解释的要求被取消,因为这种愉悦从其自身出发向自身袭来,而且并不是出于此在的任性。但是,如果此在的最终目的是其自己的愉悦,那么,由此一来,此在就要依循其愉悦来理解自身,就要提出这种要求,以认知的方式掌握自己。但是,因此就得在愉悦或不愉悦的存在中预先掌握那些从世界中袭来的生产愉悦或摧毁愉悦的东西。因此,很明确,本己的愉悦就会在直接经验中被当作善的而被给出,但是,由此并不能为意欲理解自身的人类此在赢获某种统一的视角。因为,如若此在意欲将自身理解为善的,那么对他而言的那种瞬间性的愉悦就不是其存在的目的,毋宁说他的愉悦乃是其自身的某种不断的可能性。但是,作为不断的可能性,就其本性而言,它并不意味着某种持久的延续,而是关涉到其生命延续整体的某种最大限度。这种要求——要认识并且拥有愉悦的最大限度,会迫使此在不再把关于某物的直接愉悦性当作对其善存在(Gutsein)的恰当性说明——尽管刚才还被当作是善的,因为现在令人愉悦的东西,此后可能会带来更大的痛苦。如若愉悦是人类此在自身理解的那种统一的目的,那么此在必定要针对他在世界中遭遇到的一切(而不仅仅是当前遭遇到的东西,还有那些被期待着的东西),就其愉悦性的程度而令其得到事先的认识。于是,在直接的当前性中被确定不疑地作为善的而给出的东西,如若要成为"善的",恰好需要依循某种并不在其直接愉悦性本身中存在着的东西而加以"衡量"。因而,直接的愉悦性根本不可能是善存在。某种自身愉悦的东西,要通过愉悦性之最大限度的衡量才能构建起自身,这种东西根本就不再具备那种当前愉悦性的特征了。于是,愉悦这种直接的经验,并不是对其善存在的确定不疑的证明,就像那种被看作是合乎德性的行为一样,无须着眼于善本身而加以恰当性说明就已经是德性了。对衡量诸种快乐的艺术提出要求——似乎只有这种艺术才能为快乐成为善进行恰当性的说明,这种要求很显然是不可能的,不可能是对于善的追寻。此在在其目的(Worumwillen)中理解自身,并不依循转瞬即逝的愉悦的当前性,而是依循其最高的和持久的可能性。

如若人们坚持着这一论证的方法论意义,就能明白,为什么 ὑφ ἡδονῶν ἡττᾶσθαι(屈从于快乐)是某种 ἀμαθία(无知、愚蠢):这种 πάθος(激情)在此在统一性自身理解的倾向中遭遇到,并且本身就是理解的某种方式:它被遭遇到并不是简单地作为某种现身情态的当前性,毋宁说它是面向将来的某种自身筹划,乃是某种选择。只不过,这种自身筹划未能有所超越地承受那种最切近的将来,并且因此在其本己意向中有所错乱:这种自身理解乃是某种自身误解,只要此在在这种筹划中面对令人愉悦的东西而未能坚持住自身。这是某种选择,但是在选择中为自己做出错误的选取(《普罗泰戈拉篇》,355e),以至于 μεταμέλεια(懊悔)不断地紧随着他,并且 πλάνη(欺骗、错乱)产生出来。

苏格拉底是否严肃对待"愉悦"和"善"的快乐主义等式,这是一个问题,但是只有在使快乐主义讨论脱离了整个对话的关联之后才能产生。快乐主义的论题在这里只是被当作某种证明(勇敢是知识)的手段。在这种证明中更加显示出了智者学派对于德性之于知识的要求的荒谬性(Nichtigkeit)。勇敢被普罗泰戈拉明确地宣称,是可以和德性的其他部分相分离的(《普罗泰戈拉篇》,350c)。事实上,勇敢在一切德性中只是那种东西,只是某种自然性格的装备,根本不可能是知识。借助这种论证——勇敢也是某种知识,似乎可以通达苏格拉底论题中最极端的悖谬(倘若一个人是勇敢的,那么他就知道,他根本不必害怕那种使胆小者闻风而逃的事物。从字面意思来看,这显然完全是勇敢的反面)。如若善和愉悦的等式服务于这种悖谬性的论题,那么,有关善的疑难就不可能得到一个那么严肃的解答,而由此出发得到证明的东西已是德性疑难的某种解答了(为此,人们可以比较一下那种对于勇敢之规定的明确反驳,《拉凯斯篇》196d 以下提出的勇敢在《普罗泰戈拉篇》中得到了规定)。毋宁说,它本身就具有某种完全同步的悖谬:真正的愉悦并不是那种当下愉悦性中的愉悦,而是那种愉悦和不愉悦,关键取决于它对于此在之现身情态之完善整体的贡献。因此,那种虚构的(fiktive)测量术在方法论上具有意义,可以显示出,对于当前事物的此在理解必定要面向并非当前者而加以理解,而且只有在这种指引中此在之理解才能被当作是善的。于是,这也贯穿着苏格拉底论证的过程,被当作是有待追寻的善;被当作是人类存在自身理解的那种统一的根据(Woraus)。因此,苏格拉底反驳的积极意义并不在于成功地制造出束手无策状态,而是在于由此它解释了,到底何谓知识,到底什么东西可以被当作知识。只有借助善的概念,一切知识才能得到论证,并且只是依循善的概念才能得到正当性的说明。

在有关善的先行理解的共同性的基础上存在着相互理解的最终可能性。在回溯到终极奠基者亦即某物的目的(Worumwillen)时,这一事物就其存在而得到了理解,并且由此一来关于这一事物而得到了一致性认同(Homologie)。由此认同出发可以发展出任何进一步的一致性认同。

将被追寻者当作可理解者之根据(Woraus)及其正当性的根据,这种先行理解规定着追寻活动本身。

此在必须在其面向某物的具体当下存在中才能得到其正当性说明,只要他提出认识之要求,但这就是说,他要理解自身就要依循那种东西,亦即他朝向其特有可能性不断地理解自身的那种目的(Woraufhin),并且他必须让那种他总是面对着的存在者(无论是在实践操劳中还是在单纯认识中面对的东西)同样就其存在亦即就其特有的可能性而得到理解,只要他想可靠地拥有或支配那种存在者。

于是,要做出解释这种要求,既是自己向自己提出的要求,也是他人不断提出来的要求,着眼于此在存在的目的(Worumwillen)去拥有或支配此在本身,并且由此一来着眼于此在总是面对的那种存在者的存在目的去掌握那种存在者。但是,对于某物的认识和拥有只能在逻各斯中给出,只能在对其永恒本质的居有中给出。只有在逻各斯中此在本身以及此在总是面对的存在者才能得到这样的理解,此在在面对自身的存在中可靠地掌握着此在自身和存在者,此在就这样生活着。于是,就要求人们关于此在本身的存在和那种存在者的存在而进行相互理解。有关事物的一切相互理解确实都有这样的预设:如若人们要关于某物进行相互理解,那么这个某物从两方面来说都必须被理解为同一者。在人们对此进行相互理解或者对此进行解释之前,无论是要在某种视角下对某物进行思考还是要和某物打交道,都必须确保,这个事物乃是同一者,这意味着,就其存在来说它始终可以被理解为同一者。因而,一切对话性研究和辩证性研究的首要关切就是对其谈论对象之统一性和同一性的操心。

但是,只要此在总是依赖着对于此在本身和世界的某种业已得到阐释的理解,那么,做出解释的要求首先就是对那些不断遭遇到的诸种阐释的审视,这种审视要依循那种论证性的观念——即对于面向某物之具体当下存在的论证,并且要依循本己存在和存在者之存在的目的。只要对可作正当性说明的根据的追寻乃是共同的追寻,并且具有审视的特征,那么这种追寻就根本不会这样进行:一个人提出主张,并且期待着另一个人的确证或者反驳,毋宁说双方都在审视这种逻各斯是否可以遭受反驳,并且双方在最终的反驳或确证中达成一致。一切审视都不会这样处理有待审视者,一个人将有待审视者当作自己的实事而加以辩护,另一个人将有待审视者当作是别人的实事而加以攻击,而是要把有待审视者设置为双方的共同实事。并且,由此而来的这种相互理解,首先并不是出于对他人的认同而产生的相互理解,而是自己和自己的相互理解。只有自己和自己实现了相互理解,才能之后和他人达成一致。

第二部分　柏拉图辩证法和相互理解的主题

§6 《斐多篇》和《国家篇》中的辩证法

被要求做出的解释乃是对于某个东西的解释,这就是说,解释乃是对某个要求做出解释的东西的恰当规定。于是,对那种作为苏格拉底思想活动之特征的逻各斯的审视,乃是这样一种审视,在其审视中追问着这样的问题,逻各斯是否向实事给出了其多样性中的统一性根据,依循这一根据实事可以被理解为始终同一者(在其存在方面)。于是,一切逻各斯在苏格拉底谈话中必定首先具有预设特征。这一预设的"优势"并不是在一切实事测量面前的那种可靠性,亦即事先就切断了可能的反驳的那种不可反驳性,毋宁说在于其实事方面的作用,可以就实事的统一性和同一性存在而把握实事的多样性。因而,苏格拉底把理念(Eidos)预设刻画为最强预设:一切事物,之所以比其他事物更大,不是通过在个别情况中使得一个人比另一个人更大的那种根据;因为同一个人和另一个人相比有可能恰好由于这同一个根据而显得更小。毋宁说,一切事物,之所以更大,无非是通过大本身而显得更大。只有这种逻各斯在苏格拉底看来才是可能的,才不是出于偶然的(《斐多篇》,100a以下)。这一理念预设显示出了被追寻的逻各斯的普遍性原则:理念乃是根据(αἰτία),就是说,它是相关理念之一切可能事例的根据,是一切具体事例得到统一性把握的根据。依循这一根据而出现的事物,被当作是归属于这一理念的,并且就其存在得到了揭示。这种逻各斯可能需要解释,倒不如说,这种逻各斯本身在其对根据存在的要求中就有待论证者而得到审视;亦即,倒不如说,要确保存在者及其多样性以统一的方式并且就其存在而得到把握。要对某物作解释,亦即某物要被理解成什么,倒不如说要给出解释和表明,某物作为永恒存在者而得到了把握。因为只有那时候才是可靠的:人们在对此种逻各斯做出解释之时,迫使他人在具体实事本身上达成了一致意见。只有当预设本身自行显示为恰当的根据,人们就准备从这种预设本身出发给出解释——如欲实现相互理解就要作此要求。于是,任何逻各斯都要以此方式从根本上经受审视,是否真的为那些需要作解释的东西做出了统一性论证,直到人们达到了某种终极的且充足的根据,而这一根据本身是清晰的并且不再需要进一步的解释。《国家篇》就把善的理念刻画为这种根据(505a)。《斐多篇》中苏格拉底对阿那克萨戈拉之努斯的批判就告诉我们,他对于诸种理念的预设最终只有依循善的理念才能得到论证,这就是说,这一预设的要求只有那时才能得到满足,当这个东西——它把这一预设设置为某一实事的存在——依循这一实事本身的目的(Worumwillen)而得到把握。对于我们的关联来说,在对预设之程序的这种熟悉的描述中,关键在于,它要具有方法上的推进特征,通过审视有待论证的实事,不断地去证实具体当下的逻各斯的实事性要求乃是某种统一性的根据。如若人们最终通达了某种充足的根据,亦即通达了某种逻各斯,在这种逻各斯中实事之存在在其善存在中也就是在其永恒存在和应当存在中变得清晰可见,那么在这种根据的统一性中那种随之而来者的分环节的多样性被一同居有了,并且,这样一来,根据意欲居有存在者的那种要求——就存在者之永恒存在(应当存在)而居有存在者,也得到了实现。在对逻各斯的这种审视中——就逻各斯要求加以论证的事物而进行审视,逻各斯在根本上不同于那种方式:反逻辑者(Antilogiker)讨论着根据和结果,但是,他们把因果搅和在一起,就是说,他们会引证根据的统一性,如若结果的多样性是讨论的主题,反之亦然*,都只是为了让自己处在优势地位的假象中。同一者就其根据而言乃是统一者,并且,任何自身统一者同时也具有多样性——这似乎是某种矛盾,借助这种矛盾反逻辑者让一切真正的逻各斯都变得不可能了。与此相反,真正致力于揭示实事的努力,不能被这种"矛盾"搞糊涂:这种努力恰好通过将多揭示为一而把握着多,亦即就其在逻各斯上可以把握的东西而进行了把握。于是,这种努力通达了这种境界,依循那种终极奠基者亦即实事存在的目的,将实事的永恒统一的存在揭示了出来,并且由此一来关于实事之存在达到了相互理解。

于是,这种被明确刻画为"单纯之物"(ἀμαθής, 105e1; εὐήθως, 100d4)的理念预设,其作用在于,通过揭示那种永恒构成存在者之存在的东西,才赢获了那种可能性,就存在者之根据存在而认识存在者;也就是说,随着构成存在者之存在的东西而必然地被给出的东西,也必定属于个别存在者。于是,就比如这个预设,一切热的东西都是由于热而成为热的,可以被"更为精细的"预设替代:通过火可以变热,那么,只要哪里有热,哪里必定就有火。(某物和某物的这种必然性联系——这种必然性由理念预设提供着担保——正是在这种基础上才形成了《斐多篇》有关灵魂不朽的真正论证。于是,这种预设的程序乃是为了此种目的,为了证明苏格拉底所引入的某物与某物的那种必然性联系。)于是,这种预设的"单纯性"

---

* 如若要讨论统一性,那么他们就会引证多样性。——译者

(Einfalt)建立在这种基础上：它本身作为某物的根据无须预设另一个存在者，毋宁说它就是存在者本身之存在。但是，只有把握了存在者就其存在而言必然是什么，才能在此基础上认识到那些必然地属于存在者的东西。于是，预设之程序以及辩证法本身具有这种目的，在逻各斯中就存在者之存在而把握存在者，以便可以掌握存在者及其与其他存在者的存在可能。只有对其存在进行了把握，只有在此基础上，人们才能从其本已存在出发向其自身做出解释，并且这种解释乃是普遍性的，乃是有关存在者的相互理解。

于是，对于这一预设的审视具有两个方面：首先，这一预设在实事上的恰当性——这一预设应当是实事的统一性根据——要根据的确总是已经被观看到的东西而接受审视。其次，要允许对这一预设进行进一步的解释：追问这一预设的根据(Grunde)。因为只有那时，随着对根据的论证，才真正达到对所探讨实事的论证，并且有关这一实事的相互理解才得到了促进。

辩证法的意义在于，去赢获某种与根据（随着知识的观念而被提出来）之疑难的积极关联。这一点可以从苏格拉底于此刻画 Eidos 预设所处的关联中清楚地看出来。他讲述了他关于阿那克萨戈拉之努斯的期望和失望。

苏格拉底曾有这样的期望，由此实现那种要求，那种包含真正知识的要求：对于根据的知识。在自然哲学思辨中通常被举出的根据(Aitia)，不能满足那种要求，那种 Aitia 意义上的要求：被论证者始终依循保持同一的根据而得到规定和得到论证，以至于，如若陈述出事物的这一根据，由此就已经获得了某种先行的掌握。所以，苏格拉底并不认为他知道原因（πόρρω τοῦ οἴεσθαι τὴν αἰτία εἰδέναι, 96e6）。当阿那克萨戈拉将 Nous 看作根据而加以传授时，就唤起了苏格拉底的期望。因为如若某种精神性的东西，如若理性规定着事物之存在，那就意味着，依循那种规定着事物的理性（Vernunft），事物之合乎理性（Vernüftigkeit），亦即存在者之善存在（并且由此而来，善存在者的存在），得以产生。努斯观看着善存在而对存在者进行着规定——于是，在此种努斯中存在着那种保持同一的根据，依循这一根据，存在者作为应当存在者乃是可以掌握的。那种对于根据的追寻活动在此种努斯中方得到安宁：98a。

但是，苏格拉底遭受了失望，因为阿那克萨戈拉式的努斯根本不能实现苏格拉底对它的期望。阿那克萨戈拉没有就存在者之应当存在而规定存在者，反而把一切可能的其他存在者都陈述为根据了。于是，他的存在者之生成的开端，并不是那个正在生成着的实事的承载者，因为这种开端，并未作为这一正在生成者的实事的开端而关涉到这一实事，塑造着这一实事，并且在对这一实事的先行观看中规定着这一实事。这意味着，随着（阿那克萨戈拉）对那些所谓根据的陈述，并没有赢获对实事的预先和可靠的掌握。因为这种开端的获得，依循着那种回溯，回溯着另一个东西复又另一个东西，这些东西乃是如此这般地存在着，但是，并没有依循其如此存在（Sosein）而对有待论证的实事的存在做出规定。于是，这样的开端，自以为是实事的根据，本身还只是另一存在者，不能够成为实事的根据，因为实事并未由此存在者本身而产生出来。在有关诸种根据的这种机械主义链条中，实事的承载者恰好是被这样规定的，能够产生出另一存在者。那些使苏格拉底蹲监狱的肌肉和骨骼同样也是那种根据并且准备着，把苏格拉底带到麦家拉或底比斯。那种所谓的根据（实际上是始终存在着的实事的承载者：我的身体由肌肉和骨骼构成），借助这种根据实事的规定性突显了出来（这也是 ἀρχή〔本原〕），对于实事本身而言恰好是最无关紧要的。与此相反，真正的根据——苏格拉底在其行为表现中对此做出了阐释，乃是那种借助理性行为的要求而被设定出来的，那就是：它是如此善，如此更好，即使苏格拉底从监狱逃跑出去。并且，这就是根据中的普遍性要求，如若陈述出了根据，那么就要能理解实事的如此存在（Sosein），这就是说：实事要作为如此好的、最好的存在，亦即在其永恒的应当存在中得到把握。按照这种方式去理解事物的性质——对于苏格拉底来说才叫作"理解"，这一点阿那克萨戈拉并未传授给他。

由于没有任何人传授他这一点，所以他在其第二次航行时转向了 Logoi。这并不意味着，他削弱了或者放弃了在理解中存在着的有关根据的感觉要求（要求意义），毋宁说恰好相反：他现在追寻根据，去这种有关根据的要求所产生的地方去寻找 ἀλήθεια τῶν ὄντων（存在者的真理）——这就是语言以及业已投入语言的理解。要追寻的，其实是某种根据的自身保持同一（Sichgleichbleiben），对于任何存在者而言，都是那种在其根据中始终存在着的东西。这种要求在语言中得到了某种方式的实现。在语言中业已存在着对世界的理解，亦即对世界保持同一的地方的理解。因为我们用来命名事物的那些词语，业已具有自身保持同一的普遍性特征。每一词语都有其意义，这种意义不同于那种多样性，即借助词语的意义而得到命名的那些事物的多样性。我们借助词语而意指的东西，即意义，可以帮助我们谈论存在者，而意义就是自身保持同一的普遍者。意义给出的并不只是对当下直观中被给予者的提示。

被给予者，顾名思义，同时要被理解为某个普遍者，以至于我这样意指的东西，可以通过言谈本身向我给出，即使这种东西并没有向我的感官给出。于是，语言从在不断变化的感知中、被给予之物的多样性中突显出了某种本质的同一的普遍性，并且对存在者的命名借助着其永恒本质。于是，词语作为命名乃是对世界的首次理解性的占有和把握。即使是在专名(Eigennamen)的情况下，只要我从现在开始可以如此称呼这个存在者，可以超越其瞬间在场并且将其看作同一者而加以意指，甚至可以将它向其他人呈现出来，那么，它从现在开始，即在它认识了其名称之后，就已经以相同的方式被我们掌握了。上帝就这样将第一个人引入了其创世的享受和占有之中，其方式是，上帝为第一个人带来了被创造的本质，"他看到了，上帝是如何为它们命名的"。从根本上来说每个个别存在者都可以这样拥有其专名：作为某个对人而言在其个体性中被熟悉的东西而对个体存在者进行了命名。于是，专名乃是普遍性的，只要专名命名着某个个体，就像个体在其自身同一性中熟悉着自身，作为同一者而存在着且被意指着。于是，对于人来说，专名的这种构造是随着对命名者之个体性的差异性认识才得以产生。就其本源，人把每个名称都当作是普遍性的，因为人，在世界中自行操劳的人，对诸种个体的共同性具有兴趣。在其此在中操劳着，对于这个人和那个人而言，其意味是同一的。对个别人之个体性的漠不关心——从正面而言是仅仅对同一共同性的关心，这是普遍性名称的起源。在对人而言的存在者那里，并且在人与世界的此在式交往中，人有意义地意指着的东西，乃是某种普遍者。只要个别人不是作为个别人获取其对世界的熟知，而是在伴随他人(家庭、邻居等)的生活共同体中获取其对世界的熟悉,那么他所获得的世界就是对人而言有意义的世界,就是可以向他人呈现出来的世界。而且,人在学习语言时,同时也就是在向世界学习。生活兴趣的共同性将自身展开为有关世界之理解的某种共同性,而且是在语言的形成中,在语言中之前业已得到相互理解的东西可以得到理解并且可以一再地得到相互理解。于是,语言的交互主体性基于世界理解的交互主体性,并且,名称的普遍性意义建基于这种为实践兴趣所引导的理解的结构。

于是,语言绝对不是存在者的单纯的摹本(Abbild)。并且,如若苏格拉底在 Logoi 中的这第二次航行追寻着存在者的根据,而不是对世界的直接观看,那么这就不会意味着一种对摹本的单纯满足。苏格拉底转向 Logoi,这对于古代希腊哲学具有绝对的约束性作用,但是人们会误解这种转向,因为人们听腻了这第二次航行借以开始的那种反讽。⑪因而,仅当人们没有听腻那种反讽,毋宁说领会到,这条道路恰好胜过那种直接的感官经验,柏拉图才能让苏格拉底将这一点明确地(即使在反讽中以"也许"的方式出现,99e6)道说出来。事实上,有关存在者的直接的感官经验获得的恰好并不是存在者的现实性,并不是存在者的永恒和真正的存在,而只是某种单纯的 εἰκών(影像、幻相),亦即摹本。在感官那里,存在者的显现摇摆不定,时而这样,时而那样。这完全可以被称作"单纯的"摹本。因为摹本,与那种保持不变的被摹写者相比,它恰好

---

⑪ 斯坦策尔对这个段落的运用是为了他所尝试的那种证明——柏拉图要把自己和苏格拉底区别开。在我看来,这是不恰当的。

是变化不定的。一个存在者可以被这样摹写,也可以被那样摹写,但是却保持着自身同一。与此相反,逻各斯,亦即语言及其理解,并不是这样的摹本。因为意义恰好是同一者。用词语所意指的东西,乃是形象在变化中的始终不变者。这种始终不变者,被设定为根据,乃是理念那种始终不变者,乃是始终造就实事的东西,乃是实事的本质。于是,实际上要在语言中追寻苏格拉底所追寻的东西:某种保持自身同一的根据,只要陈述出这种根据,那么存在者就能就其永恒本质而得到把握。被意指者的同一性被预设为理念(εἶδος)的同一性,这样一来,那种逃避把握的多样性,亦即那种不断变化的并且在感官中各个不同地显现着的存在者的多样性,就在根据之统一性中得到了把握。

那么,借助这种理念预设到底赢获了什么呢?这种预设的可靠性是不可否认的:借助这种逻各斯,相反的逻各斯实际上就被排除了。而这恰好就是此种预设的作用;那种被设定的根据仅仅适用于需要这种预设的东西,因而在被论证的东西中拥有其根据,而且被论证的东西的这种根据恰好是从被论证的东西出发得到的,是为被论证的东西而预设出来的。因而,赢获的乃是那种清晰性,即这种根据与其被论证的东西之关系的清晰性,因而在事实上是对辩证法之基本疑难(一是多,而且多是一)的某种积极的解决。

另一方面,这种预设的"单纯性"(Einfalt)足够清楚了,并且我们已经看到,这种预设实际上在柏拉图的意义上似乎并不是某种终点,而是某种初始的开端。这种预设的作用只好借用黑格尔[12]

---

[12] 这是一项单独的,而且是富有成果的(将会显示出来)的任务:依据(耶拿逻辑和大逻辑)黑格尔辩证法和柏拉图辩证法疑难的关系(这在历史上看也是显而易见的)来阐释黑格尔的辩证法。

的话加以说明:"直接性的定在要被转换为反思性存在这种形式"(《逻辑学》,下册,第80页〔拉松板〕)。

为了再次审视和解释而对理念的逻各斯进行的释放(Freigabe)过程中,有关辩证法的真正刻画方才得以完成,辩证法被刻画为那种决断,为存在者给出最终的解释,因为人们依循着存在者的存在去理解存在者。做出诸种预设——依循这些预设而得到论证的事物的多样性必定会从这些预设的统一性中得出来,确实已经是数学家的事业了,而且这种能力——通过综合观看那些孤立的知识性实事最终形成某种论证关联的统一性,正好使数学家突显出来,使得数学家在这种考察中业已成为了辩证法家(Dialektiker)。⑬但是,数学家并没有为他的那些最终的预设给出

---

⑬ 在《国家篇》537c描述护卫者的后期教育过程时把综合观看 $\mu\alpha\theta\acute{\eta}\mu\alpha\tau\alpha$(知识、科学)之相似性的能力明确地刻画为辩证的能力,但是辩证法本身的真正实行属于下一个教育阶段(537d6以下,参见531d7)。οἰκειότης τῶν μαθημάτων 在这里不能专门并且首先理解为诸种科学之间的相似性(施莱尔马赫、纳托普和斯坦策尔基于521—534的科学理论而坚持这种看法),毋宁说,从531c和d可以看出,它是同一预设得出来的事实上的互相关联性。537c这个地方和536d和e保持着联系,与"游戏性的"教学保持着联系,乃是对实事的严肃的科学式的居有($\mu\acute{o}\nu\eta\ldots\acute{\eta}\ \tauοιαύτη\ \mu\acute{\alpha}\theta\eta\sigma\iota\varsigma\ \beta\acute{\epsilon}\beta\alpha\iota\varsigma$, c4)。对于实事性的论证关联进行"理解",这也是实证科学范围内的辩证法。因而,预备性科学领域与这两个学习阶段(游戏性的和严肃性的)有共同点。(537c1那里的 παιδεῖα 要比 παιδεία 更符合这种意义。至少,παιδεια 与537a1那里 παιζοντας 的相似性不容忽视,它在柏拉图对话的其他地方经常遇到,而且 παιδεία 与 παιδιά 两种阅读方式之间的区分几乎是不可能的。)——斯坦策尔对此处提到的与辩证法后一形式的 κοινωνία(531d1)提出了"反驳",这种反驳非常恰当(《研究》,第49页以下),但是误解了实事中的某种关联。因为此处所谈论的 μαθήματα 只是词语之对象性意义上的"科学"。因而,其"共同点"和"相似性"停留在数字(531c和d)相似性的某个层次。对数学科学之 κοινά 的追寻(苏尔姆逊,第117页)就像是在追寻数字之 συμφωνία 的 διὰ τί。与此相应的乃是 τὰ χύδην μαθήματα,在游戏中学习到的东西,不是那些具有内在严格性关联的诸种科学,毋宁说,χύδην 刻画着先于一切"科学"的、对于实事之间的关联和根据未经审视的游戏性的学习。因而,不可否认,对于 συναγωγή 的要求必定会最终延伸到数学分支学科专题化实事领域整体的诸种关联,但恰好是对系统化论证之倾向的单纯推进,此种系统化论证会向个别实事领域追问其关联的诸种根据。

解释,而只是面向这种事情:从诸种预设出发去推导出那种是其对象的存在者。于是,数学家没有将这些预设看作预设本身,而是把这些预设看作存在者的真正的根据(Archai)。与此相反,辩证法家认为,诸种预设本身并不意味着是对由之推导出的事物的终极奠基。辩证法家只是将这些预设当作上升到更高预设的某种门槛,以便由此进入那种具有终极奠基作用的东西,那个东西将不再具有预设的性质,毋宁说是整体的真正的本原(Arche),这就是说,依循它整体可以就其存在而得到规定和理解。但是,即使是这种没有预设的首要的东西(dieses Erstes),也要被看作是一切事物的根据,即那些在此根据下得到把握的事物的根据。恰好因为它作为具有终极奠基作用的东西是在从预设到预设的上升过程中被赢获的,任何事物都在由此预设可推导出来的东西中得到了观看,所以它可以让通往被论证的东西的那种下降过程如此进行:存在者依循被论证的东西就其必然存在而被推导出来。这是《国家篇》众所周知的思路(511b),在某个关键点上超越了《斐多篇》的描述;因为它设置了那种绝对的和无预设的开端。《斐多篇》只知道从"任何一种充足的东西"出发,这意味着,这篇对话描述的是从预设到预设的辩证过程的程序,完全着眼于具体的相互理解的那些始终相对有限的视域,在那些视域中解释会实现其目的,只要这种解释的要求在谈话伙伴那一方停止了,并且达成了某种一致意见。与此相反,在《国家篇》中,那种无须进一步解释的需要显然不会依循相互理解的相对处境而进行规定,毋宁说这种无须进一步解释的需要乃是那种本身无预设的开端:善的理念。只是要提出这个问题:两种反思的关系在此方式中是否清晰,《国家篇》中的那种绝对的开端,即善的理念,在相互理解的那些相对开端的地方出现。这种理念的统一性是不是那种绝对的普遍性——依循这种绝对普遍性,在相互理解了的合乎逻辑性中,内容上的特殊的差异性以推导的方式得到论证? 还是说,这种开端和这种统一性只是对另一方向上的问题的表达?

　　柏拉图说,善的理念超越了一切存在者,因为善的理念是 Aitia;是万事万物的存在的根据,因而同时也是万事万物得以认识的根据(508 以下)。善的理念使得许多正义的东西和美的东西成为"善的",并且使得这些事物由此一来就其存在而得到理解。于是,通往无预设 Arche 的上升(Aufstieg)乃是为了下降(Abstieg);这种上升在最终的统摄中确保着那种对于知识的要求:这种要求一向由对存在(即作为存在者之根据的存在)的认识所提出(《国家篇》,533d)。但是,这显然并不意味着:善的理念在内容上是一(Eines),是人们在论证性的解释中可以回溯的一,因为在这种最为普遍的和毫无预设的良知(Gewissen)中起支配作用的乃是某种协调一致(Übereinstimmung)。善的理念根本不再是存在者,而是那种终极的存在论原则。它根本不是对存在者的实事性规定,而是那种使一切存在者就其存在而得到理解的东西(517c)。只有在这种普遍的存在论作用中,善的理念才在实际上是一切相互理解的最终基础,只是并不是作为某种最高级别的普遍的理念,而是作为一切可以称作真正"被理解了的"东西的那种形式特征(formale〔r〕Charakter),这就是说,它是理解之要求得以提出的那种视角。善的理念,在此视角中,无非就是完善的可认识性和认识的典范(Ideal)。

但是，有关善的理念的一切表述，无非就是苏格拉底在《斐多篇》始终不断地要求的那种东西：一切道德行为的"根据"（Grund）：依循这一根据人类在伦理决断中理解着自身，而且，依循这一"根据"（Grund）世界中的一切存在者都可以就其如此存在而得到理解。对于我们的关联（为存在论疑难排除这一开端的意义⑭）而言，有这样一个问题：这些有关《国家篇》的诸种规定为什么可以被理解为对一和多这一辩证法疑难的某种积极的解答？因为它超越了这一疑难的这种积极的解答，但是并没有超越对它的遮蔽，这一点业已在这些规定与《斐多篇》诸种规定的关联的基础上被预设了出来。在有关诸种德性的一和多的苏格拉底疑难那里——这一疑难作为问题就像是道德意识的明显要求，构成着柏拉图笔下苏格拉底的指导线索——《国家篇》的解答的那种普遍性要求必定可以得到证实。

斯坦策尔将柏拉图后期对话中得到详细发展的并且在方法自觉中反复演练的 Dihairesis（区分）——这种区分本身在《斐多篇》和《国家篇》的诸种方法讨论中没有发挥任何作用——从有关一和多之问题的争论中推导出来。这对于柏拉图来说才是一项急迫的任务，亦即让理念开始脱离它在苏格拉底德性疑难中的起源。《斐多篇》和《国家篇》中的辩证法，关涉到苏格拉底的疑难领域（不过，世界中事物的存在也在德性概念中得到了概括），还只是 Synopsis（综合）。一和多的疑难在柏拉图辩证法的这一阶段还是潜在的

---

⑭ 此后，海德格尔提示过这里存在着的存在论疑难，参见"论根据的本质"，收入《胡塞尔纪念文集》，哈勒，1929年（本书第98页以下）。

但是，有这样一个问题，综合性和区分性运动的双重方向岂不是从一开始就在其统一性中构成了解释性论证的本质？善的理念的目的论统一性实际上恰好源自有关德性的一和多的辩证法疑难。而且这一疑难在柏拉图早期对话中并未潜在地存在，毋宁说它在《普罗泰戈拉篇》中才是苏格拉底论辩术的指导线索。以下两点可以在道德实事中给出：一方面是那种可以将自身划分为诸种个别德性之多样性的伦理（Sitte）⑮，另一方面是认真依循此种伦理的人格的那种统一性。如若公共道德的那种不言而喻的约束性变得松动了，以至于对于行为和允诺的解释性要求变成个体的需要了，那么，这就意味着在道德方面的主导性此在解释变得可疑了，无论是着眼于诸种个别德性在内容上可以得到把握的东西，还是着眼于诸种个别德性与操守这些德性的人格的统一性的关联。在这两种视角下辩证法的解释性要求就已经出现了：要对道德方面的此在理解进行统一性的解释，并且要对诸种理解视角的差异化的多样性进行论证，就像这种多样性意指着作为德性的公共道德，并且这种多样性要辩证地解释道德意识中一和多的那种谜一般的同时发生。

有关德性的疑难性对话清楚地传达出这一点。这只是某种似是而非的不言而喻（苏格拉底以反讽的方式使用着这种不言而喻），其实是一切困窘的最终根源：人们以为德性的一个部分要比

---

⑮ 斯坦策尔认为，德性理念的统一性在进一步的区分中创造出了诸种个别的德性，这不仅违背历史事实，而且违背伦理的本质。参见斯坦策尔为《大保利古典学百科全书》撰写的"苏格拉底"词条，第834页。

整个德性更容易得到规定。因为借助这一预设，那些个别的德性从一开始就是外在的，被理解为某种行为之外观的那种单纯的共同性，这种共同性并不能实现对于德性—知识的要求。在对德性的理解中要求对此在进行某种统一的理解，并且要就其存在和行为的一切可能形式而进行理解；因此，这就是依循此在本身之目的而做出的统一性理解。任何行为都要依循善的视角才能得到恰当性的说明。有关某个东西，例如勇敢对个体所要求的东西，某种先行的一致意见，亦即行之有效的伦理的一致意见，并不能满足这种解释的意义。有关伦理的所有一致意见对于伦理上的良知来说都是值得怀疑的。因为伦理上的良知将在其行为中理解自身。此外，与他人达成的一致意见也不能使伦理上的良知得到满足，尽管人们着眼于那种一致意见并且依循着伦理而生活着。"善的"东西，无须看起来如此并且看起来有效，毋宁说它必定是真正的如此存在。因为人关切着其存在，所以在他那里前来照面的一切，无论对他而言是善的还是坏的，他都会按照他理解自身的方式去理解那些东西。对他有益的东西，必定是真的对他有益，而不是表面上有益，并不依赖他人的意见。因为他把他经验的事物看作是自在的存在者。因此，"善"恰好是某种视角，在此视角中要求对自己的行为和存在做出某种无条件的、不依赖他人之有效性和意见的、并非由此所塑造的理解，因为它意味着有益的东西，但是是在那种无条件的意义上，亦即对于一切他人都同样有益或同样有害的意义上。于是，"善"乃是有益者本身，是某种财富，对这种财富的享受不仅有益于其存在，而且构成着其本真的存在可能性本身。因此，"善"不只是对于某个存在者而言的某种善，亦即有益于某物，不是某种存在者所拥有的某种善，而是善本身：乃是就其最高的存在可能性而对其自身的理解。一切被付诸使用的东西，都是某种理解之行动。某物在哪里被理解为善的，它就在哪里面向它之所以为善的用途（wozu），并且恰好由此一来就其存在而得到了理解。于是，这一理解的最终根据（Woraus），亦即善本身，同时就是此在本身被理解了的可能性：此在可以是什么，并且就是这种东西：具有统一性的自身理解者。这并不是偶然的：对于个别德性的首次正面理解恰好是在《国家篇》中得到了实现。因为在国家这个更为宏伟的图像中，诸种个别德性与善的理念之间的那种关联将被展现在某种统一的秩序中，其中最高的（deren Oberstes）乃是实践智慧（Phronesis），实践智慧不仅观看着善的理念本身，而且由善的理念把所有被安排到这一秩序中的一切环节（灵魂的其他部分）的存在都理解为那种可以造就人的德性的并且具有多样性的统一性。就像它归属有秩序的机制的本质那样，个别人也要把自身纳入到这种秩序中来，因而，即使是个别人（ψυχή）自身的和自己的秩序也并不是由其他人——以伦理的形式——安排的，毋宁说乃是通过此在之自身理解的那种统一性而自行制作出来的。

因此，要求对多样性（des Vielen）进行综合性观看，并且将其纳入最终根据的统一性之中，这种要求实际上处在《斐多篇》和《国家篇》辩证法理论的前面部分（Vordergrund）。但是，作为对其自身的统一性理解，辩证性存在（Dialektischsein）恰好具有这样的能力：依循多样化处境中的这种理解，同时坚守在某种秩序的那种分环节的统一性之中。只要这种最终的统一性是根据，那么，借助根据的这种理念，那种论证性的理念以及由此而来的辩证法的那种全方位的结构都会给出来。Synopsis(综合)到善的那种最高统一性中,这之所以是"辩证法",是因为依循原根据的这种统一性可以将被论证者的多样性就其必然性存在而加以推导。这种划分(Auseinanderlegung)确实不需要具有那种明确的概念性的特征,亦即将科属划分品种的那种"划分"(Teilung)特征。但是,只要这种解释要就存在者的具体当下被经验来论证存在者,那就要求,将恰好处于被经验的特殊性中的存在者,说明为某种永恒存在的东西。可以看到,关于最终不可划分之统一性(ἄτομον εἶδος)的理念只是在概念上表达了那种东西,即在任何一种论证中有待论证的东西要被理解成什么。但是,要依循最高的普遍根据对其后续者进行推导,这种推导乃是论证(Begründung),乃是区分(Besonderung)。并且,这种揭示依循着最终的清晰的根据乃是就(业已熟悉的)实事的必然性存在而对实事的强迫性的居有,恰好建立在那种因果联系的基础上,而这种因果联系是在通往最终根据的上升中展现出来的。《斐多篇》和《国家篇》描述辩证法的真正重点其实在于:就实事之存在而居有实事,这是逻各斯的某种可能性,但是,这种可能性要建立在这样的基础上,即根据之统一性与被论证者之多样性之间的关系,要确保其不受智者学派之反驳技艺的干扰。于是,有关一和多这一疑难的某种正面的关系,在这里已经被要求了(不要将其指派给辩证法疑难的后期形态中),只要辩证者要让自己和反逻辑者加以正面的区分。

于是,智者派的反逻辑主义和苏格拉底的辩证法,显然都关涉到一和多的疑难,但是论辩术却具有某种并非事实性的意图。它们的开端同样是在知识本身中提出来的对于论证的要求,并且,语言同样效力于其反驳的技艺。柏拉图这样谈论这些人,他们混淆了根据和结果(《斐多篇》,101e)。这必定意味着:由于提出了反逻各斯(Gegenlogos),所以他们恰好将结果当作了根据,将根据当作了结果。而且这是有可能的,只要语言总是将某种实事理解和谈论为包含多重规定性的具体之物,这些规定进而作为持存的同一者而向实事显示出来。于是,这些规定中的任一规定都可以被规定为根据,只要人们将这一规定看作是本质性的规定。在语言性的理解本身中并没有任何指引,用以说明到底什么是某一实事的本质性的东西和非本质性的东西,只要语言在诸种可理解的和同一的意义中以相同的方式包含着语言的一切规定性。如若人们把其中一种规定性看作是根据,那么其他诸种规定就会被理解为仅仅从属性的东西。但是,只要这里并不存在任何清晰性,那么,任何一种这样的根据(这一根据只是着眼于那些归属于它的东西才成为根据)都不能穷尽实事本身。任何一种这样的根据都是单向度的根据。这一根据针对着什么,以及什么扬弃着这种理解的被要求的可靠性?这就是对所有这些方面的论证或联结,这样才构成了实事的那种自身同一的统一性。如若说一个人由于头而显得更大(《斐多篇》,101a),那就意味着:他是比另一个确定的人更大。因为恰好因为这同一个头,他也可能显得更小,亦即比第三人更小。于是,并不是说,头,这个确定的存在者,就其自身就是某人较大的根据,毋宁说只是在考虑到那另一个人时才显得较大。随着视角(Rücksichten)的转换,同一个根据会变成另一根据,例如头将成为另一事情的根据,成为较小的根据。这两种规定性都是有关存在者的真实的内容规定性,亦即是对这一统一体就其大小方面的内容规定性。但是,将这些规定性联结为一个大的统一体,这种联结就不能在陈述出来的那种根据(那个头)上得到解释,那个根据并不是从实事本身出发而提出来的根据,而是在对他人之实事的超越中被当作根据的。

但是,这样的"根据",尽管在反逻辑主义的推理(Raisonnement)中被沉沦了,恰好被传统的自然解释当作依据来推导存在者。于是,传统的自然哲学的解释方式,导致了反逻辑主义对根据和结果的颠倒。此种有关根据的辩证法,扬弃了对根据和理解的谈论,可以通过苏格拉底的理念预设而得到积极的克服。此处被设置为根据的东西,恰好是被意指的实事的统一体,被当作是自身同一的根据。理念预设并非某种偶然的逻各斯,只要它不依循别的东西来理解实事,而是依循意指它本身的东西来理解实事。因为它只是预设,所以,要想依循从另一个视角而得到的实事规定去反驳这种预设,那是不可能的。它是共同的东西,先于一切着眼于他物的视角而得到的规定,就已经被意指到了。

因此,在具体预设对有待统一性论证的多样性进行的审视的过程中,进一步的解释将为深入的论证开启积极的可能性,将使深入的论证得到确保,而不至于以论辩的方式退回到那种多样性之中,退回到那种在有待论证的统一性中而得到把握了的多样性之中。如若要这样最终赢获有关实事的一致意见,即关于实事到底作为什么而保持着自身同一,就此问题形成一致意见,那么这不再需要任何进一步的解释了。无论这是善的理念本身——在那种无条件的并且超越着一切确定内容的有关伦理良知的解释要求领域中,或者这是某种内容上的但是足够普遍而又毫无争议的实事规定性，依循这种规定性在根据和结果的方法进程中实事本身都可以就其必然存在而得到论证。对于实事的另一种论证，亦即在Eidos中的论证，也不能通过柏拉图的那种业已形成了的有关Dihairesis（区分）的理论而加以赢获，但也不能通过进一步的考察，例如恰好着眼于《斐莱布篇》而追寻到。

§7 《斐德罗篇》的辩证法理论

相互理解的主题，在柏拉图《斐德罗篇》的修辞学批判中最为清楚地表现为辩证法理解的根源。在这里同时可以找到对于辩证法的最为清晰的说明。因为辩证法的结构及其作用，将在这里通过提供的演讲例子而得到说明。在其具体应用中，辩证法似乎在作品中得到了观察，而不仅是在例子中得到解释，例子总是被理论的先行把握规定着。《斐德罗篇》中的灵魂学说，包含第三次演讲的神话，这里就不作考察了。这里仅仅关注演讲的实际操练方法，以及有关演讲的概念性说明，这些都分布在对话的第二部分。

辩证法理论就其相互理解的主题而言恰好要在对修辞学的批判中进行说明，这一点肯定不是偶然的。在发表演讲的处境中存在着有关相互理解的源初的实行样式，即提问和应答。演讲的处境正好由此为那种可能性获得了示范性的意义：将语言本身塑造成相互理解的某种充足的手段。因为演讲者，意欲就关于某物的某种意见说服他人，必定会这样行事：要能够不借助提问就保证听众的参与，要在其演讲中将实事展示为他想要让听众理解的那样。演讲必定要在看起来带有强迫性的进程中，依循着演讲人与其听众有关实事而预先达成一致意见的东西，将演讲的实事就其存在

1. 柏拉图的辩证法伦理学 93

而加以规定，以至于演讲人意欲依循实事而加以说明的东西必定会从这种规定性得出来。与此相应，辩证法追求的则是，就实事的存在而把握实事，并且这种把握要依循着那些对于所有人来说都确定不移的预设。于是，人为造作的（kunstmäßig）的修辞学——尽管不是真正或真诚的相互理解而是致力于说服，但是，它作为真正的相互理解的假象，依然反映着相互理解的诸种结构。

实际上，柏拉图表示，对这种假象的技术性的掌握也预设着辩证法的洞见。演讲者虽然不能阐明实事究竟是什么，但是他必须这样传达实事，使听众按照他的观点去理解实事，这就是说，必须考虑到听众本身，亦即听众的意见到底是怎样的。只要他在这种先行意见的道路上却要实现那种目的，按照他的观点去理解实事，那么，这就是某种主观设定的、强迫性的、实际上基于错觉的揭示活动，这种对实事的揭示活动在某种洞见的引导下深入到实事的真实存在和实事的真实根据。错觉之所以出现，是因为人们把某个看上去类似于实事的东西当成了实事。于是，要想制造错觉，人们就必须就实事的真实存在而通晓实事，如此才能将那个看起来最类似实事的东西当作实事本身，进而逐渐导向那个预先设定好了的结果（262a b）。如若实事业已就其本质为人所知，那就不需要这样的准备活动了。演讲者会依据人们对实事的共同理解直接从实事中得出，什么是与实事有关的而且有待去做的事情。但是，如若实事遭遇争议，那么他就要走这条路，通过演讲这样揭示实事，让听众按照他的观点去理解实事，以便依据共同的理解而推导出与实事相关的而且他所意欲的事情（263a 以下）。但是，如若真正依据对演讲技艺的掌握而不是依据某种盲目的且从不确定的套路去获取成功,那就需要那种辩证法洞见:实事到底是什么,要依据什么来论证实事的存在。

于是,这就是第一种要求:要确保演讲所涉的东西在其他人那里也得到同样的理解。例如,在《斐德罗篇》中(237以下):若要说服某人,较好的选择乃是献身于那个并不爱他的人,那就要说服他,爱是某种坏的东西。但是,这一点只有借助那种确定性才能实现,即人们要确定,另一个人所理解的爱和他所理解的爱乃是同一个东西,尽管他首先把爱当作是坏的东西。在实事是什么这个问题上的一致意见,只有这样才能获得实现(那时实事本身就没有争议了):人们首先把实事理解成某个东西,理解成某个即使是其他人也始终如此理解的东西。爱是一种欲求(Begierde),这一点对于所有人都是显而易见的,但是,这种规定性不只是爱的规定性。于是,有必要规定出,爱到底是何种欲求。只有这样得到了确定,其他人和我们所理解的爱乃是同一个东西,那样才能根据这种对于其存在的理解而推导出,爱对于被爱者而言究竟有何种利弊。于是,苏格拉底在其第一篇演讲中就把那种熟悉的爱规定成缺乏理性的(vernunftlos)欲求,亦即某种疯狂(Wahrsinn)。于是,作为有理性者(Sophrosyne)的反面,它是坏的。它对小伙子构成的害处可以从这种规定性中推导出来。然而,苏格拉底后来却把这篇演讲刻画为并不真诚的逻各斯,因为这篇演讲悖逆了那种受到认可的事实:艾洛斯(Eros)乃是某个神(ein Gott)。这种考虑使苏格拉底第一篇演讲中的那种错觉(Täuschung)变得清晰可见:这篇演讲做出了这种预设,所有疯狂着眼于坏存在而言都是同一个品种(244a)。但是,还有神性的(gottgesandt)疯狂,还有这种爱的疯狂。如若接下来的演讲要在真诚的实事性揭示中面对之前取得的结论，那么，就必定要把这种爱的疯狂论证为那种对人有害的东西（245b）；这样一来，对其坏的证明才不只是修辞学的强迫性，毋宁说是实事性的约束性，这就是说，对于一切被称作艾洛斯（Eros）的东西来说都是有效的。在其翻案文字（Palinodie）*中，苏格拉底表示，这种带有神性的爱的疯狂反而能给人带来幸福。

在这两篇演讲中苏格拉底使辩证法的结构要素变得清晰可见，而这些结构要素仅仅在技术操作上（kunstmäßig gehandhabt）就能够让修辞学成为某种真正的科学（265c）。其中第一个要素是，将经验多样性综合到某种视角的统一性之中。要在演讲所涉及的东西上达成一致的理解，这是对演讲的第一个要求。只有这样演讲才获得了一致性（Einstimmigkeit）。谁要就某事传达某种建议或某种劝导，就必须事先对演讲所涉及的东西形成确定的且统一的理解，以便着眼于这种统一性的理解去理解一切进一步的东西（263e）。如若人们疏忽了，没有对存在者就其存在是什么做出规定，那么他在演讲的过程中就无法确定是不是和自身或者和听众保持着一致，只要人们谈论着看似正确、但是和人们之前对实事的理解并不一致的事物，并且着眼于其他的东西亦即人们自己或其他人在实事那里意外理解到的东西（265d3—7；可以依据237c1—5加以阐释）。只有着眼于具体当下被经验为艾洛斯（Eros）的东西的那种统一性的存在，亦即爱本身的 Eidos（理念），

---

* 翻案文字，原本是诗歌的一种创作手法，亦即翻案诗，它表达与现存诗歌相反的内容，但其形式与后者一致。后来人们用此表示一般意义上对任意一种观点表述的反驳。——译者

才有可能关于"爱"道说出某些东西,而且这些东西不受偶然性经验的规定,并且不会受到偶然性经验的反驳,毋宁说,如此道说出来的东西必定属于爱的本质。在逻各斯中清理和居有这种统一性视角,因而就是相互理解之可能性条件。

但是,根据苏格拉底的这两篇演讲,特别是这两篇演讲的实事性对立(从谴责转变为赞美,265c5),可以看到:有关爱的统一性本质形成了普遍的一致意见,这还不足以实现那种统一性要求,即那种借助相互理解的意图而给出的统一性要求。在"缺乏理性的欲求"的范畴下,这种特殊的爱,还没有得到充分的把握。还有其他非理性的欲求,这些欲求并不是爱。于是,这种规定必定要把爱划分为诸种品种,以便把握爱的特殊本质。

这种划分是在那种先行观看的引导下进行的,即关于有待规定的实事的先行观看。它并不是盲目地或任意性地划分那种被预设的 Eidos(理念),而是就其关节(265e1)而进行划分,这就是说,将它划分为在它自身中就存在着的诸种部分。任一部分必定自身就拥有某种 Eidos,在《政治家篇》(262b)曾这样说,这就是说,任一部分都不是某个东西的单纯部分,而这个东西只是在和其他部分的组合中才是一个统一体,毋宁说,作为部分,它就其自身就是某种正面的统一体。诚然,它和实事的其他部分都有共同之处,但是,它必定不同于所有其他部分,而且就在这种差异性中自身就是某种统一体和整体,包含着隶属于它的,仅仅隶属于它的,而且并不隶属于其他部分的那些东西。因而,苏格拉底的第一篇演讲在缺乏理性的欲求范围内进行划分,大吃大喝的欲望、嗜酒的欲望,和第三种即爱,乃是有差异的;与此相应,第四种乃是在第二篇演讲中出现的那种神性的疯狂。只有通过这样的划分,将一个统一体划分为若干个统一体,人们才能通达对实事的恰当规定,才能通达实事存在的 οἰκεῖος λόγος (恰当的逻各斯),在这种逻各斯中只有那种不断地处在视线中的实事本身得到谈论,与之相伴的任何东西都不会得到谈论。这就是实事的那种不可再分的 Eidos,而且只有借助这种 Eidos 才能赢获对实事的统一性理解,而这正是相互理解的要求;如此规定的逻各斯会排除这种情况的发生,即关于道说出来的东西,一个人这样设想而另一个却那样设想。

现在,苏格拉底的第一篇演讲在此种划分中犯了一个错误,对这种错误的有意识的运用(dessen bewusste Handhabung)对于一个演讲者来说是重要的,他的意图是这样的,想让一个小伙子在爱的享受中赢获自身,而不是让自己作为一个坠入爱河者(Verliebter)而出场,于是他必定是为了某个预先设定的目的要劝说小伙子并使他认为爱乃是某种坏的东西。这篇演讲采取了这样的伪装:缺乏理性的欲望(后来才被苏格拉底称作疯狂;244a;另见 265a)作为坏的东西,和审慎(Besonnenheit)的一切品种形成了对立。这篇演讲有所隐瞒:疯狂并不是绝对坏的东西,而且正好通过对这种神性疯狂的隐瞒,也就是通过对实事性差异的遮掩,这篇演讲通达了其目的,亦即对爱的谴责。

因而,辩证法显然是在技艺上掌握演讲的某种先决条件。它是这种能力,将被经验东西的多样性通观为某一同一的统一体,并且依循这种 ὅρος (尺度、定义)的普遍的统一性进而掌握那种在逻各斯中被意指实事的特殊 εἶδος (理念)。而且,只有在有关实事的真实存在的知识基础上,修辞学才能够站在真实逻各斯的位置上制作出那种错误的、但是和真实的逻各斯相类似的逻各斯。只有在无遮蔽的实事本身那里实际上才能洞察到那种并不是实事的但是与实事极其类似的东西，如此人们才能把这种东西打扮成实事本身。

但即使是在修辞学之特殊活动的范围内，辩证法也具有某种别具一格的作用（266c以下）。辩证法显然不仅是切中恰当内容的那种必要的先决条件，而且在真正的修辞技艺学意欲表现的范围内也是不可或缺的。因为辩证法借助技艺的一般结构而被给出。任何技艺都需要某种洞察，去洞察其有待处理者的性质。因而，演讲艺术，不仅需要认识那些通常的修辞性艺术手段，而且需要某种洞察艺术性演讲应当熟悉的那种东西的性质；亦即涉及人的灵魂，并且有关人类灵魂的认识其目的在于洞察到，什么东西可以影响到灵魂的性质，以及人类领会可以实施哪些影响。但是，为了能够确定地洞察到这种行动或遭受的能力，亦即在某物的本性中存在着的能力，人们必须事先知道，这一实事到底是自身统一的，还是由诸种不同的品种组成的。因为在后一种情况下，实事的每一个别的品种都要为其自身而遭受审视，它们可以被哪些东西遭遇到，并且依其本性它们可以对哪些东西发挥影响。于是，要对有待制作者进行预先的和确定的掌握——这是每种技艺都会提出的要求，这就需要知道，此种技艺要处理的东西是什么，包括它要对什么东西发挥作用（进行制作），以及它要借助什么才能发挥作用，但是，对于这些问题的通晓不能局限于其普遍的科属规定性，而且要扩展到其特殊的品种差异性。

因而，修辞学一方面要认识演讲艺术手段的那些不同的品种，并且要就其本性亦即就其发挥效用的可能性而进行认识,这在通常的修辞学技艺中就会有所传授,但是,另一方面,也要认识人类灵魂的那些个别形式,因为它要对这些东西发挥作用,那就要认识到人类灵魂之遭遇影响和发挥影响的那些个别的和各个不同的可能性。因为灵魂,可以被演讲影响到的灵魂,不仅会由此而陷入某种"情绪"(Pathos),而且会使自己在这种情绪的基础上形成某种行动,由此得到规定(270d)。只有掌握了实行演讲(Redevollzug)的这两种要素,才能将作为劝说之可能性的演讲加以真正的掌握:演讲在其形式上适应着灵魂的具体当下的特殊本质。只有洞察到了演讲的各种形式和灵魂的各种形式及其本性,在此基础上人们才能知道,出于何种根据一个人总是这样适应着另一个人(271b)。对最终统一体亦即最终品种差异的赢获,乃是某种可能性条件,在此基础上,任何技艺中的那种真正确定的、有所理解的、并不盲目的交往和制作才能实现。当然,在此之外,技艺的实践性实行(der praktische Vollzug der Techne),例如劝说,还需要那种能力,在具体当下的现实处境中去认识,灵魂的何种普遍本质被给出了,以及由此而来的时机适合何种演讲。这种能力乃是感知的事业(Sache der Wahrnehmung)(271c 以下),亦即实践本身的事业(der Praxis selbst)(关于 τεχνικός〔技艺家〕和 πρακτικός〔实行家〕的关系,参见亚里士多德《形而上学》第 1 卷第 1 章和本书第 19 页)。

通常而言从《斐德罗篇》中可以看出,辩证法对于科学和技艺的可能性的作用到底是由什么构成的:在辩证法这种先决条件下,在感知的多样性中同一者作为不断变化者的统一性本质而得到观看且得到掌握。只有逻各斯才会导致,在逻各斯中就其存在而被把握的东西,对于实践性的交往而言,在与他人的协调一致(与他人的存在可能)的诸种可能性中,预先变得清晰可见。这种协调一致性(Vertraeglichkeit)在此可能是同一科属之下诸种品种之间的协调一致性——互相区别的诸种品种在制作活动中联系到出场的科属方才显得互相协调一致,但是还可能是:被制作出来的(hergestellt)协调一致性(技艺),而且也是仅(在逻各斯中)被提供出来的(beigestellt)协调一致性。

因而,这就使辩证法成了一切真正技艺的核心。因为只有在多样地被把握者的那些最终的统一体中,存在者才是可以掌握的,就像存在者和其他存在者,处在其他的最终的统一性视角下的东西,可以处在综合性存在(Zusammensein)中也可以处在单独性存在(Sich-Ausschliessen)中。但是,这是知识的要求,要把某物伴随某物的实际发生显示为必然性的,这就是说,对它的揭示要依循统一体之存在和他人之存在的那种共同此在(Miteinandersein)。

§8 辩证法的诸种存在论预设
　　(《智者篇》和《巴门尼德篇》)

那么,这就是辩证法家的一般任务,把各个理念(Eide)或各个科属(Gene)互相之间的那种可结合性就其界限清理出来。这一研究的自然的引导线索是逻各斯。因为各个科属互相之间可以结合,这一点业已清楚了,因为人们可以就一切事物这样道说(sagt),它们存在着(sind),而这就意味着,它们和存在(Sein)可以互相结合。并不是一切科属与一切科属,无须挑选都可以进行结合,这看起来也是清楚的。因此,可以说,有些种可以互相结合,而有些科属则不能互相结合。而且就像在语言的语音范围内有某些东西，就像一根带子一样贯穿着一切，亦即元音（die Vokale），因而，在各个科属的范围内或许也有某些东西，它们总是和其他一切科属被共同给出，而且就像一根带子一样关联着其他一切科属，当然或许还有另一些科属，它们引起了互相之间的分离（《智者篇》，253c）。

这种提问——在《智者篇》中被刻画为辩证法家的任务，显然不仅意味着那种特殊的辩证法，关于这种辩证法的科学理论意义我们已经在《斐德罗篇》中提过了。然而，这里要追问的似乎就不只是这些了，而是要追问辩证程序本身的可能性和存在论预设。首先，人们可以先看一下接下来关于《智者篇》五个科属的阐释（Erörterung）。不过，这五个科属的共同被给出并不能在Dihairesis（区分）的图式（亦即将最高的科属统一体展开为诸种品种的差异性）中得到把握。如若认真观看就会看出，这种可能性在250c遭到了明确的反驳：动（Bewegung）和静（Ruhe）都存在着（sind）；不能把这种共同性（它们都存在）抽离出来，不考虑它们乃是因自身而存在，只考虑它们的共同性，于是就把存在（das Sein）当作第三者，这个第三者既不动又不静，毋宁说"在那二者之外自行显现"？但是，这显然是不可能的，因为如若某物不动，那么它必定静止，反之亦然，这就是说，如若人们忽略了某物在动，那么在这种忽略中有待观看的并不是既不静又不动的存在（Das Sein），毋宁说必定是静止者（Ruhendes）。恰好因为在此研究中出现了这种困窘，所以要对最高科属之互相结合（wechselseitigen Koinonie）进行证明。关于这些最高科属，可以这样说：它们与一切存在者被共同给出，并且它们是诸种科属之分离或结合的根据。

它们本身因而并不在相同的意义上是存在者的科属，而是诸种存在论概念，并且与任何存在者本身被共同给出。这些科属之间确实不存在某种确定的统摄关系或从属关系。这一点可以从有关它们互相结合的证明中看出来。（静和动只有在那种基础上才是有效的，即认识活动的结合同样要理解成结合，这一点于此没有区别。结合〔Koinonie〕通常只是刻画着某物与某物的共同此在，而并没有刻画出这种共同此在的特有方式。）

它们依然被称作科属（Gene），因为它们具有概念上的普遍性。但是，它们的这种普遍性乃是某种特殊的普遍性，既不是不同科属之间的差异性，也不是同一科属下的品种之间的差异性，这一点柏拉图没有注意到（他在说明 ἤτερον 和 ἤτερα 的关系时直接就用科学和个别科学的关系来进行说明了：《智者篇》，257c）。但是，前面强调了最高科属之间的相互关系以及其特征——担任着特殊的实事性结合的根据，在此过程中显示出了这些最高科属的纯粹形式特征。⑯ 如若存在者被理解为 δύναμις τοῦ ποιεῖν πάσχειν（施行和遭受的潜能），那么这些最普遍的规定性实际上就要这样理解了：存在、同一、差异，以及静止就是存在者可认识的条件，而运动就是存在者之认识活动的条件，因而，这些最高规定性就是事实上互相结合之所以可能的存在论条件。

在这种关联中进行着对辩证法家之定义的多次讨论（《智者篇》，253d）。斯坦策尔曾说，在辩证法家之定义的两个环节中，辩

---

⑯ 有关"总体化"和"形式化"的区分，参见胡塞尔：《纯粹现象学与现象学哲学的观念》，第 13 节，载《现象学年鉴》，第 1 卷。

证法的结构在其两个要素即 συναγωγή（综合）和 διαίρεσις（区分）中被先后两次传达了出来，因而与《斐德罗篇》对辩证法的描述完全一样。这种说明，如若不考虑其细节，肯定是正确的。[17] 至少可以得出这样的结论：在这种趋向于统一体的综合活动和趋向于（不可分的）统一体的分解活动（在这种分解活动中，一个多样性的东西可以得到这样的概括，它和同一科属统一性之下的其他事物的差异性得到了观看）中，实际上可以通达这样的成果（就像我们在《斐德罗篇》那里既可以从概念表述，又可以从实践性例子来加以说明）；那种在 ἄτομον εἶδος（不可分的理念）中被把握到的东西，在其规定性的基础上并且在其 δύναμις τοῦ ποιεῖν καὶ πάσχειν（施行和遭受的潜能）中依循着那种 Genos（科属），在这里也就是说，

---

[17]《智者篇》253d 有关辩证法家的定义还是非常晦涩。斯坦策尔的分析（《研究》，第 62 页以下）对其结构进行了最终有效的解释：它涉及的并不是三种要素（纳托普的解释），也不是四种要素的某种渐进表达（施莱尔马赫的观点），毋宁说就是两种要素。但是，斯坦策尔为第一要素做出的内容性解释并不令人满意。理念之间的分离状态并不是理念之间互相结合的前提条件，毋宁说恰好相反。因此，这里所意指的（并且导致了纳托普对第一要素的解释）乃是：把多综合成某种同一者，每个多的特殊具体性要被忽略掉，以便观看到它们的共同点，并且要完全不再考虑可以摆置多的其他视角。因此，人们这样说，统一性视角对它们的统摄只是外在的。只有当区分性的下降脱离此种被设置的统一性时，其他视角才会明确地出现，有些视角是一同出现的，有些视角乃是在和有待规定者的区分中出现的。συναγωγή（综合）和 διαίρεσις（区分）这两种行为都包含着 ἓν－πολλά（一/多）；但是，只有 διαίρεσις 对 ἓν－πολλά 的展开才具有积极意义，乃是将其展开为具有多样性的统一体，区别于其他的杂多。συναγωγή 和 διαίρεσις 的这种区别在文本中通过 ἔξωθεν περιεχομένος 和 δι' ὅλων πολλῶν 的对照而表现出来。因此，事关宏旨的并不是得到分环勾连的和预先规定的"理念金字塔"范围内的某种上升和下降，毋宁说 συναγωγή 以不可区分的方式给出了那种领域（γένος），而 διαίρεσις 依循其多样性的内容通过划界划分着那种领域。施莱尔马赫对这个地方的解释乃是不可靠的。有关辩证程序的解释确实也包含着混合和划分的诸种 αἴτια，但是，正是通过它们与一切事物的绝对结合这些 αἴτια 才被突显出来：διὰ πάντων（253c1），区别于 διὰ πολλῶν（d5）。[还可以参阅 A. Gomez-Lobo："柏拉图《智者篇》253d1—e7 有关辩证法的刻画"，载 Phronesis，第 22 卷（1977 年），第 29—47 页。]

在它和其他事物的结合潜能中得到了先天的把握。

当然,结合(Koinonie),亦即这里《智者篇》所讨论的东西,首先可以借助科属规定性,亦即在不可分的理念中得到概括(συμπλοκή),于是,可以借助那些构成其存在的诸种规定性的多样性而进行把握,并且可以同时依据那些东西进行把握,即依据那些总是异于它、不属于它,而是属于同一科属(Genos)之不同品种(Eidos)的东西。但是,如若存在者就其特殊的存在而得到了谈论,那么与此同时它就可以供某种交道活动使用,就是说,业已观看到了,它和其他东西可以如何结合起来,如何对它施加影响或者受到它的影响,并且在如此观看中在它和其他东西的结合中可以被制作出来,就像诸种语音之结合那种事例带给我们的教益那样。(参见《斐德罗篇》:依循 Eros 的存在就可以认识到其利弊,依循灵魂的存在就可以认识到演讲对它的影响。)

如若辩证法由此看来是有关诸种科属之结合的知识,只要 Dihairesis(区分)建基于多重规定得以展开的统一体因而就是结合(Koinonie),那么,辩证法同时就是某些科属的结合,而且辩证法本身的存在论可能性就建立在这些科属的基础上。于是,在辩证法的普遍结构中,不只是诸种科属和诸种品种之概括(Zusammenfassung)在 ὁρισμος(定义活动)中被把握为结合(Koinonie),而且这些科属的互相关系同样如此,而且只有在这些科属的基础上那种概括才是可能的,在这些科属当中首当其冲的就是同一、差异以及存在和不存在。因为正是在这两组科属的基础上辩证法的综合活动和分解活动才是可能的。基于同一性视角,人们可以在杂多中看到某种同一,亦即科属的同一或者品种的同一,同样,就不同的品种可以概括出同一种科属。于是，在所有这些趋向于某种统一体或统一性的综合活动中，同一性(Selbigkeit)都一同现身了。同一性的共同此在方才促使，在差异性的东西中将某种实事性的统一体作为同一的东西而赢获到视线之中。反过来说，要进行 Dihairesis，要把统一体分解为某种最终的统一体之中，那就需要差异性视角。要对科属上的同一者进行划分，那就要观看着那种由此统一性加以规定的实事，在此观看中进行划分。要对它过去之所是进行不断的确定[⑬]，而这就意味着：要概括出属于它的一切科属规定性，它虽然与其他事物在科属上是同一的，但是它和其他事物的差异要得到观看；这样一来才能得出它的规定性。恰好在这种对差异性的观看中(亦即对所有与它保持同一的被保持者的观看)，所有始终不是那种实事的东西被看作是和那种实事有差异的东西。因而，在差异性(当然以同一性为条件)的基础上首先就有了这种可能性，依循科属统一性去赢获实事的最终不可划分的品种规定性。事实上这就是 Dihairesis(区分)的 αἴτιον。这两种视角可以共同此在(Miteinanderdaseinkönnen)，这种整体正是辩证法得以可能的条件。[各个理念互相分有的关系，以及同一者在何种程度上不再追随 Dihairesis，这将在后期作品中得到重新讨论，特别是在《海德格尔的道路》第 8 章及其新近的作品中，分别收录于其全集第 3 卷和第 7 卷。]

最高科属的互相结合具有别具一格的意义，乃是实事上互相结合的存在论条件，这就是说，乃是依循存在者之科属规定性和品

---

⑬ ἐχόμενοι τῆς τοῦ σοφιστοῦ κοινωνίας，参见《智者篇》，264e2。

种规定性去规定存在者的存在论条件,同时也是理解柏拉图《巴门尼德篇》第二部分的钥匙。在那里,Eide 之间的辩证混合得到了展示,亦即得到了证明:一必定是多,而且多必定是一。《巴门尼德篇》的辩证法与《智者篇》以 Dihairesis 图式对结合加以证明的做法不大一样,而是和《斐德罗篇》和《斐莱布篇》的提法相像。如若人们立足于这种也就是积极的辩证法观念,那么人们就容易依据严肃的实事性意义去质疑《巴门尼德篇》的那种辩证法。《巴门尼德篇》的辩证法其实并不是某种单纯的"练习"(Übung),但是如若人们要从中找到它在开始时提出来的分有(Methexis)疑难的解答,那就超出了这篇对话的意图。统一性理念是而且可以是正在变化者的多样性,这是柏拉图都不愿加以论证的,而且亚里士多德也认为分有疑难并未得到解决而且是不可解决的。[19]一可以是正在变化着的事物的多,这就意味着,正在生成者本身的不可规定的多样性会得到这样的把握和确定,这一点并没有在《巴门尼德篇》中得到证明。《巴门尼德篇》完全是在 Eide 内部进行证明。最后

---

[19] 要对《巴门尼德篇》基本倾向进行真正的阐释,必须意识到文本中给出的诸种提示。在此无法进行这样的阐释。尽管如此,如若不考虑《巴门尼德篇》及其"否定的"辩证法,就想恰当地突出《斐莱布篇》表达出来的区分活动的那种"积极的"辩证法,那是不可能的。对于个体化疑难中分有疑难的通常探索,从一开始就错失了希腊存在论的疑难处境。尽管亚里士多德批评了分有概念和柏拉图式的理念分离,但是他在个别事物和理念的关系问题上还是停留在柏拉图那个水平上,并没有将其看作是某种个体化疑难。当柏拉图把个别事物对理念的分有设置成疑难时,他并不是要由此表达其存在论中某个没有得到解答的疑难,并没有由此提出个体化的疑难。这一"疑难"的困窘恰好可以间接地澄清存在论的诸种预设:个别事物在逻各斯中只是被遭遇为 ahyletisches Eidos。理念始终是个别事物的理念,这一点并没有促使柏拉图或亚里士多德为个体化(Vereinzelung)做出某种说明,毋宁说恰好相反,他们只是在为理念的存在要求进行某种解释。这是非常有特点的:亚里士多德那里"第一"实体和"第二"实体的关系(不仅表现在或许不是真迹的《范畴篇》,而且表现在《形而上学》第 7 卷)根本没有被表述为某种有待解答的疑难。

表明，统一性理念和多样性理念并不互相排斥，而是互相设定。于是，这种看似毫无指向的辩证法的积极意图在于显示出，作为统一性视角的那些理念并不需要成为绝对的统一体，毋宁说它们可以包含诸种统一性视角的那种多样性。这种可能性乃是对《巴门尼德篇》被论证过的那种不可能性（多样性不可能脱离统一性，统一性不可能脱离多样性而得到设想）的正面的表述。但是，这样一来也证明了，要在统一性概念中对正在变化者的多样性进行把握，这一任务仅仅借助诸种统一性的设定并不能得到实现，毋宁说人们还要通达这样的统一体，这些统一体并非本身又包含不同的可把握之物（即把握统一体），而是说，它们是"不可划分的"统一体，这样一来实事就在其最终可把握的统一存在中得到规定。因此，巴门尼德要在苏格拉底的 ὁπίζεσθαι（研究）活动（《巴门尼德篇》，135c）之前进行他的辩证法练习。这种"在……之前"（vor）使 Dihairesis 关乎实事的促成性作用（Ermöglichung）得到了直观的理解（versinnlichen）。《巴门尼德篇》的辩证法并没有给出正面的实事规定性，而是说明了（与《智者篇》五种科属的辩证法处于同一意义上）那种可能性，即通过辩证的 Dihairesis 对存在者进行实事性规定的可能性。开头提出来的分有疑难，并没有因此而得到解决，而是转换为另一种形式并且在另一种形式下得到了解决：《巴门尼德篇》依循纯粹的概念并且借助智者派的狡猾语言证明了：理念的统一性可以把握其下属理念的那种多样性。正是在这一基础上一和多的疑难才能得到"解答"，这个疑难在《斐莱布篇》中也出现了，在那里也被表述为不可解答的分有疑难。一（das Eine）可以成为多（Vieles），但并不是正在变化者的那种不确定的多样性，而是那种确定的亦即可以把握的诸种统一性的多样性。

在证明最高科属之互相结合的过程中，揭示实事的言谈之所以可能，关键是因为赢获了矛盾（Widerspruch）的积极意义。某个东西既是同一的，又是有差异的，这并不是什么矛盾，只是出于两种不同的视角（Hinsicht）。正是因为它与自身同一，它才和其他事物有差异。只要它是，那么它同时就不是，亦即不是其他一切。非存在（Nichtsein），借助存在（Sein）而被给出，因而它并不意味着某种矛盾性的对立，并不意味着某种与存在不可调和的东西，因为依照其本己的意义倾向，它并不意指某个清晰可见的东西（eine Sichtbarkeit），而是对存在的单纯否定。但是，柏拉图却把非存在证明成了存在者那里的某种本己的可见性（eine Sichtbarkeit）了（乃是某种 Eidos,《智者篇》,258c7），这种东西虽然和存在的视角形成了对立，但是就像存在（Sein）一样它也在存在者那里现身。因此，只要刻画出了不同的视角，亦即在存在者那里存在和非存在被共同给出的不同视角，那么（所谓的）矛盾也就解决了，而所谓矛盾只是因为遮蔽了视角的差异性，这种遮蔽变成了智者派从事反驳的手段。非存在作为对存在者的正面规定，其意义就是它和其他事物有差异。

这样一来，在辩证法中出现的那种难题就得到了解决：一表现为多，统一性表现为差异性。作为（诸种品种）之差异者的统一的共同性，那种实事性的科属并没有停止是一，而且只要多样者（在那种科属被把握为某个统一体）在其多样性中不再具有任何其他的共同性，而是只有使它和其他一切事物同一的那种共同性，那么它就在存在论上得到了观看，就是说，就其可能的可认识性和可规定性而言，它实际上只是某个统一体。但是，如若在某种科属共同性的范围内还可以遭遇到其他的共同性，在这些共同性中多样性的一部分与另一部分互相区别，那么多样者在存在论上就不仅是某种科属的共同性，而且要在若干个特殊的统一性视角下进行把握，亦即在同一科属下设的那些统一性视角中进行把握。将同一科属中被共同设定的那种品种差异突显出来，这就是 Dihairesis 的工作。虽然它让一实际上变成了多，但是它恰恰并非在它曾经是一的地方是多——在那里毋宁说多始终是一——不如说，除了它与其他事物共同的东西之外，只要每一个多本身又是一（在其中它和其他事物相区分），那么它就是多。

而且，要在逻各斯中对多样者进行科学把握，关键在于将多样者规定成统一体，使它本身不再是多，不再是差异者，毋宁说在某种最终的统一性中把握多样性，借助对这种最终统一性的谈论，多样者就作为统一体并且始终同一者而得到了把握。因而，在逻各斯进行积极的实事性揭示的方向中，逻各斯要把那种现在被当作是多的东西看作是某种统一体，并不是为了证明这种设定的意义和证明这种设定本身是不可能的，而是为了借助这种设定，即多样者之特殊统一性的设定，去通达就实事之存在而居有实事的那种真正的可能性。因为只有借助某种不可划分的统一性才能够在逻各斯中就实事的永恒之是和特有之是而把握实事。借助这种东西才能满足那种相互理解的要求，才能使那种对于事物的解释成为可能——将如此理解的实事加以掌握，就是说，人们知道并且能够对此给出解释：人们应当如何与之打交道。

因此，定义，即 οἰκεῖος λόγος οὐσίας（有关实事的恰当的逻各斯),并不是以自身为目的,而是使有关实事的科学性交道活动(或思想活动)成为可能。辩证法研究的真正对象是最伟大和最美观的东西,以至于无法通过感知而通达,毋宁说只有通过逻各斯中的恰当追寻(《政治家篇》,285e 以下)。柏拉图所使用的例子,诸如钓鱼和织布,并不是此种研究的以自身为目的的对象,因为关于这些东西(它们是什么以及人们在这些事情上应当如何行动)人们可以通过感知轻而易举地获得知识。这些东西只是用作练习。而且,那些严肃的对象仅靠经验直观是看不到的,诸如这些东西:什么是真正的政治家、真正的哲学家、真正的演说家,而这意味着人类实存的诸种可能性,关于这些东西的存在和本质始终存在着争论。[20]因而,对这些实存可能性的辩证性解释,赢获其 οἰκεῖος λόγος (恰当的逻各斯),那就意味着要对人应当是什么进行解释。这是辩证法的普遍意义,亦即就人类实存的被要求的诸种可能性而对人进行解释,同样要就存在者的知识要求对人进行解释,这同时超越了研究和解释的那种具体当下的对象——它总的来说使(我们)变得"更加辩证",就是说,它把握着在人类实存中存在着的那些可能性;理解自身,并且为知识的要求(它总是把这种要求提升到此处)提供正当性说明。[21]

---

[20] 斯坦策尔在其《研究》第 94 页基于《政治家篇》285d—286a,认为柏拉图对于何谓真正政治家的探索并不是柏拉图研究的最终关切,毋宁说是要在 μέγιστα 和 τιμιώτατα 中洞察到诸种最高科属(参见《政治家篇》,302b9!)。这是对柏拉图哲学活动之本质主题的误解。以上提示对于摆正方向而言足够了。关于 ἀμφισβητήσιμον 作为辩证法的对象,参见《斐德罗篇》,263a。

[21] 参见《政治家篇》,286d,以及《智者篇》开头(218b)。

第二章　关于《斐莱布篇》的解释

为了说明这篇对话的结构布局,亦即在解释中将被清理出来的布局结构,我们制作了以下概览,此种概览的预设当然是解释本身。

《斐莱布篇》章节划分

第一部分　这项研究的问题设置和方法可靠性[11a—31a]

1a. 有关论题的首次刻画[11a—14b]

1b. 对所用方法的说明:辩证法理论[14c—19b]

2a. 有关问题的确切表述:善作为"混合"和有关第二位的争执[19c—23b]

2b. 有关"混合"之存在特征的辩证分析:存在四科属的学说[23b—27d]

3. 有关问题的总结性决断和尝试[27c—31a]

第二部分　有关快乐之品种的分析[31b—55c]

1. 身体上的和灵魂上的快乐和痛苦[31b—35d]

2. 由两种东西混合而成的第三种形式[35d—36c]

3. 有关快乐"虚假性"的疑难[36d—44a]

4. 一切"混合"快乐的"虚假性"和"真实的"快乐[44b—53c]

5. 驳斥同时代的快乐理论[53d—55c]

第三部分　有关知识之品种的分析[55c—59e]

1. 技术性科学的内部划分[55c—56c]

2. 纯粹科学与技术性科学的划分[56c—59e]

第四部分　混合之实施和混合之分析[59e—67b]

1. 对确切问题的回顾[59e—61a]

2. 有关科学和快乐之混合的审视[61a—64b]

3. 有关混合之善的分析和有关知识与快乐之比例的分析[64c—66c]

4. 结论和总结[66d—67b]

第一部分　有关《斐莱布篇》11a—19b 的解释

§1 这篇对话的论题(11a—12b)

善的概念(der Begriff des Guten),而且是人类生活中的善的概念,一开始就被刻画为《斐莱布篇》的论题。关于人的生活,存在着两种互相对立的阐释(Auslegungen)。一种观点认为,善,对于人以及其他一切生物来说,都在于快乐(Lust)、愉悦(Freude)和享受(Genuß);另一种观点——以苏格拉底的观点为代表,则是相信人的存在有一种卓越的可能性。人的此在具有以下这种可能性：思考、理解、记忆，以及在思考和考虑中把握世界并且通过计算（Berechnen）为人的此在自身把世界带到当前。人的这种可能性是一切事物中最为有益的，也就是善。

在关于论题的这种表述中，还有许多方面值得注意：

（1）善被刻画为最强的有益性（Nützlichkeit），这种刻画呼应着有益（Nutzen）与理解（Verstehen）之间存在的那种关联，参见本书第58页。

（2）苏格拉底不顾自身感知（Sichbefinden）的各种具体的当前性，反而主张人的本质（das Menschliche）在于这种可能性，在自身理解（Sich-daraufhin-Verstehen）之方式中，（人可以）通达并非当前的东西。之后会揭示出记忆（μνήμη）和欲望（ὁρμή）之间的关联，这种关联在此业已对立于感受（Affekt）的自身遭遇和自身感知，而且只要这种关联恰好效力于有关感受（Affekt）的解释，那么有关论题的表述在其萌芽阶段，通过苏格拉底的口吻，就会包含这种内容：把 ἡδονή 疑难带入人所特有的、自身理解的实存方式中。

（3）进行理解的存在（das verstehende Sein），也走向并非当前的东西，将被刻画为存在的某种可能性，人只是分有着这种可能性。由此预先提示出那种构成上的欠缺性，即人的 νοῦς（努斯）与神性思维亦即与其自身的纯粹可能性相比所具有的欠缺性。

关于人生实存的那两种观点乃是某种先行对话的"成果"，这个先行的谈话本身并没有被展示出来。于是，当前的对话将进入更深的关联中，或许永远不会终结的争论（参见50d）的关联中。第一种观点的辩护者，"美男子"斐莱布，在此对话中退居二线了，但是始终保持在场。对他的观点的辩护由另一个人即普罗塔库斯来承担。斐莱布的退居二线澄清了对比之中的(in der Abhebung)真正对话的某种首要前提。①斐莱布,安静地在那里倾听着(15a),他被刻画为有关快乐(Hedone)的独断论者,他被禁止讲话。苏格拉底从斐莱布的代理人即普罗塔库斯那里得到允诺,他准备在之前提出的有争执的问题中"以一切方式将真理清理出来"。这种允诺意味着,苏格拉底的对话伙伴有意愿发表谈话,同时有意愿倾听论证。只有借助一个这样的对话伙伴,苏格拉底才能进行一场卓有成效的谈话;观点之对立正是真正追问的对象。"以一切方式将真理清理出来",此乃辩证法的标志;因为辩证法会展示出有方面(allseitig),即关于某一实事的正面意见和反面意见,将所有方面都展示在有关实事的推论中。辩证法阐述的全面性(Allseitigkeit)意味着,它不会独断地、未经讨论地固守某种λόγος(命题),而是决心通过讨论展开审查。

下一个要求乃是:设置问题。这不仅意味着:追问本身,因为追问总是已经在它所追问的答案那里。在对答案的这种预期之中,关于答案在问题中业已作为何者而得到理解,仅仅存在着不明

---

① 顺便指出,这种出场形式在柏拉图对话风格的发展中非常有特色。普罗塔库斯的这篇对话恰好区别于在论题上相关的另一篇对话《高尔吉亚篇》,这篇对话没有在论战性的对话风格中展开对快乐主义和独断主义者的反驳,而是从一开始就准备好了一场积极的对话,因为对话伙伴的天赋明确地保证了合乎实事的争论。与此相应,对快乐主义的反驳并没有以辩驳的方式证明他无力于解释或没有准备好解释,而是在积极的区分中显示出了他相对的合理性,并对其主张进行了关键性的限制。关于苏格拉底和斐莱布之间先行对话的虚构指向《高尔吉亚篇》中卡里克利斯(Kallikles)风格的辩驳性对话。于是,《斐莱布篇》本身和《智者篇》217c的场景处在同样的实事性领域中。

确的理解。即便是一个所谓开放的问题,它之所以是开放的,仅仅是因为它尚未决定面对它所期待的答案。相反,问题的设置(Stellung)在另一种意义上意味着开放性:在其中,追问会被所期待的答案明确回溯到以下这点,亦即答案在问题中业已作为何者而得到理解。设置问题意味着:清理出,在追问活动中被追问的东西业已作为何者而得到理解,而它作为追问要在何处发问。这种在追问之前在问题中的逗留,就叫作设置问题;此乃逗留于业已先行于一切答案的东西之上。

在有关人生之善的问题中始终存在着对被追问者的某种支配性的先行理解。被追寻的善应当是灵魂之自身感知（διάθεσις）或自身行动（ἕξις）的某种方式,这种善可以使所有人的生活变成"幸福的"。于是,作为人的灵魂的某种状态,善已经得到了先行的理解。这种善并不是人所拥有的某种东西（was vulgo ἀγαθόν = 首先意味着善的东西）,毋宁说是人的存在本身的某种方式。因为人就是(ist)他的灵魂。问题是:到底什么是灵魂的这种状态,可以使所有人的生活变得"幸福"？"幸福的"（glücklich, εὐδαίμων）在这里并不是对人所追求的善的某种内容上的规定,比如幸福（Glückseligkeit）和德性（Tugend）二者中的某一个,毋宁说,"幸福的"刻画的乃是可欲求性的最高程度,在此程度中始终别无所求。至于这是自身感知（Sichbefinden）的某种方式,还是自身理解（Sichverstehen）的某种方式,则始终完全保持开放。给出的诸种答案都将回归到有关"幸福生活"的这种自然的先行理解中。由此先行理解则可以得出,追问(das Fragen)将在何处(wobei)进行探究(anfragen),追问活动中被问及的东西(das Befragte)乃是:人生此在,作为某种被人欲求的、被人选择的,并且在欲求和选择中显示出来的东西,正是被追寻的善。在这里给出的灵魂的状态到底是不是善(das Gute),取决于以下问题,人们是否愿意终其一生在此状态下度过(参见 20b 以下的阐述;21d3、21e3)。

于是,清理出有关被追问者(des Gefragten)的先行理解,这将确保所给出的两种答案的对立性(Gegensätzlichkeit);这两种答案实际上都是在回答同一个问题,并且是以同一方式被理解的问题。因而正好有可能在这两种答案中做出抉择。进一步而言:有关被问及者(des Befragten)即人的生活的刻画使得追寻之道路可以辨识;正如这两种答案都会在生活中照面。与此同时,在问题设置中也存在着对这种可能性的先行刻画,即两种答案中的任何一个都不能完全满足问题的要求。有关两种观点的抉择将采取以下方式:谁能在此在那里(am Dasein)把握住那个最接近(συγγενής)灵魂之真正最佳状态的东西,那么谁就取得了胜利。这种限制在实事上意味着:"善"只能是而且必须是唯一的。而这就意味着,在这两种观点的层次上,要么这一个是善,要么另一个是善。但是,也许在对话中会显现出那种带有必然性的、对那两种观点之共同维度的超越。虽然在那两种观点之外再主张第三种观点是没有意义的,但是,这样追问则是富有意义的:这两者之中的可意愿性(Wuenschbarkeit)是否基于同一个东西。快乐(Hedone)和知识(Episteme)将是善的,只因为它们都属于某种唯一之善的科属。于是,争执的问题就转换为,它们本身与这善的关系到底孰近孰远。从内容方面来说:在生活的那两种实行方式中,谁更加接近或更加专注于善本身。

§2 方法的可靠性(12b—14b)

在真正研究的开始之处，有这样一个问题，即在两种观点中显示出来的诸种现象是否具有自身的统一性，而且首要的问题是，快乐(Lust)是否显示着灵魂的某种统一状态。在两种观点的要求被确立为同一个东西之后，它们必定会面向它们所共同意指的东西而得到追问。而这就意味着从一开始就必须搞清楚，在这一观点和另一观点之中诸种现象的何种多样性可以得到统一性的概括。因为要说快乐意味着灵魂的某种统一状态，而且本身就是善，这在人的第一印象中是难以置信的：在同一个名称之下显然存在许多差别很大的，甚至是互相对立的快乐(Sichfreuen)的类型。"享受者"的快乐(Lust)，与"文明人"在有分寸的节制中也就是在对享受的拒绝中所感受的愉悦(Freude)，这二者有什么共同之处吗？灵魂的状态——这是具有决定性作用的东西，在那两种快乐中是根本不同的。②关于道德之众所周知的和得到广泛认可的诸种差异的提示，这足以让对话伙伴认识到以下工作的必要性：在快乐这个统一性的科属(Gattung)范围内将诸种品种(Arten)区分开，并且在诸种品种中标识出那种唯一可以和善相等同的东西。因为在日常理解中，这些类型着眼于其善的存在恰好被理解为彼此不同的

---

② 关于《斐莱布篇》12c1：要对快乐所意指者的统一性进行哲学追问，这种要求的提出区别于那种为"女神"选取恰当名称的操心。关于快乐的本性，苏格拉底知道，它本身就是某种具有多样性的东西。相反，关于女神的名称，他却不敢说有所认识。这是针对斐莱布的反讽，斐莱布显然是想为其实事寻找支持，他想把快乐解释成一位女神，这样一来他就得为被他称作阿佛洛狄特的女神选取一个更加恰当的名称，要比她被崇拜时所使用的名称更加恰当。

东西。快乐作为各个不同的东西前来照面。

但是，对方的回答却告诉我们，他为了辩护他的观点决意将有关现象的那种日常理解牺牲掉。诸种事例，即苏格拉底为了说明快乐之诸种类型的互相差异而提出的诸种事例，都可以向他发出警示，承认事实上诸种不同的类型，这对他的观点而言乃是非常危险的。（他的回避主题则显露在他的第二次回答之中，在13a6：你说快乐有许多不同的类型，就像在颜色这个科属范围内有诸种不同的颜色，那么，这种差异性在反对我的观点时到底能发挥何种作用呢？）于是，他的回避方式是这样的：他不顾诸种快乐之间的互相对立，他只考虑人们可以从中感受到快乐的那些对象，快乐会依据这些对象而有所浮动和调整。因为只要这些快乐都是快乐，那么，它们在万事万物之中就是彼此最为相似的东西。因而，他的做法与苏格拉底的区分活动的结论恰好相反，他没有把展示出来的诸种差异看作是在灵魂本身的状态中就存在的东西。他的防御方式是这样的，他追溯着科属名称的共同性，就此而言，一切不同的快乐（当然）都是相同的，也就是说，这是在和科属以外的东西作比较。而苏格拉底则是在这种科属统一性和名称同一性的框架下进行了诸种区分。

对方的这种逃避在理论上是不恰当的，苏格拉底借助某个科属及其下属的诸种品种这样一个常见的事例而加以说明。科属的统一性并不能排除实事上的诸种差异，相反，这种实事上的品种差异必定是科属之统一性的前提条件。只有在科属统一性所限定的实事区域范围内才存在诸种差异。一切差异都要着眼于那个使差异得以显现的同一者，这是它的前提条件。不处在共同视角下的诸种对象,也就谈不上什么差异。例如,某种颜色的"温馨"或"刺眼"乃是它们与其他颜色的区别之处,这在同时并不是它们与某个数字(Zahl)的区别之处。因为这些规定(温馨或刺眼)是彼此不同的,只是因为它们与其反面规定都是颜色(Farbe)。某个数字和某个颜色并不是不同的,充其量只能说数字本身和颜色本身都是"某个东西"(Ewas-Sein),在此共同点的基础上它们才是"某个东西"的不同方式。在这种理论的普遍性之中,对方准备承认实事关联,因为他在这种品种差异性的普遍意义中看不到对他观点的威胁,也就是说他认为这种差异性没有意义。但是苏格拉底使用了这个成果,他认为彼此不同的部分在其可经验的差异性中着眼于"善和恶"乃是不同的,于是他使快乐和善的那种等同论变得可疑了。势必要把那种不可能性或至少是困惑显示出来,即在所谓善和所谓恶的诸种快乐中,亦即在上述可经验的诸种差异中,到底有何共同点;由此反驳那种一般的意见,即把一切东西都看作是善的那种意见。③ 于是,普罗塔库斯撤回了那种半拉子的承认——快乐有不同的品种:作为快乐它们不能是不同的。更好的表述是这样的:他并没有明确地撤回他的承认,而是作了某种后退,不再注意快乐的

---

③ 13b3—5给出了文本上的诸种疑难。如若人们着眼于语法结构认为传统文本是不可靠的(在我看来,当然不能排除一切怀疑,参见斯塔尔鲍姆(Stallbaum)对此处的语法解释,同上书,第105页),因而,把 ἑνόν 当作 ἑνορῶν(这也是维拉莫维茨的做法)或者 ἐννοῶν,这些改善性建议还是不令人满意,因为这样一来就放弃了这个句子在整体结构上与前面b1那里 κακὰ δ'ὄντα 的关键相似性。如若人们在这种情况下不愿意相信,活生生的语言可以超越语法对它的限制,那就只好在d2那里偏向这种改善性处理了:(κακὰ)τί...,这样处理至少没有损坏句子成分的对称性作用。类似于《斐莱布篇》34e3 和《法律篇》963e1。

那些不同品种和那种在他看来无关紧要的差异性，因为在自然理解中快乐的不同形式就其"善和恶"而言始终是不同的，所以他开始再次防御那种认为快乐中存在差异的观点。

80　　从自然经验所证实的诸种差异到科属的统一性，这种反弹导致实事中的一切理解都变得不可能了。因为事关宏旨的并不是停滞在科属的统一性意义那里，而是要呈现感性经验之多样性中最初可把握的东西，用以限定有待研究的领域。把握活动可以停止在科属的统一性意义那里，但只是在这种情况下：在共同被把握的多样性的范围内不再有可把握的东西了，也就是说不再会有更低层次的共同性了，这意味着，在对共同性的把握中，实事本身以及实事当中可把握的东西被遭遇为永恒的东西。差异并不意味着变动不居者的不可规定性，恰好相反，差异意味着可以把握的、各个不同的品种的统一性。在这里如若局限于最初的共同性，那就意味着对自行显现的实事本身的遮蔽——实事本身在诸种科属同一者的范围内互相之间并不相似。既已发现了这种不相似性，但是并没有进而指出得出这种不相似性的那种统一性（Einheit）的空洞性（nichtig），而是在固守那种共同性的同时以有所区分的方式去说明那个如此被把握到的东西，并且说明白了这一点：某个东西，它高于（über）那些属于它的东西，它是具有统一性的某个东西。将目光转向这种同一者并不适合居有实事及其各个不同的实事性，恰是在这种各个不同的实事性中实事得以遭遇和意指，而且这种目光的转向并没有为相互理解（Verständigung）保证那被意指者在理解上的共同性，因为我们遭遇到的同一者（13d3 以下）并

1. 柏拉图的辩证法伦理学　121

不是这种同一性(Selbigkeit)，而是在其品种上有所差异的各个不同的东西。这种目光的转向具有在反思逻各斯时的那种形式上的正确性，这种反思牺牲了实事，留下了空洞的被思的东西。关于那种不相似性的发现的实事意义并不是这样的：两个不相似的东西，作为不相似的，在万事万物中乃是最为相似的。只有当这两者只是不相似，别无其他相似时，那才是那种不相似的正确的实事意义。通过这个例子可以明显地看出，普罗塔库斯是在以智者的或诡辩的(sophistisch)方式进行论辩，也就是说他在 λόγος 和 ὄνομα 之无实事和无眼光的被给予性中沉沦了。即使是对 ἡδονή (快乐)本身的援引也并不能揭示出名称之外的什么东西，名称只是传达出对实事的称呼。苏格拉底拒绝了关于诸神名称的争执，这就是众所周知的苏格拉底的追求，要超越 ὄνομα 然后通达 εἶδος。与此相应，苏格拉底的论题(These)——"理解"乃是善(das Gute)，将遭遇其实事内容的遮蔽以及一切进一步理解的失败，如若苏格拉底拒绝解析知识和理解所意指者的实事上的差异，如若苏格拉底(像普罗塔库斯那样也)援引作为知识和理解的那种同一性。即使是知识也要分解为它所下辖的诸种品种，甚至会出现知识和理解之互相对立的诸种方式。只有承认了这一点——尽管关于知识有概念上的统一性，但是知识和理解还存在诸种不同的品种，才能使苏格拉底争取到其谈话对方的同意，尽管在这里(13e10)互相对立的诸种品种同样(和 13a4 相比)没有得到积极的说明。两种论题遇到了同样的处境，使得对方安静下来。于是，他同意了，在有关这两种论题的进一步研究中务必要注意那种包括在自身中的诸种差异。④

§3 有关辩证法的增补(14c—19b)

对这一点的承认在思想上具有极其重要的意义。这样一来就确保了这种研究本身有可能发表揭示实事的谈话,有可能产生合乎实事的相互理解。苏格拉底接下来向其谈话伙伴详细解释了缺乏恰当方法会引起的后果(参见他最终同意的主题,14a7),用以保证真正的意见一致。这一解释的内容乃是对辩证法理论的某种彻底的论证。也就是说,这一解释来自于这一意图,即使谈话伙伴超越那种纯粹通过争论(agonal)而获得的一致意见,并提升到去承认苏格拉底所要求的那种不依赖于一切争论(agon)的实事意义。作为方法论上的插曲,这个地方需要某种解释,这种解释不仅要注意在当前这篇谈话中辩证法的作用,而且还要说明这里和柏拉图在其他地方有关辩证方法所做解释的诸种关系。这种任务的关键在于,将这种二重性的愿望确立为某种具有统一性的关切(Anliegen)。如若我们有意系统地解释辩证法却要摆脱柏拉图有

---

④ 14b1"Τὴν τοίνυν διαφορότητα..."意指着刚才所揭示出来的快乐和明智之间的实事性区分。因为事关宏旨的并不是这两种论题不能就其互相差异而被遮蔽。因此,不难理解,为什么普罗塔库斯能够平静地答复,他对于两种论题的相同性感到满意(14a7)。但是,这两种论题的差异乃是此种阐释中得到反复观看的论题,所以,如若普罗塔库斯谈到了它们之间的相同性,那只是在说,迄今为止还没有决断出这两种论题哪一方更有优势。因而,对这个地方的正确阐释是,承认两种科属之间的差异乃是进一步阐释的指导线索。(这里的 τοίνυν 意指着前面语境中的内容,那种语境乃是 καὶ διάφοροι 所包含的语境。)斯塔尔鲍姆的观点与此类似,同上书,第 109 页。有关 b1—3 的结构乃是晦涩的。无论如何,依循前文,μηνύωσιν 的主语乃是 λόγοι,而且,依据前文,文本中的 τοῦ τε ἐμοῦ καὶ τοῦ σοῦ 也许要被读作 τοῦ ἀγαθοῦ。

关辩证法的方法论解释，那就会遇到二重性的危险：其一，把柏拉图在方法论的自身道说的规模看作是柏拉图真正的方法论上的自身意识之尺度；其二，仅依据概念上的方法理论去观看实际操作中的方法，而不是恰好相反从其哲学"程序"的源初主题出发去说明那种自身把握的本质特征和界限。而这种程序就是对话中即在苏格拉底对话中的相互理解。这恰好构成了《斐莱布篇》的特有意义；这篇对话所谈论到的辩证法，乃是在苏格拉底的对话行进和实行中被识别出来的辩证法。辩证法理论必须依据相互理解的具体处境才能得到把握。因而，有关柏拉图辩证法之演变和发展的一切追问都是次要的，都必须立足于对话当中辩证法的发生。依循言谈的结构亦即实事上的相互理解，辩证法诸要素（συναγωγή 和 διαίρεσις）之间的关联可以得到原初的解释。其中第二个要素即 Dihairesis（区分）的明确形成属于柏拉图后期作品时期，诚如斯坦策尔（《研究》，1917 年）的意见，但是，这却不能这样解释，似乎柏拉图在最开始并没有使用过这种方法。这倒不是说，我想说明柏拉图那里向来就存在"诸种划分"，而是说，这些划分的意义——其本己的作用——恰好对应于他后来明确表述为区分方法的东西，这种方法导致了 ἄτομον εἶδος（反常的理念）。区分这种要素与综合要素同等原初地植根于相互理解的结构中，植根于辩证法家（Dialektos，就词义来理解）的结构中。理解以及知识的意图引导着《斐莱布篇》中的苏格拉底——尽管在先前阶段往往会得出否定性的结论，在这里则将其自己的诸种处境表述为某种辩证法理论。

　　对《斐莱布篇》中的辩证法疑难的阐述起源于这种必要性：通过高于 λόγος 本质的根本优越性使谈话伙伴清楚明白，通过援引快乐之科属同一性，这就是说，通过援引单纯称呼上的共同性，并不能达到对诸种快乐之可经验的多样性的充分理解居有，因而不可能对它们在"善"上的要求构成真正的审视。于是，辩证法理论就被明确地提出来，用以说明真正的对话的相互理解是何以可能的。在关于事物的一切知识中都需要对实事作这种理解：借助于逻各斯的概念性解释，任何其他人也能在与认识者自身所有的同一存在上被带到实事上*。知识和相互理解要求在实事的永恒本质中对实事进行这样一种居有（Aneignung），即将此在带向关于实事的认识性的拥有的可能性之中。而这一论题——无论它们如何前来照面，所有快乐也毫无疑问地都是快乐——无法使这一有所知的对于快乐的支配成为可能，也就是说，这个论题并不能确立它对"善"的要求。通过援引这种作为快乐的同一性始终不能把握，在一般的道德性此在理解中善的快乐品种与恶的快乐品种何以区分开来。以下理解乃是一种谬误：诸种存在者的某种不确定的多样性业已通过以下方式——以某种统一性的视角概观这种多样性，且据此统一性的视角而被把握为同一个东西——已然完全在构成其特殊存在的东西之中被居有并允许了某种对它的统一性拥有。因为人们将要越过每个在此统一性中被一道把握的个别的东西，如此长久地居于不确定性之中，正如人们在特定的关系中看到的那样；例如，（某个个别的东西）是善的还是恶的，只要这一点并没有被保证；在统一性概括下的东西是品种相同的，并且在理解

---

* 借助 λόγος 以及对同一存在中其他任何东西的概念性解释，正在认识中的人所具有的东西都会通达实事。——译者

其他东西和它的共同性之时，个别东西就其特殊存在而如是得到了把握。缺乏这种可靠性就可能是这样的：虽然这个共同性的某个东西始终是善的或始终是恶的，但并不是所有东西（的善或恶都是这样明确的），也就是说，没有从根本上解决这些问题；多样的事物到底有何种共同性，这种共同性在 λόγος 中到底被把握为什么。于是，若要充分地把握多样性事物的统一的同一性，须有某个前提条件：它在任何别的可以被包括于此统一性之中的统一性视角下都不能被把握。

谁要是与此相反想证明快乐就是善，尽管确实存在着许多被人视为恶的快乐品种，那么他就必须就快乐的一切品种加以证明，它们都是善的，即在它们任何一个中证明有这样一个同一性，就这个同一性的视角而言它们都是善的。普罗塔库斯太过匆忙地从快乐的差异性（多样性）中看到了快乐的统一性（Einheit）。于是，他把握住了言谈的这种可能性，把多变成一（同样可以把一变成多），但这样一来言谈就会损失其实事上的揭示功能：以此方式变成一则会导致实事没有得到恰当的把握，即就其日常被看到的那样亦即在品种上各个不同的那样被把握。将多变成一或者将一变成多，这不是对实事的把握，而是某种使人变糊涂的手段，使人摆脱了通常看到的东西，因为让人宣称他的似乎与他不兼容的反面。更为确切地说：它并不是使其他人变得糊涂的某种手段，即让某个人保持在对实事的某种稳固的立场上，而是在 λόγος 本身之中就存在着的诸种遮蔽可能性的状态或遭遇（πάθος）。这并不排除对它在争论中的（agonal）运用。但是，它将不会在那种可能使人变糊涂的自由中得到运用了：εἰς ἀπορίαν αὐτὸν μὲν πρῶτον καὶ

84 μάλιστα καταβάλλων〔他首先把自己搞糊涂了〕(15e)。一和多的疑难必须在逻各斯的积极作用中加以认识。如若把某种一同时可以把握为多,那么,把握活动的要求显然就被取消了。于是,需要在根本上加以澄清,到底是在何种意义上某种一同时又是多。

当然,同一个东西既是一又是多,这对于有生有灭的可感世界的诸种事物而言,并不是什么严肃的疑难。事关宏旨的并不是,一个(ein)事物自身显示为多(Vieles),因为有许多属于它的规定性的多,同一事物由于言说视角的差异可以拥有互相对立的诸种规定性(可以想起,《巴门尼德篇》中的芝诺试图由此出发证明多的不可能性),事关宏旨的同样不是,一个整体是一,与此同时就其诸种部分而言它又是多(关于这个疑难,可以比较柏拉图关于德性的疑难性对话和亚里士多德《物理学》第1卷第2章185b12—16,以及对于这些地方的诸种评注)。真正的问题在于($μηδέ$,14d9):在第一种情况下,一之所以变成多,并不是由于一本身,而是由于它和其他东西的比较。第二种情况则恰好相反,一个事物本身就是多,而且它的每个部分也都是这个一。正在晃动中的我的手,是我本身。由此方式将一变成多,也不是什么疑难,苏格拉底注意到了。因为在这两种情况下,所说的一(Einheit)并不是"纯粹的"一(Einheit),就是说,就其意义而言它并不是一(das Eine),而是存在者就其存在而言被称呼的某种多样性。一个存在者作为一(Eines)可在多种视角下被称呼和被规定,只要它作为存在者有多重规定性属于它,例如它比这个更大,同时比那个更小,于是就有了不同的部分,而且这些部分乃是它本身就有的。它是一(Eines),是因为它是其诸种部分的整体,并且它是其诸种规定性的底层(Substrates)。

与此相反，一和多的真正(echte)疑难首先在于那些"纯粹"的诸种一(Einheiten)，它们不是个别存在者，而是作为许多存在者之存在同一性的一(Einheit)。这些一*，如"人本身"和"善本身"乃是据以统观和把握诸种事物之多(Vielheit)的那些视角。恰好因为它们可以作为一，它们才是 διαλέγεσθαι (辩证法)得以可能的条件(参见《巴门尼德篇》，132a、135c)。只因为这些视角乃是一，人们才能够理解那些被如此观看的事物。这些视角(或这些一)可以越过诸种可生可灭的事物，给出知识和揭示实事的规定性，只要它们在一切生成和毁灭的变化中始终作为同一者得到统一的理解。当然，这里有个疑难，即这些一到底是如何存在的，并且它们如何在不断生成着的领域中可以成为多。⑤ 它们本身作为纯粹的

---

* 或统一性，或单元。——译者

⑤ 15b 的这个句子表述出《斐莱布篇》的某种疑难，但是这个句子是晦涩的而且有可能是错简。πρῶτον b1 εἶτα b2 μετὰ δὲ τοῦτ'...b4，此种表述首先可以包含三个问题。第一个问题是，是否要把这些纯粹的统一体看作是实际存在着的；并且，第三个问题是，这些统一体在生成的领域中应该如何存在，它们是分散开并且成为多，还是作为整体包含在多中并且由此一来与自身相分离(《斐莱布篇》，15b6＝《巴门尼德篇》，131b)。但是，第二个问题不仅在文本上，而且在实事上都是不清晰的。斯塔尔鲍姆的解释是这样的：这些统一体如何与生成和毁灭相脱离，这很难切中一个独立的论题。维拉莫维茨对 ὅμως 的示例性补充同样如此，ἐν δὲ τοῖς πολλοῖς φαινομένην，这个问题正好是第三个问题。要想在这里识别出另一种独立的论题，就会扰乱第一个问题和第三个问题的统一关联。通过口头讲授，我了解了弗里德里兰(P. Friedlaender)的阐释，那是他为《柏拉图》第 2 卷(第 2 版，第 566 页)所做的演讲报告。这种阐释在我看来并不恰当，要解释我的论据在此会显得离题甚远。首要的反驳是，他认为《斐莱布篇》的读者离开了《巴门尼德篇》的明确支持就无法实现理解。但是，这就违背了一切柏拉图阐释的最高原理：任何对话都要依循其本己的预设进行理解——即使如此阐释未必充分。因而，这个所谓的第二个问题和第三个问题必定具有极其密切的关系(就像施莱尔马赫那样，并且借助着纳托普的调整)："那么，这些统一体何以能够与（接下页注释）

一不允许再划分,也就是说不允许被把握为有差异的东西,否则以它们作为视角就不能统一地把握多。另一方面,多,可以用这种一去把握其存在,多本身往往就是一;例如,每个美的事物都是美的,因为美本身在这个事物中在场。那么,美本身何以一方面是一,另一方面在多中在场呢?

86 　这一疑难在《巴门尼德篇》第一部分被详细探讨过,并在该篇第二部分被导向某种确定的回答,因为在那里恰好介绍了被苏格拉底所质疑的诸种一本身(Einheiten selbst)的"混合"(Vermischung),由此出发必定可以得到某种积极的可能性,用于苏格拉底对"诸种理

(接上页注释)　它们始终保持着同一但是却不受生成和毁灭的扰乱,一方面是不可改变的而另一方面却在诸种正在生成者那里存在着,……"。[关于《斐莱布篇》15ab,柯尼斯(Cherniss)援引着斯彪西波(Speusipp),并且援引了《形而上学》第 14 卷、第 13 卷以及第 12 卷第 9 章,1085a3 – 31。克雷默(Krämer)更进一步:不仅关注着 γένος - εἶδος,而且关注着斯彪西波那里的 atomon 或 Individuum。

他援引了《形而上学》第 3 卷第 3 章,这一章在事实上必定反映着某种学术探讨。

有关 τὰ ἄτομα 的语言用法看起来是非常模糊的,有时候可能意味着 ἄτμητον εἶδος,但是可以确定并不总是这样。但是,无论如何,人们对于原子理论——στοιχεῖον 和 ἄτομον 的接受并不仅仅是为了某种 ἄθροισμα 之类的东西,正如《泰阿泰德篇》202 以下的教导!

这并不能得出,斯彪西波、色诺克拉底,以及有些情况下亚里士多德会行进在这样的道路上。亚里士多德将德谟克利特列为 ὁρισμός 的准备者(《形而上学》,第 12 卷,第 4 章,1078b20),就是对此的说明。

但是,在《形而上学》第 3 卷第 3 章人们务必要注意到它和柏拉图《申辩篇》996b 在程序上的相似性。也就是说,就其意图并不清楚,εἴδη ἄτομα 是否在各个情况下意指着 καθ' ἕκαστα ἄτομα。

然而,柯尼斯和克雷默对《斐莱布篇》的解释并不合理。不错,ἀμφιβήτησις,但是只有在可以导向 εὐπορία 的时候才是如此。而且在语言上,如欲替换 ὅμως 乃是没有希望的。所谓的第二种情况忽略了 ταύτας 的复数形式并没有 δέ! Μὲν δέ 支持着第二种情况。参见《巴门尼德篇》,比较皮尔斯(D. Perece):《理念、数字和灵魂》,帕多瓦,1961 年,以及克雷默:"亚里士多德和学院派的理念论",载《哲学史文库》,第 55 卷,1973 年第 2 册,第 119—190 页。]

念"(Eide)的设置,并且用于反驳来自埃利亚学派的批评。但是,这种可能性并没有在《巴门尼德篇》中被给出,在此对话中这一疑难只是被当作了疑难,毋宁说,这种可能性出现在《斐莱布篇》中。这里开辟出来的顺畅道路(Euporie)并不是对 Methexis(分有)疑难的真正的解答,这在前文已经强调过。理念世界和生成世界的分离在柏拉图那里从来没有得到"克服"(参见《斐莱布篇》,59a)。只有诸种本质存在着(sind),就是说,它们是诸种一,只有依循诸种一那正在生成中的多样性才是可以把握的。但是,这些一并不必须是不可分的,而且也并不是说借助对此种一的任何一种设定就可以去把握那些正在生成中的未经规定的多样性,就像它们作为正在生成者可以被规定和可以被把握那样,因此,还需要继续行进到诸种不可再分的一(诸种最终的品种规定性)。这是有关一和多之疑难的一种积极的立场,这种立场只有在柏拉图的存在理念的基础上才是富有意义的。

有关一和多的疑难的这种积极立场往往被苏格拉底间接地且以神秘的装扮引进来。它好像一半是神的使命(Göttergabe),一半是普罗米修斯的火,这火使得观看成为可能。⑥就像普罗米修斯盗来的火一样,这使命也是某种装备,是只有人才能得到的嘉奖(Auszeichnung)。这种嘉奖于此被明确地刻画为一切技艺的基础(16c2),就像是火这种礼物给人带来了技艺(ἔντεχνος σοφία σὺν

---

⑥ 此处对普罗米修斯神话的倒转使用着 προμήθεια 这一名称,意味着有关某个东西的先行的知识,实际上乃是对 τέχνη 的刻画,在《高尔吉亚篇》501b4 就已经是这样了。

πυρί,《普罗泰戈拉篇》,321d1)。事实上一切技艺都建立在这种基础上:在技艺中被处理的个别事物,业已事先得到了把握,并且这种把握依据的乃是那个始终同一的且可以制作出来的东西。如若它只是作为某个与其他东西有共同性的东西(与这东西一起势必是完全不同的打交道)而被把握,那么,它就不是作为那个可以被制作出来的东西(在和它打交道时,这东西必定存在)而存在。但是,另一方面,它就其特殊的存在而言是可把握的,因为它和其他事物有差异,只要它和那其他事物在另一视角下乃是同一的。只是在技艺的统一性关联中,它自身才是确定的,这就是说,在和那个与它有差异的东西的关联中,它才是确定的。

一切存在的东西都源自一和多的存在者,都在直接的一(συμφυτον)当中含有具有规定作用的东西和无法规定的东西。于是,真正的辩证法程序在于,将那种在实事中存在着的、因而始终可以找到的逻各斯中的多中的一按照一定方法传达出来;首先,要为一切事物寻找一个包罗万象的视角,然后在这一视角内部去查看,那个由它加以把握的东西是否可以由两个(或者多个)进一步的统一性视角加以概括,这些视角本身又可以像最初的视角一样被拆解为着眼于实事的、被它把握过的诸种统一性视角。

按照这种方法不仅可以显示一是多,而且事关宏旨的是,还可以由此指出它是多少(wieviel es ist),但这也就是,几个一(wievieles Eines es ist)。只有在这种解说方法的结尾,只有用来观看事物的最终被发现的视角本身具有不再可分的统一性时,也就是说,被它所把握的事物绝对不能再被其他任何视角把握了,那么,可规定性才会停下来,同时,无限的视角才恰如其分了,因为它

1. 柏拉图的辩证法伦理学　131

原本就意味着不可能进行完全的规定和把握；当然，也有积极意义：这种不可再规定的多样性对于思想者而言意味着同一者，这同一者面对属于它的诸种特殊性显示出漠不关心的姿态。与此相反，跳过这种中介环节，将正在生成中的事物的不确定的多未经中介地宣称为一，这时的一被当作是不可作规定的多，这就不是真正的辩证研究了，这就不是对事物的、有所进展的揭示了，这种揭示会通达普遍的相互理解和居有，毋宁说，那种做法会在实事上让人变糊涂，并且让人处在某种占优势地位的知识的假象中。[7] 将一简单地拆解为某种不可规定的多，却并没有赢获诸种新的一，这确实是在取消把握活动本身的可能性。对存在者的称呼和关于存在者的相互理解，都要求把多样的存在者统一地亦即按照其永恒本质而加以把握。于是，真正的辩证划分，必须持续不断地赢获诸种一，而且必定会在某个地方走向终结（在 ἄτομον εἶδος〔反常的理念〕那里），在那个地方对一的拆解（拆解为个别情形）会停止给出诸种一（也就是概念，在这些概念中存在者作为永恒存在的东西而得到把握和拥有）。虽然随着这种不断行进的特殊化过程，始终会有某个一被证明并非是一（Nicht-Eines），但是，在证明本身之中，那被一所把握的统一性的东西，在任何一种新的、被拆解成的一中，都会得到保持。于是，随着某个最终的不可划分的理念（Eidos）被通达，在这个理念中的、被统一地概括过的实事在某种

---

[7] 关于 17a1：我想把 καὶ πολλά 读作 τὰ πολλά，但是，对此的理解并不是在"多数情况下"这种意义上，而是将其理解为那种（想必不可或缺的）语法上的宾语；它使多成为一，并且使多同时成了不可规定的多样性。καὶ βραδύτερον 要依据《政治家篇》277a7以下和 264ab 来解释："更快"者实际上是"更慢"者。

逻各斯中得到把握,这种逻各斯确定着实事,并且仅仅确定着实事,并且依据着实事之同一性存在。只有把设定好的一(诸种科属)展开为诸种品种的多,对存在者的称呼才会得到科学的可靠性,并且得到相互理解上的保证;它就其自身的规定性而得到了把握,这种规定性就是构成其永恒存在的东西。

作为这种划分性规定,在这里起作用的乃是数字性的规定,尤其是像音乐理论显示的那样。一个真正的音乐家,需要认识和掌握了一切数字性的确定的音调关系(并不只是认识了高音和低音的诸种一般性差异)。数字关系其实在这里发挥着引导性的作用。当然,数字在这里并不仅仅规定着那些单个的音调和音调关系本身。数字的本质性功能在这里还在于去调整和变换诸种可能音调的整体,这整体处在某种由数字关系给出的诸种音调的多样性之中。一般而言,在描述区分(Dihairesis)的辩证程序时,数字并不是有关诸种品种的真正规定性,而只是这些规定性的某种代表。数字,属于科属统一性内部任一品种的数字,并不构成这一品种的实事规定性,毋宁说,数字只是为有关实事的区分性把握提供某种持续性,即并非跳跃性的方法上的进步。于是,以下这种看法是不恰当的——当纳托普认为正是由于数字在此所发挥的作用,一切规则性知识的数学形式才得以道说出来。(参见《柏拉图的理念论》,第2版,第319页)数字在这里代表着被计数之存在,代表着特殊化进程的持续性。斯坦策尔(《数字和形象》,第14页)承认这种一般而言的可计数性的方法论意义,当然,他是为了由此可计数性出发赢获"理念-数字论"的一般意义。同样不可否认的是,对数字的强调,不仅有这里这种方法论意义,还有其他主题,它超出了真正的数字概念,后者在柏拉图那里被率先理解为诸种一(或统一性)的同质性;或者如纳托普所认为的指向诸种性质的数理逻辑,或者如斯坦策尔试图说明数字作为形象统一性具有基本的直观特征。关于理念—数字论我们所知道的一切,事实上都可以本质性地回溯到《斐莱布篇》的那些进路。但是,诸种关系,即有关数字和诸种实事规定性的学说所设定的诸种关系,就其方法论意义而言始终还是极其晦暗的。可以确定的只有这一点,数字规定性和理念规定性之间的真正的联系,可以从某种统一性之中导出诸种理念的多样性。当然,对于数字的这种方法论作用而言,关于数字之非同质性的设定是不可缺少的。有关多少(Wieviel)的认识乃是有关多少层次(Wievielerei)的认识,并且是对技艺的标识(参见《高尔吉亚篇》,501a;《斐德罗篇》,270d6,273e1)。⑦ᵃ

诸种实事规定性,在纯粹的数字关系中可以表达出来的实事规定性,例如间隙或间隔,乃是这种规定性的极端的界限状态。这一点也可以由语言上语音例子来加以说明,特别是在对这种要求的解释中:当遇到某种不可规定的多样性的时候,并不会立刻去寻找某种包罗万象的统一性,即那种对于所有多样性成分而言的共同性,而是会越过在数字上可规定的诸种品种的多样性,继续前进到某种科属的统一性那里。这里所要求的某种语言范围内的语音的可计数性,显然并不在音调关系之数字规定性的方式中构成关于这些语音的实事规定性。在一切情况下这都是数字的本质性作用:通过数字,实事区域在诸种统一性的多样性中得到了把握,而

---

⑦ᵃ [关于理念-数字论,参见此后的论文"柏拉图的未成文辩证法",现收入我的著作集,第 6 卷,第 129 页以下。]

这诸种统一性作为被计数者在其完全状态中得到了揭示。关于被计数者的完全可计数的在场，人们可以在任何时候通过重新计数再得到确证。在将语音最终导向（字母之）语音的一般性科属概念的同时，一切语音的统一性关联将被看作是某种技艺的共同对象，只要语音从最高的统一性中可以就其特殊性而推导出来。即使是单个的语音也还有统一性特征和规定性特征，只要它不是那种一次性的声音构成物，而是作为语言的某种语音，在不可确定的诸种单个的语音构成物中始终作为同一者可以被反复地制作出来。作为语言之语音，语音才是某种统一性，这就是说，它作为某种统一性在其系统性关联中和语言的其他语音，亦即其他可以制作出来的诸种统一性，共同得到规定。而且只要语音归属于某种类型的语音，如元音，如此被规定着，那么，将这语音运用到语言中才是真正可以支配的；这就是说，它和其他语音在可联系性中或者在不可联系性中，亦即在能否联系为词语的统一性方面得到先行的认识。于是，辩证法的作用——首先在诸种技艺中显现出来的辩证法的作用，不仅在于存在者在科属和品种上的可感知的多样性得到了规定，而且这种规定依循着其永恒的本质和构成一切相关事物之存在的东西。借助这种规定性才实现了对它的拥有或支配。个别之物或当下之物，只要就其永恒本质得到认识，那么就是可靠的，如能就其和其他事物的存在可能得到认识，那也是同样可靠的。

正是这种就存在者之存在来把握存在者的辩证式把握的作用，才使得这一把握成为关于某物之一切具体理解的前提条件。因而，只有通过对快乐和知识之诸种品种的辩证式区分才能认识到它们各自与善的可能的关系。而且，只要有关人的生活的善被显示为是快乐和知识的混合，那么，在关于这二者之协调一致（Vertraeglichkeit）的认识中，有关善的追问就必须得到这样的决定：要就其单个的品种来检查这二者共同存在的可能性，而这就意味着存在论意义上的检查：这二者彼此之间的协调一致到底能否具备善本身的存在论上的诸种特征，到底能否接受尺度。对快乐和知识之诸种品种的辩证式区分，这种要求来自辩证法的一般理论，这种要求的基础是这样的：对快乐的审查要在快乐和其他事物之关系中进行，亦即在快乐和善的关系中进行（《斐莱布篇》，13a7），因此，要在它所遭遇的实际的异质性中进行把握，如若要得出和它在善的方面所作的要求的协调一致。

这样一来，本研究先行刻画的方法并没有和那种僵硬的区分有什么联系，这一点可以由辩证法的直观性告诉我们，可以通过这个语言上的例子：语言作为"语法"的发明物，并没有把语音的统一性当作其起点，而是把诸语音之不确定的多样性当作其起点，由此多样性出发就会形成关于语言中语音或字母的确定的和分环节的多样性。当然，如此赢获的体系同样可以从最顶层的科属统一性中推导出来和传达出来。在17b中"语法"就作为例子在发挥着作用。

人们可以就快乐和知识（Wissenschaft）那里辩证法的运行观察到辩证式方法的这一双重方向。真正被研究的地方，也就是分析诸种快乐的地方，将以被经验到的多样性为出发点；究其本质而言只是被展示的地方，如知识学（Wissenschaftslehre）那里，将从统一性中推导出来。当然，在这两种情况下，目标本身乃是同一的：在某种统一性中被把握者和有待把握者的异质性（或品种上的差异),着眼于在各种情况下观看到的实事,依据某种包罗万象的统一性而加以把握。多样性走向统一性,其目标乃是统一性的多样化,但是是这样的,它作为诸种统一性的多样性重新赢获了它作为不可规定的多样性的原初意义。

第二部分　　问题的重新设置[19c—31a]

§4　关于主题的更为确切的表述(19c—23b)

　　引人注意的是,对作为区分的辩证法的基本讨论并没有得到应用。苏格拉底似乎放弃了辩证法之严格道路的方式进行了一番新的开始。对揭示的严格道路的放弃,这种形式在柏拉图对话中倒也经常出现,并且这种形式的出现总是着眼于谈话伙伴,总是着眼于被激发出来的处境的具体关切(参见《阿尔喀比亚德前篇》,130c;《美诺篇》,100b;《国家篇》,435d)。当然,这里的特殊性在于,对话本身的这种转向并不意味着对那种道路的最终放弃;这条道路将在不久之后得到重新起用(31以下)。毋宁说,这种转向具有实事方面与教导方面做准备的性质。他的谈话伙伴,即普罗塔库斯,面对苏格拉底从辩证法理论中恰当地引导出来的要求,退缩了(19a5中,他想要最好是能够把这个委托归还于斐莱布),并且向苏格拉底提议,以这种如此直截了当的、实践的关切——这种关切表现为对人的最高财富的追问——追寻一种直截了当的、不那么迂远和严格的答复(19c: δεύτερος...πλοῦς;20a6: εἴ πῃ καθ' ἕτερόν τινα τρόπον οἷός τ' εἰς...).⑧苏格拉底表面上接受了这种请求。他"回想起"某种说法（Logos），它适用于在这里为对话免除艰辛的辩证式划分工作（20c4）。当然，真实情况是，苏格拉底通过这种说法，恰好通达了对现象的辩证式研究，即使没有明确的方法论证明。

于是，苏格拉底回想起了这种说法，无论是快乐（Hedone）还是明智（Phronesis）就其自身而言都不能构成人类生活的善。这种"回忆"不需要（与纳托普一道）被把握为对《国家篇》的诸种相关研究的后释。毋宁说，他这样回忆是因为他所援引的东西并不是通过某种明确的揭示才得以公布出来，而是某种已经被人意识到的东西，乃是在关于生活之善的一切追问中业已被先行刻画出来的被追寻者的诸种被给予性特征：那种被追寻的灵魂状态总是已经被不明确地理解为某种自身完善、完全和自足的东西，从否定的方面来说则是，在自身之外别无所求就可以实现其存在的那种东西（20e5：δεῖ γὰρ...μηδὲν μηδενὸς ἔτι προσδεῖσθαι）。于是，依据这种被追寻者的形式上的先行理解，现在可以恰当地显示出，无论是仅仅由"快乐"组成的生活，还是仅仅由"思想"组成的生活，都不是那种恰当的被追寻者。

前一种情况受到了较为详细的反驳。看上去首先是这样的，好像在一种由持续不断的享受组成的生活中就剩不下什么还要希

---

⑧ 这一场景无疑也是对"苏格拉底式"对话的谈话风格的某种有意识的进一步塑造和重新塑造。普罗塔库斯尽力防备众所周知的苏格拉底式辩驳的疑难性结果（为此还借助 19c2 苏格拉底式的智慧！——人们会回忆起《克力同篇》的苏格拉底式批评），苏格拉底则以最高的苏格拉底式的神谕语调在这方面继续深入。

求的东西了,并且,这样的生活并不需要知识。但是,如若人们认真考虑一下,立刻就会发现这样的生活其实是不可能的。倘若一个人没有任何知识,那么他也就没有关于他自身的知识。但这样一来享受本身(der Genuß selbst)就始终没有被享受到(ungenossen)。这样的生活不是人的生活(ουκ ανθρώπου[不是人的],21c7)。幸福生活对人而言必定意味着在拥有享受中的自知。"幸福",亦即"善"作为人类生活的最高可能性只有依循并且借助在人类此在中设置的关于自身的知识才能得到理解。

值得注意,在这里快乐(Sichfreuen)被视为完全脱离了对愉悦(Freude)的"拥有"(Haben),完全脱离了那种自我享受的知识(Sich-geniessend-wissen)。这种出发点对于接下来有关快乐的整个分析都有某种规定性作用,就像对于63c这一主题的重新启用所显示的那样。于是,人"拥有"愉悦,被理解为愉悦的某种现成存在,并且这种愉悦的现成存在处在有关令人愉悦者(Erfeuliche)之当前的规定性存在之中,就像一切存在者的现成存在那样。也就是说,愉悦并不是就其自身而言就已经在某种特定的人类的方式中被"拥有"了,毋宁说,它首先只是如此现成存在着,就像一切生命体那样由当前的现身情态规定着,然后在关于其现成存在的某种明确的领会中,亦即在对其自身的这种可能性的某种自身理解中才得到"拥有"。这一点更加值得注意,接下来会有更加深入的分析:愉悦并不是身体的某种状态,而是在"灵魂中"存在着的。人们何以会得出这样的看法呢?即被享受之纯粹当前不断地满足着的那种生活,被刻画为值得欲求的,与此同时却无须关注 φρονεῖν (明智)。这一出发点的现象学根基在于,由于此在倾心于

(Hingabe an)享受之对象,快乐被刻画为此在的某种绝对的自身遗忘。这种自身遗忘作为被享受之对象裹挟的存在,可以使享受生活的辩护者乐于放弃一切知识。对这种人来说,正是作为遗忘才显得像是最高的生活。但是,事实上——苏格拉底马上就会让他意识到(21b6),这种遗忘竟然还是此在和自身的某种原初知识的样式。此在恰好在这种遗忘中得到了自身享受。如若这种遗忘被此在感觉到是值得欲求的,那是因为他在这种遗忘中还拥有(hat)自身,知道自己因享受而麻木($\delta\acute{o}\xi\alpha$, c4)。这种遗忘之舒适感的根据恰好在于,此在往往并不能够以此方式遗忘自身,因而此在才会有这样的追求,要么是在关于享受的记忆($\mu\nu\acute{\eta}\mu\eta$, c1)中,要么是在对享受的期望($\lambda o\gamma\iota\sigma\mu\acute{o}\varsigma$, c5)中遗忘自身。倘若在享受中的自身遗忘是对客体的摆脱(Weggegebenheit an das Objekt),而且此在自身并没有感受到这种就其自身而言的客体的摆脱,此在于此不再把自身理解为某种可能性,倘若享受因而真的不再对人内在地敞开,那么,在这样一种仅仅由享受组成的生活中,一切本真的生活亦即此在的自身理解都将消失。这样的生活其实不是人的生活,最多只是某种极其低等的动物的生活(21c7)。于是,对于快乐主义论题之真正主题基础的阐释可以告诉我们,正是人所特有的某种主题才导致,恰好要在某种规定了动物性实存的东西中来观看人类此在的最高可能性。正是对这种主题的人性(Menschlichkeit)之暗示,才扬弃了对方的论题:对方的这个论题误解了自身,因为它把 $\varphi\rho o\nu\epsilon\tilde{\iota}\nu$(明智)这种人的可能性给排除了——只有从这种可能性出发,对方的快乐主义才有意义。

反过来说,如果一种生活有纯粹的知识,却没有任何快乐,那么,这也不是所追寻的那种"幸福的"生活;这一点并没有得到明确的证明。根据 23a1 明显可以得出,在 21d9 以下道说出来的东西,并不能充当这种证明。这样的生活并不是问题中追寻的,毋宁说,这在一开始就是不言而喻的。主张知识优先于快乐的那种论题,并没有与其相反论题相适应而不明确地主张排除一切快乐。而这一点则意味着,这一论题是通过直接观看人的现实性而获得的,并不是反对人的现实性,而是在人的现实性中(in ihr)探寻其可能性。沉闷的生活事实上并不适应那种自然的自身理解,即人类此在从自身而有的那种自身理解。因而,必定会走向某种由此二者混合而成的生活。只有这样一种生活才满足被欲求之条件。而这一诊断业已先行刻画出了进一步追问的问题,即对那种混合之如何(Wie)的追问,也即是说,快乐和明智将在那种混合生活中各占多少比例,这种比例又如何规定自身。于是,苏格拉底开始阐释这一新的问题,快乐和明智之间的争执将被设置在这个新问题下:快乐和明智之中哪一个对于那种共同的混合生活而言具有更多的规定性(αἴτιον)? 他的论题是:无论它可能是什么,使生活值得欲求和成为善的,并不是快乐,而是明智,后者更加接近那种具有规定性的东西(αἴτιον)。在问题经过重新设置之后,被追问的乃是这种"关系"之切近(这在一开始对第三种可能性的考虑那里就已预先形成了,现在则成为了切近而急迫的东西,参见第 77 页),这标识着某种存在论的转向(ontologische Wendung);根据并不是某个存在者(快乐或知识)本身,而是可以属于它们的某些存在论的结构要素(ontologische Strukturmomente)。第三种东西,"混合者",只有这样才能作为其善的存在之根据拥有其组成部分中的一个,当它根据其本真存在已然如在混合中一样存在时;这就是说,仅当这个成分从自身出发就已经处在律令的约束下,而它在此混合中服从这一律令。

§5 关于四种科属的学说(23b—27b)

苏格拉底这种更为确切的论题并没有得到对方的承认,所以,要对这一论题进行一番研究。并且,此处需要某种新的玩法(ἄλλης μηχανῆς〔其他装备〕,23b7)。当然,先前的某些东西仍旧使用着;因为苏格拉底涉及关于辩证法的最初的基本讨论,在此讨论中神为一切存在者都指出了它们的两种类型:无限(Apeiron)和限度(Peras)。此外还有由此二者混合而成的第三者——这一点联系到了毕达哥拉斯学派的传统(《菲洛劳斯残篇》,1以下)。然而,还要设置第四种东西——苏格拉底对于诸种类型的划分和盘点(前面已经将此揭示为辩证法的科学形式了!)马上就显得有些可笑了:此种混合的根据。(对于可能的第五种东西的提及,即对于分离之根据的提及,只是通过对方的恶意追问而被引出来的。它在实事方面并无基础。混合的根据当然是努斯,努斯既有区分作用又有统一的作用。此处人们愿意看到关于恩培多克勒"斗争原则"(Prinzip der Zwietracht)的影射,但这种影射最多被归于这样一种追问者,表明追问者没有认识到第四科属亦即根据的存在论意义。)

苏格拉底何以行进到这种准备工作中?这种准备工作究竟是什么?存在的这四个科属乃是对新一轮追问的根本性准备。被追问的东西,也就是人类生活的"善"被显示为某种混合的东西,并且依循那将这一混合规定为善的东西之根据的研究，这样一来辩论双方之间的争执应该会有所决断了。在通往决断的道路上，需要把这种混合的一般图式清理出来，也就是要清理出"混合"之存在方式在存在论上的规定者，而且要将能够导致"混合"为善的、在对其存在条件的分析中出现的那个东西揭示出来。因而，这种意图乃是存在论上的意图。混合并不是把这个存在者摆在另一存在者旁边，毋宁说，在混合的图式中会有某种普遍的存在特征被把握。一切存在者（16c9 明确提到）乃是由规定者和未经规定者混合而成的。于是，混合而成的存在就是被规定之存在。存在乃是混合，因为它的存在乃是被规定之存在。

要在实事上证明存在的这诸多一般性结构要素是被规定之物——相应于先前对辩证法的基本讨论，那就要以这样的方式加以实施：这些要素的普遍性特征并不是被简单地断定的，毋宁说，将要显示出，这些要素何以是诸种科属，也就是说它们既可以划分为多但同时又具有统一性（πολλὰ ἑκατέρων ἐσχισμένων καὶ διεσπασμένων ἰδόντες, εἰς ἓν πάλιν ἑκάτερων συναγαγόντες〔注意观察它们如何分裂成多，分成许多部分，然后再把它们聚集在一起〕（23e4—5）。首先针对无限（Apeiron）加以实施。未经规定者何以是多？例如作为更热或更冷的未经规定者。在这种比较性道说之关联性的未经规定性中，不存在任何界限或规定，毋宁说，这比较性道说始终自身具有较多或较少。被规定为更热的或更冷的存在者必定就其自身而言就是未完成的和不确定的：它总是较多或总是较少，而不是那种确定的如此之多或如此之少。所有被规定为"非常多"（sehr）或"非常少"（ein wenig）的东西也都属于未经规定者的这一存在样式。在其中同样存在着比较性特征,也就是说,它只是相比较而言的多或者少,只不过这种比较性没有在语言形式中明确地传达出来。(苏格拉底同样使用着"非常多"和"非常少"这种比较形式,只不过他是用来做阐释,以便清理出这些语言形式中所隐藏着的比较性特征。)在"非常多"中比较性在语言上始终隐藏着,这一点此外还有某种实事上的根据。在"非常多"中被用来比较的乃是那种平均值或中间值。作为"比这个更多","非常多"本身就具有某种平均性的规定性。那种可以使一切未经规定者归属于同一科属的共同性,乃是这样的:在它们之中不会显示出任何确定的多大或多少。于是,无论量的规定性在存在者中占据了什么位置,存在者未经规定的那些形式就一道被排除了。因为在这个越来越多或越来越少(προχωρεῖ γὰρ καὶ οὐ μένει〔有所进展而非保持不变〕)的地方出现了确定的量度(Maβ),这是对多少的确定(τὸ δὲ ποσὸν ἔστη...)。于是,一旦达到了某种界限,那种未经规定性也就同时终止了它原来的状态(例如θερμότερον)。它被确定了,被规定了。界限(Peras)就这样作为"多少"(ποσόν)脱离了它,而这正是它作为无限(Apeiron)的科属统一性。

于是,界限(Peras)的科属特征就随之在这种对立中被给出了。所有指明了与较多或较少诸性质相反的一切性质的东西(δέχεται,意味着就其本性而言就是这样的,就"承载着"这些规定性),都可以在界限之统一性中加以概括(相等、两倍,以及诸如此类一切具有确定的数字和量度的东西)。为了理解这两个科属的意义,并且同时突出它们与第三科属即被混合者的差异,必须看到这两个科属的存在论上的特征。"较热"并不意味着有某个存在者具有较热之性质，即仅仅作为"比某物更热"的东西而被规定或可被规定，毋宁说，这种未经规定性本身处在无限（Apreiron）这一科属中。与此相应，属于界限统一性范围内的存在者，并不是某个始终确定的并且如此具有规定性作用的存在者，而是那种如此具有规定性作用的存在本身，未经规定性和量度互相排斥。如若某个特定的量度在某种存在者那里被观看到了，那么这存在者就不再是未经规定者了。它不再被规定为"比某物更热"，只要它被规定为拥有着某种确定的热。显然，这并不意味着，存在者在其实事性方面发生了改变。量度和数字对于未经规定者之规定并没有使存在者发生改变，倒是它的存在特征可能自身改变了。它从某未经规定者变成了被规定者、被确定者。因而，同一存在者既可以在未经规定的多或少中照面，同样可以在量度和数字关系中作为被规定者前来照面。

当然，对于这些规定性之纯粹的存在论特征，柏拉图并没有在概念上意识到（我们将看到其中的根据：因为这些规定性中的某种规定性，即被混合者那种科属，作为存在论上的规定性还有不同的状况）：作为本身又可以囊括诸种品种的诸种科属（未经规定之存在和具有规定作用之存在的诸种理念），为存在者的任何一种最高领域划定界限，这领域依据科属和品种在实事上得以划分。由此观看，则未经规定性的视角不仅包含着未经规定性的某些品种，而且，这些品种还把握着未经规定的存在者的多样性，那种未经规定性在实事内容上归属于那种未经规定的存在者。与此相应，具有规定作用的存在的那些品种则包含着存在着的诸种数字和诸种量度的多样性。由此看来，未经规定者的存在方式（以及未经规定性本身的存在方式）和进行规定者的存在方式在存在论上乃是同一的：虽然二者作为不同实事领域（γένη）而存在着，但是它们都归属于同一个存在着的世界。只有这样才能理解，未经规定者之规定性要在混合图式中得到观看。高昂而且深沉的声响，通过诸种数字规定性的出现而变成音乐的诸种音调和音色。如若这可以在混合和共同体的概念性图式中得到把握，那么它就可以被理解为存在着的未经规定者和存在着的量度的结合。

然而，柏拉图的真正意见在此乃是存在论意义上的。未经规定者并不是一种存在者，它由另一存在者，亦即数字组合而成，以至于由此形成了一个新的存在者、某个被规定者。在音乐中，对于声调关系的数字性规定并没有创造出先前并不存在的声调关系，毋宁说，是通过这种规定，声调关系被确定了下来，并且只有通过这种被规定的存在，它对于作曲艺术才具有可制作性。只有在这些确定的关系中存在着的诸种声调才是音乐的声调，才是掌握声调和驾驭声调的那种艺术的对象，因为这种艺术能够将这些声调反复地重新制作出来。因而，仅当同一存在者最初作为未经规定者照面并因此脱离了任何确定和支配，然后由数字和量度规定性加以规定并因而在其存在中被理解为可以制作出来的东西——只有这样才能通达某种真正的理解。存在者本真地存在着，只要它在其存在中被理解为由规定者加以规定的未经规定者。

被理解为混合物的那个东西的存在论特征具有这样的特征，被这样混合而成的东西，被理解为两种现成者的组合和统一，以另一种方式包含着原先那两者，作为在统一之前它曾经之所是。将两个现成者组合起来，但这二者仍是其原先之所是，那么这不是混合。一个混合物必须是一个东西，这就是说它的所有部分和那整体必须是同质的。当然，在另一方面一种混合的那些组成部分并非彻底不再是它们先前之所是了。否则，那整体也就不是混合物了，而是在先前某个持存者的毁灭中生成出来的新的东西。在这种变式（Modifikation）的基础上——这变式承受着那混合物在混合之后的诸种组成部分，存在着有关混合物的、在概念上并不充分的图像所具有的恰当性，这也是柏拉图在存在论上所意指的东西：在这种混合物中诸种部分确实消失于某个新的统一体。混合物的这种统一性存在乃是柏拉图意欲清理出来的存在论特征。混合物之诸种组成部分的那一变式，在未经规定性那里是非常清楚的：未经规定性必定要在某种确定的量度面前、因而恰好随着混合而消失了。然而，它始终并且必定被一同观看到，例如随着健康即那种具体的被规定性，关于诸种可能的失调的那种未经规定性和无尺度性的周围区域被一同观看到。因而，混合物的图像在这里是适用的*。这样一来，这种图像在规定者（诸种量度和数字）那种科属那里就更显艰难了。数字和量度具有界限之特征，这种界限于其可见存在中规定着存在者。因而，它与那种由未经规定的特征和未经限定者刻画出来的东西正好相反。不过，未经限定者的真正对立面并不是界限（Grenze），而是被限定者（das Begrenzte）。事实上，数字和量度作为某物的界限总是某个被限定者的界限，总是某个被规定者的规定。作为规定者，数字是数目（Anzahl），这就是说，它给定着某种多样性（πληθος）的多少。与此相应，量度

---

*　Bild，实际上指的是图式 Schema。——译者

作为具有规定作用的规定,针对的乃是某种大小(μέγεθος)。数目乃是数字对某种存在者之多样性的规定,而量度则是对某种自行延伸者的大小方面之规定性的设定。于是,作为存在者之数目和某种大小,数字和量度才是真正的界限。只有在被限定者那里,也就是在具有被混合之存在特征者那里,界限,亦即进行规定者才现身。不止如此:具有限定作用的东西,为了限定某个东西,难道它自身没有受到限定吗？有关某物的数字是具有限定作用的,因为它本身就是被确定了的数字,这就是说它是某个统一体的这么多。与此相应,量度规定着某个延伸,因为它自身就是被确定了的量度,亦即量度统一体的大小(das Sooft)。进一步而言:被数字规定了的东西,那个统一体(Eins),本身就干脆是最终的被规定者、不可划分者本身。这在有关大小的量度方面更为明显。量度统一体也是量度,恰好是由于这统一体的被规定性:它被规定为一个统一体,一个不可划分的东西,尽管并不是在不可划分的严格意义上而言,就像诸种统一体(die Eins)一样,从表面上看乃是不可划分的。某个事物的量度统一体确实始终是这统一体自身的那个部分,这个部分在其被规定性中是充分确定的,这就是说,这个部分足够小,以至于不会再被人们不经意地看作更小或更大。量度统一体隐退了(mißt),只要它作为同一量度被放置在有待测量者那里。因而,这样看来量度已经是某种被规定者。量度所缺失的东西必定具有与它自身相同一的性质。诸种统一体只能测算那些统一体,而长度统一性只能计量一段延展(参见亚里士多德:《形而上学》,第10卷,第1章)。

那么,这种具有规定作用的东西难道不是势必要归属于被规

98

定者之科属，亦即归属于被混合而成者吗？这一困难在《斐莱布篇》中非常明显。[9] 对界限这种科属统一体的最初刻画——无限的纯粹对立面（25a），在之后被认为是不充分的（25d：οὐ συνηγάγομεν）；即使借助对第三科属的举例说明（25e—26c），普罗塔库斯始终都不能理解，那第三科属到底为何物，这就是说，他不理解，这第三科属与第二科属相比究竟有何新意。因而，他事实上并没有像前面的讨论所展示的那样理解了那第二科属，否则他就不会总是把第二科属看作第三科属了。苏格拉底恰恰会着重突出从第二科属向第三科属的过渡（25b8：θεός μὲν οὖν...）这一点也告诉我们，这位对话伙伴的这种不理解并不是偶然的。事实上，数字和量度乃是真正具有规定作用的，乃是存在者的被规定了的数目和被

---

[9] 关于 25de：显然，流传下来的文本这个地方是不可理解的。巴瑞（Bury）在《斐莱布篇》评注的索引 A 中探讨了改进的可能性。看起来最好是采取雅克松（Jackson）在开始时提出的建议，把 d7 的这个句子"ἀλλ' ἴσως...δράσασι..."调到 e2"ἀπεργάζεται"后面（维拉莫维茨和巴哈姆都这样处理）。无论如何人们必须（如若人们不想大幅度调整的话）把 d7–9 直接放在 e3 普罗塔库斯的回答前面。即使如此相关文本还是难以解释。在我看来，此种困难表达出了在文本中表现出来的实事性困难：为了发挥规定作用，进行规定者本身必定已经是某种被规定者了。26d9 那里的文本困难恰好通过这一考虑而得到了解决。因而，在我看来，流传下来的文本在那个地方乃是正确的。

还有另一种应对的可能性，只需很小的调整，出现在柏奈特（Burnet）文本中，而且瓦伦（Vahlen）在其《语文学著作全集》第 2 卷第 62 页以下对这种可能性做出了解释。这种阐释乃是迷人的，但是同样令人怀疑（即使人们不考虑维拉莫维茨提出的那种语言学反对）。因为：第一，γενέσεις...συμβαίνειvs（e4）看起来必须和前面的καταφανής...γενήσεται（d8）保持一致。第二，ἄπειρον（无限）的συναγωγή（集合）在 25a 业已完成，在 25cd 只是重复（参见 25c10！）。第三，26d4 在瓦伦那里没有得到恰当的理解：πέρας（终结）乃是多，对此进行争执没有多少意义；（至少在其他地方是这样）否则至少，如若 πέρας 始终没有得到分析，那么普罗塔库斯的回答就是不可理解的。

无论如何，瓦伦的阐释乃是某种尝试，严格从文本自身出发去赢得那通过以上分析而可能被视作整个弯路之主题的东西。

规定了的大小。然而，也有可能脱离量度和数字这种实事关联性，就在这种脱离状态中对其存在特征加以规定。即使如此，它们的存在也以被规定性为特征，只不过是以这种方式：数字作为数字和量度作为量度，它们的被规定性乃是这样突显出来的：这种被规定性构成了数字和量度的本质。没有不被规定的数字。它规定着自身，只要它是某个序列的一个环节，这个序列的开端就是那些统一体。这同样适用于量度数字，它处于大小统一体的基础上，这种大小统一体缺失着(mißt)，甚至只是被这些单元所计数之物。数字和量度的这种被规定性，必定属于其存在，构成了界限的共同的科属特征。它是某种被规定性，就其自身而言与任何未经规定性都不相关。

与此同时当然存在着疑难，量度和数字这一科属，就其自身如此看来，何以会成为某种混合物的现成的组成部分？数字以及一般而言具有规定作用的东西在这种混合物中确实并没有停止成为它从前之所是。作为某物的数字，作为某物的被规定的量度，这具有规定作用的东西不多不少正是被规定性。那种被它所规定着的并且因此而消失的那种未经规定性，并没有妨碍它自己的被规定性。这一点适用于那混合物的诸种组成部分，它们在混合物中互相调整着，并且由此一来，由于它们在原来的自为存在中被扬弃了，于是它们就互相保持为那种混合物的统一体了。这样一来它们还能够自为地存在，如若那混合物不复存在了。对于数字和量度来说，这种再次自为地现成存在(Wiederfuersichvorhandensein)毫无意义。于是，这种混合物的图像在这里没有任何直观的恰当性。这种事态也不可能通过现成存在者之组合的另一种关系来加以说明。前两种科属并不是第三科属的组成部分，毋宁说是其存在要素。

这些科属的这种存在论特征，在第三科属的内容性那里也是同样清晰可见的。因为恰好是通过第三科属的内容上的例子告诉我们，那混合物的特征属于存在者，或者确切地说属于现成者之混合物，可以看出，未经规定性和被规定性的混合，只能刻画出被混合的存在者的存在之特性。那第三科属包含着一切通过那前二者之共同出场（Zusammentritt）而给出的东西。其特殊特征被那二者之共同出场规定为通往存在的生成，或者更为确切地说，被规定为正在生成的或业已生成了的存在（27b8，因为这里事关宏旨的并不是生成，而是未经规定者和量度这两方面的统一体存在，这就是说，事关宏旨的乃是存在者作为被规定者和被规定为某物的东西的存在特征）。"通往存在的生成"（Werden zum Sein）这种转向（Wendung）具有一种奠基于整个柏拉图存在论中的形而上学意义，这一点在接下来不会被抛弃，只是要被搁置起来。我们这个可见的世界乃是"生成"（Werden）（而不是"存在"〔Sein〕），柏拉图的这种基本论题导致，世界的存在于这里被称作"生成"。但是，"通往存在之生成"意味着，这个正在生成的世界，作为被量度规定了的东西，不再是那种单纯的生成了，亦即不再是那种纯粹的不可规定的变化性了。从此世界中起支配作用的数字和量度固定性中得出的对这个可见世界的存在的理解，正好使"生成"着眼于数字和量度之"真实的存在"而得以"理解"，而这意味着：确定、可规定和支配，以至于它将"变成""存在"。于是，"通达存在的生成"的存在论意义乃是这种意义：正在生成着的世界，通过量度和数字的规定,成为可理解和可规定的存在。这种被规定者的例子,诸如健康、音乐、季节等等,都具有善或美的特征。在那些被量度和界限设定好了的快乐的应用中,很显然,那构成善的特征的东西归属于被规定之存在的一切情形。纳托普在此看到了至关重要的东西:"在柏拉图那里,事物的善原则上无非是说事物的自身保持(Selbsterhaltung)"(ἀποσῶσαι,26c)(纳托普,第2版,第326页)。

善的目的论概念乃是柏拉图存在论的基本概念。善的存在和被规定之存在,就其根本意味着同一个东西。被规定为某物的东西,乃是就其是什么(was)和何所向(wozu)被规定,就其存在而得以刻画。只是与具有规定作用的量度相一致的东西存在着(ἔμμετρον καὶ σύμμετρον),只要它作为由量度加以规定的东西就其存在而得到了揭示,对于制作活动而言可供支配。倘若它不是被规定者,那么它其实就不能够存在(sein),这就意味着,那样它就是不可确定的,而且不能作为统一体被制作出来。这种一般性的存在论视角同样规定着理念论的意义。真实的只是理念,亦即那种构成着自身显现者之统一的自身性的东西,并且着眼于这种同一性那将自身展现给诸意义者的变化才是可以理解的。理念的"在场"是在个别事物中(in dem Einzelnem),正是理念才使得个别事物存在,其基础因而在于,个别事物只有着眼于其永恒的所是,它才是可理解的。只有就其存在加以理解,存在者才被揭示出来,才为了与之打交道而变得可以支配:只有这样才能够就它和其他事物的存在可能,就它和其他事物同在的可能性(Möglichkeit, mit Anderem beisammen zu sein)而理解它。这是就其"协调一致"(Verträglichkeit)而加以观看,只要它在这些方面得以认识:它对其他事物的影响能力,或者就它对其他事物之影响的承受能力。于是,这种同在的统一性基于其诸种要素的那种被规定性,而这种被规定性则具有合乎量度的存在论特征,这种存在论特征构成了第三科属的科属统一性。

同时,这一特征构成了善和美的本质。"美"和"善"确实是这样存在着的,它既不缺乏什么,也无须添加什么。而且,这种美作为完满之物的自然的经验概念,始终引领着亚里士多德对于人类生活或人类此在的阐释。人的诸种可能性,也就是人的诸种德性(Aretai),具有适度($\mu\varepsilon\sigma\acute{o}\tau\eta\varsigma$)的特征,就是说,人以此方式制作着自身,并且将自身理解为这样一个被如此制作的人——他要适度,符合尺度(Maß)*,这就是说,人要这样"制作"自身,就像艺术家制作艺术作品那样:如此完善,以至于无须丝毫削减,无须丝毫添加,否则那作品的美就将受到摧毁(《尼各马可伦理学》,第2卷,第5章,1106b9)。完满性的这同一个先行概念同样引领着此处《斐莱布篇》对于善的追问。人类此在中的善,作为充足的和别无所求的东西,在任何情况下都被规定为某个无须丝毫削减和无须丝毫添加的东西。当然,这种将"这善"规定为其建构中一般而言的存在论原则的尝试,对于那种人类此在关乎自身而提出的理解要求而言,并不恰当,在这个方面亚里士多德恰好离开了柏拉图的基本立场,这种立场致力于依循某种有关存在意义的一般性规定从否定的方面去规定人的存在,而不是依循人的最本己的此在理解从肯定的方面加以规定。

---

* Maß,在本节其他地方译作"量度",此处译为尺度。——译者

于是，对于被规定之存在——作为被混合的存在——的刻画在另一意义上自行显示为有关存在的某种恰当的规定性。诚然，被混合者作为未经规定性和被规定性之聚合（Beisammen），始终是对被规定性的存在论意义的某种概念上并不充分的表达。无规定性（Unbestimmtheit）和规定性（Bestimmung）并不是被混合者的组成部分，而是其统一体的建构性的存在要素。当然，被规定为统一体的存在者本身，想必始终是某种由现成者混合而成的东西。健康的身体状态乃是相反要素的混合物。（按照柏拉图和亚里士多德的意见，健康的混合乃是热和冷的混合，例如亚里士多德：《物理学》，第7卷，第5章，246b5。）音乐由和谐的音调混合而成，这样看来，一切具体的存在者基本上都由诸种要素混合而成。[⑩]但是，就存在论层面而言，诸种存在者层面上的组成部分的良好的混合，诸如健康的存在，音乐的和谐等等，依据的乃是那两个相反的组成部分的比例上的恰当性（Angemessenheit des Anteils）。也就是说，那种良好的混合依据的乃是恰当的关系，亦即这一关系合乎数字或合乎量度[⑪]的被规定性。只有这种被柏拉图在存在论上刻画

[⑩] 关于25e以下：不恰当地，人们偶然地，亦即通过对快乐与痛苦的混合特征之展望，将这些例子的选取言之凿凿地称作和谐，参见 C. 博伊姆克（C. Baeumker）：《希腊哲学的质料疑难：一种历史批判性研究》，明斯特，1890年。这一先行把握并不是说快乐具有混合和和谐的特征，而是说生活之善乃是快乐和知识的某种混合，此种先行把握不仅引导着第三科属例子的选取，而且引导着有关四科属的整个学说。即使如此，这只是某种外在的论断。更深层的根据是，一切存在者就存在论而言都是某种混合。它是善的，只要它经历了良好的混合，就是说，其各个部分拥有恰当的比例，因而得到了规定（bestimmt）。

[⑪] 特普利茨（Toeplitz）在其《数学历史的起源和研究》第1卷第1部分第3页以下有关数学上的比例概念和柏拉图理念论的关系从另一个方面进行了更为清晰的阐明。

为无规定性和规定性的统一体的这种关系上的被规定性,才使某种混合物成为了那种可以存在的统一体。一种混合物,倘若不具有这种被规定性之特征,那就不是真正的混合物。因为那将导致在其中被混合而成者并没有就其统一存在的可能而加以理解和加以支配。某种未经规定的混合物乃是这样的:其混合的组成部分尚未处在确定的关系中。而这样的东西就会不断变化,也就会在其他的关系中再度被混合。因而,它对于混合(这种制作活动)的产生而言乃是未经规定的。它不能作为这种混合物被重新制作出来,只要人们并不知道,必须使用何种关系来混合那些组成部分,以便将这种混合物一再地制作出来。于是,在未经规定的混合物那里,将会出现其组成部分时而这样的组合,时而那样的组合。只有当某种混合物就其关系而得到了规定,它才会就其所是和应是,就其存在和善的存在而得到规定。在这种混合物中聚合起来的东西,出于其关系上的被规定性,得到了可以协调一致(miteinander verträglich)的保证,并且由此一来被规定为这种统一体,就这样,被混合者就变得可以支配了,就是说,就可以作为这种被规定者被一再地或反复地制作出来。作为被制作者,它始终是个别事物,但是只要制作活动总是将它作为如此这般的被规定者而加以制作,那么这个个别事物就是作为它始终所是者而被加以理解和加以制作了。因而,将无规定者和具有规定作用者在存在论上"混合"为某种被规定性,这种混合乃是(存在者层面上)被混合者之存在和统一存在的可能性条件。

于是,这种赋予统一性的、被混合者的关系上的被规定性必须在混合活动中加以观看。对于被混合者的存在而言,除了那三个科属——其一是正在生成着的被规定者自身，还有它由以组成的那两个科属，还要有第四科属，即根据（Ursache），这马上就可以得到理解，如若人们注意到那第三科属亦即那被规定者的科属，不仅是未经规定者和具有规定作用者之统一性，而且同时作为这种被规定者也是存在者层面上被混合者的统一性。如果人们与此相反只就其存在论特征来看待这三个科属，那么首先就不可忽略这个问题：借助关系上的被规定性亦即构成混合物之善存在的东西，这种混合物的建构性的存在要素为什么还没有被穷尽。因而，纳托普——他在第三科属中仅仅观看到律令（Gesetz）之存在论意义，对于第四科属就感到非常困惑。只要未经规定性和规定性（Bestimmung）通过其恰当的共同出场就可以形成第三科属的特征，那么，这种律令（dieses）本身似乎就是那种共同出场的原则。这种被规定性作为未经规定性和规定性之统一性事实上就构成了诸如健康和音乐上和谐等等的存在特征，或者简单地说，构成了其统一性之存在。

当然，未经规定者和规定性的这种组合，同时也是存在者层面上某种关系的被规定性。通过对未经规定者的这种规定（Bestimmung），从相反的现成事物中就可以有某种统一性被制作出来。因而，被规定者不是原则，而是那种共同出场的结果。作为如此这般被制作出来的东西，它指引着某个制作者（ein Herstellendes），这制作者先于被制作者，并不是被引导出来的东西，恰好相反它必定业已存在着，只有这样，被引导出来的东西才可能存在。因而，这种根据（Ursache）并不是那被混合者、那被制作者本身。同样也不是那具有规定作用的东西（πέρας）。因为只有这样才是合适的——那具有规定作用的量度使得那未经规定者"变成"了被规定者,因而,那具有规定作用的东西(es)并不具有根据之特征。它在被混合者那里甚至才发挥着规定的作用。就其自身而言,它只是一般意义上规定(Bestimmung)本身的可能性。对于被规定者之制作活动自身而言,它只是服务性的(dienlich)(δουλεῦον, 27a9),这就是说,它本身并不是那制作者(das Herstellende),而只是归属于制作活动的从何而出(dem Woraus)。因而,制作活动的根据,被制作者指引着的那个根据,必定要将那未经规定者(Unbestimmte)通过量度之规定(Maßbestimmung)而规定(bestimmen)成被规定者(Bestimmte),这是在存在论上而言的:它必须把有待制作者(das Herzustellende)看作处在某种量度关系中的有待制作者(Herzustellendes)亦即有待混合者(zu Mischendes)。这一量度关系确实构成着存在者之存在。关系意味着"逻各斯"。在其关系中被论及的东西(Angeschproche)就其存在被言及。何物观看并制作那种关系上的被规定性(即赋予混合物统一性的那种东西),那么,何物就是根据,就是那第四科属。因而,在制作活动之视域中获得的根据科属(Gattung der Ursache),事实上同时是被规定性的一个存在论要素,而且并不是那种可以添加给主体的可以或缺的东西,毋宁说,恰好相反,它是那种使存在的意义得以真正呈现的东西:存在者之存在并不在于某确定的量度和某未经规定的质料性事物的结合(Zusammengeratensein),而是在于存在者作为统一体通过那种量度规定性可以得到意指(gemeint),在于存在者作为同一者而得到理解、成为可谈论的,并且由此一来成为可制作的。某种混合物之关系可以被道说出来(Angebbarkeit),

这种可道说性才使得这混合物成了某个如此这般存在着的存在者。不可道说出来的那些混合关系，并没有在可道说者的旁边存在着(sind)，毋宁说，它们根本就不具备被规定性和存在的特征。那些不可道说者(ihr)的实现缺少那种自身同一的根据。被规定性在本质上具有其被揭示性和可谈论性。

§6 将此学说运用到本篇对话的问题中(27c—31a)

如若人们将存在的这四个科属应用于快乐(Hedone)和明智(Phronesis)之间的争执(正是出于这种争执才提出那四个科属，27c7!)，那么便很清楚，被追寻的生活的"善"属于第三科属，属于被混合者，是这第三科属的一部分。只是其中一部分。那生成出来的、被混合而成的存在，在一般存在论层面上被规定为通过量度而未经规定者的联系。这里讨论的反而是某种特殊的混合物，即快乐和明智的混合物。这一事物作为被规定的混合物同样要被把握为有关未经规定性和规定性的某种存在论的聚合。当然，并没有由此就设定好，它那两个存在者层面上的组成部分，与未经规定者和进行规定者这两个存在论层面上的科属到底是一种怎样的呼应关系。毋宁说，还要去研究，在这应当是善的混合物中，在这一混合物的组成部分中，到底是何种因素构成了善的特征。也就是说，要去追问，这一混合物的两个组成部分就其存在而言和某种善的混合物的存在论要素到底处在何种关系中，特别是，那两个部分中到底哪一个和混合物之为善的根据(更加)接近，这就是说，就其自身而言就是如此这般；那个部分只意欲在某个混合物中存在，而这混合物是善的，亦即是由量度加以规定的。

现在,快乐在《斐莱布篇》中被刻画为无限制的(ἄπειρον)。(这一点十分重要,因为这一步涉及此项研究真正的辩证式步骤,涉及真正的实事性追问,而不是被斐莱布牵着鼻子走。与此相应,斐莱布的回答始终落后于业已通达了的真知灼见。)在对话伙伴看来,恰好由于这种不受限制的特征,快乐才是那整体之善。苏格拉底以反讽式的热情接受了这一回答,但是,他(根据有关善的混合存在的业已通达的真知灼见)提示出快乐之于善的另一要求,亦即对快乐之无限制性的要求。(早在28b他已做类似的工作,在为快乐划界时就对快乐之保持亦即快乐之为善的可能性做了说明。)将无限制的快乐等同为善,势必导致,无限制的痛苦被反过来全然看作是恶本身。于是,这一无限制性成了善(das Gute)的根据,并且也是恶(das Schlechte)的根据。因而,这一无限制性就不可能是那种根据,不可能是那个构成了快乐的善之存在的东西了。

然而,对于斐莱布回答的接受还有某种实事上的背景。快乐,就其自身而言(作为 ἄμικτος βίος〔纯粹的生活〕)应当在实事上属于无限制的那一科属。那么,这就意味着,快乐对善的分有(ihr Anteil am Guten),不在自身之中有其依据,诚然按照对话的预设来说快乐必须要有这种分有。这将意味着:如若人将其实存设置为那种意欲无限制地存在的享受的可能性,那么人就还没有富有意义地理解其自身的可能性。在对仅以享受为目标的生活的自身理解中,没有为自身设定限制,这样一来同时就必定要忍受痛苦之无限制,因此必定会失却真正的意图,因而将不能存在(sein)。因而,"无限制性"(Maßlogiskeit)并非像斐莱布说的那样是快乐的特征——这种特征具有肯定性,能使快乐成为善的,毋宁说,恰好相反,无限制性乃是对快乐的否定性刻画:它使快乐不可能从自身出发得到自身的满足,不可能是实存理解的某种始终相同的洞见。由此一来,快乐和痛苦着眼于善——由于它自身是无限制的——这个消极特征时,从自身而言不得不是不完满的,就是说,它不得不依赖着另一个东西,这另一个东西才使它分有了善,才使它成为善的。[12](这一合乎实事的理解显然是选择 ἀπέραντον 这个词的基础,参见31a8—10,那个句子最初也只具有前景意义〔Vordergrundsinn〕,也就是说斐莱布的回答并不充分,而且由于他将快乐〔ἡδονή〕设定为无限制的,乃是把问题"并不完善"地被搁置在那里。)

与此讨论相应,关于努斯归属于何种科属的考察[13],首先并没有定位于探究努斯如何构成了人类生活的善,而是定位于探究努斯就其自身而言具有何种存在特征。关于这个问题,所有有智慧的人(alle Weisen)都给出了最初的指示,努斯对我们而言就是天

---

[12] 26b8 提到某个女神,她为诸种快乐设置了限度,这样一来,这位女神就允许诸种快乐存在,只要它们能够存在;在随后有关第四科属的探讨中也可以得知,这位女神就是明智(Phronesis)。这种解释(在巴瑞那里可以找到)是唯一可靠的解释。因而,c1 那里的 αὐγήν 是主语,ἡδοναί 要被理解成宾语。

[13] 关于 28d 以下:泰勒(W. Theiler)最近在其《截止到亚里士多德的(神学性的)目的论自然考察史》认为,阿波罗尼亚的第欧根尼(Diogenes v. Apollonia)很可能是以下想法的"渊源"。但是,通过突出柏拉图思想的这种渊源能够解释那种特有的结构布局疑难——四科属学说在整篇对话中(到底发挥何种作用)的功能提出了这一疑难,这种意见必须遭到反驳。νοῦς 不是 πέρας,而是 αἰτία,这在柏拉图那里同样是某种核心主题,而且"我们的"νοῦς 要超越自身走向神性的 νοῦς。要将某种完善的精神创造诸如《斐莱布篇》,通过认识其渊源而在某种重要的实事性关联中进行解释,这种先入之见在泰勒那里似乎还发挥着作用。

空和大地的主宰者(28c6);因而努斯属于根据那一科属。这一点可以通过实事加以证明。因为宇宙(τότε τό καλούμενον ὅλον, 28d6)并不受偶然性的操纵,毋宁说,宇宙乃是理性,构成着世界的秩序。这种最初纯粹是宇宙论定位的信念得到了谈话双方的一致认同。由此信念出发,苏格拉底过渡到了人,当然这种过渡最初还是在纯粹的宇宙论考察中进行的:生命体的身体本性,就像大全的(des All)本性一样乃是全部四种要素的结合(σύστασις)。[14]与此同时,这四种要素中的任何一种都在"我们这里"存在着,就是说,在我们身体中存在着,当然在数量上只有轻微的现成存在,不及大全中的同一要素,并从其中汲取养分。既然我们把诸种要素在生物中的统一体称作"身体"(Leib),那么大全也有某种"身体",正是从大全的身体那里我们的身体才得到滋养。我们说过,我们的身体拥有某种"灵魂",那么更加雄伟和更加美妙的大全的"身体"必定也拥有某种"灵魂"。此外,那四种要素之统一体,作为人的身体,基于存在的存在论意义上的全部四种科属规定性在此存在(Darinsein),其中第四种科属规定性首先构成着身体中的生命(Leben),并且由此一来(与身体相关)创造着生命呵护和生命治

---

[14] 关于29a10:风暴中的水手,这一现象经常出现在柏拉图对话的其他地方,用来表达言辞上的迷惑不解,这里的b1对形象有所暗示(参见《拉凯斯篇》,194c;《欧绪德谟篇》,293a;《国家篇》,472a),在这里的现身形态具有迄今为止令人惊讶的一致性(我不知道这是出于何种根据),也许可以这样理解,这其实(就像施莱尔马赫对此的评论)就是在表现某种冷笑话。此种对于水手在风暴中所说之物的影射的意义难道不是这样吗?在风暴中人们看到四种元素混杂在一起,互相干扰。因而,这也许并不是意指,水手在风暴中看到了救命的陆地而呼喊着"陆地!",这与当前的谈话处境难以匹配。因而,我理解是,καθάπερ ...φυσίν并不是紧接着γῆν,而是关涉着后文的内容。

疗的方式以及所有类型的智慧(不仅包括综合建构性的智慧,而且包括制作和治疗性的智慧)。只要这四种要素在雄伟的大全中存在着,而且以更为纯净和更为美妙的状态存在着,那么可能就不会依据这些要素去制作最美的和最好的自然了。就是说,那关于存在的四种科属难道不是必然以某种恰当的方式存在着,亦即被第四科属引导着,因为这第四科属构成着大全的生命及其全部的智慧(σοφία)?[15] 难道不是,像在我们之中那样,在大全之中,诸种要素的结合(Systasis)揭示着得到了恰当规定的混合物的结构? 就是说,难道不是在同一个量度中,就像在我们这里一样,那四种科属的于此中存在(Darinsein)对于那种结合具有建构性的作用吗?

很显然,恰当的混合物的存在论结构要先于存在者层面上诸种要素的混合。那存在论结构是这一可能性的条件:这个存在者层面上的混合物会生成为某种生命整体(有"灵魂"的、有生命的"身体"的整体)的统一体。于是,大全的本性恰好在于某种恰当的混合。在这种混合中,无限和界限处在努斯的支配下,这努斯调控

---

[15] 关于30a9 – b7:这一段落的句法结构是晦涩的。从 τὰ τέτιαρα ἐκεῖνα 到 τέταρτον ἐνόν,真正的主语乃是第四科属,亦即努斯,借助 τοῦτο 揭示出来(就像施莱尔马赫的柏拉图译文第2卷第2部分第339页的确切解释)。与此相应,μεμηχανῆσθαι 的第二部分要理解为中动态,并且要为它增补上 τοῦτο(也就是 τὸ τῆς αἰτίας γένος)。ἐν μὲν τοῖς παρ' ἡμῖν(b1)和 τῶν δ' αὐτῶν τούτων(b4)两个明确的中性词的并列被b6那里的 ἐν τούτοις 接受了;与此相反,存在者层面上的诸种要素(诸如身体,是其混合)要得到理解,正如 τὰ παρ' ἡμῖν(b1)指涉着与之相应的25b和c,κατὰ μεγάλα μέρη(b5)和 εἰλικρινῶν(b6)的指涉同样在那里可以得到证实。对于混合之存在者层面上诸要素和存在论层面上的结构要素的区分,乃是恰当理解的前提条件。

着一切,并且创造着潮汐的秩序,以恰当的方式存在着。大全同样又是有生命的(lebender)身体。大全同样有着灵魂,而且拥有着某种君王般的灵魂和某种君王般的努斯,这种努斯支配着一切。"生命"乃是全体("太一")被统一之物(gänzlich Geeintem)的存在。其本质乃是灵魂,而灵魂则是 ἀρχὴ κινήσεως(动变之本源)。生命体由自身出发而动变,这在同时意味着:作为某个统一体(eines)而动变。它自身动变着,即使它只是让某些部分或环节动变着。对于无生命者而言,这就是它由以组成的东西。生命体不止是差异事物的聚合。生命体自身就作为统一体而拥有着自身,并且首先是在其统一体中进行的自身拥有。

在统一体中存在着某种排序,生命体之统一体要优先于非生命体的统一体。混合物的统一体可以是对于理解者而言的可理解者,但它本身并不是在其统一体中的自身理解者。

从这项考察可以看到,努斯就其科属起源而言属于最高科属,属于根据。于是,有关根据的追问似乎可以得到决断了;就像苏格拉底之前所说,努斯接近混合之根据,亦即接近使混合物成为善的那个东西;但只是接近,因为我们人的努斯,争执中所涉及到的人的努斯,只在很少情形下(im Kleinen)才是大全之努斯。与此相反,关于快乐则显示出,快乐就其自身而言(ἐν αὐτῷ ἀφ' ἑαυτοῦ, 31a10)根本没有限制,未经规定,所以它对构成了善之生活的恰当混合的分有,根本不是从其自身出发而得到规定和得到论证;这意味着,无须从其自身理解出发,它对幸福的分有,亦即去存在的可能性,就是可理解的。

第三部分 关于快乐之品种的研究

§7 身体快乐和灵魂快乐(31b—35d)

要将这项研究——对于恰当混合之建构性要素的研究或者说有关那四种科属学说,运用到对话的论题中,还不足以使对话做出决断。这种不足的根据还被遮掩着。实事求是地说,业已取得的成果,对于善之追问的预先设置的意义,还是不够的。事关宏旨的乃是实际的人类生活(这在提到神性努斯的生活时表现得很明显,22c5)。对于人类生活而言,快乐必然显示为和善被一道给出。在科属上将快乐指派给未经规定者那一科属,这并不能说明在追问的意义中被预先设置的快乐和生活之善的联系。毋宁说,疑难正在于,倘若快乐于自身之中仍是如此无限制的,那么它何以转变为被限定者或拥有量度者了呢?因而,这个问题是这样的:何种快乐能够接受被限定性这种特征,同时又不会停止是其所是。换句话说:何种快乐始终保持为快乐,就是说,丝毫无损其被欲求性和愉悦性,即使它不是从自身出发,而是从另一事物出发得到了限定。如若有关快乐的一般而言的存在来源不足以说明它对于善的分有,那么问题本身就不再是一般而言地追问快乐,毋宁说要这样追问:何种快乐乃是人类生活要想成为可欲求的最好的便不可或缺的那种快乐呢?但是,这一问题并不是需要从快乐的自身理解出发去做回答,因为快乐就其自身的意图而言超越着任一量度或尺度(《高尔吉亚篇》,494b2:ὡς πλεῖστον ἐπιρρεῖν)。被问及的与其说是在其中出现了什么快乐，毋宁说乃是实际的人类生活本身。

不过，向此新问题的过渡，就此问题的产生而言，却是那么令人诧异的未曾明言，被当作是追问过程的某种不言而喻的继续推进了。这种未曾明言很难说纯粹是作者的某种分神或疏忽。此一过渡的不言而喻性确实处于对其实事意义的误解中。因为紧接着这个过渡的乃是有关快乐之诸种品种的分析。于是，此种分析满足了苏格拉底最初提出来的但是后来似乎又放弃了的对于辩证式方法的要求。现在的这一讨论开始得没有任何预告，这一特征极其明显。辩证式的区分活动，诚如苏格拉底对它的要求，并不是某种精巧和繁琐的方法，以至于门外汉——如普罗塔库斯——对它心生畏惧，而是互相理解的自然而然的实行方式，这种互相理解完全自行给出，只要人们以合乎实事的意图着手研究实事本身。这一过渡之未曾明言，意味着最高程度的反讽处境。倘若苏格拉底只是逻各斯竞赛中某个单纯的竞赛者，就像他的对话伙伴起初表现得那样，那么苏格拉底现在已经赢得了比赛：νοῦς（努斯）之于ἡδονή（快乐）的优先性已经大白于天下了。正是因为普罗塔库斯这一方处于如此不利的境地，苏格拉底才将其成功地拉进了那种精确的辩证式研究中。辩证式研究事实上还是需要的，这一点对于细心的读者而言始终并没有被遮蔽。因为只有从有关快乐之诸种不同品种的具体知识出发才能看出，快乐之于善的要求建立在何处，何种快乐赋予这一要求合理性。倘若要对此种要求的正当性进行争论，那就意味着取消了所讨论问题的诸种预设。

有关快乐之诸种品种的分析以下列问题为线索，这些种类在何处通过灵魂的何种感受（Pathos）而产生。而且，快乐必定总是同时与痛苦(λύπη)一同得到观看。这一点至关重要。从痛苦随着快乐一同被给出这种共同被给予性可以看出，快乐主义的论题就其自身的可能性而言乃是行不通的。快乐的无限制性把快乐拴在痛苦那里，这一点恰好意味着快乐不可能如它所宣称的那样存在。快乐和痛苦的这种共同被给出性，在第一种快乐那里立刻显示为实事上重要的。因为快乐和痛苦这两者就其本性而言都属于被混合者那种科属，亦即健康和和谐那种科属。("和谐"这后一种事例在先前并没有在文字上被提到，但就实事而言可能被意指到了：有关被混合者而列举的一切事例确实都具有和谐之特征，只要和谐意味着两个互相对立的组成部分通过确定的关系而得到规定的互相协调。)于是，在我们身体自然的和谐那里出现了快乐和痛苦等感受(Affekte)。痛苦乃是对于自然和谐的纷扰和解除，快乐则是恢复。因而，就众所周知的现象(例如口渴及其平息、满足)而被解说的快乐和痛苦的身体上的种类，乃是基于我们身体自然的本质，即由未经规定者和规定组合而成的被混合者，并且作为这样的东西被赋予了灵魂。对此种被规定性的纷扰，即不和谐，乃是身体上的痛苦；向自然的被规定性的回退，则是身体上的快乐。因而必定会有此种预设，快乐实现自身的地方并不单单是某种物体(Körperding)，毋宁说是某种有灵魂的躯体，也就是身体(Leib)。因而，这一躯体(Körper)必定会感受到在它身上所发生的事情，即对其自然状态的纷扰和恢复(这一点未曾明言，但在这一出发点中业已存在着)。然而，这一未曾道说出来的预设对于此处的分析而言并不重要，只要那种被感受存在(Empfundensein)被设定为会随着身体状态的存在者层面的变式而被给出。于是，这项阐释使得快乐和痛苦与身体中的诸种进程如此密切地关联着，以至于快乐和痛苦不能与之在概念上区分来。口渴作为躯体的自然湿润之缺乏乃是痛苦，对于口渴的平息则是对自然湿润之量的恢复，即是快乐。如此理解，则快乐和痛苦互相关联着：没有先前的痛苦，就不可能通达快乐。显然，在这种快乐中，不可能说明快乐对于人类生活的"善"的要求，以此为基础不可能把人的实存理解为善的。此种快乐随着身体状态的自然波动而直接被给出，而且与痛苦的先前出现必定相关，因而，这种快乐绝对不是那种快乐，可以使人将自身理解为善的。这种状态绝对不是那种自为的、不依赖于痛苦而可操劳的和可塑造的实存可能性。

在此种身体上的快乐和痛苦之外，柏拉图提出了第二种，亦即灵魂上的快乐，这种快乐在对愉快之事和不愉快之事的期待（Erwartung）中得以产生。此种期待的两种方式——希望之快乐和恐惧之痛苦，在与前面所述的身体上的快乐和痛苦的诸种形式保持着呼应，进而得到了最初的规定。尽管如此，这还是某种全新的和独立的快乐和痛苦之种类，因为此种快乐和痛苦乃是纯粹灵魂上的，乃是与当下瞬间的身体状况相区别的那种状态。它们不是身体上的，这就是说：这种期待的快乐并不同时就是某种身体上的快乐状况。此种灵魂上的快乐和那种身体上的快乐的区别还包括，此种快乐和痛苦并不联结于某种统一性的体验序列中。期待之快乐不一定需要像空乏必然先行于满足那样，预先设定某种恐惧之痛苦。因为空乏之被期待，并不像满足之被期待那样，必定是随着某种实际上的先行存在而被给出。这是灵魂上的快乐的特别之处，区别于身体的快乐（至少是在此项解释中，此项解释正是被此种快乐给出的)。(至于这个文本 32c6 以下⑯是否指出了灵魂上的快乐和痛苦的这种特别之处,即它们可以自为地产生,并且由此出发证明了此种快乐和痛苦在方法上的优先地位,这个问题却是值得怀疑的。当然就实事而言,这种特别之处随着灵魂上的快乐在任何情况下都被给出了。)

接下来的分析必定处在这一先行把握之下——它在 32c6 以下的纲领中肯定被暗示了,就在前面所描写的身体快乐和灵魂快乐这两个基本种类的范围内,去揭示那种纯粹的、并没有和痛苦混合着的快乐,进而在这种快乐上去探索,何时存在善以及何种快乐乃是善的。在此程度上,就实事而言实际上存在着灵魂上的快乐

---

⑯ 关于 32c6 – d6:对这个地方的可靠阐释是非常困难的。ἐν γὰρ τούτοις (c6) 唯独意指着第二种也就是灵魂上的快乐和痛苦这个观点——就像施莱尔马赫和里特尔 (Ritter) 的看法,他们还添加了 παθήμασιν;与此相反,接下来的论述却又开始探讨第一种快乐。因而,按照巴哈姆 (Badham) 的意见,需要添加上 ειδεσιν。这样一来就可以得出,在两种快乐中都存在着纯粹的和非混合的快乐,此种快乐当然不能为(其对手做出快乐之为善)快乐的对于善之存在的类型要求的正当性提供说明,但是通过这种快乐自身的正当性恰好可以看出其对手之要求的不恰当性。事实上,在 51a 以下,纯粹的快乐不仅在 αἴσθησις(感知)那里得到了承认,而且在 ἐπιστήμη(认识)那里也得到了承认。与此相反,可以说,在 66c5 即使是 αἴσθησις 的快乐也被明确地刻画为纯粹灵魂上的快乐了。但是,这是基于对身体快乐的深度理解,此种理解在最初的区分中还没有出现,而是在 33d3 有关 αἴσθησις 的分析中才被获致。但是,这种有关身体快乐的深度理解恰好可以使身体领域的快乐得到承认,在其中没有任何痛苦与此快乐共同被给出;并且在 51b5,此种快乐当然可以被称作同样良善的"灵魂上的"快乐。因而,这个地方的观点是,在这种非混合而成的良善快乐中同样可以理解,何以快乐本身在生活中要求善,而且这种恰当的要求并非基于对手那里的一般的类的快乐的特征。这里(c8)不仅谈论着纯粹的痛苦,而且谈论着纯粹的快乐,这一点非常确定。事关宏旨的仅仅是快乐,倘若快乐是纯粹的,那么与此相应就必定有纯粹的痛苦。阿佩尔特 (Apelt) 认为,ειλικρινέσιν 和 ἀμείκτοις 只能从形式上理解两种快乐的纯粹分离,与《斐莱布篇》的这些表述的意义很可能并无关系。

在方法上的优先性——亦即区别于迄今为止对于身体上的快乐的阐释,只要此种快乐无须痛苦就能够出现。当然,这种方法上的优先性在接下来恰好也会使我们赢获对于第一种快乐亦即身体快乐的某种更深的理解。显然,迄今为止对于身体快乐做出的阐释并不适合为快乐之于善的任何一种要求做出说明。相反,按照这一理解,必定会得出,在快乐和痛苦之外,还有第三种身体状态:如若这既不是对于自然和谐的纷扰,也不是对它的恢复,那么就必定存在着某种中间状况,在此状况中人们既不会感受到快乐也不会感受到痛苦。此种状况正好呼应着那种纯粹思想中的生活,这种生活具有理念上的完满性(参见21以下)。如若存在着这种既不—又不(das Weder-Noch)的状况,那么这种生活自在地(an sich)就是可能的,不错,这确实是最有神性的生活。当然,与此生活相应的并不是善的人类的理想(menschlichen Ideal),因为人类此在总是已经被理解为有关快乐和痛苦的经验者。毕竟,这里显示出了努斯之于快乐的优先性,这种优先性对于这二者之间的决断具有举足轻重的作用:享受的生活为了其自身的完满性就会要求努斯的共同此在(Mitdasein von Nous),与此相反,纯粹沉思的生活则并不要求快乐之共同此在,而是要求不被快乐和痛苦干扰的状况,这种状况自在地存在着,即使此种状况并不能作为其生存理解的持久方式而为人所通达,并且因此并不能呈现出被追问者,亦即到底是何物构成着人类生活的善。

第二种即那种纯粹的灵魂上的快乐,基于Mneme(记忆)这种感受(Pathos),基于"灵魂"的保持(behalten)能力,就是说,可以将不再于身体中当下呈现的东西"以精神的方式"(geistig)加以确定。这种保持到底为何物,它何以一般地规定灵魂上的那种快乐,要想澄清这些问题,就需要某种开阔的道路。将在两方面进行有关 Mneme 的分析,每一个方面都好像是更加深入的一个步骤。对记忆的分析似乎被一步一步地驱回了两次,一次是 33c9 关于感知(Aisthesis)的研究,然后是 34d1 关于欲求(Epithymia)的研究。

"保持"——记忆(Erinnerung),回溯着某种身体上的先前感知(Wahrnehmen, αἴσθησις),此种感知基于某种身体感受,某种感官印象(Sinneneindruck)。但是,关于身体如何从世界出发被涉及到,现在有两种类型:其中一种乃是身体的诸种感受(Affektionen),这些东西可以引起身体上的某种变化,但在身体本身之中再次复归平静,并没有渗入灵魂中,就是说并没有被察觉到。另一种则渗透身体进入了灵魂。于是,前者对于灵魂而言始终是隐藏着的,乃是无感受性(Empfindungslosigkeit)。这种隐蔽性仅仅是从否定的方面进行的刻画,并不同于遗忘(Vergessen),因为遗忘总是预设着,某个东西被经验到了,因而可以被保持住。在另一种类型那里,渗入者(das Andringende)同时涉及了身体和灵魂,这就是感受(Empfindung)或感知(Wahrnehmung)。于是,对于这种感知而言,还有这样的建构性特征:身体上的印象同时也是灵魂上的印象。借助这一区分,开辟出了有关所谓身体快乐的某种更为深刻的理解。对于这种快乐作纯粹生理学上的(physiologische)规定,显然是不充分的,只要借助作为现成事物的身体的那种单纯变式并没有给出任何快乐或痛苦,毋宁说只有随着对这一变式的感受(Empfindung)才能给出快乐或痛苦。这样一来,身体上的快乐和痛苦在最宽广的意义上也可以归属于灵魂的状态。

与这种得到了真正理解的第一种快乐相区别,现在要研究的第二种快乐亦即纯粹灵魂的快乐,借助 Mneme(记忆)或 Anamnesis(回忆)突显了出来。此种保持活动(Behalten)可以被刻画为对于感受的保存(Bawahren der Empfindung),更为确切的说法:它属于被感受到的东西和被感知到的东西,却并不需要这一事物持续地在场,并不需要感受或感知本身的持续。于是,记忆(Erinnerung)和回忆(Wiedererinnerung)乃是灵魂面向某个东西的存在,这个东西在身体感官那里不再当下存在了。柏拉图更为确切地将 Mneme——对被感知者的保持——和 Anmnesis 进行了区分,后者是对不再当前存在者的当前化,无论它是对被感知者的直接的当前化,抑或是对某种遗失了的(遗忘了的)有关被感知者或学习内容的记忆的再次获取。(亚里士多德在《论记忆》第 2 卷 451a20 那里拒绝了这种关于回忆的规定,这种拒绝是有道理的,因为我们并不是回忆起被保持者作为被保持者,而是在被感知者本身那里并且借助对于先前被感知者自身的再次获取才再次创造出了那种保持的可能性。因而,无论我们是首先保持住了被感知者但在之后遗忘了,还是说根本上就没有保持住被感知者,这些不会对回忆的结构造成任何差别。)

对于 Mneme 和 Anamnesis 的区分(此种术语区分在接下来并没有被确定下来:Mneme 不仅包括回忆那样的保持,正如将要展示的那样,还包括一些更多东西)首次完全搞清楚了柏拉图此处的关键。他意欲说明,存在着某种面向被感知者的存在,但并不是身体感官意义上的被感知存在,因而并不涉及被感知者在身体上的在场,而且也未必就是这样的——就像人们还是会认为保持(Behalten)涉及某种感知,保持是与感知一道开始的,因而才能统一地把握那种借助感知对于并不当前者的共同归属存在。毋宁说,Anamnesis 意味着灵魂的某种纯粹的可能性,能够纯粹从自身出发面向并不当前者去存在。基于灵魂的这种能力,存在着纯粹的灵魂上的快乐,进一步而言乃是基于欲求(Verlangen,ἐπιθυμία),这是我们首先要加以研究的。

欲求之特征,为饥饿或口渴等现象所具有,因而,一切现象,即在刚开始谈及身体上的快乐和痛苦时所举的那些例子,都具有欲求之特征。这些现象不能仅仅从身体上的感受之在场出发去加以说明,这种观点意味着要从根本上深化对于快乐和痛苦的解释。作为灵魂上的感受,它们从一开始就不能通过有关当前者的单纯感受去加以刻画。毋宁说,欲求乃是面向某种东西的存在,面向的乃是某种恰好并不当前存在的东西。口渴者感受到的并不是某种单纯的空乏——此种空乏在他身上当前存在着,毋宁说,他同时面向着空乏这当前状况的反面,面向着借助饮料而来的满足。因而,这种欲求不能仅仅通过对于空乏的感受而被建构起来。此种欲求根本就不具有对于当前者之感受的那种特征。它总是向着某个东西,而被欲求的东西,恰好并不是那种当前的身体状况。因而,真正的欲求者根本不是身体,而是灵魂;灵魂才具有那种欲求某物的能力(ἐφάπτεσθαι,35a7),才具有面向并非当前者而存在的能力:这就是保持的能力。一切欲求,都具有外求某物(Aussein auf etwas)的一般特征,这是灵魂的实事。

欲求基于保持,这显然并不是在描写某种存在者层面上-科属上的关系。苏格拉底追问，首次处在空乏的状况中的人，何以面向满足。肯定不能通过感知，因为感知总是仅仅面向当前者。可是，通过 Mneme 又何以可能呢，如若人们未曾体验过他本可能保持过的某种满足？在一切欲求中都存在着这种对于并非当前者的先行欲求，它只有通过 Mneme 才是可能的。对于空乏之首次体验，这种被刻画出来的边界情形，显然并不会显示出，对满足的记忆面向空乏状况何以被额外在科属意义上获取，并且这样一来才形成了欲求，毋宁说，从存在论层面上看，欲求活动中就存在着 Mneme 的结构要素。因而，对于灵魂的这种可能性，即面向并非当前者而存在的能力，Mneme 概念做了一般而言的担保。关于先前愉悦之事的回忆（Gedächtnis）在其自身中并没有那种面向过去之物而存在的单纯特征，毋宁说，作为愉悦之事的过去之物被作为某个东西而加以保持，这个东西在其回忆中仍然会是令人愉悦的。于是，在存在论上，外求某物（Aussein auf etwas）乃是保持活动（Behalten）的先决条件。在这里可以确切地说，柏拉图如何使 ἐπιθυμία（欲求）的"意见"（doxischen）特征变得可信：πληρώσεως πώματος 给出了暗示。为什么要这样拘泥死板呢？因为此处隐含着 κένωσις（自我放弃）之对立，也就是说，由于在欲求中存在着的这种对立结构，可以说就是辩证法所标识的那种对立，而且此种对立同样标识着狄奥提玛（Diotima）那里的 ἔρως（爱欲）学说。重要的是，为什么 μνήμη 概念被确立为 ψυχή（灵魂）的本质，以至于 ἀνάμνησις（记忆）作为对遗忘之物的提取（亚里士多德也坚持此种心理学分析）和 μνήμη 完全融合在一起。

〔克莱因（Klein）对我进行了不恰当的批评（参见《柏拉图〈美

诺篇〉评注》,Chapel Hill 出版社 1965 年版,第 154 页注释),他"批评"的只可能是柏拉图！他误解了此处的描述意图,此处并未涉及有关神话的先前经历(同上书,第 514 页以下)！如若人们不想忘记某个东西,而是想把它"保持住",那么这就是为了某种将来的操劳,这是他所欲求的东西。只因为曾在者作为可能的将来者得到了保持,这一保持就是欲求的某种结构要素。对于通达被欲求者而言,Mneme 的角色传达出某种存在论意味：一切面向某物的欲求存在都是灵魂的实事。灵魂别具一格的可能性在于,从自身出发就观看着某一并非当前者。]

§8 欲求和期待之愉悦(Vorfreude)

于是,这一分析的成果是,从根本上克服了有关身体快乐和痛苦的最初刻画,即把身体上的快乐和痛苦刻画为对于(身体状况之)当前者的感受。柏拉图是这样解说这种克服的：在有关快乐(对于满足的感受)和有关痛苦(对于空乏的感受)的那两种感受之外,他选取了空乏能力本身的某种中间状况：与身体上的空乏那种痛苦同时被给出的还有对于愉悦之事的保持,后者的出现可能会消除前者那种痛苦。这种保持本身就是快乐,并且由此一来,人的整体状态便成了痛苦和快乐的中间状态,当然这就意味着：它是由这二者构成的一个混合物,这种混合物时而只是快乐,时而只是痛苦(这方面可参见 46c3、47d3)。但是这种"混合状况"的统一性特征势必会超越痛苦和快乐同时出现的那种存在者层面上的特性,从存在论层面上理解,此在的这种现身状态并不是这种混合的东西。出于对被期待者不久将会来临的确信(ἐν ἐλπίδι...),或者出于对被期待者不会来临的反面确信(ἀνελπίστως ἔχει ...),此在的现身状态总是被统一地规定为快乐或不快乐。假如人们饥肠辘辘地坐在餐桌前,他并不会忍受饥饿的痛苦,而是在同时期待着食物,于是人们此时拥有着某种愉悦的饥饿。有关饥饿的这同一种身体上的现身状态,还可以具有痛苦的特征,只要人们得知,桌上并无食物可以食用,那么人们就不会再沉浸在面向被期待者之存在中了,而是会忍受着饥饿带来的那种当前痛苦。于是,在这两种情况下,饥饿,无论是作为痛苦还是作为快乐,都没有被简单地规定为对于某种当前者,对于某种身体状况的感受,而是被规定为面向并不当前者,面向食物的存在。

进一步而言:在欲求本身当中根本不会原初地存在着一种对某物的期待,即对于痛苦的意识的期待——被欲求者是无法实现的。然而,究其本质而言,欲求指向愉悦之事,这一点恰好是某种前提条件,这样像空乏那样的东西才能被感受到。只因为灵魂在欲求中始终已经指向某种并不当前存在的东西,那种东西的不出现才会被感受为痛苦。"空乏"当然是某物的缺乏;只要这种缺乏被感受到了,人们就缺乏那个缺乏的东西,但是这就意味着,人们要指向那个缺乏者自身而存在。于是,对于缺乏的一切感受都以对于缺乏者的保持为条件,尔后缺乏者的现身才被期待着,才成为习惯性的。当然,这一缺乏者就其是什么而言未必需要被揭示出来。完全可以缺乏某个东西,而人们却并不知道他到底缺乏的是什么。只要某人缺乏某个东西时,这东西始终是某人所缺乏的某个东西,这种意识就以对于某个东西的记忆为条件。感受到某个东西的缺乏,这是欲求本身的本质。于是,当前状况所引起的痛苦,并不具有对于当前者之感受的那种特征,而是具有这种特征:意识到人们所欲求的某个东西的缺乏。更为确切的说法:欲求所欲求的东西,不应该被刻画为某种不现身意义上的缺乏者。它是对我而言的缺乏者,就是说,这缺乏者乃是我需要的。只有这样其不现身的被揭示状态才是某种缺乏。只要我欲求着某个东西,欲求着某个我没有但是我需要的东西,于是只有在从我在欲求中已然所在之处的回归中,当前者对我而言才是某种缺乏,因而才会作为痛苦被意识到。

因而,绝不是说,某种身体状况,"自在地"提供着痛苦,借助痛苦者的纯粹在场,将人的现身状态势必规定为痛苦,毋宁说,对于痛苦而言建构性的是,对于愉悦之事的自然外求受到了阻碍,更确切地说,被感受到的痛苦,诸如饥饿,把灵魂从其处于消除痛苦的业已存在中召回了。在这种对于被欲求者的被召回状态中,虽然被欲求者始终被一同给出了,但是只是作为缺乏者而被给出。在遭受痛苦时,此在完全身处愉悦之事的缺乏之中,这就是说,沉浸在痛苦的当前性之中,将自己封闭起来,不再理会自己在愉悦之事那里的业已存在。于是,欲求的此种现象,柏拉图在此注意到了,被建构为快乐或痛苦,并不是由关于被期待者之满怀希望或者是充满绝望的期待而建构起来的。欲求作为对于某物的外求(Aussein auf),若以亚里士多德的话而言即是采取 Orexis 的方式,虽然面向着有关被欲求者的实现,但是,却是这般情形,就是说,这种指向性存在并不依赖那种有关实现的实际可能性。在欲求活动中,人们并不会以此方式停留在被欲求者那里:关于被欲求者之存在变化形成某种意见,并在这种意见的基础上充满希望地愉悦着，或者由于绝望而遭受着双重痛苦。毋宁说，在被欲求者那里停留的那种存在首先是对其可能之现实性的愉悦的位置选取（Stellungnahme），而且这并不属于缺乏——没有希望地外求着被欲求者的出现，毋宁说只是这么回事——将此在从被欲求这里召回到当前的需要中去了。于是，欲求之状况并不是那样一种有关快乐和痛苦的混合物，由于希望占优势便被统一刻画为快乐，或者由于毫无希望便被统一地刻画为痛苦，毋宁说，对于欲求而言，其特性在于，它自身不断地先行地存在着，并且不断地返回到自身。

于是，严格地说，欲求不仅先于这种决断——无论被欲求者是否应该被寄予希望，而是从根本上来说并不依赖这种决断。口渴之人并不会停止对于水的欲求（并且在这种"朝向某物的快乐〔Lust-auf〕"中感受着快乐），即使他看到无法获得水，从相反的方面来说他也不会停止通过口渴把自己一再地带向当前的缺乏中，即使他可以预算到不久就可喝到水。于是，对于欲求这种现身状态而言，要想把握欲求之先行特征，势必要借助缺乏之特征，缺乏之特征乃是某种本己的源初的现身状态的结构要素。这种现身状态——恰好区别于柏拉图并未区分的有关期待的诸种形式，在实事上被刻画为某种痛苦和快乐的混合物了，但是这种混合物的本质却在于，它并不是统一的快乐或痛苦，而总是在此二者之间摇摆（schwankt）。有关灵魂的一般的先行特征，有诸种不同的构型，这些构型在期待之形式中却正好相反总是建构着统一的、与此不同的现身状态。

如若柏拉图在此不作区分，而是把欲求这种状况刻画为某种关于期待的身体上的痛苦和快乐组成的混合物,那么,欲求之状况就要处在这种先行把握之下:现成性意义上在场者必定会参与建构这种现身状态。这种先行把握有两个层次:一方面,只要处在欲求活动中,亦即处在愉悦的期待(Erwartung)中,这种现身状态就是愉悦的,即使某物的不现身(Nichtdasein)在此期待中被感受到了,痛苦在这种情况下始终都被遮掩着。于是,痛苦并未被感受到,这一点就规定着此在在被期待者那里隐蔽的先行存在(Voraussein)。另一方面,此在在被欲求者那里的这种先行存在在柏拉图那里被规定为快乐或痛苦,因为欲求之何所欲求——在其解释中——在某种期待中被去蔽了,这种期待可以被更确切地规定为希望或毫无希望。此处的关键是,在此种解释中,欲求之何所欲求始终已经被臆测为可能的或不可能的现实者(在场者)。将被欲求者当前化为某种有待希冀者(eines zu Erhoffenden)或不可希冀者(Nicht-zu-Erhoffenden),这种当前化把欲求这种状况规定为快乐或者痛苦。

于是,欲求之快乐(die Lust des Verlangens)乃是期待之愉悦(Vorfreude),某种面向未来者的存在样式,这种样式并没有把欲求保留在其未来,而是将其先行把握到某种当前之中。相应地,这就构成了,如前所述,柏拉图所说的那种痛苦,即那种被理解为期待之愉悦(Vorfreude)的痛苦,在这种被欲求者那里的业已存在中,欲求的那种尚未之存在被一同公布了出来,倘若它是处在尚未存在之遮蔽样式中,并进而处在痛苦之遮蔽的样式中。在被欲求者那里的存在——置入当前,和被欲求者的尚未公开存在,共同组建着某种实事的但并未二重化的现身状态,这并不是快乐和痛苦的同时出场。期待之愉悦（Vorfreude）并未在尚未存在者的意义上进入某种当前，它根本就未曾注意那种尚未存在。对于期待之愉悦（Vorfreude），必定要这样刻画：人们面向某种将要到来的东西而感到愉悦（auf sich freuen），而并不是关于这同一个事物——即使这事物现在就在当前——现在就感到愉悦（über sich freuen）。于是，在期待之愉悦中，那种尚未一定被捎带看到了。尽管如此，那种尚未并没有在期待之愉悦中建构起任何快乐。在对某物的期待中，此在借助那种"尚未"并没有真正地把令人愉悦之事的那种"并非现在"揭示出来，这就是说，令人愉悦之事并不缺乏。它作为对某物的期待，如此着力进入其将来，以至于将其现身状态的当前移至到了将来那里。期待之愉悦是当前的愉悦，正好是作为某种先行存在，先行存在于关于某物的将来的愉悦之中。

柏拉图对于灵魂之先行特征的分析必定取得了以下这些积极成果：只要此在总是外求着某物（auf etwas aus），这就是说，总是业已处在并非当前者那里，那么对于身体痛苦的纯粹感受的被给予性就是不充分的，不足以建构起此在的现身状态。这并不是不言而喻的——此在在这种痛苦的存在中感受自身，就是说，此在被这身体上的痛苦规定着，确实将自身感受为痛苦的。毋宁说，此在的现身状态乃是作为面向自身的存在才建构起来的，这种面向自身的存在在本质上是由面向并非在场者亦即被期待者的那种存在加以规定的。因为此在（满怀希望或者充满失望）总已面向将来者而存在，所以，那种正好在场的感受（Pathos）本身并不足以独自规定此在的现身状态。面向将来者的存在是灵魂的某种独特的可能性。人的存在就被某种自由的可能性刻画着：从自身出发去希望或去畏惧。于是,对于某物的希望和对于某物的失望并不是——作为快乐和痛苦——简单的被给予性,并不是期待之愉悦或其反面的简单的在场存在,毋宁说,其现身状态乃是由此在的揭示性状态建构起来的。作为具有揭示性作用的东西,此在使自身与世界照面,并且这种让照面(Begegnenlassen)具有将某物看作某物的那种特征。它在意见中照面。

§9 "虚假"快乐作为缺乏基础的希望(36b—41b)

这种先行特征——作为灵魂所特有的可能性,区别于那种总是和具体当下的身体状况相关的感受性被给予性,已经被柏拉图清理了出来——将快乐现象置入到与世界之被揭示状态的某种紧密联系之中。愉悦并不只是某种状况或某种感情,而是揭示世界的某种方式。愉悦,依循着存在者之被揭示状态而且就存在者之令人愉悦之处(Erfreulichkeit)而得到规定。而且,只要存在者由于某方面令人愉悦而被揭示了出来,那么此在本身就在它被世界牵涉到的存在中被一同揭示了出来。于是,依循着由世界出发而被期待者的业已被揭示状态,真正灵魂上的那种快乐就被建构出来了。这样一来,此种快乐就进入了那同一种疑难,即有关真正的,亦即揭示和欺骗的,亦即遮蔽的那种疑难,这种疑难一般刻画着意见(Doxa)现象。快乐作为期待之愉悦(Vor-freude)同样具有那种将某物看作某物的结构。

下面的分析在快乐的真理这一引领性概念下进行。真理称为去蔽。快乐是真实的,只要在快乐中被认为是令人愉悦的东西确实令人愉悦。于是,快乐这种现身状态总是依循存在者之业已被揭示状态而得到理解，人们于此拥有它。不错，对于本己现身状态的这种理解，依循着从世界而来的前来照面者，对于快乐疑难的柏拉图式开端来说处于如此核心的位置，以至于快乐本身被看作是世界之揭示着的让照面的某种方式。因此，这也不止一种意义，毋宁说这是快乐的核心疑难：从快乐之真实和虚假的诸种可能性方面去研究快乐。这同时显示出，有关人类此在的一般阐释在柏拉图那里具有这样的定位：此在作为面向它所存在于其中的世界的操劳性存在，而这就意味着，从世界出发去理解自身。因此，在此在那里根本没有留出这些东西的位置：被我们称为"单纯情调"的东西，在此情调中我们一同想到，此在在此情调中，在此单纯的"它存在并且在世界中存在"是可感的，但是并没有指出，此在在其情调的这种现身状态中乃是可理解的，这就是说，它的理解依循的乃是此在面向从世界而来的前来照面者和有待操劳者的存在。[17]因而，快乐（Hedone）和痛苦（Lype）在柏拉图那里乃是此在现身的两种基本样式，因为快乐和痛苦乃是此在从世界出发理解自身的诸种方式，也就是说，此在对于其快乐和痛苦的理解依循的乃是这快乐和痛苦所关涉的东西（dem Worüber）。于是，诸种感受（πάθη），使用当今哲学的语言来表达，具有意向性的本性（intentionaler Natur）。快乐始终是关于某个东西的快乐，或者是面向（auf）某个东西，或者是有关（an）某个东西。因为此在在其现身状态中按照柏拉图的意见只是保持开放并且作为关于某个东西的愉悦或关于某个东西的痛苦而感受着，因而就处在有关世界的业已被揭示状

---

[17] 关于情调对于存在论疑难的方法意义，海德格尔有过揭示，同上书，第 29 节。

态中,因而就存在着某种"虚假的"快乐。只是因为这些感受本身具有意见之特征,所以柏拉图就让有关快乐之真实和虚假的研究选取意见作为其指南。⑱

快乐可以是"虚假的",这一论题刚开始显得很怪异。意见可以是虚假的,这一点对话伙伴是承认的:人们可以将某物看作是某物,但其实那事物并非如此;那对话伙伴的意思是,可以是虚假的,这种属性只属于意见⑲,并不属于愉悦、畏惧和希望。苏格拉底将这种观点变得更加尖锐化。即使是睡梦中的快乐也是现实的快乐,并不是主观臆测的——但是这同样适用于意见本身。意见(Dafür-Halten)之实行(Vollzug)要和意见之内容性真理(inhaltlichen Wahrheit)加以区别,同样,希冀之实行也要和愉悦之真理区别开来。这两种情况中的实行都是现实的(wirklich)实行,然而(und doch)意见以及愉悦未必就是真实的(wahr)。于是,如若只有意见才可以是"虚假的",而快乐却不能是虚假的,那么这就不能从快乐之实行的现实性来加以说明了。倘若这一点是可能的,那就是在这种情况下,即快乐的意义只能存在于其实行自

---

⑱ ἀλήθεια(真理)和 ψεῦδος(谬误)这一线索的实事意义容易搞糊涂,因为瓦尔策(Walzer)(参见《〈大伦理学〉和亚里士多德伦理学》,第 203 页以下)将有关 ἀληθὴς ἡδονή 的谈论与学术界所推断的 ἀληθής φιλία, ἀνδρεία 等混杂在一起,这是因为人们试图(在我看来可能是这样)依循这些用法与 δόξα(意见)的类比来理解这些用法,这就是说,依循臆测(Vermeinen)的结构来理解这些用法,此种结构基于 ἀρετή(美德)概念的苏格拉底"理智主义"同样归属这些 ἕξεις。快乐可以是真实的和虚假的,这绝对是苏格拉底的真正论题。人们只是想到《普罗泰戈拉篇》的苏格拉底悖论:快乐的屈从(ὑφ᾽ ἡδονῶν ἡττᾶσθαι ἀμαθία),这就意味着此在的某种自身误解。参见第 46 页。

⑲ 纳托普对此的描述并不确切,同上书,第 339 页。

身中,并不能由这种实行的如何(Wie)来修正快乐的意义。因为意见具有揭示或遮蔽的作用——因为意见之实行到底是在揭示还是在遮蔽,在此如何中被加以区别。于是,不能说,在快乐之中实行的如何并没有区别(确实是存在区别的,例如大的快乐或小的快乐,参见 27e5)。对于意见而言这是很明显的;如若它所涉及的东西,即被它认作是另一事物的那一事物,在意见形成中(im Dafürhalten)并不存在(verfehlt),那么,尽管意见形成现实地实行过了,但是,意见并不是它意欲要是的东西:将存在者作为某物而加以揭示。难道不是这样吗?如若愉悦所涉及的东西并不存在(verfehlt),就是说,如若人们有关某物感到愉悦,但是这个东西实事上并不令人愉悦,那么,这种愉悦本身莫不是相应地变得不真实了吗?而且这种主观臆想的对某物的希冀,牵涉到的并不是真正令人愉悦的东西,这种情况倒是很常见。同样,在愉悦中存在着的那种意见和意见之形成,具有欺骗和遮蔽的作用,并不是愉悦本身。此种辩护是前后一贯的,它为苏格拉底提出了这种使命,即更为确切地论证,那种意见性的要素(doxische Moment),存在于关于某物而感到愉悦之现象中的意见性要素,和愉悦的纯粹感受性被给予性是不可分离的,以至于愉悦本身不可能不被愉悦中存在着的误认牵涉到。因此,要首先提出这样的问题,基于真实看法的快乐为何以及如何和那些基于虚假意见的快乐区分开来。这两种快乐在实事上被区分开了,即使对话伙伴也必定会承认这一点。

为什么真实意见和虚假意见这种区分同时意味着在快乐那里也有这种区分,将通过对于意见的更为详细的分析而加以说明。任何意见都包含着记忆(Mneme)和感知(Aisthesis)这些建构性

1. 柏拉图的辩证法伦理学　183

要素,这就是说,将某物视为某物意味着:在直接感性被给予性的意义上看到了某种此时此刻的东西(Dieshier),然后这个被如此观看到的东西被当作是某个东西,这个东西业已存在并且在"灵魂"中被保持着。[20]例如,我在山崖那里看到了某个东西——这是感性被给予性;我将它当作是——依据我有关人的外观的已有知识——一个人。这种外观(Aussehen)可以欺骗我。[21]它可能是一个稻草人——某个并不是人而只是看上去像人的东西(为了迷惑鸟类)。将虚假意见阐释为感知和记忆的某种虚假的组合,这种阐释也在《泰阿泰德篇》中被柏拉图讲授过,在那里柏拉图的明确意图是要说明某种错误意见的可能性,即它是有关并不存在者的某种意见。

对于《泰阿泰德篇》的讨论,处在对柏拉图的批判性解释(纳托普)的影响下,受到了不恰当的忽略。如若《泰阿泰德篇》中的论题乃是某个并不满足的无知者于那里逐步增强的诸关联中的建议,

---

[20]　关于 38b13:在 διαδοξάζειν 中,δια 很可能并不意指"互相"(auseinander),毋宁说意指(空间上的亦即由此而来时间上的)"通过……"(durch...hindurch),《政治家篇》263d5 那里的 διονομάζειν 具有类似的构词法和含义(斯坦策尔有不同意见,参见《研究》,第 77 页)。

[21]　关于 38d:有关这个地方的通常解释和由柏拉图其他语言用法所支持的解释(首先要提到斯塔尔鲍姆的解释)是不是正确,我仍旧持有怀疑。当人们在远处(38c5)观看树下的石头的某种显现时,并不会首先将其确切地看作一个人并且由此形成错误的观念,它有可能只是牧人的某种画作。(我是这样解释柏拉图的实事性意见的;我在正文中所谈论稻草人,这当然不是柏拉图 ἄγαλμα[塑像]意指的东西。)毋宁说,恰好相反:从远处看,人们会首先把画作错看成一个人(d6 那里的 ἐπιτυχῶς 被施莱尔马赫解释为"随机"),但是当他从旁边走过(这一字面意义在 d9 的 παρενεχθείς 那里想必就有了),就会知道,那只是一幅画作(某个动词的分词 sentiendi 无论如何要给 d9 那里 ὡς ἔστι...添加上)。因此至少要推荐这种理解,当然与柏拉图的语言用法相反对。

那么,这些论题在内容上始终还是有积极作用的。着眼于《斐莱布篇》和《智者篇》(参见《智者篇》,264b),不仅蜡版的图像(意见作为感觉和记忆的σύναψις〔配对〕),而且与鸽棚相随的图像(此处认识和感觉无关,而是切合着某种纯粹的灵魂可能性),都传达出有关意见之结构的某种积极的东西:意见并不是对于当前者的简单的和素朴的觉知,而是始终具有综合性结构。意见把某物和某物组合起来,并且基于对并非当前者的当前化。记忆(Mneme)乃是灵魂的基本功能,它使意见之类的东西成为可能,因而是这种可能性,将那种在身体上并不当前的东西从自身出发带向当前。在第二种图像亦即有关鸽棚的图像中,这也是本质性的洞见:被意识到的东西未必意味着某种当前的东西,未必意味着对于某种知识的"获取"(Anhaben),就像对于某件衣服的获取那样,毋宁说,它欲求某种自发的把握和提取。(άναλαμβάινει〔接过〕意味着,借助那同一表达,此表达在《美诺篇》中刻画着 Anamnesis〔回忆〕的实行方式,参见《泰阿泰德篇》,198d)

这种综合性接受(Zusammennehmen)可以分解为言谈(Rede)之中将某物当作某物而加以接受这样一种方式(在这里,言说的外在表达到底存在还是不存在,并不是关键的东西):"这是一个人"。被如此表达出来的被理解的东西,在灵魂中被确定下来,就像在一本书中诸种记录被确定下来那样。在言谈的这种确定活动之外,还有另一种形式用以确定被意指者:在内在图像中,这些图像就像是被一个画家画出来的。这些记录和图像到底是真实的还是虚假的,则要取决于那些意见到底是真实的还是虚假的。

自从第七封书信及其真实性(Echtheit)被人认识以来,直观性要素对于柏拉图认识概念的普遍有效性就变得显而易见了。对于欲求或期待之愉悦所具有的那种感受特征而言,直观性这种要素,即柏拉图一般认为意见所具有的直观性要素,就显得格外重要(就像后来斯多葛学派的感受理论显示的那样)。任何对于某物的外求(Aussein auf etwas),它所指向的对象,无一不是直观地显示出来和"矗立在眼前"的。亚里士多德将此种关联作为欲求(Orexis)和想象(Phantasie)(《论灵魂》,第3卷,第10章)的关联而清理出来。想象同样可以是真实的和虚假的。自行显现者(呈现在我眼前者),可以被当作是某个它所并不是的东西,例如被当作是"善的"而给出来。然而,想象并不等同于意见,正如亚里士多德(《论灵魂》,第3卷,第3章)所讲,而且主要是因为,想象在我们这里矗立着,在我们面前放置着某个东西,某种要素,而此要素即使是对于这里的《斐莱布篇》也是具有关键意义的。这里首先讨论的意见,乃是借助欲求而被给出的想象。因为恰好借助面向未来者而行进的意见,纯粹的灵魂快乐才被一同给出来。纯粹的灵魂快乐确实被这种和未来者的关联刻画着。这种快乐先行于身体快乐,作为期待之愉悦或者其反面。事实上,灵魂中的那些记录和图像也都和未来时间相关,因为有关记忆的与我们相关的一切内容并不是对过去之物的简单保持,而且也是对于未来的诸种真正的希望(参见第113页以下)。任何人在面对灵魂中被确定下来的诸种记录和图像时,都能在希望的方式中拥有愉悦,无论这种希望是真实的还是虚假的。期待之愉悦乃是真实的,如若它把令人愉悦的某物作为正在生成者加以先行把握和设想,而且那正在生成者确实正在生成,与此相反,则是虚假的,如若期待之愉悦指向的乃是某个将来并不会出现的东西。这种将某物作为正在生成者而加以接受,是在希望中或者在期待之愉悦中被给出的,和意见(就其一般含义而言)的区别恰好在于,前者矗立在我们这里。被一个人加以希望、愿望和期待的东西,从这个人的存在出发得到其规定。期待着某个将要出现的东西,这是 θεοφιλής ἀνήρ(神所眷顾的人)的标志。

柏拉图,如上所述,并没有在欲求、希望和期待之愉悦这些现象中进行区分。他将这些现象都概括起来,因为它们具有某种共同的特征,即意见所具有的那种面向将来而行进的特征。但是,他想必看到了,到底什么才能把面向将来者的这些存在形式和单纯的意见区分开(正如它朝向将来的科学而被造就,却存在于占卜术之中)。在欲求和希望中,此在由此面向其诸种可能性而理解自身——此在把将来者作为可操劳的(Besorgbares)和有希望得到的(zu Erhoffendes)而加以揭示。欲求、希望和期待之愉悦的"真理",并不单单是那种有关将来者之意见的真理,而且并不是由此意见而得出的对于将来者的期待,毋宁说,这种真理乃是此在的某种自身理解——在对某物的自身希望中和对某物的为自身期待中的某种自身理解。

显然,希望这样的东西并不单单是有关将来的某种意见。倘若被理解为这样的意见,那么希望,尽管希望的强度和可靠性具有诸种可能变式,就是某种本质上并不可靠的意见。事实上,怀有希望者,并没有把有希望得到的东西(das Erhoffte)看作是某种可靠的被期待的东西,毋宁说,他同时就看到了那种"或许不会"(Vielleicht auch nicht)。倘若如此观看,则希望就变成了对不可靠性那一面之期待的某种样式。因为期待首先具有某种特殊的确定性(Gewissheit)特征。它具有期待某物的那种实行方式——虽然那种"或许现在不行,或许不久不行"被观看到了,但是这毕竟不是那种"或许绝对不行"。将来——从将来出发被期待者才被期待着,着眼于它对被期待者的成就或成全(Ermöglichung des Erwarteten),它业已被"荡平了"(geebnet),与希望保持着明显的区别。因为希望可以接受到那种不可靠性,由于看到了在通往有希望得到者的道路上所存在的诸种困难。但是,它是不是通过将这些困难看作是可以克服的(这对于希望之可能性而言乃是本质性的),而已被刻画为希望?毫无疑问,在希望中确实包含着某种关于道路的意见,在此道路上有希望得到者是可以通达的。希望包含着:人们面向某物(着眼于某物)而怀有希望,这个东西可以使某人觉得,那有希望得到的东西看起来是有可能的。因而,希望的特征在于,它有多么能越过那些不可克服的当前困难或那些可期待的困难,对于困难之可克服性的信仰就多么没有根据。在希望中人们并不是简单地跳跃到将来者那里,毋宁说,人们在对有希望得到者的外求中,恰好面对着那种可以给予人们希望的当前者——哪怕它只是一根秸秆,溺水者也要将其抓住。

而且这并不是出于偶然,人们为了希望并且在希望中抓住某个东西,就像溺水者要抓住秸秆的处境一样。希望的根据在本质上不同于那种使希望变得合理的东西。这种根据只是对于怀有希望者而言的根据。有关将来的意见就存在于希望中,它本身植根于希望活动(Hoffen)中,并没有在有关将来的意见的意义上为某种希望(Hoffnung)提供论证。显然,可以向怀有希望者给出某种希望之根据的东西,并不需要向那些并不参与其中的观众给出相应的期待机缘(除非是在某种完全开放的期待的意义上,这种期待具有紧张的特征,它紧张地关注着那个怀有希望的人到底是否将获得正当性)。于是,恰好因为希望活动是某种自身希望,此在于其中被召回到自身中,所以,此在在现成存在者中(im Vorliegenden)揭示着那些东西,那些可以为它的所希望之物提供某种希望(Hoffnung)的东西。

而且,将希望揭示为有希望得到的东西(Erhoffendes),这同样并不是在关于将来的某种预先观看或意见的方式中而被揭示出来的,毋宁说,乃是根据此在将自身理解为操劳者的诸种可能性且以某种特有的方式而作的预先规定。有希望得到的东西总是被怀有希望者(人们为了此人或者和此人一道进行着希望活动)看作是"善的"。在有希望得到者那里的这种先行存在中,建立起了这种可能性,要么在希望活动中依循其真诚的和可操劳的诸种可能性去理解自身,要么在某种希望中摆脱对于切近的诸种可能性的操劳。希望的快乐特征,期待之愉悦(在一般而言的柏拉图的意义上,这是面向将来者的存在中的快乐)就由此出发将自身规定为真实的或者是虚假的。关于这一点,柏拉图是这样表述的:由于诸神的恩赐,有希望得到的东西将在实事上分有着善,而不分有恶。当然,这并不是说,柏拉图这样一来就不打算承认他对于恰当的天命的信仰了。毋宁说,这样一来刻画出来的乃是,希望活动之真实和虚假并不是关于将来的某种意见的真实或谬误,而是说,人的存在对此有规定性作用,一个人希望什么,并且如何希望,正因为希望活动始终是自身希望而并不是某种单纯的意见。因此,对于"恶"

的期待之愉悦乃是虚假的,因为在这种愉悦中,希望变成了有关愉悦之事的梦想(Sicherträumen),这种梦想本身恰好遮掩了实际上被给予的和有待操劳的诸种可能性,并且由此一来在永不满足的视域中观看着当下的当前者。[22]虚假的期待之愉悦和真实的期待之愉悦乃是同样现实的,二者看起来是完全相同的,但是,它是虚假的,只要它作为愉悦所指向的乃是某种永远不会出现的东西。

因此,尽管在前面并且在柏拉图那里清理出了和说明了希望和意见的差异,但是柏拉图对于希望这种快乐的虚假性的说明还是借助着和意见的类比,将其看作是有关将来者的意见的虚假,似乎是这样的,那种紧接着而来的失望会一道使虚假意见的快乐变得不再有价值。事实上,紧接着"虚假"希望而来的那种失望,并不单纯是有关痛苦的某种新的体验,而是有关期待之愉悦的快乐体验在时间上先行于这种痛苦的体验。这种虚假的希望和变得失望,确实植根于某种并不局限于一次性体验序列的对于人的整个存在的那种颠倒(Verkehrung)。此种颠倒——恰好是在向那些不可满足的希望的不断攀援中——将人的整体现身状态规定为痛苦。这种对于当前者和切近的可操劳的将来的一再脱离(Abspingen)只是加剧了对于当前的不满足,并且这样一来加剧了痛苦。因为此在在希望中并且在对某物的期待中并不是由其现身状态中的某种当前的被给予性而加以规定的,而是在面向将来者的存在中,面向其诸种可能性理解着自身,面向自身而存在,此在在希望这种现身状态中始终已经从其过去的整体之中出发而关

---

[22] 参见海德格尔:《存在与时间》,第195页。

涉于将来。这些真实或虚假的可能性,在快乐那里,就像在意见那里,被苏格拉底看作是善和恶的真正的形式(40e9 以下),这一点呼应着苏格拉底的基本观点——一切邪恶都是无知,一切德性都是知识。这种观点基于存在论上的洞见,此在之存在由揭示之存在加以规定,并且,这种揭示着的自身理解首先是依循着此在生活于其中的那个世界而理解着自身和误解着自身。

§10 "虚假的"快乐之为过度的和自负的期待中的愉悦(41b—44a)

125 　　由于对话伙伴在好的快乐和坏的快乐的问题上坚持着那种自然的说法,想必不能同意此处的阐释。这就促使苏格拉底还要㉓在其他形式中指出快乐的虚假性。因为在接下来有关虚假的两种可能性中,失望不再是这样建构起来的——在期待之愉悦中,某物被认为是将要存在者(Seinwerdendes),但是实际上并不会在将来存在(nicht sein wird),毋宁说是这样建构起来的——在对某物的期待中,某物被认为是令人愉悦的(erfreulich),但是它并没有在相应的程度上成为令人愉悦的,或者说它根本上就并不令人愉悦(40d8:μὴ...ἐπὶ τοῖς οὖσι...;44a9:περὶ τοῦ χαίρειν)。在有关期待之先行愉悦的这些情况中,意见之要素更加紧密地存在于期待本

　　㉓ 关于41a7:这里不可或缺的和得以顺利流传下来的ἔτι (κατ᾽ ἄλλον τρόπον),在柏奈特那里只是某种无论如何都要插入到文本中的装置。[柏奈特对于41e6 的说明是错误的!而且不符合事实:40e9 接受了那些κατ᾽ ἄλλον τρόπον ψευδεῖς;我们要讨论那些由于虚假而较差的快乐,因为它们由于真理可能呼应着较好的快乐(πρὸς τὰς κρίσεις)。]

身之中。在这里某物被认为是令人愉悦的，但是，它根本就不令人愉悦：被期待者（倒是）出现了，但是那种愉悦还是虚假的，因为这个出现了的被期待者并不令人愉悦，或者并不像期待之愉悦所设想的那么令人愉悦。愉悦的这些品种并不在这种方式上是虚假的——将尚未存在者当作是将要存在者，但是事实上它并不会在将来存在，毋宁说，此处这种虚假性在于，在那种让令人愉悦者在其令人愉悦之存在中前来照面的过程中，将某物看作了它并不是的某物。只要这里存在着对尚未存在者之将来存在的某种纯粹的当前化，那么这种意指（Meinen）就是真实的。然而，这一将要存在者并不是期待之愉悦所遭遇的那样（42a b!）。于是，期待之愉悦（作为欲求的积极样式）要将令人愉悦者带向当前，这就是它所期待的东西，同时带有那种被给予性，即空乏（如口渴）的感官上和身体上的痛苦。

在这种愉悦和痛苦同时出现的情况下存在着失望的可能性。令人愉悦者，即期待之愉悦所期待的东西，通过与当前令人痛苦之物的对比显得更加令人愉悦，超过了它自在的本身的愉悦性（并且，会在痛苦消逝之后，这方面的期待之愉悦会显示出来）。如若在此期待之愉悦中存在着的期待太久或太多（Zuviel），则这种期待会使自己在相应的程度上显得虚假。于是，这种失望乃是对于令人愉悦性之程度（Maß）的失望，这是由快乐和痛苦在其程度上不断波动的那种未经规定性而导致的。这种失望可以和那种对于事物之大小的失望进行比较，从远处观看事物，则事物看起来要比从近处观看的事物要更小，要比其实际的大小要更小。这种失望的可能性同样基于"灵魂"的那种基本可能性，即灵魂可以面向那

126 种并非当前者而去存在。只是因为那种尚未存在的令人愉悦者与那当前者同时得到了观看,于是,那在场者不能独自对此在的当下现身状态做出规定,因此,存在着某种虚假的期待之愉悦亦即某种虚假的快乐。(42b2:νῦν δέ γε αὐταὶ διὰ τὸ πόρρωθέν τι καὶ ἐγγύθεν ἑκάστοτε μεταβαλλόμεναι θεωρεῖσθαι, καὶ ἅμα τιθέμεναι παρ᾽ ἀλλήλας...〔但是现在问题却出在快乐和痛苦自身中了,只要它们被见于远近不同、变动不定的距离。〕)

此种虚假的快乐并不具有希望之特征,只要它并不指向它向自己许诺出的愉悦的东西之出现而只是希望着,而是对于此物的出现以及其令人愉悦性已有了可靠的看法。在这里存在着有关被期待者之愉悦性的意见,但是这种意见也并不是那种单纯的意见,即有关存在者之性质的那种单纯的意见。被期待者被认为是令人愉悦的,乃是建立在这种基础上:此在使自身投身于被期待者那里,在被期待者那里期待着进而被一同揭示了出来。因而,有关令人愉悦性的期待之愉悦有可能在当前现身状态的基础上使自己落空。当前的缺乏会增强期待之愉悦(Vorfreude)对于所缺乏者和被期待者(的那种期待),以至于超过它实际上可以给出的愉悦的程度。(期待之愉悦在柏拉图那里预设着"缺乏"这种当前的感受〔Pathos〕,乃是因为,如前所述,柏拉图对于欲求和期待之愉悦这两种现象没有做出区分。)

但即使没有这种情况——被期待者亦即令人愉悦者同时在期待之愉悦中伴随着某种当前的缺乏,在期待之愉悦中也存在着这种可能性,将被期待者的令人愉悦性加以夸大。存在着这种情况,人们对于某物的期待太过强烈和太过持久,以至于某物现身了,人们却深感失望。这一现象在柏拉图那里还没有就其特殊性而提出来。柏拉图对一切失望的解释都依循着被期待者和当前者或另一被期待者之并列观看或同时观看。这是因为,远方本身就容易落空。事实上这一点可以越过那种由于对比而导致的希望落空(Täuschung),可以对希望之落空做出(新的)解释。被期待者作为远方的东西(das Entfernte)不仅未经规定地被观看着,而且在其期待中只在其令人愉悦性中被观看到了。作为被期待者,它基于某种保持或记忆(Behalten),但是作为被期待的保持或记忆,它把一切不能作为愉悦的东西而加以保持的东西都遗忘掉了。因而,与美化的记忆相类似,存在着美化的期待。这二者并非基于记忆的某种单纯的缺点即遗忘性。遗忘本身的主题来自对于可以保持的愉悦之事的外求,也就是说来自这种意指活动的感受特征。其他失望还可以更加清楚地显示出,并非某种意见让人感受失望,并且此种失望在某种统一的体验关联中和期待之愉悦矗立在一起,因而事实上期待之愉悦本身就可以被规定为虚假的。不止如此——有关被期待者的期待之愉悦期待着更多的愉悦,超出了它实际上可以给出的愉悦,而且期待之愉悦自身就会在这种意义上发生错误。通过期待之愉悦和期待本身,被期待者之出现可能会变成某种失望。因为此在的现身状态——面向此种现身状态某物作为令人愉悦者而被期待着,不能由被期待本身切中。被期待者在期待之愉悦中被一道意指的现身状态中真的出现了,面向这种现身状态被期待者显示自身为令人愉悦者,这些并不能由期待本身给予可靠的保证。我在对某种令人愉悦者的期待中并不能从根本上对此在的现身状态做出预先规定,(以至于)面向这种现身状态被期待者可以被遭遇到。此在倾向于从中摆脱出来，尽管此在试图将自身保持在期待之愉悦中。因此可以得到这样的结论，如若某物被长久地徒劳地期待着，尽管它最终出现了，但是它恰好会使人感到失望，只要此在在那个时候从那种期待之愉悦中再也找不到愉悦了。这就是"过度被期待"（Verwartetsein）。或者，此在只能以此方式保持自身在期待之愉悦中——这一点同样基于期待之愉悦中的期待之必须——此在在不断地期待中增强了被期待者的令人愉悦性。结果是，恰好由于这种等待，这种在攀登中迷路了的期待，反而导致了失望。这种失望事实上并不基于某种谬误——就是说人们面对给出的瞬间本能够做出更加正确的决断，毋宁说，这种失望基于期待和期待之愉悦本身的某种如何。没有必要将这种希望之落空（Täuschung）——柏拉图在此提出来的，限制到那种期待之愉悦中（当然，这种希望之落空是在期待之愉悦中被首先提出来的。41c: ἐπιθυμία）。这同一种希望之落空也可以切中关于某物的某种当前的愉悦，这种当前的愉悦，通过对于过去痛苦的记忆，甚至是通过对于此种痛苦的期待，变得过度了。

在此种有关愉悦性之程度的希望落空（在某种纯粹量的图式中被表达出来，42b8）之外，苏格拉底还提出了另一种虚假的快乐，在此快乐中某物被看作是令人愉悦的，但其实根本就不令人愉悦。对于身体之自然平衡的扰乱被规定为痛苦，其恢复（κατάστασις，42d6）被规定为快乐。现在假定，这两种过程都没有当前发生，则存在着某种状况，既不是快乐也不是痛苦。存在着这样一种既不是快乐又不是痛苦的状况，对于这一点要不顾及赫拉克利特的学说而加以接受。因为这里讨论的并不是那种宇宙论和生理学的论题——一切都处在一条永不停息的河流中,而是在讨论在何种程度上这些不断的波动会被感受到。显然,只有那些具有一定规模的变化才能被感受到,而它们独自导致了快乐与痛苦(参见 33d2 以下)。因而,在现象上存在着某种中性的状况。这种状况没有痛苦,也不是快乐,但是人们在遭受到痛苦时,也会把这种状况看作是快乐而加以期待。此处被感受为快乐的东西,其实根本就不具有快乐的特征。关于这一点还可以更为清楚地揭示出来:如若这同一种状况紧随着现实中的快乐,反而会作为痛苦而出现并且在这种意义上是"虚假的"(参见《国家篇》,583b 以下)。有关虚假快乐的这种情况和前面举出的那种虚假快乐具有切近和类似的关系。这种落空同样是由两种相反感受的同时并列而建构出来的,这两种感受的其中一种并不是身体中(leibhaft)的当前者,而是被期待者或者是被保持者。这种无痛苦的当前状况同样可以表现为快乐,而这正是由于对某个过去了的痛苦的保持或记忆(44a4)。这种虚假的快乐同样不是身体上的快乐,而是灵魂上的快乐,因为它的基础是将某物当作某物。

§11 混合快乐之为"虚假"快乐
(对于痛苦的遗忘)(44b—50e)

所有这些虚假的快乐都预设着真实快乐的概念,真实的快乐并非那种快乐感受的空洞现实性,而是此在依循被揭示出来的令人愉悦的东西而进行的那种自身理解。快乐的真实要想建构起来,就要揭示出真正令人愉悦的东西的令人愉悦性。前面对虚假之诸种可能性的分析就其自身就呼应着真实存在之诸种可能性。

在将某物错误地当作(Vermeinen)令人愉悦的东西的过程中,同样存在着那种不犯错的可能性,就是说真正就其所是地看待事物。尽管如此,期待、希望、期待之愉悦和欲求,这些东西的先行特征(Vor-Charakter)在意指中之自身理解的意义上并未建立一种错觉的可能性,即使它对于感受的觉知并未出错,它也不是真实的愉悦,并且不能揭示出真正令人愉悦的东西。因为期待中的愉悦(Vor-Freude)在这里已经先行于此在本身了,所以当前的Pathos(感受)必定同时又被规定为痛苦,因而是快乐和痛苦的某种混合物。前面业已揭示,痛苦虽然可以被先行的快乐遮掩住,但是在实际在场的意义上依然现身。因此,一切期待之愉悦,只要它必定会把自身呈现为某种统一的愉悦状态,就此而言实际上都是虚假的。在令人愉悦的东西那里,期待之愉悦已经出现了,但是,令人愉悦的东西,其实尚未出场,而且其不在场必定会把此在的情态在痛苦的方向上进行规定。当然,期待之愉悦(至少和欲求没有分离,这在柏拉图那里是主导性的用法)是快乐,恰好是因为它可以将一同出场的痛苦加以遮掩。但是,这就意味着,令人愉悦的存在者不仅这样前来照面——从这种东西出发此在在期待之愉悦中将其理解为快乐,毋宁说它同样也是欲求的对象,并且这样一来它作为匮乏的对象引发着痛苦。因此,对"真实"快乐的追寻要将自身设置为对那种存在者的追寻,那种东西本身就引发着快乐,而且仅仅引发快乐,在面向这种东西的存在中才能揭示出那种纯粹的并且和被掩盖的痛苦并不混杂的快乐,亦即那种"真实的"快乐。

于是,接下来的诸种分析拥有某种更为彻底的意图——不再关注有关快乐和痛苦的一切混合形态,这些东西同样包含着某种虚假(Pseudos)的要素,就如它们由于掺杂着痛苦所以不能为快乐之为善的要求提供正当性的说明——致力于揭示真实的,也就是非混合的快乐。苏格拉底将前面最近讨论的最后一种虚假快乐的形式作为重新分析的出发点(明确说过:对于赢获那种 ἀληθεῖς ἡδοναί〔真实的快乐〕,44d2!)。在那里某种东西被当作是快乐,其实并不是快乐,毋宁说只是对痛苦的某种解脱。于是得出了这种理论:根本没有什么正面的快乐,通常被我们称作快乐的东西其实只是对痛苦的某种解脱。这种理论的代言人由此认为,根本就不存在什么就其本身就令人愉悦的东西。

这样一来,就会涉及某种彻底的感受理论,其创始人(或许是德谟克利特,也或许是安提斯泰尼?[24])不为人知。这种论题的现象学核心——一切快乐仅仅是从痛苦之中解脱出来而已,乃是着眼于感受的功能的痛苦之优先性,它使得此在自身于其存在中敞开。在痛苦中而不是在快乐中,此在本身的现身情态更加引人注意。(至于痛苦的优先性是否真的着眼于其作用而被学说的代言人提出来,还是有疑问的。似乎是这样的:柏拉图对那些快乐的揭露,就其本质,源自感受解释的某种生理学意图。[25])无论如何都要这样看;他对这些快乐的揭露本质上局限于身体上的和身体—灵魂上的形式,有关快乐的其他的纯粹灵魂的形式或许根本就没有得到承认。通常而言纯粹灵魂上的快乐感受和灵魂上的痛苦混合

---

[24] 参见维拉莫维茨(Wilamowitz):《柏拉图》,第 2 卷,第 20 页。

[25] 参见 44b9 的提示:καὶ μάλα δεινούς...τὰ περὶ φύσιν。作为对此种生理学意义上的感受理论的提示,δεινός τὰ περὶ φύσιν 其实不需要反驳安提斯泰尼(这是维拉莫维茨的意见,参见前注维拉莫维茨书)。

在一起,对此柏拉图进行了极其详细的论证,以至于可以说,柏拉图的这种论证真是前无古人。

实际上,如若在快乐和痛苦的现身情态中此在就其存在而得到了揭示,那么两种现身情态中的被揭示也肯定并不相同。愉悦和享受使此在投身于对象中从而刚好遗忘了自身。只是在享受中此在才会如此投入地被世界占用。与此相反,痛苦反倒能让此在以某种方式返回自身。由于痛苦阻碍了对于有待操劳者的天然的外求(Aussein),所以它创造出某种逗留,在此逗留中此在在某种不断的负重中(in ständigen Schwere)可以感受到自身。痛苦乃是纷扰。它所扰乱的乃是此在,此在通常着眼于令人愉悦的东西而理解自身。于是,痛苦扰乱着此在,使此在不再能够在令人愉悦者那里存在和遗忘自身(无论是在欲求的快乐中,还是在业已实现了的当前快乐中)。当然,这对于柏拉图此处提出的理论和他对感受的阐释都适用:它依循着从世界中前来照面的某种东西而对痛苦进行着理解。痛苦(λύπη)这种基本感受其实并没有以此方式揭示此在,以至于对痛苦而言(ihm)有待操劳的世界竟然完全消失了。痛苦也就此在的现身情态而揭示着此在,因为此在依循着痛苦之为何痛苦(Worüber)而理解着其现身情态。对于痛苦的一切忍受都倾向于,依循令人痛苦的东西的这种在场而理解痛苦。因为只有这样令人痛苦的东西才是可忍受的:无论是明确地、有意识地还是相反,人们盼望着痛苦的逝去,而这就意味着,人们观看着令人痛苦者从在场状态走向消失。在忍受的过程中,随着痛苦的当前性一同给出了痛苦的那种特征:"并非永远如此,只是现在如此"。因此,即使此在忍受着痛苦,依然特别热衷于(darauf aus sein)在

1. 柏拉图的辩证法伦理学　199

享受中寻求(对痛苦的)遗忘,而且恰好是那些最剧烈的享受,尤其是身体上的享受,具有这样的抑制作用(Betäuben)。人们面对自找的痛苦时也可以试图遗忘痛苦(例如,通过身体上的努力甚至于身体上的痛苦去麻醉和抑制那种自寻烦恼的想法)。但是,在这样的情况下,身体上的痛苦和身体上的享受具有某种完全类似的作用。在对痛苦的忍受中,此在同样被痛苦占据了(weggegeben),如同在享受中的那种投入(Hingabe),而且这种被痛苦占据的状态实际上和享受拥有某些现象学的关联。不管怎么说,对正面快乐的否认,亦即这种理论得以实行的那种否认,乃是基于这种洞察:享受,而且特别是那种最为强烈的享受,总是抵制痛苦的那种遗忘,并且作为这样的遗忘而被追寻着。

　　对于这些否认一切正面快乐的看法,苏格拉底虽然不会认同其中最为极端的结论,但总还是有所认同。因为他们对快乐的厌恶使他看到,某些所谓快乐其实并不是真实的快乐。于是,那些看法在方法和原则上是正确的,没有就那种众所周知的、通常的和不足称道的东西,而是就那种最强烈的情况,对任何事物的本性展开研究。(如若要研究事物的本性,与其依据其通常情况,不如依据其极端情况,这样更富有启发性。如欲真正观看到坚硬,那就不要依循任意事物的那种普通的坚硬,而要依循某种特殊的坚硬,或许这样才能为了坚硬的属性作为适合做某事的用具从而传达出,何谓坚硬以及坚硬有何用,例如钢铁。)所以,到底何谓享受,苏格拉底对此的研究不会依循那些极其普通的快乐,而是会依循那些最为强烈(最为猛烈的)快乐。这就是身体上的快乐,而且尤其是身体快乐中那种病人的快乐,比方说发烧病人的快乐,在这些人身上显然存在着极其强烈的欲求。(由此并没有触及那种自身不言而喻的事实:病人通常而言要比健康的人感受到的快乐更少。)[26]与此相应,即使是最为强烈的快乐通常也并不是出现在那些有节制者(σώφρονες,45d7)那里,而是出现在纵欲者那里。于是,最为强烈的快乐恰好源自灵魂以及身体的某种颠倒状态(Verkehrtheit)(当然,最为强烈的痛苦也是如此)。可以把发痒者的抓痒作为例子。这显然是由快乐和痛苦混合而成的某种状态(而且还是某种坏的状态),在这种状态下,无尺度的和猛烈的快乐会出现,而且并非偶然。因为这些最为猛烈的快乐并不是纯粹的快乐,毋宁说发痒的痛苦之混入构成着那种无尺度的而且几乎无法忍受的猛烈的快乐感受之条件。于是,这些快乐可以被刻画为在抓痒的享受中为了抵制痛苦而进行的遗忘,痛苦先行于这种享受并且始终与这种享受共同现身。因而,最为猛烈的愉悦恰好不是纯粹的愉悦。在纯粹的愉悦中,至少要遭遇到某种东西,以便对快乐之为善的要求进行真正的论证。

---

[26] 关于46c—47c这个艰涩的段落,此处无力给出更准确的专门解释。我可以确定,46c6开始描述快乐和痛苦的纯粹身体上的混合("身体上的"带有某种限制,它乃是从一切感受的生理特征中的出来的,参见46c8,ζητῶν),此种混合使得自己成为两个均势部分的一方,时而在46d7那里痛苦处于优势地位,时而在47a3那里快乐处于优势地位。在47c那里才过渡到第二种混合,即身体上的痛苦和灵魂上的快乐之间的混合,而在35d8以下已经讨论过。诸种混合的共同点在于,它们都具有Syntasis与张力特征(46d1=47a6)。无论快乐和痛苦的比例在各种情况下怎么是确定的,痛苦之掺入在任何情况下都会使快乐变得无尺度的猛烈,因为快乐本身就是为了抵制痛苦而出现的,要去抑制痛苦。因而,快乐在这里具有抑制特征,尝试使人遗忘痛苦。在这种积极的意义上,正如诸种例子所讲,要解释那个罕见的ἀποφυγαί(44c1),就不要将其解释为单纯的摆脱痛苦,而要将其解释为使自己在面对痛苦时遁入猛烈的快乐中。

1. 柏拉图的辩证法伦理学　201

但是，即使对于前面业已详细讨论过的那些混合形态，亦即身体上由于匮乏而来的痛苦和灵魂上由于期待而来的快乐这二者之间的诸种混合形态，也可以这样说，它们既不是纯粹的，也不是真实的。这种混合形态其实并不意味着两种不同的状态的同时并存，在那些状态中此在面向令人愉悦者或令人痛苦的东西从而被规定为快乐或痛苦，毋宁说，这种混合形态意味着某种状态的统一性，这种状态在愉悦性的期待占据支配地位的情况下，有可能表现出极其猛烈的快乐，但从来都不是纯粹的快乐。因此，如若这种期待和这种期待中的快乐在业已讨论的真实和虚假之可能性的意义上是真实的，那么，这种"真实"还没有受到目前这种彻底考察的质疑。因为按照柏拉图的意见，这种期待中的愉悦（Vor-Freude）和痛苦混合着，可以掩盖痛苦。因此，令人愉悦的东西，亦即它所期待的东西，并不能被此在感受和理解成纯粹的快乐，只要这些东西得到了恰当的理解。

但是，纯粹灵魂上的感受也多半并不是纯粹的快乐，而是快乐和痛苦的诸种混合：愤怒，恐惧，欲求，爱恋，猜忌，妒忌等等——都是痛苦，但同时却又充满了无限的快乐（47e5 将其称作 ἡδονῶν μεστὰς…ἀμηχάνων）。在有关最为猛烈的快乐的研究过程中实际上也会遇到这些特别猛烈的快乐，例如愤怒之"狂喜"（die Wollust des Zorns）。在这里快乐之所以特别猛烈并不是基于被感受者具有特别的令人愉悦性，而是基于有关痛苦的某种基本规定，因为此种痛苦可以被那种猛烈的快乐掩盖起来。因此，即使是这些快乐感受也不是纯粹的，而是和痛苦混合着，而且是从痛苦中突显出来的。

为了证明这一点，可以选取喜剧的例子，因为在喜剧那里似乎很难证明，这种乐观(Heiterkeit)会和痛苦混合在一起(48b4)。证明过程乃是这样进行的：在喜剧的愉悦中揭示出某种 Phthonos 要素，也就是妒忌的要素。妒忌(Mißgunst)就是对身边人之幸福(善)感到痛苦，并且对身边人的不幸感到愉悦。然而，这就是喜剧的情形。我们在喜剧中看到的可笑的东西，乃是某种坏(Schlechtigkeit)，乃是喜剧中的那些人物本身就有的坏：Agnoia[㉗]，从正面来说就是昏聩(Verblendung)；陷入到有关自己的错误中。这种昏聩，参照柏拉图有关诸种善的通常划分，可以划分为三种形式：人们自以为自己更富有、更美丽和更加有名，并且最终(也是最常见的)自以为自己更好，尤其是更聪明。为了将这种昏聩(此种昏聩正是喜剧中无尺度乐观的对象)的特殊形式带向视线，那就要再次为这种遮掩了自身聪慧的昏聩做两种区分。其一乃是强大者的昏聩。这些人并不滑稽可笑，而是可怕的和令人恐惧的。其二乃是无力量的昏聩。对于这些人可以放心地嘲笑。这些人的昏聩乃是喜剧搞笑的对象。只要这些昏聩者是我们的朋友(他们是这样的人，他们对自己的理解使我们觉得，他们确实是喜剧中的英雄)，那么我们为这些人的坏而感到愉悦，那就不恰当了，因为我们的行为就是妒忌的行为。我们会妒忌，这或许会使我们幸灾乐祸(schadenfroh)，因而面对朋友的不幸而感到愉悦。而这就意味着，我们的幸灾乐祸实际上基于妒忌这种基本规定，因而与痛苦混合在一起。

㉗ 传本写作 ἄνοια，在这里就内容而言并没有本质性的区别。

在形式推理的意义上这样的证明似乎还不够充分。但幸灾乐祸在有些情况下确实是妒忌(参见亚里士多德:《修辞学》,第2卷,第9章,1386b34以下)。但是,看起来并不能由此证明,幸灾乐祸之愉悦竟然和痛苦混合在一起,并且它之所以是如此猛烈的愉悦,恰好是因为其痛苦也被掺和了进来。仅从实事上的确信就可以看出,柏拉图在此观看到了某种重要的现象。

妒忌的对象从来都不是敌人,毋宁说是朋友,因为人们只会妒忌那些与自己有某种共同性的人。敌人的幸福固然可以带来痛苦而其不幸带来快乐,但人们并不对此感到嫉妒(或幸灾乐祸)。在这种痛苦中人们并不是以不能不妒忌的方式设想敌人,毋宁说人们设想的乃是自己:由于敌人的成功自己直接或间接地要遭到伤害。与此相反,妒忌并不是那种伤害自己的东西给自己带来的痛苦,毋宁说,与此无关,乃是他人的幸福给他带来的痛苦。妒忌只能在人们可以不妒忌的时候出现,就是说:他人的境况被观看到了,他人成功了,但是这对我而言没有好处也没有坏处,反而忽略了我本身,只是对他有好处。尽管如此,乐观其成(Gönnen)和妒忌(Mißgönnen)这两种情形有某种共同的基础,亦即在面对他人的同时关切着自身的存在。这两种情形都有这样的预设:人们试图和他人平起平坐。人们之所以要妒忌他人和羡慕他人,有其自身的根据。确切地说,这里涉及的并不是羡慕(Neid),并不是说人们因为某个东西而羡慕他人(beneidet),因为他没有并且不想要这个东西,毋宁说(只是)由于妒忌。对于妒忌而言,其关键在于,一个人没有拥有他不愿他人拥有的东西(因而,无论人们亲自拥有了不愿他人拥有的东西,还是只是在欲求和努力中,抑或是人们根本就不想拥有不愿他人拥有的东西,这些对于妒忌而言都无关紧要),毋宁说,对于妒忌而言其关键在于,他人通过这样的成功并没有领先我或者赶上我。妒忌往往出现在竞争者之间(例如同行之间)。通常而言,这就是竞争的本质:操心着如何领先他人,或者不落后于他人,这种操心刻画着共在(Miteinandersein)并且如此建构着妒忌的可能性。

134　　妒忌的反面,前面说过,乃是幸灾乐祸(觉得他人不幸乃是活该)。同样,要把幸灾乐祸和因敌人的不幸而感到的愉悦加以区分,和敌人并未处在积极的共同性关系中,因而和敌人也不存在竞争关系。为敌人的不幸而感到愉悦,因为敌人的不幸对于我们自己乃是有益的。与此相反,幸灾乐祸却是基于竞争,而且这种基础不能作简单的把握——我们"通常"(对朋友的幸福)而心生妒忌,并且与此相应对朋友的不幸则感到幸灾乐祸,毋宁说,我们的幸灾乐祸本身乃是某种表现形式,表现着那种根本性的竞争操心,这种竞争操心在面对朋友的幸福表现为幸灾乐祸。笑料(Gelaechter)之缺乏尺度,实际上要在痛苦的某种从属性规定(Unterbestimmung)中有其基础,恰好要在领先他人的操心中进行论证。恰好因为在幸灾乐祸的笑料中,这种操心得到了削弱和遗忘,所以那种笑料才是这样的无尺度。

　　对于幸灾乐祸和妒忌而言,竞争操心具有同样的奠基性结构,但是,在柏拉图那里找不到相关的正面表述,然而无可置疑,柏拉图确实看到了这种基本感受(他只是用 a potiori φθόνος〔嫉妒〕),

他认为在幸灾乐祸本身中有某种从属性的痛苦的混合物。㉘有关喜剧享受的这种分析,对于喜剧美学的特殊疑难而言,肯定不是无关紧要的。但是,按照其原本的性质,这种分析乃是某种示范,是为"生活之悲剧和喜剧"中的诸种感受的混合做示范,并且这样一来对于分析面向他人的存在也是有益的。这里并没有区分剧场中的单纯观众性存在和对实际的非被演的人物及其命运的观看,因此也不会追问,在何种程度上演戏(Gespieltsein)那种美学上的特殊存在方式会为观看这样的人物及其经历带来某种特有的更改或修正。

这种示范性研究的结果是,即使在纯粹灵魂上的感受中也存在着不纯粹,亦即快乐和痛苦的混合状态。(若要更为详尽地讨论前面提及的一切感受㉙,那就要延迟到明天了,那将超出眼下的谈话,这也是这篇对话开头和结尾的特征。这种如此延迟之物在内容上肯定不同于普罗塔库斯在对话结尾时显示的那种多余和未完成状态。那里提示的毋宁说乃是某种根本性的未完成状态,那是

㉘ 于是,广义上的 φθόνος(嫉妒)意味着:面向他人存在,但是顾念自己,并且就在有所操劳的顾念中可以规定出其面向自身的本质。其对立面可以在形式上规定为此种顾念的缺乏,并不是真的"乐观其成"(Gönnen),毫不顾念自己,而是面向某种无可争议的共同体的存在(当人们拥有自身时,不必从他人那里抽离出来),或者说得更深刻一些:此种对自身的拥有不会使一个人在面对另一个人时突显出自己来,因为在此种自身拥有中,我和你都是平等的(gleich),都是同一的(ψυχή, αὐτό)。关于 φθόνος(嫉妒)和实事性,参见第 34 页。

㉙ 众所周知,亚里士多德将这里所要求的对于感受的分析放置在其修辞学的语境中加以实施了,这里 47e1 所举出的诸种感受:ὀργή(愤怒),参见《修辞学》,第 2 卷,第 1 章;φόβος(恐惧),参见第 5 章;φθόνος(嫉妒),参见第 10 章;ζῆλος(激情),参见第 11 章。

一切进一步互相理解的必然的相关项。)这些感受是纯粹灵魂上的感受,但是这并不意味着,在它们当中真正令人愉悦的东西得到了揭示。在这种感受中揭示出来的令人愉悦的东西根本就不需要是令人愉悦的,或者还没有达到令人愉悦的程度,这与快乐感受的猛烈性相应。在这种感受中揭示出来的和被意指的快乐的何所快乐(Worüber)实际上也是痛苦之何所痛苦。自以为令人愉悦的东西同时也是不令人愉悦的东西,而且只是因为这种感受同时具有痛苦的特征,所以这种感受中的快乐才具有这样的猛烈性。此种感受,诸如愤怒、羡慕、幸灾乐祸等,它们的对象(Worüber)并不是因其自身就是令人愉悦的,毋宁说只是因为它们同时提供着痛苦,所以它们才是如此猛烈的快乐的对象。因此,对于这种东西的快乐虽然得到了真正的感受,但也并非就自在的令人愉悦者的被揭示状态而得到简单的论证,毋宁说,它以为某种东西是令人愉悦的,但是在这种自以为令人愉悦的东西中遗忘着并且遮掩着它所提供的痛苦。因此,借助这些感受的混合状态,其自以为是(Vermeitlichkeit),亦即其中的虚假要素,就被揭示出来了。真实的快乐不会在这样的混合状态中存在,毋宁说只存在于某种纯粹的和非混合的快乐中。

§12 非混合的快乐作为对令人愉悦者的愉悦(50e—52d)

值得注意的是,柏拉图在这里摆脱了那种理论,那种理论是用来揭露那种自以为是快乐的、但其实与痛苦混合的快乐。于是,他不再分享那种一般性论题:一切快乐只是从痛苦中恢复过来(痛苦得到了缓和),毋宁说,他相信有真正的快乐(echte Lust),无须掩盖或遗忘痛苦就已经具有了的快乐,因为他对一切感受的阐释依循着某种存在者的存在,就是说,他相信,有某种快乐,它将某物揭示为令人愉悦的东西,不仅是通过诸种状况和此在当前所照面的现身情态,毋宁说这个东西始终而且就其自身而言就是令人愉悦的。这种快乐所关涉的东西,当它得到揭示后,始终都是令人愉悦的。显然,只有这样非混合的快乐,只有这种揭示出某种真正的并且就其自身就令人愉悦的东西的快乐,才可以为快乐之为善的要求提供恰当性说明。因为,只有令人愉悦的东西始终具有这同一种令人愉悦的性质,此在才能够面向这种可能性——揭示这样的令人愉悦者,并且由此一来面向此在自身的某种现身情态亦即面向某种持续的可能性而理解此在自身。

　　在柏拉图看来,存在着这样非混合的快乐。关于这种可能性,他是这样解释的:这种可能性这么一来就是可能存在的,如若不考虑充实和空虚这一对实际生理学的对应关系,那么空虚之痛苦和充实之快乐这样的对应关系在现象上也就同样不会被体验到了。其实,并不是所有的放空(Entleerung)和空虚都需要被感受到,那种并未被感受到、并未被体验到的东西,也允许某种充实,这种充实被感受为快乐。这是纯粹的、没有痛苦掺和的快乐。

　　这种性质的愉悦乃是面对优美的颜色、图形、气味和声音等事物而产生的愉悦,但是,图形(Figuren)并不是指诸如某个活人的身材(Figuren)(因为面对某个活人而产生的愉悦关涉到欲求,这个人于是就成了匮乏的对象,就成了痛苦的对象);也不是诸如画出来的某个人的身材(此时的快乐也仍掺杂着欲求,只要被画出来的东西指向它所临摹的模特,那么人们在观看图像时就会对模特的形象和姿势产生倾慕);因而根本不是活的或画作的图形,只要这些东西不会仅仅由于其外观而被当作令人愉悦的,而是要被拥有、要被使用、要被摆置到某个地方,于是,如若不能被占有,不能搞不到手,不能放在某个地方,而得到观看和使人愉悦,那么它就不令人愉悦,反而会引起惦记和欲求,于是就有了痛苦。毋宁说,这里讨论的只是这样的形式,这些形式与那种只是赏心悦目和优美的东西没有关系(这就意味着:不会因为停止或看不到这些东西就不再优美了),毋宁说,这些形式自在地存在着,就像直线和圆周以及纯粹的几何平面和立体,是由延展的这些纯粹基础形式建构起来的。于是,这些纯粹的形式就其自身而言就是优美的,并且因此拥有自己的快乐($ἡδονὰς\ οἰκείας$,51d1)。有关这些东西的快乐,基于某种对它们自身而言本质性的令人愉悦性:美的存在,它就在这些东西本身当中存在着,随着这些东西而被一并揭示出来,而且这种美并非由于某种关系才属于这些东西。

关于自在的美以及与此而来的令人愉悦者,还可以举出进一步的例子:纯粹的声音,纯粹的气味,只要在这些东西中并且在它们所给出的快乐感受中不一定会让痛苦(亦即对于那些尚未现身的东西的欲求)掺和进来。此类快乐还包括对于知识的快乐,只要此处并未预设学习的饥饿,因为那将是某种痛苦。[30]这就要取决

---

[30] 关于 52a b:普罗塔库斯自己区分了 $φύσει$(自然)和 $λογισμοῖς$(思想)(a8),并且以此反驳苏格拉底对他的异议,这与普罗塔库斯在其他地方所扮演的那种犹豫不决的参与角色不相符合。更为可信的解读方案是,此处的角色被调换了,(由于文本的流传势必会带来偏差)它们当然与传本会有偏差。(例如 52a3,$ἀλλ'$要读作 $ἆρ'$,这是在向苏格拉底提问,a5 以下是对普罗塔库斯的反驳,a8 以下以及 b1 又是对苏格拉底的提问,苏格拉底在反驳对方的异议。)

1. 柏拉图的辩证法伦理学   209

于,在知识性快乐的本性中到底有没有一同设置某种渴求知识的痛苦。知识之丧失(遗忘)于某些状况下(如若人们刚好想应用知识)会带来痛苦,但是这与追问知识性快乐的本性并无关系。反过来说,知识性快乐其实并非基于利益(Vorteil)的愉悦,人们可以通过应用知识而获得利益。假设遗忘本身必定是痛苦的,那么对于知识的快乐实际上就不是"非混合的"。因为那将意味着,每一种作为充实的快乐都呼应着那种作为匮乏的痛苦,或者这样表述:(因为快乐的混合状态并非基于遗忘所导致的事后的痛苦)知识将是基于作为空乏的痛苦的快乐,此种痛苦建构着对于知识的渴求,就像享受以口渴(痛苦)为前提。毋宁说,知识性快乐的被感受性基于知识的自身的本性,乃是自在的美和愉悦,即使知识这种美的可感受性只是在极其稀少的人们那里才会出现。

这种非混合的快乐乃是对于某个东西的(an etwas)愉悦。其纯粹性在于,它不受任何欲求的指引,这种欲求具有痛苦(匮乏)特征。此种纯粹快乐的出场具有突如其来的特征(类似说法,参见《国家篇》,584e:ἐξαίφνης〔突然地〕;《斐德罗篇》,258e3:προλυπηθῆναι),而且这种纯粹快乐的停止并不具有痛苦的特征。在这种纯粹快乐中被揭示出来的存在者,并非作为令人愉悦的东西而受到期待和臆测并且由此将此在的现身情态建构为快乐,毋宁说,借助这种被揭示状态并且在这种被揭示状态中快乐就已经被给出了。于是,此种对于某个东西的愉悦,就是要追寻的那种"真实的"快乐。在这种快乐中,感受一般所拥有的那种真实的可能性(die Mölichkeit der Wahrheit)达到了顶峰。柏拉图确实将这感受视为揭示世界的某种普遍性方式。对自在之美以及由此而来的愉悦的揭示状态，构成着这种对于某个东西的快乐，乃是某种极端可能性的被揭示状态，亦即真实（Wahrheit）的被揭示状态。在这种被揭示状态中不存在遮掩的可能性。被如此揭示出来的东西不会被臆测为某个东西。这种揭示活动，在自在的快乐中存在着的这种揭示活动，根本没有将某种作为某物的那种意指活动的特征，只要在这种揭示活动中能够得到观看的仅仅是被揭示的在场者本身。它在其素朴的在场状态中得到了直观（angeschaut）。因此，在对这种感受的阐释中可以看出，对柏拉图而言，真正的真实乃是直观的真实（Anschauungswahrheit），并且由此一来存在者就在存在论上被理解为在场者（Anwesendes）了。

但是，这种真实的快乐，作为对（an）某个东西的愉悦，不仅要和那种对于（auf）某个东西的先行的和臆测性的（vormeinend-vermeinend）愉悦（诸如欲求——那种期待中的愉悦）加以区别，而且要和那种关于（über）当前在场者的愉悦加以区别，虽然这快乐的关乎何物也是一个当下的在场者。关于某个东西的（über etwas）愉悦其实只是涉及"实事关联"（Sachverhalte），与此相反，对于某个东西的（an etwas）愉悦涉及的乃是"实事"（Sachen），这还不是关键的区别。毋宁说，事关宏旨的是，要看到后一种愉悦所关涉的东西（das Woran）与前一种愉悦相关的东西（das Worüber）相比，它只是通过其单纯的揭示状态就能激发出快乐。当我关于某个东西而感到愉悦时，这种愉悦所关涉的东西被当作令人愉悦的。但是，借助这种存在者并不能始终而且必然地——如若它被解蔽了——给出愉悦。我有可能在其他状况下关于相同的实事关联并不会感到愉悦。它只是在某些状况下才显得令人愉悦，就是说，只有当它在此在的某种现身情态中前来照面,在这种现身情态中此在容易受到它的影响。于是,关于某个东西而感到愉悦,并不意味着关于某个存在者的存在而感到了什么(etwas),就像我面对(zu)这种存在者的存在那样。

对于某个东西的愉悦所关涉的东西(Woran)与此不同。在对于(an)某个东西的愉悦中,借助存在者的被揭示状态,此在之现身情态直接就自身规定为快乐了。也是在这一基础上,柏拉图借助对那种自在的令人愉悦者的揭示,同时就赢获了真正的愉悦,"真实的"愉悦。在这种对于某个东西的愉悦中存在着某种独特的持续性。这种持续性不仅预设着,此种预设所关涉的存在者作为如此这般令人愉悦的东西持续存在着,毋宁说,这种愉悦本身就具有持续的特征。令人愉悦的东西,亦即这种愉悦所关涉的东西,不仅在实际上是某种自身同一的持续者,毋宁说在对于它的当前愉悦中也被看作是某种持续的愉悦。在对于某个东西的愉悦中,人们不仅现在对于它具有愉悦,毋宁说在这种当前的愉悦中一并设置着:只要它保持不变,只要它一般地在场,那么人们就能够对于它拥有不断的愉悦。更确切地说:在对于这种事物的愉悦中,人们根本不会面向其时间性的持续(不会面向其"现在"和"始终",这就是说,"不会之后不愉悦"),毋宁说人们完全沉浸于(aufgehen)其当前的在场状态,以至于也不会在其先行把握中进行这样的否定,对其越过当前走向将来的可能消逝进行否定。这种对于某个东西的愉悦完全现身在当下(im Jetzt),并且完全被封闭到在场者的绝对当前状态中。正因为如此,它才是真正真实的。(于是,这种愉悦要和那种对于在场者的享受加以区别:那种享受不能在直观中得到满足,只要在这种享受中预设着对于事物的渴求,而且预设着对于保持事物和不失去事物的操心。)于是,对于某个东西的愉悦自身乃是纯粹的直观(Aisthesis 和 Noësis),在柏拉图那里对感知和思想的纯粹直观在概念上并未加以区分。(亚里士多德从其他视角让快乐疑难面向此种现象,即对于某物的纯粹愉悦,才于此作了概念上的区分,但是,他也承认,二者在现象上乃是不可分离的。)于是,柏拉图对此种快乐的"解释",依循着相应的空乏的不可感受性,正如前面分析所显示,并未切中此种愉悦在结构上的关键特殊性,在对自在令人愉悦者的分析中业已提示了出来。

　　有关纯粹(非混合的)和非纯粹(混合的)快乐的这种划分,现在要和刚开始所探讨的四种存在特征联系起来。具有猛烈性特征的快乐,亦即混合的快乐,乃是自身没有尺度的(ohne Mass),与此相反,纯粹的快乐则非常有尺度(massvoll)。混合快乐属于无尺度(Apeiron)这种科属,就是说,它允许"非常"和"猛烈"。这就意味着:并不是依循在这种快乐中揭示出来的令人愉悦者并且并不是依循其实际的令人愉悦性去规定快乐的强度,而是依循某个东西,某个借助存在者本身及其真实属性并不能给出的东西进行规定,而是依靠掺和着的痛苦进行对比。因此,此种快乐与存在者基于事实的愉悦性没有关系,毋宁说,其强度依赖着它与掺和进来且有待掩盖的痛苦之间那种不可确定的和必定摇摆着的紧张关系,于是依赖并不是存在者本身的诸种状况。此种快乐不仅是不可确定的,而且也积极地倾向于无尺度(Maßlosigkeit),因为它就是要在遗忘中抵制那种相反的痛苦,尽管它知道它对其猛烈性的理解依循的乃是前来照面的存在者的那种如此强烈的令人愉悦性。

　　因此，对非纯粹和纯粹快乐之"真实"（Wahrheit）的追问，依靠洞察非纯粹快乐本身的结构得到了应答。㉛但是，这个问题还是要再次明确地提出来。快乐的真实——通过对"虚假"快乐的分析变得清晰可见，与在快乐中被揭示者的纯粹性具有最密切的关联。真实的愉悦乃是这样的，它自在就是美的，就可以在它所包含的愉悦性中让令人愉悦之物照面。这里的关键是，真实的令人愉悦者在这里由于其自身在其照面中就是令人愉悦的，并且具有这样的预设，这种令人愉悦的存在者只是在其被揭示状态中（在观看、聆听、闻，或精神性的居有中）被揭示的东西。于是，自在的令人愉悦者的被揭示状态预设着如此被揭示者的纯粹性。于是，即使是真实的白（wahres Weiß）也不是存在于某个存在者那里的白：虽然在数量上相当可观，但只是和其他颜色混合在一起的白，毋宁说，它存在于那种存在者那里，其中只有白，再无其他颜色。与此相应，即使是弱小的快乐也可以是更加真实的和更好的快乐，只要它脱离了痛苦，痛苦诚然是巨大的，但并不纯粹。

　　通过这种类比可以非常清楚地看到，快乐和直观极其相似，可以进行对比。正如直观揭示着具体的当前事物，真实的快乐同样揭示着具体的当前存在者。与此相反，一切揭示非当前事物的快乐，诸如期待中的愉悦，要将尚未存在的东西就其将要存在和令人

㉛　关于52e3：κρίσιν。这里无论如何都要读作 κρᾶσιν，诚如巴哈姆（Badham）的猜测（柏奈特无此意见），因为要考虑到 e4 以下的 κρίσιν；而 55c8 的 κρίσιν，由于是对 τὴν κοινήν 的补充，所以要反对施莱尔马赫和巴哈姆的意见。

愉悦性呈现在当前，这种快乐在纯粹性和真实性方面就不如真实的快乐。当然，依据其揭示性要求，它有可能是真实的，只要它把将要当前化的东西依照其当前化呈现在当前。尽管如此，它始终不是完全"真实的"快乐。因为，只要它是欲求，它所欲求的东西并不现身在此，那么它由此成了痛苦。而且，只要这种欲求被看作是对令人愉悦者（作为期待中的愉悦）的揭示，它就是不真实的。作为面向令人愉悦者的存在，它在其快乐特征上是由缺乏这种从属性的痛苦加以规定的，而这种痛苦必定被欲求亦即期待中的愉悦掩盖着。于是，此在的现身情态依循令人愉悦者和并不令人愉悦者的直接的和当前的在场来加以规定，这种一般性的先行把握最终导致这种快乐——就其实际的愉悦性将某种令人愉悦者呈现在当前，还是被当作虚假的亦即遮掩性的。作为快乐，它遮掩着那种被一同给出的痛苦。只要这种期待之愉悦将存在者揭示为令人愉悦的，正如它在出场的时候就显现为令人愉悦的，那么它就是真实的，尽管如此它还是虚假的，因为在对那种现身之被期待的令人愉悦者的揭示中，它把此在规定为快乐，但是这种东西还具有痛苦的特征。作为一种构成着当前现身情态的东西，其必要的错误存在必然由此位于期待之愉悦的正确与错误存在，亦即对将要存在者之臆测的正确与错误存在之前。

这样就到达了有关快乐的全部讨论的结尾——这场讨论在方法上的特征是要对快乐的诸种品种进行划分，在此结尾处有些总结性的论证，这是依循着对快乐的一般概念性把握并且就快乐的诸种品种而提出来的，并且，依循善和快乐的存在论规定对其非同一性进行了说明。快乐的一切品种都有某种共同性，它们都被理解成某种动变(Bewegung)(κίνησις 或 γένεσις)。在这里，柏拉图想必也追随着当时的某种一般性直观。但是，他乘此机会反驳了那种伦理学理论，那种将快乐当作善的理论。那些"精致的人们"，亦即柏拉图此处(诸如 44c，参见 53c6：αὖ)实施反讽的那些人，将会遭受其自身武器的攻击。(自从策勒〔Zeller〕以来人们可以确定，此处意指的乃是阿里斯提珀斯〔Aristipp〕。)因为任何生成或变化最终都是为了某种存在(Sein)，但是，事物的目的(Worumwillen)则是善。于是，快乐，作为生成或变化，其目的在于另一个东西，所以就不可能是善。借助这种论证，不仅可以反驳昔勒尼学派的(kyrenaisch)理论——将快乐和善等同起来，这种反驳还依循着其自身的诸种预设，而且，此种理论的实践行为——在此种愉悦亦即在此种生成或变化中去寻求生活意义，也将被看作是荒唐可笑的。他们将生活设置成变化(因为借助生成也就设定了消逝)，并且由此一来放弃了那种独特的和真正的可能性，亦即理解本己此在的可能性，这就是说，要面向持久的存在去理解此在。但是，这种纯粹思想的可能性只是在既不这样又不是那样的状况中亦即在快乐和痛苦并非混杂的状态中才能给出。

这里的全部论证乃是某种论战性的增补和附录。不过，并没有真正依循在疑难分析中业已取得的成就。首先，对于"善的"生活乃是某种混合的生活，对于这种预设没有进行任何说明。将快乐包括在善当中的那种相对的正当性，由于对昔勒尼学派理论的反驳，变得站不住脚了。这是由论证激发出来的，因为即使是昔勒尼学派也是依循有关善的某种总体性概念而进行论证的。(通过第欧根尼·拉尔修我们知道，这一学派，就像《斐莱布篇》开头的普罗塔库斯,完全不承认快乐中的诸种差异。)所以,在反驳这种意见的过程中,可以轻松地赢获有关善的一般的和存在论的特征,同时借助这种特征可以看到思想和善的相似性。前面的诸种讨论,确实已经在纯粹的思想中揭示出了特殊的快乐,但是在这里并未投入使用,尽管在分析过程中早已不再以快乐和思想的分离状态为指向了。其次,柏拉图在他对快乐的分析中,通过揭示自在的令人愉悦者从而揭示出了某种真实的快乐,这种快乐不能通过动变和生成加以刻画。只是因为柏拉图通常把 Aisthesis 和 Noësis 都看作动变,所以,依循动变对真正的快乐进行解释,在他看来才是充分的。但是,在他对真实之快乐的分析中,他肯定已经依循实事超越了这种刻画并且已经形成了亚里士多德的那种立场,当他认识到用动变概念来解释 Aisthesis 和 Noësis 以及快乐都是不合适的,而且对其存在特征的表述是在 Energeia 这种核心的存在论概念上进行的时候。

还有另一种论证,植根于善的存在论特征,可以反驳阿里斯提珀斯的学说:一切德性都会提出归属于善的要求;这同样被我们的偏爱活动(αἱρεῖσται,55a5)的事实担保着,就像快乐之要求。这一点可以传达出:借助善,人类的某种存在状态得到了意指,快乐的存在方式很难与此相应。在谈论德性的意义上并且一般而言在一切道德性的此在解释中,都会提出这样的要求:如若某个东西是"善"的,那么就不能仅仅现在是善,之后却不再是善,毋宁说要一般而言或者说要始终是"善"的。依照昔勒尼学派的理论——快乐是善,却要得出这样的结论:某个人在这种根本的意义上不可能是善的,而只是时而为善,时而为坏,并且,只有当他感受到快乐的时候,他才是善的,而当他感受到痛苦时,他就是坏的了。

第四部分

§13 科学理论(55c—59e)

在审视和分析过快乐的诸种品种之后,现在要按照纲领研究一下努斯(Nous)和知识(Episteme),似乎是要敲打和审视其中的缺陷,以便在二者混合的最后阶段也要对努斯进行纯粹的评判。这里讲述的科学理论不同于有关快乐的分析,不是某种真正的研究。它只是简要地把科学的诸种品种概括出来,这种品种划分在其他研究中被预设为已知。(此种描述的二分图式的相对严格性,可以与区分〔Dihairesis〕的那种更为自由的形式进行比较,那是在研究快乐之诸种品种时提出的。)接下来只能给出此种描述的某种简要的轮廓,用来说明在何种意义上这种"审视"呼应着对于快乐的审视,并且这种审视将依据什么进行审视。(对于柏拉图科学理论的真正阐释原本也不会在《斐莱布篇》或《政治家篇》的此种图式性描述中发展出来,毋宁说只能在《国家篇》第 7 卷对于相关实事的详细论述中发展出来。)

此处用来审视诸种科学的视角,完全呼应着审视快乐时的那种引导性视角:"纯粹性"或"真实性"。快乐的纯粹性意味着它与痛苦的非混合性,而且借助此种纯粹性也就给出了快乐的真正的真实性,与此类似,此处的纯粹性意味着科学的真正可能性,亦即在对存在者的揭示中没有被不确定性和偶然性混合在一起。科学在这里首先被划分为两个基本品种:其一,与某物之制作相关的科学;其二,仅仅指向知识本身亦即"教化"的科学。这种相同的基本区分在柏拉图的其他对话中也能遇到(在《国家篇》525d 以下,区分了诸种科学的纯粹理论价值和实践应用价值;在《政治家篇》258d 以下,出现了 πρακτική〔实践〕和 γνωστική〔知识〕之间的区分)。二者都是知识,就是说,都是观看,都揭示着存在者,只不过指向制作活动的科学不是自足的观看,毋宁说似乎存在于制作活动本身之中,并且在实行上与制作活动是同一的(《政治家篇》,258d9:ὥσπερ ἐν ταῖς πράξεσιν ἐνοῦσαν σύμφυτον τὴν ἐπιστήμην κέκτηνται)。这种科学对于存在者的揭示乃是这样的:它使原来并不存在的存在者恰好在其通达存在的过程中并且为了这种过程而得到了观看,并且随着存在者之业已生成,它也就得到了完成。——关于此类制作性的科学,首先研究其"真实性"。因为此类科学中显然存在着科学性的差异。其中首要的科学乃是有关数量、尺度和重量的科学,这些科学构成着所有此类科学的那种真正的科学性。(其余的就不那么重要了,参见《斐莱布篇》,55e。)但是,此外还有实践性科学,此类科学并不是真正的知识,而是具有对其对象的那种本质性的和实践性的熟悉,并且通过切中目标的单纯确定性和对于感官的常规性的熟练进而形成某种能力。此类科学,诸如音乐(至少在实践性的实行过程中,毕达哥拉斯学派的数学性音乐理论本身就不具有实践性的意义),在拨弄琴弦调音时就局限于某种对于耳朵而言的大概的纯粹性(参见《国家篇》,531a)。与此相同的亦即纯粹经验性的实行同样适用于医术、耕作术、航海术、指挥术。此种基于单纯实行的与事物打交道的常规技

1. 柏拉图的辩证法伦理学　219

艺(Routine)并不意味科学的真正可能性,只要人们在这种常规技艺中没有就事物本身而揭示事物,因而不能真正确定地认识自身,而是始终依赖着那种善的切中(στοχασμός,56a)。于是,在对制作性科学进行详细审视时,事关宏旨的是要就其精确性程度(ἀκρίβεια)对其做出规定。建筑术就比其他科学拥有更好的精确性,因而拥有更高的科学性。它们使用的仪器最多。这使它更有科学性,因为它不再满足于单纯的"目测"(Augenmass),而是使用着测量仪器,这至少是在模仿单纯的尺度,即使它还并不是纯粹的尺度本身(参见杨布利柯:《劝勉篇》,p.55,Pistelli 残篇与亚里士多德残篇相同)。建筑术,和另一边的音乐一样,对于刻画诸种科学的精确性而言,都发挥着示范性的作用。其精确性程度规定着其科学性程度。因为精确的认识乃是就事物本身而揭示事物,乃是就其本己的实事规定性而进行揭示。于是,音乐中存在着的那种认识是"不精确的",因为它信赖着单纯的目测(听觉)。在建筑术中存在着的认识更为精确,因为它用诸种仪器来支持其眼睛。

但是,这两种科学,都没有有关数量和尺度本身的科学更有优势。然而,此类科学还划分为两个品种:其一,普罗大众的数字理论;其二,科学家(数学家)所拥有的数字理论。㉜ 前一种科学计算

㉜　关于 56e7:这里看起来是要对"逻辑"(Logistike)和"算术"(Arithmetike)进行区分,这种意义上(在实践性数字学说和计算艺术之间)的这种区分在别的地方没有被柏拉图使用。柏拉图在明确区分算术和逻辑的地方(《高尔吉亚篇》,451b),并不重视实践性数字理论和理论性数字理论的区分;他对此种区分感兴趣的时候(《国家篇》,525a 以下),却没有区分算术和逻辑。此处所说的"逻辑"(Logistike),人们可以依循它与测量艺术或(理论性)几何学的关联而加以推断。它与测量艺术和几何学具有明显的区别,它不是"混合性的"(mißt),而是借助数字手段加以"算计"(接下页注释)

着某些不相同的统一体,就是说,它计算着那些在事实上彼此不同的存在者。只要它计算这些东西,那么它必定是就其科属上的同一性(Selbigkeit)而进行计算,当然,这样一来同时就把彼此之间的差异性明确地忽略掉了。此种意义上的数字(Zahl)乃是有关某物的数目(Anzahl),就是说,这种计算给出的只是单纯的数目,而没有给出属于被计算者的那些彼此不同的实事规定性。

与此相反,理论家计算的乃是那些纯粹的统一体,并不考虑与这些统一体一起得到计算的存在者。恰好在对那些纯粹统一体的自为的观看中,理论意义上的计算,作为对某种同质的数字序列的经历(Durchlaufen)才被建构出来,并且在此种同质的数字序列中,这个统一体和那个统一体作为被计数者的唯一差异只是位置上的差异。

以上差异同时也是"精确性"(Genauigkeit)和"真实性"(Wahrheit)上的差异,57c9 以下就曾明确地传达过。实际上只有哲学性的数学才能就对象的充分的实事性而揭示实事。与此相反,实践性的计算艺术,在其通盘计算中只是掌握了存在者的数目,但实际上存在者之间各个不同,例如在战争艺术中对部队的计

(接上页注释) (berechnet),就像建筑术中的算计和交易中的算计(Kalkül)那样;作为理论性的(数字理论)学科,也许是比例学说(λόγος＝关系,λογίσεσθαι＝算计),有关诸种关系的学说。与此相应,还可以举出柏拉图的其他地方:它和狭义上的算术的区别在于,它涉及到诸种数字之间的大小关系(《高尔吉亚篇》,451b=《卡尔米德篇》,166a),这就是说,算术是有关数字(Zahlen)和计数(Zählen)的知识,而逻辑则是有关计算(Rechnen)的知识。仅在这里所提到的它们与几何学的联系指引着几何学中关系学说的本源。显然,这里的逻辑要被称作算术,如若哲学性的数字理论要和实践导向性的数字理论加以区分(《国家篇》,525a 以下)。因为恰好在实践,诸如商人的实践那里(《国家篇》,525c),光有计数还是不够的;此种实践乃是计算和算计。

算(参见 στρατόπεδα,56d11;《国家篇》,525b3 以下),必定在其计算中忽略了被计算者的不相同性和实事上的差异性,并且由此并没有通达对存在者的那种揭示,亦即没有掌握存在者的那种实际的实事内容。战争指挥者,如若仅仅依据数字来分配部队,而不是按照其性质亦即各个不同的战斗力,那么,虽然合乎数字上的规定性,其计划的正确性以及由此而来的胜利就不确定了。

此种差异在实事上刚好就是刚开始提出来的那种差异,亦即与制作活动相关的科学和纯粹理论科学之间的那种差异。这种差异还可以在算术、逻辑和测量术那里看得更加清楚;有的科学效力于手工业和商业,有的科学则是纯粹的几何学理论和更高的计算方式。㉝建筑术的位置在这里似乎不很清楚,尽管它属于纯粹经验的技艺,但是它通过使用仪器,就具有了相对较高的地位,虽然在建筑术中得到实行的计算和测量本身,还是要进行分别的考察,并且实际上要在实践性数学和理论性数学的区分中进行讨论。显然,建筑术之所以优越于音乐那类艺术,倒不是因为在它那里得到了测量和计算(这同样在音乐以及在整个一般的实践性生命完成中发生着),毋宁说是因为它给自己做出了仪器。这种度量仪器乃是与有待测量者之实事内容相适应的尺度本身的直观化(Versinnlichung)(并且作为这种直观化当然也就是某种非纯粹化),而且是对单纯"目测"的校正。建筑术不仅"自身包含着数学",而且拥有其本己的度量方式,并且这种本己的测量艺术就是其特征(参见杨布利柯:《劝勉篇》,1. c.,那里同样将建筑术的相对

㉝ 参见前注㉜。

精确性回溯到它对自己仪器的使用上)。

不管怎么说,有关数字、尺度和重量的那些纯粹理论科学,在科学性和真实性方面因此都是具有优势的,因为它们能够在对象的充分的被揭示状态中揭示其对象(与此相应,它们的价值不是实践性的价值,而是基于那种为其自身的揭示活动,参见《国家篇》,525d2)。与此相反,在实践性和制作性的诸种学科中,计算、度量和称重的艺术具有那种只是相对而言有所揭示的特征。其精确性的程度乃是由它们和诸种对象的实践性打交道的诸要求所规定的。

于是,刚开始提出来的问题,在诸种科学的范围内是否存在纯粹性和真实性上的差异(亦即科学性上的差异),就这样得到了肯定的回答。确实,即使是在同一个名称下,例如都使用着算术这个名称,但是在此名称的统一下却显示出两种彼此不同的并且在其"真实性"上彼此不同的科学。但是,在哲学性的(理论性的)数学之上还有某种科学,它具有那种最高程度的真实性,这就是辩证法(Dialektik)。(苏格拉底说,辩证法将会拒绝我们,如若我们不想承认其最高地位,因为它确实是我们在研究性的谈话中始终依赖的东西,我们不断地实行着辩证法。)辩证法乃是科学的最高可能性,只要它就存在者之真实存在亦即就其始终同一的本质揭示存在者。辩证法之于数学的优越性不是这里原本要论证的东西(除非,人们认为拥有 πασαν〔一切〕的传统乃是正确的,参见 58a1,斯塔尔鲍姆和纳托普都这样看,这一点在事实上适合于《国家篇》,但随着命题的发展却有利于 argumentum ad hominem(诉诸人身的争论):合乎 πας(一切)的乃是 σύμπαντας(整全),参见 a3):这种优越性依循《国家篇》的研究就足以看出来。数学也是某种肯定性的科学。它包含着诸种预设，但是并不质疑这些预设，而是依循这些预设进行推理。只有辩证法关涉存在者的诸种本原（die Archai），最终关涉善的理念，这就是说，一切存在者都面向善的理念就其始终同一的存在而得到理解。辩证法意味着那种最为确定的知识，因为它的对象就其是什么而得到了充分的揭示。被理解为善的东西，就什么东西使其是什么和不得不是什么而得到理解。于是，辩证法之所以是最高科学，其根据在于，其对象亦即诸种"理念"在它那里得到了真正的完全的揭示。它拥有着实事本身的逻各斯，例如拥有垂直线（der Senkrechten）本身的逻各斯：它拥有着那种对某种垂直线有着始终而且必然之规定的东西。它不是将某个根本不是垂直线的东西当作垂直线，就像建筑师，借助准绳（dem Lot）工作，始终把某个不是垂直线的东西当成了垂直线，这就是说，忽略了这种准绳与垂直线的根本不同，尽管他想把准绳当作垂直线。因此，通常而言：有关理念作为根据的辩证科学在真实性方面优越于那种有关自然和宇宙的"科学"，这种科学只是研究宇宙如何生成，以及在宇宙中什么东西会持续发生。

此种一般性概括（Verallgemeinerung）与这里勾勒出来的科学理论完全一致。有关经验世界本身的研究在真实性方面（亦即在专题研究的对象区域的被揭示状态和被掌握状态上）从来不能和辩证法相匹敌，因为在经验世界中始终有某物生成和变化，而诸种理念亦即存在者之存在却始终是其所是。如若批判性的解释（纳托普）在经验世界和理念世界的这种截然对立中观看着"有关经验的理论"那种背离，而且还在对话开头的辩证法学说中给出这种有关经验的理论,那就不对了。因为即使是在那里,辩证法的真正对象也并不是可感知的东西。诸如那里所讨论的音乐,并不是音乐家的艺术。有关声音系统的精确认识从来不会仅仅满足于"制作"音乐,而且,依循声音系统先天可以掌握的有关音程(Intervalle)与和音(Harmonien)的知识才是真正的科学,真正的科学并不是那种依循听觉的实行。音乐在这里和在那里所具有的不同地位可以告诉我们,至少此处给出的科学理论得到了统一的观看。当然,在诸种经验科学和诸种实践性艺术中也确实存在着真正科学的要素:计算和测量的科学,这种科学是从前面那些科学中突显出来的。对于苏格拉底来说,能够确定一下这一点那就足够了:最崇高的名称亦即努斯(Nous)和明智(Phronesis),属于辩证法那种真正的科学。

第五部分

§14 问题的解决(59e—67b)

这样一来,对于诸种科学的审视就得到了完成。现在,对于快乐(Hedone)和明智(Phronesis)即将进行的混合,已经做好了真正的准备,因为关于它们各自的品种已经进行了分析。要借助众所周知的理由再次确定一下,无论是快乐还是明智,它们都不能自为地实现善。因此,在快乐和明智争夺第二位的决断过程中,要对"善"本身进行一番解释。关于善,我们业已知道了某些东西,这使我们能够通达善;就是说,善的位置(Ort),乃是在混合的生活中。

1. 柏拉图的辩证法伦理学　225

于是,有必要尽可能好地把快乐和明智混合起来,以便从这种混合中读出来,到底什么构成着这种混合中的善。把一切明智和一切快乐未经审视地混合起来,并不能为某种良好混合的实现给出任何确定性。因为二者在真实性方面确实存在着差异。所以,我们将从它们当中选取出它们双方各自最纯粹的品种,然后再进行混合,之后再去考虑,对于值得追求的生活来说,是不是还需要双方的某些并不那么纯粹的品种。可以发现,在最纯粹的和最神圣的科学之外,还有一些不那么纯粹的人类的科学,乃是生活所不可或缺的。为了能够生活,我们不仅需要有关纯粹尺度本身的知识,而且还需要那种("虚假的")κανών(尺度)和κύκλος(循环)的知识(只是貌似圆而已)。确实,如若没有那种基于单纯听觉的音乐,那么我们的生活作为值得欲求的东西就不可设想了。因此,一切科学最终都获得准入,因为它们都损害不了什么。

关于诸种快乐,还是先让"真实的"快乐获得准入。与此相随的一切必要快乐(这就是说那些快乐,如若没有它们,生活就过不下去,诸如食物和饮料方面的有尺度的快乐,这对于健康的身体状态而言乃是不可或缺的)也要获得准入。但是,问题在于,我们是不是要让所有其他的快乐都获得准入,就像其他科学都获得准入那样,这就是说,它们是否是同样有益的,或者至少是无害的。这个问题要靠诸种快乐和诸种科学自己去做出回答;这并非出于无意,因为混合的主题恰好在于,每一方脱离了另一方亦即仅靠自身并不能满足善的理念。此在不能仅仅面向快乐之可能性就把自身理解为善的。但是,此在也不能仅仅面向知识的可能性,毋宁说从一开始就要面向这两个方面。因此,事关宏旨的是要面向并拥有这两种可能性。这就意味着,快乐和知识必须互相协调,并且只有它们能够互相协调,它们才能共同存在,而互相协调(Miteinander-verträglich-Sein)则意味着:从自身出发允许另一方共同存在。因此,快乐和思想本身都得到了追问。双方都要为了自身并且从自身出发讲出来,它们要和另一方的何种品种共同存在,以便展现出真正善的生活状态。于是,诸种快乐㉞会这样回答,其单独存在既是不可能的,而且也是无益的,它们往往存在于所有人包括它们自己所认识的知识科属那里。对它而言,并不存在那种主题,意欲排除知识的某种形式。只不过,那种能够认识它自身的知识形式,能够从根本上触动它,而且它恰好就在这种知识形式那里存在着。

关于诸种科学,情况就不一样了。尽管它也依赖着与快乐的共同现身,但是那种依赖方式在根本上乃是另一种。诸种科学并不是借助快乐才成为了它们意欲成为的那样,只是考虑到最好的生活状态,才让快乐参与进来。因此,对于诸种科学而言,它们是不是和所有快乐都能协调一致,这还是个问题。因此,当它们让各种不同的快乐参与进来时,它们必定还要考察其中的每一种快乐,用以决断它们与此种快乐到底能不能共同存在(参见 64a3 的重新定位,努斯在这里 ἐχόντως ἑαυτόν〔拥有自身〕得到了回答)。诸种科学显然不能让那些最为猛烈的(尤其是那些身体上的)快乐参与进来,因为这些快乐对于诸种科学本身具有妨碍作用;但是,它们

㉞ 诸种快乐在这里对自己如何施为所做出的此种回答,并不能归功于(快乐主义)快感的自身理解,而是要归功于辩证法在人类现实的整体中有关诸种快乐而赢获的那种理解。那种"(尖锐)明亮"(Helle)而"甜蜜"(Süße)(辛格〔Singer〕)的排斥性反抗在此早已得到了克服。

想必能接受那些真实的快乐,亦即那种如其所是地揭示存在者的真实的快乐,与这些快乐在本质上是相似的,此外还可以接受一切依循身体(ὑγίεια〔健康〕)之德性和灵魂(σωφρονεῖν〔节制〕)之德性而出现的那些东西。它们不能让一切其他的东西掺和进来,只要它们想让此种混合尽可能地表现出"美"。因为"美"是某种混合,其中任一组成部分和另一组成部分都能互相协调。但是,诸种快乐之中最为强烈和最为猛烈的快乐不能和诸种科学协调一致,因为此类快乐干扰着诸种科学:扰乱着灵魂,并且剥夺着灵魂的意识(Besinnung),因而使此在不能处在其自身所理解的那种良善的状态中。

这种混合现在得到了完成。只不过要明确地强调,在此混合中要有"真实性"存在。因为离开了真实性,也就不存在真正的生成和存在了;那个正在生成的东西,将不再是它将要成为的东西,并且将不在自身中获得它要成为的东西。只有作为它将要成为的东西而得到规定和揭示,它才能生成和存在。某种混合,如若没有尺度(作为这混合于其尺度规定性中不可支配),那将是毁灭性的,并且首先就会摧毁其自身(64de)。在前面业已实行的明智和快乐的混合中,这一点表现得非常清楚。如若人们掺和进了太多的快乐,亦即同时掺和进了那些猛烈的身体上的享受,这些快乐就会摧毁人们追求的那种灵魂的幸福状态:它们扰乱着努斯,并且由此一来导致了此在对其自身的遗忘,在此种遗忘中尽管此在还想理解自身,但是已经做不到了。因此,此种享受制造着这样的困扰,使得此在面对其导向时见到它摇摆不定。与此相反,恰当的混合,前面正好业已实行过了,并不是将快乐和知识盲目地搅拌在一起,毋宁说,这种恰当的混合还要经受一番审视,其各个组成部分的多样性实事内容要能看得见,并且其各个部分之间要能够协调一致,如此一来这种混合才会成为美的。

现在是时候提出这个问题了:此种业已给出的新的统一体,同时被此在理解为良善的统一体,就其存在论结构而言它究竟被什么规定着,也就是说,此种混合作为美的存在,其真正的依据是什么(64c)。此种混合之愉悦性的根据必定是善本身。如若我们回答了有关善的本质的追问,那么,善或科学到底谁更接近和类似"善",这个问题就会变得非常清楚。任何一种混合的善存在都基于尺度和尺度性。离开了尺度性,那就不会有任何真实的混合,在真实的混合中诸种组成部分肯定是要组成某种新的统一体。饮料的图示可以作此说明。如若人们添加了太多蜂蜜,那么饮料就会变得太"像蜂蜜"(喝起来太甜);如若相反,饮料会变得太"像淡水"(淡而无味)。在这两种情况下,某一组成部分占据优势地位,都会使这个部分以及另一部分的缺乏在混合饮料中突显出来。这样的混合根本不是恰当的,根本不是美的混合,而是某种意料之外的混乱(συμφορά:词语游戏),不是蜂蜜,不是水,而且不是渴望中的饮料。

于是,在恰当的混合中,若要和缺乏感性确定性的那种混乱区别开,就要让善的本质在那种三重性(Dreiheit)中亦即在尺度性、美和真实性中得到观看。这是对善的理念的统一性进行的诸种改写(Umschreibungen),而且有意远离了一切术语上的清晰性。⑤此

---

⑤ [此处参见弗里德兰德:《柏拉图著作集》,第2版,第3卷,第493页,脚注77。]

1. 柏拉图的辩证法伦理学　229

处在命名上有意识的松动，就像《国家篇》不用善本身反而用其 150
ἔκγονος（分支）的做法具有同样的意义。"某物本身"使得名称及
其映象落后于它，而且不能在逻各斯中加以把握。它是无可道
说的。

但是，在这种共同性之外，《斐莱布篇》的这种三重改写具有其
自身的而且是重要的感性确定性，我们的阐释务必要清楚地把握
住这一点。某种混合有价值还是无价值的根据乃是尺度和尺度
性，并且由此一来使（正如64e5所说）善的 δύναμις（潜能）遁入了
美的 φύσις（本性）中。δύναμις 和 φύσις 这些词语在这里肯定不是
有意如此明显和如此重要地在对立中预设出来的。善的强大
(Maechtigkeit)将在美的生成中（在美的自然中）得到观看。美、
外观和内在的姿态（ἀρετή），包含着身体上和灵魂上的东西，无非
就是善，但是，这样一来它就变得可以道说和可以观看了。尺度和
关系乃是美的基本规定性，这就是说，依循尺度和关系，某个存在
者就可以观看自身并且可以让别人观看到自身。但是，尺度和关
系同时也是善的力量：它如此规定着存在者，以至于借助存在者身
上的那种无尺度者的巨大力量，存在者可以存在。善，作为约束性
的尺度，能够使存在的另一面进入存在。善，在存在者中塑形，并
且由此构成了存在者的本性（Natur）。存在者被那种完善的协调
一致规定着，那种协调一致乃是自身有尺度的构成物：对称性
(Symmetrie)。而这就是美（Schoenheit）：自身协调一致的形象。
于是，善的成形（Eingestaltung）就显示为美的装置（Ausgestaltung）。

于是，善遁入美，其意味就不只是其可道说性了。在这种逃遁
中，善恰好隐匿起来，用以显示自身。恰好在这里，善显现着其力

量,它不只是某种力量超凡的东西,因为它在存在者本身中作为存在者自身的本性而发挥着作用。而这就是美的本质,它并不是在某个美的存在者那里,在其他说出来的诸种属性之外,有待添加的某种属性,毋宁说,它是拥有诸多部分的整体与其自身的某种关系,乃是美的行为和美的姿态的那种美的关系、人类行为和存在之可见尺度,乃是和存在者自身的某种协调一致,乃是某种完善和自身满足。这些特征实际上同时刻画着有关"善"的先行把握。

于是,人类生活的善也并不是作为某种彼岸性的规范(eine jenseitige Norm),而是作为人类存在和人类行为的美、恰当性和真实性前来照面。并不是某种外在于人类的或者超越人类的洞见(Einsicht),将人类的生活依循快乐和认识整合成了某种姿态的持久统一体,毋宁说,人类本身,依循其最为本己的本性,就面向着善而理解着自身,而且就以在前面所显示的那三种视角中塑造着自身的方式。因此,尺度(Mass)并不是在人类身上出现,并且从某种超凡的力量出发发挥约束作用的人类存在的某种确定性,毋宁说,它是人类自身行为的某种方式:适度性(Gemessenheit),亦即使自身坚持尺度的那种适度性。因此,美并不是分环勾连之整体(Gestalt)的那种充满魔力的协调一致,而是整体(Gestaltung)自身的明确视角,这种视角在一切人类行为中都可以看到;真实性(Wahrheit)之属于人类生活,并不是单纯在这种意义上:此种生活的各个组成部分不是"由于自身"(ἀπὸ τύχης〔由于运气〕)而被整合为它恰好成为的那种混合,而是借助某种由理性规定好了的关系。因此,认识和快乐之生活关联的秩序规定性就可以依循此种生活行为本身的真实性(Wahrhaftigkeit)而给出:它们给出它们之所是,并且因此让彼此存在着(sein)。

现在要根据这三种视角来衡量快乐和知识的要求,就是说,要审视,快乐和知识到底哪一个更加接近和类似善。

首先着眼于真实性进行审视。普罗塔库斯现在可以毫不犹豫地承认一切;快乐是极其不真实的。"真实性"作为善存在的建构性要素,意味着自身的被揭示状态以及由此而来混合关系的合理性。因此,如若人们依循其实存的各种可能性将其自身混合为某种持久的和完善的姿态(Haltung),那么,真实性就意味着,它自身就是真实的,就是说,真实地行动着。而且,对于每一组成部分而言,这就意味着,它将自己给出为实际之所是。快乐自身就有此种倾向,对于在它当中被意指的(vermeint)东西,并且由此而来对它自身总是设想得更多,超出其所是。此种谎言性(虚假的)保证的倾向,诸如爱情宣言,存在于 ἀλαζονίσιατον(惊天大骗子)那种感受中(65c5)。谁要是出于爱情享受,那么就倾向于如此深地遗忘自身,以至于他在爱情誓言中会做出虚伪的誓言。因此,诸神不会接受这样的虚伪誓言(《会饮篇》,183b),诸神会宽恕这些虚伪的誓言,这些快乐好似无理性的孩子,人们不会为其所说的东西负责。与此相反,努斯则是真实性本身,就是说,其揭示活动观看着实事亦即人类实存,并且其揭示活动乃是如其所是的充分的揭示。——此种审视再次关涉到快乐和知识的一般科属。因为对于这种审视来说,关键并不在于诸种快乐到底能不能是真实的(我们知道,此种快乐恰好属于有关存在者自身的认识活动和揭示活动),毋宁说在于在这种快乐要求本身的倾向中,与之一同给出的东西从来不是仅仅被意指,而是真实存在着。在这种感受的本质中,此在显然与其自身保持着如此密切的关系,以至于借助对此种感受的观看,此在唯独可以观看到在此感受中被观看到的东西。与此相反,快乐,只要进入到某种良善的混合中,那么它就会接受此种混合之善存在的建构要素,这是不言而喻的。如若此处要追问,快乐和知识到底和善存在的诸要素保持着何种关系,那么这意指的就是,快乐和知识在何种程度上在其自身并且从自身出发在此混合之前而且在进入混合时,就已经携带着那种使混合成为善的东西。

在尺度性上知识同样优越于快乐。快乐本身就是无尺度的(un-mäßig)。因为快乐本身就有那种倾向,意欲在无尺度中将自身迷失(ὡς πλεῖοτον ἐπιρρεῖν,《高尔吉亚篇》,494b)。这一点从一开始就得到了斐莱布的强调,因为快乐必定这样理解着自身,如若快乐只是依循其自己的意图去理解自身。与此相反,知识就其自身就是有尺度的,不同于其他的东西。

同样清楚地:努斯之于快乐的优先性,着眼于美同样可以得到清晰的观看。知识从来都不至于不能让他人观看它。但是,有些卑劣的享受却是见不得光。

这样一来,努斯和善的相似性就得到了证明。如若现在要对善的诸种要素亦即那些造成混合的诸种要素进行列举和排序,那么努斯必定优先于快乐。(善的要素同样意味着,正如前面之强调,善的组成部分也一样,只要它们构成着善,就像这些组成部分之统一体的那些存在要素那样。)快乐在此种列举中不能完全缺席,因为快乐必定以某些形式从属于良善的生活。

在此排序的顶峰出现了存在论要素的三重性,这些要素在存在论上规定着任何一种良善的混合。那种与我们相关的人类此在之存在状态的良善混合紧随其后。善的这些一般性条件的排序在此就不是那么重要了。这些要素恰好在其统一性中规定着某种恰当关系的存在论结构。其中,首要的就是尺度本身,因为离开了尺度就不存在恰当的关系。尺度乃是诸种要素之统一性的构成要素(das Konstituens)。位居第二位的乃是那种由尺度规定着的关系的存在特征:所有部分在其统一体之中的那种美的相应。接下来,位居第三位的是理性亦即真实性:那种关系之合乎理性的存在,就是说,那种关系规定性由理性规定着,进而可以道说并且可以掌握。

显然,有关善的这三种特征必定呼应着柏拉图开始时提出来的有关存在的四种科属。[36]这两套东西,无论是三特征还是四科属,确实都是某种良善混合得以存在的诸种条件。与尺度(Mass)相应的乃是界限(Peras),与对称物(Symmetrischen)相应的乃是被规定者、业已生成者,与努斯或真实性相应的乃是根据(Aitia)。而第四种科属的缺乏,也就是 Apeiron〔无限〕的缺乏,以及此处三要素和那里四科属之区分的等值,可以告诉我们,有关混合之结构要素的阐释视角在这两种情况下乃是不同的。这两种阐释的差异在这里不能这样把握,似乎此处讨论的竟然不再是一般的混合了,而是仅仅讨论诸如人类之善的某种混合。这些要素的三重性在这里很明显自从其首次引入之后就可以用来建构和刻画任意一种良

---

[36] 需要特别强调,此种呼应关系并没有得到讨论,这并不是为了从比较出发认同某种教条,而是为了通过对比突显出当前阐明的那种视域(Horizont)。

善的混合。相反,有关四科属的学说,并不探讨"混合"下属的每一种混合,而是仅仅探讨那些良善的混合。(被混合者在那里也是"美的"。)

某种恰当的混合是如何造就出来的,这是两种讨论首要的和共同的论题。在两种描述中,混合现象都被看作是混合关系之规定性。但是,在四科属学说那里,意图乃是普遍的和存在论的。规定之现象乃是某种引导线索,可用以赢获存在之一般性结构要素。对于制作活动而言并且在依循着存在诸特征对混合物的制作活动中将要看到的东西,将在这里作为规定一切的存在要素之整体而被清理出来,因为存在被理解为被制作之存在或被规定之存在。在混合活动中预设着:其一,未经规定者和具有规定作用者的现成存在,其二,被规定者的存在,亦即被规定性。这两种存在要素——尚未得到规定者或有待规定者与具有规定作用者,以及被规定者的存在要素,都回溯着那种根据,此种根据使未经规定者(das Unbestimmte)这一方和具有规定作用的(dem Bestimmenden)另一方朝向被规定性(der Bestimmtheit)即第三方走向统一。这种被规定性在存在论上具有那种意义,即有关被规定者之统一体的可感知性和可掌握性的意义。

与此相反,这里的混合不再是分析存在的引导线索,毋宁说,存在者得以制作或者被理解为被制作之存在的那种视角,要在概念上进行阐释。因此,这里的阐释所采取的立场也就是混合活动本身的意向。混合物之被观看依循着混合活动。混合物的建构性要素乃是善的结构性要素,正是实施混合者所朝向的东西。就此而言,我们此处完全活动在"根据"之科属范围内,根本没有脱离这一科属。

但是，这里要得到阐释的并不是：在存在论上属于每个混合物的东西，毋宁说是：着眼于混合活动而存在着的东西。由此可以得出：努斯并不是作为根据而被保持在视线中，而是作为混合物的理性尺度性，就像我们说："知性在实事中"。因此，努斯在这里乃是某种对象性的规定。因此，这就是努斯和"真实性"在66b那里游戏般的切近性。真实性乃是努斯的对象性相关项。实施混合活动的在这里和在那里一样都是努斯。

同样清楚的是，未经规定性并不是混合活动中实施混合活动者所朝向的目的（woraufhin）。与此相反，混合活动恰好具有这样的意图，要让未经规定者在业已规定了的混合物中消失。如若每一被规定者就其自身存在而言在本质上都可能会处在诸种不协调的范围内，因此，被规定者的善恰好就基于此种不协调的不现身，而且规定活动的意图在制作过程中要忽略未经规定者。于是，善的三种要素乃是混合活动之视角选取的何所向（Woraufhin）。确切地说，实施混合者（der Mischende）面对着业已完成了的混合，并且就在这里突显出了其善存在的建构要素。但是，实施混合者由此一来只是把有待混合者那里并不明确存在的诸种视角明确地公开了出来。真实的东西其实是那种视角，有关快乐和科学的整个审视从一开始就处在那种视角下；在快乐中得到揭示的令人愉悦者确实是它在快乐中被意指的那样，而且由此一来快乐乃是给出自身者；与此相应，在知识中得到揭示的东西确实就是其被揭示的那样，并且由此一来知识本身就是其依循本己可能性的揭示活动。借助此种真实性的尺度，亦即对混合之善存在具有决定性作用的东西,另外两种要素,由此两种要素预设出来的尺度和由此两种要素承载着的知识和快乐的协调一致(尺度性),都被一同给出。

对一切的接受,包括对那些不那么"真实的"科学的接受,和反过来对猛烈的和无尺度的快乐的排除,要依循真实知识和快乐的存在视角来进行统一的理解。那些所谓"非真实的"科学,其之所以是非真实的,并不同于猛烈无尺度的快乐之所以为非真实。工匠借以工作的虚假的圆,其之所以是虚假的,并不同于抓痒者快乐的那种虚假。尽管在这两种情况下某物都被当成它所不是的某物。但是,工匠借以工作的只是"近似的"圆,他并不会搞错其所是,毋宁说,他只是想借助此种圆"近似地"规定那种恰当的有待制作的东西,就是说,此种规定只需要满足实践意图就行了。这些不精确的科学依循着较低的精确性,因而还是依循着科学的理念,进而如其所是地揭示存在者。与此相反,虚假的快乐不仅是把某个其实并不令人愉悦的东西当作是令人愉悦的,毋宁说它们在面对自身时也是盲目的。在诸种快乐被当作是令人愉悦者的那些东西规定着此在的现身情态,以至于真正令人愉悦的东西竟然根本不再能够得到揭示了。诸种科学在上述的意义上是"虚假的",但始终还被真实性的理念在指引着,然而诸种快乐,诸种"虚假的"快乐,并不能依循其真实的诸种可能性在较低真实的层面上理解自身。而且,真实的快乐确实只有这样才是真实的:它们作为快乐依循着真正令人愉悦者的理念来理解自身。它们使尺度和真实性由诸种科学来给出,它们与诸种科学的揭示活动有关。这就是苏格拉底论证活动的关键点:诸种科学优越于诸种快乐,而且优越于那些真正良善并且属于良善生活之混合的东西,此种优越性是因为,诸种科学依循着善本身理解着诸种科学自身和良善生活中快乐的存在可能性。它们能够从自身出发就处在善存在的视角下，就是说，由于它们理解着自身并且本真地存在着，同时也就理解了如何使此在本身变得良善。与此相反，诸种快乐并不是从自身出发就着眼于善理解其自身及其令人愉悦性，毋宁说，此在在感受中只对它所朝向的东西保持开放。由于此在被其对象占用了，所以快乐就使此在遗忘着自身，以至于此在在无尺度的享受中迷失着自身。

　　因此，如前所述，无论是努斯还是快乐，都不是人类生活的"善"。因为二者都不具备那种用以规定善本身的 ἱκανόν（恰当）特征，也就是自足性特征。但是，努斯要比快乐更加接近和类似那个更加强大的第三者。这个更强的东西就是那二者之关系的尺度规定性或结构性要素：尺度、美、真，这些构成着善的理念。借助这些东西，努斯最为接近和类似。努斯从其自身出发，依循其本己存在，它和整个人类生活已经处在其最好可能性的理念之下了。混合的此种组成部分并不是在混合时才联系着良善混合的理念所要求的诸种特征，毋宁说它本身依循其本质就和这些特征有联系，以至于混合并不是这样发生的，并不是诸种科学进入了诸种感受的某种关系，被规定成它们原来并不是的样子，毋宁说，恰好相反，诸种快乐，由于它们进入了与诸种科学的共在关系中，所以就要从诸种科学那里受到诸种特征的规定，这些特征构成着善的理念。于是，即使是人类的实际生活，朝向"幸福"亦即其最高可能性，也不能离开快乐而存在，因此，在混合的比喻中，尽管各个组成部分在表面上（formell）得到同等对待，但是理解（Verstehen）和知识明显具有优先性。因为只有依循与诸种形式的知识的共同被给出，才能建构出那些形式的快乐,也就是真实的并且由此一来自在的善的快乐。此在在其最高可能性中理解自身,这就意味着:它将自身理解为具有认知作用的东西。快乐和享受都属于此在,只要它们面向此在的最高可能性前来照面。只要它们从自身出发提出要求,要着眼于此在的朝向而存在,这样它们反倒会迫使此在在其可能性中有所朝向,并且对自己有所理解。

最后需要说明,这项解释所取得的成果对于亚里士多德伦理学之阐释到底具有何种重要性。

我们看到,有关感受的疑难在柏拉图那里得到如此深入的分析,以至于人们会直接联想起亚里士多德的基本导向。而且,柏拉图依循感知和思想之共同给出而得出了"真实"快乐的理念。快乐是"善的",如若它们并不干扰诸种活动(Tätigkeiten),毋宁说它们乃是"属于"诸种活动的快乐。此种规定性在亚里士多德的两次快乐分析中(《尼各马可伦理学》,第7卷,第12—15章;第10卷,第1—5章)同样被用作他在概念上解释快乐疑难的基础。关于这一柏拉图在其中使一切现象都和快乐联系起来的概念结构,快乐被当作是动变,然而亚里士多德有意识地超越了柏拉图的此种概念框架。但是,我们看到,在柏拉图看来具有动变特征的实事,亚里士多德用Energeia概念来加以把握。因为从……到……的(das Von-Zu)动变结构,并不是真实快乐("对于某物的愉悦")的特征,同样不是感知和思想本身的特征,毋宁说,面向某物之存在的持久性才是其特征。

但是,伦理学的真正的科学疑难在亚里士多德那里,借助对理念论一般存在论立场的批判,被设置在某种新的基础上了。尽管柏拉图在《斐莱布篇》探讨的并不单单是"善",毋宁说明确地探讨着人类生活的善。《斐莱布篇》的整个提问都基于这种预设,我们不是神性的东西,而是人类。因此,感受的疑难恰好就是讨论的中心点。尽管对神性实存的无感受快乐进行了诸种提示,此项研究必定与那种疑难联系在一起,亦即那种从人类的此在解释中产生出来的那种疑难。但是,其普遍的先行把握——真正的存在乃是理念之存在,使它以及人类生活的善要依循善的理念才能得到说明。要在有关善的一般性的结构性要素中去赢获人类之善的那种规定性。人类实存的善的统一性要被看作是某种混合的统一体。这就意味着,此在掌握着其诸种可能性,包括快乐和认识,就像是掌握着诸种现成的被给予性,并且由此出发制作着自身。因此,此种被制作者的统一性要从那些一般的存在规定性中推导出来,那些规定性规定着一切存在者,这些存在者能够存在并且不在不断的"生成"之变化中消逝。真正的伦理学疑难——面向此种疑难人类此在将自身理解为"善的",从一开始就处在某种缺失性的先行刻画中并且首先与物理学疑难一道进行。对于纯粹努斯之无感受此在的诸种提示,可以证明这一点。人不能仅仅面向努斯的此种可能性而理解自身,尽管这本身意味着实存本身的最高可能性:作为存在的纯粹让遭遇。因此,人类生活的善实际上就显示为真正之善的某种调整样式。此种样式具有何种存在论意义,在那个谜一般的表述中——善遁入了美——可以看到,当然即使是在这里遮蔽也超过了揭示。依循那些存在论的特征——尺度、美和真实(des Wahre)的特征,它们被统一总括为善的那些结构性要素,人类此在之真正的善,亦即人类的幸福,同样可以得到论证。

亚里士多德对此种善的理念进行了批判，正好是为了揭示其存在论要求（《尼各马可伦理学》，第1卷，第4章）。但是，其主要论证具有伦理学导向。通过追问人类行为和存在的善，可以发现人类此在总是被设定了具体任务，要在此种具体任务的范围内去选择那种具体的善。并不能依循某种一般的善的理念（即使确实有这种东西）去回答此种具体的追问。只要人的行为总是面对着某种处境的具体当下，那么，对于具体之善的选择就根本不能由某种科学（它必定局限于普遍的而且自身同一的存在关系）从行为者那里接手。因此，就出现了这样的问题：此种科学对于实际此在及其具体当下的道德任务到底是否具有意义。——面对行为的具体处境，预先知道人们应当做什么，以便成为一个正义的人并且由此一来形成对自身的确信，此种要求乃是任何有关人类存在和行为的科学都无法满足的。这不符合人类实存的基本特征。只要此种不能掌握其命运和未来的生命在其非持久性中面向持久性的立足可能性理解着自身，并且最终面向知识亦即理论本身的那种最高可能性来理解自身，那么，知识和把握就在这种局限的范围内并且在此种理解的基础上具有某种任务：它可以就其自身同一的平均状态去研究实际的此在理解，并且把这种此在理解变得清晰可见。但是，这一点并不能通过善的理念的普遍性引导而实现，此种普遍性理念本身被掏空了一切实事性内容（μάτοηον，1096b20），并且不能满足任何内容上的充实（《尼各马可伦理学》，第10卷，第2章，1172b26以下）。

附录

1931年初版前言

本书的两个部分并不构成某种整体。本书的名称不应造成此种误解。这个名称并未提供任何回答，而只是提出问题：在何种意义上柏拉图的辩证法提出了并且可以提出伦理学。这里并未主张，柏拉图的"伦理学"是辩证的，而只是提问，柏拉图的辩证法是不是以及何以是"伦理学"。这个问题乃是本书第二部分有关《斐莱布篇》的尝试性解释的指导线索。本书第一部分服务于此种解释，意在说明柏拉图的辩证法理论乃是对话之实事性可能性的理论。

本书的使命是，将柏拉图所探讨的实事本身重新带向视线，通过对实事的概念性阐明将柏拉图哲思的视域突显出来。于是，这一使命仅限于，为柏拉图研究的历史使命提供某种在实事上得到激活的柏拉图理解。作者知道，此种激活的尝试肯定是非常单向度的，尤其是因为此种尝试在其单向度的限制中并不能得到均衡的实现。此种阐释离柏拉图文本越近，它离其使命就越远，其使命是为通达柏拉图文本而开辟道路。与此相反，它离柏拉图的语言和思想世界越远,相信它就能更近地应对它的使命。

由于此种使命的性质,看起来只需要进行扼要的引证。第一部分的解释不会自以为它从柏拉图那里得到了充分的和明确的确证,毋宁说它只是相信它对实施柏拉图解释乃是有助益的。它预设着它对柏拉图的认识。而第二部分则要求与《斐莱布篇》的文本始终保持着同步。并没有进行同等深入的详细说明,只是因为我想尽可能摆脱长期以来众所周知的那些负担。

本书只是偶尔涉及最近的柏拉图研究文献。显然,这些文献在实际上深入地规定着本书解释的重点。对纳托普和斯坦策尔的柏拉图阐释的持续关注,以及对耶格尔及其学生的亚里士多德研究的持续关注,偶尔表现得比较明显。但是,由于这部作品在1928年春季就已经完成了,并且作为任教资格论文提交给了马堡大学哲学系,所以,在此期间发表的研究文献并没有或者只是得到了事后的关注。关于弗里德兰德、赖因哈特、辛格和斯坦策尔有关柏拉图的最新著作,可参考作者此后发表于《逻各斯》杂志的详细书评。[1]那些书评可以间接地说明此处所使用的方法。只是弗里德兰德柏拉图解释的方法在其作品出版之前就已经被本书作者熟悉了,以至于从中获得了教益。

本书作者对于马丁·海德格尔的教学和研究的感谢,涉及他的《存在与时间》,已经在许多地方明确或不明确地表现出来了;而且,本书的整个方法态度都是在尝试把在海德格尔那里学到的东西加以深化,尤其是尝试使学到的东西在新的实行中取

---

[1] 参见《逻各斯》,第22卷,1933年。[现收入本卷第212页以下。]

得成果。

1967年再版前言

　　重新出版1931年以来我那本早已售罄的柏拉图研究著作，这使我犹豫了很久。虽然我知道，这部初学者的作品经历了这么长时间已经经受不起任何修订了，但是，我曾打算将它的诸种认识融入有关柏拉图的诸种深入解释中，我一直都在这样做，并且希望有朝一日把这些解释以书的形式加以出版。然而，令人恐惧的加速度，由此而来的岁月流逝，提醒我对于本书的重印工作不能再拖延了。如若将1931年的那本书不做修订地加以再版，这或许可以说明其要求的谦逊。实际上，这本书只是想把刚学到的现象学描述艺术应用到柏拉图对话中。与此同时，也清理出了柏拉图辩证法的某些核心问题，但是，并不能预先确定，这些问题是否恰当和有效，即使是在《斐莱布篇》的解释范围内。

　　不过，我在30年代勤勉地继续进行柏拉图研究，期间受益于许多著作，尤其是J. 克莱因的《希腊逻辑主义》《数学、天文学和物理学史的起源和研究》，第3卷，第1册），库恩（H. Kuhn）1934年的《苏格拉底》，以及对英语学界的更为认真的研究，参见我对哈代（Hardie）的书评"一种柏拉图研究"（《德意志文献报》，1938年）；此后还有克吕格尔（G. Krüger）的论著——《认识与激情：柏拉图思想的本质》（法兰克福出版社，1939年），海德格尔的《柏拉图的真理学说》（波恩，1947年），以及西拉西（Szilasi）的《权力和软弱》（弗莱堡，1946年）；而且，我对黑格尔的深入理解特别有益于我的柏拉图研究。亚里士多德对柏拉图的描述，柏拉图哲学双重本原学说的核心地位，以及数字对于柏拉图哲学的典范作用，关于这些我在当时已经清楚了。这就促使我，从亚里士多德出发更加深刻地把握柏拉图的位置。

为了表明如今的我意欲改进1931年那种尝试的新的方向，我不仅增补了两篇过去的论文，可以在某些方向上对1931年的那本书构成补充，而且还为此书的新版增补了两篇最新的论文。② 由此我想让读者充分地观看到，面对我的首部作品可以就其界限而加以使用。我的柏拉图阐释就其整体而言意在提出这样一种使命：柏拉图的诸种对话本身（显示出某种独特的并且迄今为止尚未得到足够注意的 Logos 和 Ergon 的和谐）所包含的柏拉图哲学远远超过一切后来的见证，以至于我们离开了这些见证，尤其是离开了亚里士多德就几乎不能从诸种对话中认识到柏拉图哲学最终的诸种意向。

1982年新版前言

由于50多年来对于本书的反复需求，即使是1968年的再版修订也已经售罄，所以出版社让我考虑再出新版。

目前，在我1968年退休以后（本书再版修订时曾经提及），我继续进行着我的古希腊哲学研究，并且在许多分散的地方，特别是

---

② ［1934年"柏拉图与诗人"，1942年"柏拉图的教育城邦"，1968年"吾爱柏拉图，吾更爱真理"，1964年"柏拉图《第七封信》中的辩证法和诡辩术"，现收入我的著作集第5卷和第6卷。］

1. 柏拉图的辩证法伦理学　245

在海德堡科学院会议论文集中累积了许多论文,已经为构成一部篇幅更大的柏拉图研究著作奠定了基础。于是,我就不会考虑,将第二版附录中的作品从计划中的全集中抽出来再次附在这个新版中。而且,从另一方面来说,1931年的这本书完全可以自成一体。

就像是处女作一样,此书乃是初步涉猎某个领域,其范围对于年轻的作者来说还完全不是明晰的。此书的独特性恰好基于当时的状况,亦即有意突出单个方面,用以反对其前辈和老师的预先规定。许多研究者诸如 P. 纳托普、N. 哈特曼(N. Hartmann)、J. 斯坦策尔,以及古典语文学家诸如维尔纳·耶格尔、K. 赖因哈特、保罗·弗里德兰德——当然除了莱昂·罗宾(Leon Robin)这个例外,他们都是德语作者,都处在此书创作的背景中,尽管并没有明确地和他们联系起来。与此相反,我感觉自己就像柏拉图的最初读者那样,面对某个经典文本去尝试思想过程的那种崭新的直接性,这就是"面向实事本身",亦即胡塞尔现象学的口号。我当时敢于这样做,首先要归功于马丁·海德格尔马堡时期的教学活动对我施加的那种深刻的和决定性的影响。在追问活动的力量和彻底性(这就是青年海德格尔吸引其听众的地方)中,某种现象学的遗产被特别地存留下来,这就是将诸现象交付于其具体化(以具体化来呈现诸现象)的那种描述艺术,此种艺术尽可能避免了在专业科学那里学到的诸种习气以及传统的专业语言,并且由此逼迫我们具体面对实事。好像我也可以用崭新的眼光去观看希腊哲学,特别是亚里士多德和柏拉图,有如海德格尔那样,他在其亚里士多德讲课中有意展示出某种完全不同寻常的亚里士多德,借助此种亚里士多德,人们在令人惊讶的具体化中重新发现了有关当前的本己追问。

　　古典语文学(在保罗·弗里德兰德的引导下我当时可以看到古典语文学的书稿)在当时曾导致了历史意义如此这般的优雅,以至于维尔纳·耶格尔的柏林学派已经使得亚里士多德伦理学和修辞学的大量概念在科学用语中成为不可翻译的——似乎如此这般的单纯接受才是合乎历史的!此种做法难道不是在回避那种真正的使命吗?须知真正的使命在于,用自己的语言材料和概念潜能去进行表达,就像在希腊思想中实事本身的那种表现方式。

　　于是,我尝试首先把一切业已学到的知识撇在一边,进而从自行显现于我们的诸种现象出发。

　　自第 2 版(1967 年)以来已经过去了 15 年,这些年来我继续着我的研究,并且在许多视角上对疑难处境进行了更新和改变。虽然我还完全没有明白,我们所得到的柏拉图对话相对于间接流传物的优先性可能还是有争议的,但是假如我们不能使他的对话面对实事本身,而是将其作为重构柏拉图初始学说的单纯材料来解读,那么我们将是柏拉图的拙劣的读者。柏拉图到底如何称呼被亚里士多德称作原因(Arche)的东西呢?即使是波菲利(Porphyrios),据说他曾拥有过柏拉图有关善的演讲的抄本(此类抄本乃是间接流传物的源头),他也承认,离开了《斐莱布篇》他就不能理解此种抄本中的有关善的演讲(参见 K. 盖泽〔K. Gaiser〕:《柏拉图的未成文学说》,附录残篇,23B)。

　　然而,波菲利的这一表述正好从另一方面刻画出了我青年时代这一尝试的片面性,就此而言,我对《斐莱布篇》有关部分的解释存有问题。此书的第二部分基本上只是以《斐莱布篇》谈话过程的

1. 柏拉图的辩证法伦理学　247

所谓现象学改写的方式进行重构。在我看来，这似乎总是要求我们坚持接近文本，坚持现象学描述和文本阐释的一致性。而且，就在我在此期间学会从文本评论和文本解释中引出进一步结论的地方，诸如将毕达哥拉斯无限和有限的诸种"原因"转换为三重和四重"原因"，文本评论的出发点，亦即我进行分析的基础，始终发挥着尺度的作用。与此相反，我当时还不能胜任此种任务，即依循对话在柏拉图作品的整体中的地位去解释这篇对话，而且特别是要说明它和《蒂迈欧篇》的并列地位，亦即在伦理学谈话和物理学谈话的对应关系中去说明这篇伦理学谈话。当然，我的这一学术处女作和试验品的现象学限制在于，显示出我已经学会了现象学工作方式的手艺。

　　与此相反，第一部分——该部分当然也带有现象学手段，致力于解释苏格拉底对话和柏拉图辩证法的关系——深入地预先刻画出了我后来和将来有关柏拉图的诸种研究的整体。通过充分承认方法上的优先性，亦即亚里士多德概念艺术对于柏拉图解释所具有的方法优先性，此种现象学解释越来越多地导致了某种重要的诠释学认识：文学性上的诸种创作，有如柏拉图充满艺术的诸种对话，与另一方面的研究论文，有如亚里士多德全集所收集的诸种文本，是不能用相同的尺度加以衡量，而且根本不能互相联系，如若离开了诠释学的预防措施（Vorkehrungen）。

　　于是，我这第一本书的两个部分总还是可以传达出两方面的教益：其一，现象学并不是人们所谈论的某种东西——此种情况如今是有过之而无不及，毋宁说，现象学乃是人们要加以操练和学习的东西，此种情况如今确实极其罕见了。其二，在我看来，在与哲学文本的打交道中始终不能放弃诠释学反思,这一点给人的教益是:人们可以把诸种不同形式的哲学谈话带向语言——对话与辩证法、神话和逻各斯、戏剧造型的艺术与概念性努力。如果推广到极致,它给人的教益正是我们在德国浪漫派中有可能学到的东西:虽然人们不可混淆艺术的诸种启示与哲学思想的诸种经验,但是,这双方肯定会不断地互相考量,不错,只要它们不得不互相摩擦,那么它们最终就会摩擦出火花。我并不想由此宣称,从我这部处女作出发就可以赢获这两种教益,好像我当时已对这两方面给予了足够的关注,而是说,我当时已经做过此种追寻,并且表现出了某种任何思想家都不能贱卖的东西。何谓苏格拉底-柏拉图的解释(Reschenschaftgabe),在何种程度上我们可从现代思想出发靠近此种解释,而不至于同时陷入现代性的诸种片面性中,这就是说:不至于把自身意识(Selbstbewusstsein)误解为自身主张(Selbstbehauptung),不至于将把握(Begreifen)简化为算计和支配,对于这些问题我还没有完全搞清楚。

(马小虎 译,高语含 校)

2. 亚里士多德的《劝勉篇》与
对亚里士多德伦理学的发展史考察

（1927年）

耶格尔在他的《亚里士多德》中，尝试从亚里士多德思想发展的角度来考察亚里士多德著作整体。① 因此他继续他在《亚里士多德形而上学发生史》一书中一开始说的话：他要打破这样的偏见，即认为亚里士多德流传下来给我们的作品基本上在文风上是统一的，其形形色色的创作上的缺陷留给语文学家的任务，就是将各个"作品"的真实内容勾勒出来。而对于耶格尔而言，这些创作缺陷反而成了一个在方法上具有截然不同之指向的分析的起点。他相信在这些缺陷的临时形式中有各种形成阶段的痕迹，并且尝试在这些痕迹中证明某种发展的合理性和可理解性。这种尝试的基础建立在他对于亚里士多德早期作品残篇的敏锐解释上。在评定这些残篇对亚里士多德发展问题之价值的［努力］中，在耶格尔之前，就有着一位同样敏锐的前辈：J. 本内斯（J. Bernays）写了一本关于亚里士多德对话"与他的其余作品的关系"的书。在这本书

---

① 关于整个耶格尔作品请参见哲学期刊《逻各斯》第17卷（1928年）第1册中刊载的拙文［现收入本卷第286页以下］。

中，他不仅试着展现在古代如此著名的亚里士多德对话的多彩形象，而且还明确地尝试从亚里士多德专题性著作*和对话性著作之间的关系来寻求证明。但他得出了这样的结论，对话的遗失剥夺了我们对亚里士多德思想的层级发展获得某种洞察的所有手段。

耶格尔在完全不同却更为有效的前提下重新开始了这个尝试。他不再仅仅依靠贫乏的残篇指引。他对《形而上学》的分析和由此获得的对于讲稿（Lehrschrift）的汇编特征的洞见，使他能够对早期作品的残篇提出特定的问题。此外，他还使用了新的并且很重要的材料来解释早期作品。对——本内斯还不知道的——亚里士多德《劝勉篇》的大部分材料在杨布利柯（Jamblich）摘录中的发现，意想不到地拓展了我们对亚里士多德早期作品的认识。这个发现重新带来的一个首要问题是：我们是否不得不相信那些关于亚里士多德在其对话中就已经反对柏拉图的理念学说的古代证言。耶格尔试图在其对《劝勉篇》残篇的深入解释中证明此证言不足为信。关于是否真的在亚里士多德文献影响中存在一个"柏拉图时期"，在《劝勉篇》残篇发现以后当然也仍是很有争议的（第尔斯〔Diels〕）。但耶格尔认为，在他的著作中这个问题能最终得到解决。对他而言，《劝勉篇》是一个充分的基础，来确保我们在"柏拉图时期"的意义上解释其他对话，那么，亚里士多德从此到后来

---

* 所谓"专题性著作"（pragmatische Werke），指的是亚里士多德生前不用于公开发表的著作，它相对于外传著作，即用于公开发表的著作。值得注意的是，我们今天在《亚里士多德全集》里面所看到的著作，大多是所谓的"专题性著作"。这个表述起源于，亚里士多德将对某个特定实事领域的科学性主题化称之为 pragmateia。——校者

学说的形态发展也是可理解的。他首先通过《欧德谟伦理学》与《劝勉篇》的诸多联系来支持自己，这些联系加强了新近关于《欧德谟伦理学》的真实性的各式各样的断言，其中能看到一个在《劝勉篇》立场与《尼各马可伦理学》立场之间的纽带。

而在很大程度上，耶格尔作品的特征是，他的说服力本质上在于展现所有这些环节：残篇的柏拉图主义、《欧德谟伦理学》的真实性、《形而上学》（与《政治学》）的多层性——它们中间没有一个可以就其自身而充分地为亚里士多德真实发展史提供一个无可争议的基础——如何统一成某个关联之逻辑，倘若我们将其放置在离柏拉图立场远近这个标尺之下的话。这是此处所常用的证明过程：当人们使用这个发展史的视角的时候，一切谜团和不确定性就都在眼前消失了。耶格尔的著作所带给读者的深刻的完整性印象，要归功于这一方法结果。

但是，当我们想要把耶格尔在其冒险的决心中所展现出的亚里士多德发展整体图景简单地预先作为从现在开始的所有进一步研究的稳固基石的时候，则这个耀眼的尝试的科学等级就可能会是没多少价值的。其实对这样的作品的有益加工的最重要的前提是批判性阅读。这样，就不会有空泛的怀疑产生。这样一种方法在最好的情况下是将其限制在以下这个非常简朴的功能中：保持对可能性之开放状态的感受力。反之，只有基于事实的怀疑才能要求科学的分量，首先就是对于像耶格尔的那样的书，就其本身而言在大部分要点中会呈现出实事性的研究本身，而不仅仅呈现它的结论。另一方面，则是为了实际的批判需要从方法上排除整体结论的一致性和迷人的完整性，以致能够看清其每个环节的建立是否真的有效。所以下面我们将探究《劝勉篇》残篇是否或在多大程度上能够支持发展史观。如果耶格尔对亚里士多德思想发展的建构提出以下要求，亦即要对亚里士多德的哲学学说展现更精致的理解可能性，那么批判性研究的责任就在于检验由耶格尔开拓的理解可能性中有多少能成为客观理解。

对此，亚里士多德的《形而上学》相较其伦理学出现了非常不同的情况。形而上学在纯粹客观解释尝试方面表明自身乃是各种不同探索的集合，把这些探索安排在关联统一体中虽然透露了某种实事主题，但是仅仅如此还完全不足以使人理解。亚里士多德的伦理学（首先是《尼各马可伦理学》）则情况完全不同。它的结构和文学形态对于某种发展史的解释只是提供了不充分的依据。将这些伦理学的探索组成一个整体的尝试并不会遇到在形而上学那里碰到的那些困难。并且其内部结构的困难本身并不需要某种发展史的解释，而是多数情况下出于实事主题就能明白。②

在《伦理学》领域，还没有在这一文本结构中应该经由发展史的观察而被解决的谜题，但这里同样有一个亚里士多德研究中最没有希望解决的问题，即《欧德谟伦理学》的地位问题，耶格尔对此想用这种观察来开启一条新的和有前途的道路。而这里，首先则是关于《劝勉篇》（也仅仅是《劝勉篇》，其他残篇并无涉及），由此导

---

② 这点不能在此处进一步展开。而与耶格尔作品的关系也不要求对此明确的证据。因为在《尼各马可伦理学》的阅读中带来最大的外部冲击的东西，大概是在第7卷和第10卷中的两个关于ἡδονή（快乐）的论述。而这一点耶格尔根本没有放置到对他的发展结构的奠基中（耶格尔，第270页A，也可参见第247页A）。事实上这既是一个客观的又是一个与《尼各马可伦理学》的文献发生史相关的问题，而不是发展史的问题。

2. 亚里士多德的《劝勉篇》与对亚里士多德伦理学的发展史考察　253

向亚里士多德伦理思想发展的重构尝试。从《劝勉篇》到《尼各马可伦理学》的问题史发展线索上面，根据耶格尔的理解，《欧德谟伦理学》是问题史所要求的中间环节。他相信它的真实性也可以通过它与《劝勉篇》之间的文学特征关系得以证明。"人们或许至此还可以怀疑《欧德谟伦理学》的地位，但现在因为可以确定亚里士多德思想发展所经历的轨迹的两个点，即《劝勉篇》和《尼各马可伦理学》，没人会怀疑它们的真实性，那么下面这一点就不再难以确证，即《欧德谟伦理学》并不是在这两点的延长线上，而是落于这两点之间。""从《斐莱布篇》《劝勉篇》《欧德谟伦理学》，再到《尼各马可伦理学》的发展线索是无可辩驳的历史逻辑。"（第248页）

　　检验这个论点是下面这个研究的目的。其主要的对象自然是《劝勉篇》，相应于它对于耶格尔这种发展史论点的意义。

　　首先是一些关于《劝勉篇》的流传介绍。耶格尔曾试图以一种对杨布利柯的详尽分析指出，杨布利柯的整个亚里士多德节录都回溯到了同一个文本，即《劝勉篇》。虽然他可能并没有消除所有的怀疑——反之，杨布利柯将柏拉图的对话置于一个多彩的序列，则总是某种主导做法（Instanz）——但他正确地强调：杨布利柯流传下的证据多样性不足以推断出有不同的源头，因为它们的劝勉意图很清楚地展现了一个将诸证据聚合的统一卷本（耶格尔，第78页）。从节录的可靠性中，诚如耶格尔令人信服地证明的那样：我们并不能从中获得一个确切的顺序。然而，这也不能反过来算作杨布利柯对陌异主题的引入。这是杨布利柯的柏拉图节录教给我们的。从中我们可以清楚地看到杨布利柯的工作方式：他把柏拉图对话中所有劝勉性质的部分都一并找出，根据它们的主要主题进行编排,并且以一种机智且可理解的,即便也是在创作上极为贫乏的方式改变了对话的流畅性,将其复述出来。他去除了柏拉图那里的过多修饰或者将它们加以混编,并且经常通过例子给出证明阐释。③ 而在这一思想上他做得一直很好。④ 出于所有这些原因,人们将杨布利柯看作是一个可靠的抄写员。这也同样适合于亚里士多德的节录,尽管编者的手迹在这里同样可以常常清楚地被感受到。所以这里对我来说,耶格尔下面所持的某些理由并非有说服力,他根据这些理由在一些地方更相信其他的一些流传物而不是杨布利柯的。也就是当耶格尔基于普罗克洛(Proklos)的反例(《欧绪德谟篇》,p. 28,13 Friedl.)而质疑出于哲学"流畅性"而提出的论证主题是否源自亚里士多德的时候(杨布利柯,p. 40,16 Pist.)。这个否决就是如此确定吗?支持杨布利柯的证据是:(1)这里通篇都与《劝勉篇》主题相关。(2)段落结构根据沿袭(κτῆσις)和运用(χρῆσις)事实上回溯到《欧绪德谟篇》,而文风上却极有可能是回到亚里士多德。这为一个有争议的地方作了证

---

③ 确定这样一个问题,这本身也因此是极度困难的,即亚里士多德《劝勉篇》是否是一个对话。即使我们在亚里士多德节录中并没有发现对话体的清晰痕迹,而这痕迹在柏拉图对话节录中则很多,这也不足以确定上述问题。因为与柏拉图对话相比,亚里士多德对话很少是对话体的。反之,我们在亚里士多德节录中到处听到反驳哲学的反对者的声音,但这也不能证明其对话特征。因为这些是否是反对者引入的东西还是被亚里士多德简单介绍的观点,并不能很好地辨别。还有 p. 43,25 以下(25:ἔτι;27:ἔτι;44,4:τοίνυν,等等),此处松散的结构,令哈特里希从中得出了草案的对话特征,但也是出于相同的理由而缺乏说服力。提出最多的是一般文献性的考虑,耶格尔由此而——我认为这么做是对的——决定采用这种连续性的言说形式。

④ 节录与柏拉图原文的精确比较只能找到唯一一处细小误解:p. 26,1 Pist. = Euthyd. 281b7,杨布利柯此处有误,而且并未出色地于一段来自个人的插入语中将误解了的思想 26,5—7 解释清楚。但这是唯一一处例外!

明,它其实在这里关乎沿袭(κτῆσις)(而不是像普罗克洛的引文所假设的,关乎καθ' αὑτὸ αἱρετόν〔根据自身可理解的〕)。(3)人们能够相信这些证据同样可以是亚里士多德的,因为"流畅性"在这里并不是绝对的,而是相对于哲学的无限价值而被提及的,参见 37,24 Pist. 4。这在亚里士多德那里在各种相互关系中都能找到,即在容易(ῥᾴδιον)和困难(ἐπίπονον)的事物方面(例如《论灵魂》,407a34;《形而上学》,1074b28),同样也在知识(ἐπιστήμη=μανθάνειν)获得与快乐(ἡδονή)(例如《尼各马可伦理学》,第 7 卷,第 13 章,1153a22)的积极关系方面。

另外,在我看来,耶格尔关于幸福之岛比喻的原初意义之判断是不正确的(杨布利柯,53,3;耶格尔,第 73 页以下)。关于这个比喻的方法论意义,杨布利柯与西塞罗一样不清晰。只不过对他而言这种方法论意义是不同的。倘若人们会问,哪些细微差别更适合于《劝勉篇》的语境,是对取消"伦理"德性的强调(西塞罗-奥古斯丁),还是:我们在那里找到了我们 φρόνησις(实践智慧)的真正回报(即,我们能在那里生活),但无论如何,这些都是支持杨布利柯的。与 φρόνησις(实践智慧)对立的伦理德性从来没有在《劝勉篇》残篇中被明确提及,相反,杨布利柯的措辞是最适合整个《劝勉篇》的论证过程的,此外它的结论无疑是亚里士多德式的(54,2=40,4 Pist.)。首先西塞罗的版本与《政治学》第 7 卷 1334a31 处严重矛盾,这个矛盾或许只能这样解释,现有《劝勉篇》残篇只是在讨论哲学,而根本不是在讨论德性(参见耶格尔,第 297 页)。西塞罗很显然只是随意地使用了修辞上的惯用语句。人们根据这些事实并不能像耶格尔那样来引证《尼各马可伦理学》(第 10 卷,第 4 章,

1178a24 以下）。此处讨论了 θεωρία（理论、思辨）与伦理德性的差别，而这只能指向以下这种区别，亦即伦理研究和自由的劝学的区别。[*]

还有第三件事我想为杨布利柯做些辩护。耶格尔，就如他之前的希策尔（Hirzel）和哈特里希（Hartlich）一样，非常严苛地责备了杨布利柯第 4 章开头处的毫无条理(37,3—22)。如果因此而责备杨布利柯摘录方法上的文学艺术缺陷，那么没有人能够反对。但当有人如此责备的时候，人们会对摘录者的意图产生误解。杨布利柯并没有简单地将《劝勉篇》的经典的哲学散文拼凑起来成为一个读本，而是从古典的哲学性劝学（并不仅仅局限于此，参见杨布利柯，第 2—4 章）中将所有重要的论证主题进行编排，并且提纲挈领地进行记录。[⑤] 即便他无法始终胜任这样的任务，亦即为了制作某种对我们的文学判断力而言极其乏味的全新关联，而去刻

---

[*] 本句中的 den 疑似应是 der 的笔误。句意应为"这种区别将伦理研究与自由的劝学分离开来"，倘若是 den，则应译为："伦理研究将这一区别与自由的劝勉分离开来"。——校者

[⑤] 在柏拉图节录中也不是没有章节划分立场。在一开始是特定的劝勉性质的对话：《欧德德谟篇》（典型的以关于划分〔διαίρεσις〕开始——形式上的增多）；然后是非柏拉图式的划分（διαίρεσις），其"劝勉"运用依附于"原则"（ἄρχων）与"适当"（οἰκεῖον）的概念，然后是《克力同篇》，然后是《阿尔喀比亚德前篇》，这是在灵魂知识的观点（γνῶσις τῆς ψυχῆς）下的讨论（29,8），然后是在灵魂之荣誉（τιμὴ τῆς ψυχῆς）观点下的《法律篇》(30,3)；然后全然不再是关于灵魂（ψυχή），而是灵魂的较高主导形式（κυριώτατον εἶδος τῆς ψυχῆς），也就是宇宙秩序（κόσμος），这个观点将《国家篇》和《蒂迈欧篇》联系了起来，虽然有些牵强。柏拉图节录 13—19 的第二序列也同样，虽然松散，但不是毫无计划。当然在亚里士多德节录中杨布利柯的方法对于内在思想关联偶尔也是有害的。首先是在 S.37,26—40,11 处存在明显的缝隙，仅仅是表面上结合了，例如 40,1。在这些情况下，大概需要假设对反对意见做较大的省略，才能将流传之物作为某种积极的反驳而加以拯救。

2. 亚里士多德的《劝勉篇》与对亚里士多德伦理学的发展史考察 257

意摧毁其原始材料的关联，但无论如何，他的努力是朝向这个方向的，并且论证上的不相关的并列在他的意义上完全不是没有条理的。这里也是如此。他在亚里士多德那里又重新找到超越柏拉图《欧绪德谟篇》的新的东西，这些东西被他整理到一起并且赋予了清楚有序的观点：关于政治和实践的生活（πολιτικὸς καὶ πρακτικὸς βίος〔37, 2 Pist.〕）。这样第一个论证（37, 2—11）以哲学对于πολιτεύεσθαι（政治活动）的必要性的证明而结束，而第二个论证（37, 11—22）是以哲学对于χρῆσθαι ηᾶσι(ἐπιστήμαις) καὶ ἐπιτάττειν（所有的欲求和命令），也就是对于实践的生活（πρακτικὸς βίος）的必要性的证明而结束。

170

这么多细节已经足够。耶格尔曾确切地说过关键的东西：杨布利柯的证明序列并不是简单地再现《劝勉篇》的顺序，而是他根据亚里士多德的题材并以他的方式组织排列的。要补充的是，杨布利柯对此非常满意，省略了所有的异议与反对论证（我们可以在相关的其他流传的残篇找到），而仅仅聚集了正面的《劝勉篇》论证步骤。然而我们关于杨布利柯可信性的判断有益之处，在于他所说的，而对于他有多少还没有说，我们则无从得知。

但最重要的是：如果整个杨布利柯的证明，诚如耶格尔大概做的那样，来源于《劝勉篇》，那么这样就会产生出决定着亚里士多德草案的文学特征的东西。既不是各种证明的并列，也不是统一术语的缺失，真正的科学批评的缺失（残篇 51 和 52〔罗斯〕流传下来的反驳并不是这样的缺失，因为它们根本不是立于科学的地基之上，而是反对哲学与科学本身）本质上也不能归因于流传形式。相反，这个过程明显地已经具备了亚里士多德《劝勉篇》的特征。但这导致在这《劝勉篇》中寻找的不是某种哲学的地位,而是哲学本身的地位。杨布利柯的方法论前言(7.12—18 Pist.)同样也是指向了亚里士多德《劝勉篇》,也就是劝学这个文献类别。在亚里士多德的《劝勉篇》中也能看到这样的任务,"从根本上推向哲学,推向哲思,极尽所有可能的方式,不将自身先行决定为对某个特定的学说开放,而是这样,人们在一个普遍而通俗的劝学形式中赞扬它们中共同的东西并赞美人类事业"。⑥

如果这些是正确的,那么通过《劝勉篇》残篇来勾勒出的亚里士多德哲学发展某个阶段的图景,这种尝试一开始就要警惕。《劝勉篇》并不是伦理学,也不是它的原始形式。凡是不能承受概念之负荷的东西,也不能以概念为标尺来测量,也不能理解成诸概念的某种发展(哲学性的发展还能是什么?)。现在我们要详细阐明这一点。

耶格尔给出的《劝勉篇》的哲学解释由三个要点构成:(1) φρόνησις(实践智慧)的概念史;(2)精确伦理学的理想;(3)《劝勉篇》的理念论(耶格尔,第80—102页)。

(1) 根据耶格尔的看法, φρόνησις(实践智慧)概念的历史清楚地表明,《劝勉篇》还处在柏拉图形而上学基础之上。因为这里的 φρόνησις(实践智慧)还是 νοῦς(努斯),那个在我们中的神性存在,形而上的—思辨性的思想。但是亚里士多德显然在《尼各马可伦理学》第6卷中取走了 φρόνησις(实践智慧)的一切理论层面的

---

⑥ 这点第尔斯也显然看到了,当他把这段——显然没有足够的理由——看作几乎是从亚里士多德《劝勉篇》的借用。

2. 亚里士多德的《劝勉篇》与对亚里士多德伦理学的发展史考察　259

意义,并使它与 σοφία(理论智慧)和 νοῦς(努斯)划清了鲜明界限,也就是说,亚里士多德归还了它通常的、由语言用法证明了的意义域。其理由在于,对于亚里士多德来说,在放弃理念学说后,理论理性与实践理性不再是直接合一的了。如果在《劝勉篇》中,柏拉图式的 φρόνησις(实践智慧)概念还是在理论意义上是主导性的,那么这也就意味着,亚里士多德在这里还没有放弃理念论的形而上学基础。

耶格尔是这样论证的。但是,φρόνησις(实践智慧)的这种宽泛意义是否真的与柏拉图理念论的明确前提联系在一起? 首先,鉴于这个词的最古老的历史,很可能就不是这样。在文学与哲学作品中,都能发现 φρονεῖν(思虑)与 φρόνησις(实践智慧)在多数情况下都是在一种普遍的意义上被使用的,它无所拘束,既没有被限制在纯粹实践的精神活动中,也没有被限制在纯粹理论的精神活动中。然而到了柏拉图,这个词的双重用法才由于理念论的建构而在哲学上得到了论证,只要理念既是观看的对象,又是行动的典范(Vorbild),这就是"存在与价值的统一性",诚如耶格尔所说。当亚里士多德在《尼各马可伦理学》中保留了 φρόνησις(实践智慧)一词在"实践理性"(praktische Vernunft)层面的狭义,这也可以被理解为是对柏拉图的抛弃,即将伦理学问题从形而上学中解放出来。因此,当他将一个如此庄严的哲学术语限制在纯粹的伦理意义上,并且将其和 φρόνιμος(实践智慧者)的流行庸俗使用联系在一起时,那么他就是被一种旨在塑造某种专门的伦理概念—语言的倾向所引导。

但是,对于亚里士多德的实际语言使用而言,这又会导致什么呢？在他那里，语言使用与学术—术语上的规定绝非一致。在亚里士多德那里，犹如在所有主要是口述而非书写的时代一样，术语并没有确定不变的表述形式。术语上确定的每每只有主题性的东西。术语化表述作为唯一的语言表达从根本上是极其荒诞的。因为正是通过那些非主题研究的、没有被术语限定的意义指向，具体言说的传达功能才被实行。所以我们会一再看到，在亚里士多德那里，不仅是在《劝勉篇》（此外，在那里 φρόνησις 的实践含义并没有缺失），同样也在如《形而上学》和《论灵魂》中，φρόνησις 和知识（ἐπιστήμη）以及努斯（νοῦς）是同义词，而人们从中并不能得出一种多过表面的学园的影响。同样，我们在其他概念像 ἐπιστήμη 和 τέχνη 那里也看到这样的情况：在那些它们被主题化地探讨的地方（《尼各马可伦理学》，第6卷，第3—4章），我们会看到它们作为术语确定下来，并被鲜明加以对照。但是在实际的语言使用中，亚里士多德至少并没有将其限制在概念术语层面。这个事实导致这样的想法：这种允许了希腊人对 φρόνησις 一词的广义使用的理由，是否扎根于这样一种实事关联，这种关联在一般意义上对希腊哲学是决定性的，而在柏拉图的理念论中，它只找到某种特殊的哲学论证。如果情况真是这样，那么 φρόνησις（实践智慧）一词在《劝勉篇》和《尼各马可伦理学》中的使用区别需要另作解释：在《劝勉篇》中亚里士多德并没有有意地在特定的伦理价值的规定上使用伦理学概念。这里他只是指出一般都认可的事实，并为由此事实中所提出的证明而使用了尽可能普遍的哲学语言。

而 φρόνησις（实践智慧）一词这种广义用法所植根的实事关联简单来说是这样的：φρονεῖν（思虑）在行动和认识领域中的结构的

2. 亚里士多德的《劝勉篇》与对亚里士多德伦理学的发展史考察 261

多样性是由其存在论上的共性决定的：νοῦς, φρονεῖν, λόγος 是人区别于动物的标志⑦；φρόνησις（在严格的亚里士多德意义上）完全与 θεωρία（理论，思辨）一样，是 νοῦς 的一种实行方式，而 νοῦς 是我们之中的神性存在。尽管如此，这两者在结构上彼此不同（并不仅仅是 φρόνησις 的功能在于为实践〔πράττειν〕服务），而这一点并不在研究视域之中，也不可能存在于研究视域之中，之所以如此，是因为研究并非针对以下区分的某种真正的存在论规定，亦即世界之存在与人在世界中所施行的东西之间的区分。《劝勉篇》在这个问题上也以类似的方式保持漠然无殊，如果考虑到它的目的，那么也没有什么可惊讶的。这种漠然无殊的一个精彩例子在 56, 2—12 Pist.）首先是一个具体的伦理问题方向，它有独特的和成问题的存在特征，人们在行动中会与其产生关系并且对其进行追问，因为它真正涉及人们应当做什么的问题，这样的提问只能在思考（νοεῖν）中真正地确定这一结构差异。柏拉图还讲到了 ἀγαθόν（善）、καλόν（美）、δίκαιον（正义）这些理念，也就是说，他赋予它们以同样的普遍之存在、永恒在场（Immergegenwärtigen）之存在，有如世上之物（Weltdinge）的理念。相应地，对于这种永恒在场之物的把握对他来说也是某种统一物，它在具体行动中的应用，虽然在苏格拉底的德性与知识的统一中被一并置入了，但从来都不会

173

---

⑦ 亚里士多德在《尼各马可伦理学》第 6 卷第 7 章 1141a27 也说动物有一定程度的 φρόνησις（实践智慧），但这个并不与此处观点矛盾。因为这只发生在转义的意义上，也就是说实际上并非如此，这首先是使得这一转义成为了可能的类比，并非一种本体论上的共同性，而是一个行为中的相似性。某些动物的行为看上去具有思虑的能力。在此，总是剥离地从人出发的动物性存在之理解力也允许人们认其有一定程度的 φρόνησις（实践智慧）。

被看作一个真正的应用问题,被看作一个关于善的知识如何在实践性决断中具体化的问题。(在下文中,《斐莱布篇》在我们称为柏拉图"伦理学"中的立场还必须被简单提及。)反之,在亚里士多德的伦理学中,这一定是一个实质性的要点(同样是因为它想成为一门真正的伦理学,它的对象是人的具体行动,而不是普遍之物),即追问每次都要做出正确决断的具体任务之 λόγος(逻各斯)如何能发挥作用,而它又是怎样一种逻各斯。在这样一个实际任务的关联下,φρόνησις(实践智慧)作为术语在《尼各马可伦理学》中被确定了下来。而以下这一点是没有争议的,即在《劝勉篇》中并没有涉及这个伦理学核心问题。但是,这个事实(作为其结果,在《劝勉篇》中存在对 φρόνησις 的偏离使用)是否就意味着对理念论的某种坚持?难道就不是简单表达了《劝勉篇》不是某种科学的伦理研究?当然,在《劝勉篇》内部,根据 σοφία 和 φρόνησις 的区分,也能提出某种真正的劝勉主题,就像新柏拉图主义片段 34,5—36,24 Pist.(耶格尔说是波菲利)的作者所做的那样。但是,杨布利柯片段的教导不仅通过从新柏拉图主义者的先验的 παράκλησις(召唤、呼吁)到 προτροπαί πρὸς τὸν πολιτικὸν καί πρακτικὸν βίον(37,1 Pist.,对政治与实践的生活的劝勉)的明显过渡(37,1 Pist.),而且首先也通过下面这个论证的实际内容,即相反地,亚里士多德《劝勉篇》的趋向乃是,从理论的需求和实践的需求出发,以相同的方式来推介哲学。这样的一种劝勉不可能有理由让自身进入到上面所说的伦理学的特殊问题。虽然我们不能够证明正是劝学的这种形式是亚里士多德时代的 προτρεπτικοί λόγοι(劝勉言说)的文学类别特征,但我们却可以着眼于杨布利柯的方法和其他更晚的劝勉作品

2. 亚里士多德的《劝勉篇》与对亚里士多德伦理学的发展史考察 263

来作此推测。很显然这些劝勉作品的目的并不是要给出一个统一的劝勉论证,而是犹如亚里士多德片段所展现的主题的丰富性,尽可能详尽地并尽可能多样地引导所有那些能够以某种方式用于劝勉目的的东西。

(2) 这些考虑同时也告诉我们,想从《劝勉篇》推出某种伦理学方法学说,这将是多么的困难。然而,先让我们看一下,耶格尔从这些片段中都汲取到了哪些有关方法的东西。他认为,在这里,与后来亚里士多德在《尼各马可伦理学》中明确有别的是,柏拉图古老的数学上精确的方法之理想仍然适用于伦理学。在亚里士多德伦理研究的开始存在着柏拉图关于伦理现象的可测度性与尺度的难题,"他只是在后来才抛弃了普遍规范,并且除了以伦理的方式被贯通并塑造的人格之自主良知(尽管这种良知在认识论意义上完全不'精确')以外,他不承认有其他标准"。在《劝勉篇》中还是斐莱布的立场完全占据主导:重要的并不在于技艺(τέχνη)的最大用处,而是在于拥有最多精确性、明晰性与真理的东西。——耶格尔主要是通过杨布利柯(S.55,1以下)来支撑自己的观点。他相信在这里能够找到关于精确伦理学之理想的表述,不同于以后《尼各马可伦理学》第1卷第7章中所说的。在那里伦理—政治科学在所要求的精确性程度方面显然不是和几何学家相比,而是和木匠相比较。

这个阐释的基础的否定意义是没有争议的:杨布利柯《劝勉篇》的第10章没有透露亚里士多德在《尼各马可伦理学》第1卷中得以确保伦理学研究特殊性的任何基本的方法论考虑。但是,杨布利柯所流传的劝勉证明过程显然很难与伦理学开头的科学方法论相比较。在那里,对鉴于伦理研究而被要求的精确性程度之兴趣被激活了,这些研究以它们的科学性要求为特点。相似的方法论批评的主题对于劝学而言处于缺失状态。让我们看看杨布利柯的亚里士多德《劝勉篇》的其余部分:将 προτροπή(劝勉)与某种哲学及其科学方法以及学科的引论相联系,这种意图无处可寻。所以人们也不能从第 10 章的证明就得出,精确性主题就是在对其方法论批评的有效性的完全重视中出现的;毋宁说,它服务于主导性的劝勉主题。与这个事实状况一致的是,耶格尔所强调的与《尼各马可伦理学》立场的对立并未明显延伸到思想性和语言性的关系。即便是在《劝勉篇》中,政治家也没有和几何学家相比较,而是和 τέκτων(匠人)相比较,而这一比较的主要意图完全不是要表明在何种程度上科学的政治学比起技艺(τέχναι)要更为精确——这绝对是《尼各马可伦理学》第 1 卷第 7 章中所针对的一个反面——毋宁说,就像匠人的技艺(τέχνη des τέκτων)在其工具中以自然本身为导向,并且一个人倘若不使用这一工具,而始终仅仅观看已经存在的房子,那么他就无法成为一个好的建筑师;与此相似,对于政治学而言,也要关注自然本身,而不是仅仅模仿已有的法律和宪法。这里只是在辅助(αὔξησις)意义上("到底还多了多少")使用了精确性区分。受到重视的是以下这个共同点:要求本己的实事直观(Sachanschauung)。为反对纯粹外在的模仿和比较对于实事的盲目性,真正的哲学政治学要求对 φύσις(自然)本身的直观。这种与此处及《尼各马可伦理学》第 1 卷第 7 章中的 τέκτων(匠人)加以比较的倾向是多么不相配,在此变得清楚无比:这里的 τεκτονική(手工技艺)是作为一个相对精确的技艺(τέχνη)的例子而被使用(正如柏拉图在《斐莱布篇》56b 所使用的那样),反之它

2. 亚里士多德的《劝勉篇》与对亚里士多德伦理学的发展史考察 265

在《尼各马可伦理学》第 1 卷第 7 章中则是对(数学)精确性理想的适当限制的一个例子。这里是与相对不那么精确性的技艺(τέχναι)相对照,反之,在《尼各马可伦理学》第 1 卷第 7 章中则是与精确的数学相对照。《尼各马可伦理学》第 1 卷第 7 章和《劝勉篇》中这一段落如此直接的论战关系可能是难以想象的。

然而,在此处与《尼各马可伦理学》的一个真正共有的倾向上,被耶格尔所看到的这种差异实际上变得明确了。《劝勉篇》段落与《尼各马可伦理学》的最后一卷(第 10 卷,第 10 章)分享了论战性的倾向。两者的讨论都明显是反对智者派和修辞学家的,他们把他们的政治活动当作是由一个已有的诸宪法而来的法律的廉价汇编。然而,当《劝勉篇》把这种工作与哲学所要求的对自然(φύσις)本身的直观对立起来,并且讲到从自然本身中提取的 ὅροι(定义,边界),πρὸς οὕς κρινεῖ τί δίκαιον καὶ τί καλόν(由此而判定什么是正义和崇高)时(55,3),在《尼各马可伦理学》中反过来为智者所缺乏的则正是 ἐμπειρία(经验):δύνασθαι θεωρῆσαι καὶ κρῖναι τί καλῶς ἢ τοὐναντίον(能够学习并且判断什么是好的或者不好的)(1181 b8)。如果要让我们首先确定《劝勉篇》表述的积极意义是什么,那么下面这一点事实上就明显是否定的,即《尼各马可伦理学》所要求的在政治实践中培养的批判本能——只有在与事物的具体来往中才能形成那些对于理论学习的硕果累累具有前提性的东西——在《劝勉篇》里并未被提及。同样的差异可以从耶格尔挑选的《政治学》第 4 卷第 1 章 1288b40 中清楚看到。这个段落与《劝勉篇》段落的论辩特征也一致。在此处正如在《劝勉篇》那里,对实际上存在的模型宪法的操作被作为事实上不合适的而拒斥了。同样,人们几乎不能假设这两个地方具有直接的对立,因为《劝勉篇》之所以拒绝这个城邦理论,并不真是"因为这种理论太过接近于经验的真实性"(耶格尔,第274页),而是因为这种没有哲学性的实事理解(Sacheinsicht)的转化是非哲学的和实践上不充分的。诚然,政治学也强调哲学性的实事知识的必然性(形式〔εἴδη〕的知识!);但是在《劝勉篇》中同样没有强调经验性基础,而这乃是每一种哲学性政治学都必须考虑到的。⑧

由此耶格尔的结论就呼之欲出了,《劝勉篇》与亚里士多德后期学说的这种明显不同表现了一种发展史的重要对照:《劝勉篇》还完全处在柏拉图的城邦乌托邦理想和几何式的精确伦理学的地基之上。

我们只是问,这些《劝勉篇》证据所显示的方向看上去是属于哪一个柏拉图。耶格尔强调,就像科学对柏拉图是测量一样,这个测量主题的痕迹在最晚近的亚里士多德的伦理学表述中仍然可以得到证实。这是有意义的,即这种测量技艺的思想在柏拉图那里倾向于从对生成领域的科学应对转变到教育上。"测量"(Messung)的平行概念是"混合"(Mischung)。在《政治家篇》和《斐莱布篇》中,我们看到的事实性此在的科学应对问题是通过适当程度的混合任务而得以表达的。通过这种方式,后期柏拉图尝试将与理念的存在优先性一并被给予的精确性主题与对现实之事

---

⑧ 亚里士多德《政治学》教导了在事实的城邦共同体的规定方面的必然性,即建立一种与经验状况的多样性相适应的形式(εἴδη)的多样性。而在《劝勉篇》中没有形式(εἴδη)的讨论,而是从神性(θεῖον)出发的(55,27)。

2. 亚里士多德的《劝勉篇》与对亚里士多德伦理学的发展史考察　267

实的"不纯粹性"的承认进行和解。而亚里士多德后来归于理念学说,尤其是"善"之理念的东西对于具体的人类行动(与知识)是无关紧要的,而这一事实是在柏拉图对话中是明确能够找到表述的:在《政治家篇》中的那位真正的有知识的政治家的形象就是在一个政治的实在性关系中表现的,那里正可以看出,这种知识必须怎样的生动与变化多端,怎样的超越于成文法律之上,而指向持续更新的现实性之时机(καιρός)与独特性任务。而那些僵死的法律法规知识相对于真正政治任务只是权宜之计,并且基本上没有真正知识意义上要求的事实适应性。

然而,如果我们将《劝勉篇》有问题的段落看作是一个方法论—科学立场的非常重要证据,也就是采取了后期柏拉图的这些观点,那么我们就迷失在《劝勉篇》有问题的残篇中了。这里谈论的是立法者,就好像这是科学意义上政治行动的完全独一形式。那个对真正理想的"自然"之洞见的应用问题在任何地方都并未被作为一个问题指出。

再者,如果我们同意耶格尔,假设在哲学政治学的精确性(ἀκρίβεια)与技艺(τέχναι)的精确性的区别中,数学式的精确性理想在伦理学中的统治地位同样显露出来,那么这里和后期柏拉图的比较同样也会导致奇怪的后果。虽然《斐莱布篇》事实上提出了精确测量的理念作为科学理论中的主导观点,并且出于实践价值,明确地取消了纯粹的、非混合的、精确的优先权,但是对于对话本身关于 φρόνησις(智慧*)和 ἡδονή(快乐)的问题的立场,也就是对

---

* 在柏拉图那里尚未出现"智慧"与"实践智慧"的区分,因此 φρόνησις 在此处应译为"智慧"。——译者

于伦理问题,精确性理念出现了少见的断裂的应用。整个研究的目的是将智慧(φρόνησις)和快乐(ἡδονή)的要求限制在实际人类此在的善性(Gutsein)上面。只有在这两者的混合中,人们才能在生活中找到善。如此一来,纯粹性与精确性的优先性这一科学的指导思想被运用于对正当混合的制作中。尺度的理念对这种混合的善性虽然是构成性的,并且虽然这是因为善的理念首先是由尺度特征来规定的,但这个尺度理念并非孤立地规定着这种混合的构成部分。在这个混合中不仅是纯粹的、精确的科学进入知识(ἐπιστῆμαι)中,而且不精确的科学(ψευδὴς κανών!)也证明自己是不可或缺的,"当一个人应该只能够找到回家的路的时候"。精确性思想对于科学特征具有这样一种规定作用,这证明在伦理问题的应用上,在实际人类生活的善的构成上,这种思想就根本不是主导性的。毋宁说,在作为一个新的统一整体的混合关系上又重新产生了尺度思想。《斐莱布篇》也证明了,柏拉图怎样合适而有限制地努力把他所造就的科学概念贯彻应用到具体经验上。

　　而我们在《劝勉篇》这里已看不到亚里士多德与这个应用问题有任何关联。我们真的需要假定这个问题对于他不存在吗?当他的导师深陷理念论难题的时候,他是否在面对这个难题时盲目地抓住《斐多篇》的紧密主题?这是一个更加不可能的假设,如若我们知道,就在《劝勉篇》中有一些异议得到了处理,这是由理论的理念科学在实践上不可用而被引出的(残篇52,罗斯)。这些反对,就像耶格尔在第91页所意谓的,在《斐莱布篇》的意义上被这样解决了:人们完全没有考虑实践价值而不得不将更精确的东西看作是更高的东西,一个较少纯粹的白比很多不纯粹的白还更加白,这

2. 亚里士多德的《劝勉篇》与对亚里士多德伦理学的发展史考察 269

同样也是因此而不可能的,即这个柏拉图化的思想处于其中的语境是为 ὠφέλεια(有利)这个标题所规定的。对于一门哲学政治学能够做什么的考虑得到了特别重要的强调;确定的法律和正当的行动(νόμοι βέβαιοι και πράξεις ὀρθάι[55,24])。⑨ 亚里士多德所争辩的这个不成问题的简单性,即哲学虽然是"理论性的",但对实践也有巨大价值(56,12ff. Pist.),毋宁说可以得出如下的结论,他于《劝勉篇》论辩内对理念学说主题的使用中完全没有深入研究与理念学说的形而上学之联系,而只是仅仅想借它简单地证明哲学对于客观适当的政治学的必要性。

(3) 亚里士多德在杨布利柯《劝勉篇》的第 10 章以柏拉图式文风提出的对理论之简易性的洞见,同样也能在对此证明过程之明确术语状况的经验中得到确证。此处的语言表述更大程度地靠近理念论和它的术语,这当然是无争议的。但如果这一点是正确的,即整个杨布利柯残篇属于亚里士多德唯一的一篇著作,即《劝勉篇》的话,那么看一下杨布利柯的其余《劝勉篇》篇章就可得知,从其论证术语状况来看,关于它的问题史立场可能推知什么。在这个论证中并没有讲到统一的科学术语。我们看到更多的是,术语从一个论证到另一个论证的变换。所有这一切证明过程都传达了这样一个欲求,即尽量不要被术语所牵绊。我们在特定语境下由对亚里士多德作品的知识所期待的,如为了在那里发展出的

---

⑨ 耶格尔在第 94 页对于 56,1 以下提及了"抛锚"。然而此处乃是要放弃"改良"航向(ὁρμεῖ),并重新启航(ὁρμᾷ),而不是:意味着抛锚停泊,而是在公海上的航行,对此找到一个不变的方向点(星辰)是重要的。

ἔργον(作品)的特定意义(οὐδὲ...οὕτως ἔργον, 43,9)而在第7章(42,5以下)主要部分的术语引入 ἐνέργεια(实现)，则是另当别论。同样，我们在这同一章不仅发现使用了 ἐνέργεια 这个词，而且在其他语境下(第11章)也发现这个词明确的术语化使用，这排除了将发展史的意义添入这一事实。这里所缺乏的只是术语的固定一致化使用。此外，我们还看到，如在第7章、第9章和第11章内的思想过程中，极细微的思想和语言的使用都与亚里士多德学说一致，偶然的思想变化和概念松动都是出于《劝勉篇》主题而导致的(例如概念 τύχη〔命运〕, 49 Pist., 以及《物理学》，第2卷，第5章，67)，在各自内容上根本没有建立起一致性。在杨布利柯那里将所有这些联结在一起的，毋宁说正是在同一种劝勉目的那里的其内容的多样性。在其中柏拉图化的第10章在内容和语言上的特殊性根本就不突出。所以并不取决于亚里士多德"柏拉图时期"的对手如何试图证明，那些在这里听上去如此柏拉图的语言表述，有时能在亚里士多德作品中找到对应，[⑩]而问题是，这种表达方式是否适合于在没有进一步实事的—哲学的前提预设下，将证明主题的特有意义变得有效。如果这是正确的，那么柏拉图化表达的使用与柏拉图思想就是与整体的劝学倾向相称的，"以每一种可能的方式驱向哲学"这一点对此倾向而言乃是突出的。

现在我们手头对此有了实事性的原因，即为何亚里士多德不

[⑩] 这些对应，如 ὅρος 在《论动物部分》第1卷第1章和 αὐτά 的绝对化使用(Torstik, Philol. 12,525)都表明了希腊人语言思想的共同背景，它们的外表就像亚里士多德描绘的柏拉图表达的永生。(第尔斯所引的《尼各马可伦理学》第1卷第7章 θεατῆς τἀληθοῦς 是错误的，因为这说的是数学家。)

2. 亚里士多德的《劝勉篇》与对亚里士多德伦理学的发展史考察　271

仅仅积极地接过了对政治家与木匠的对比，也就是说，并不仅是强调了两者与自然本性自身的共同关系，而是也同样强调了区别：正是鉴于《劝勉篇》的目的所要求的实事性关系，与工匠的类比不完全是充分的。因为他并不是自己制作工具，并且当他需要它们的时候，他也不知道，也不需要知道工具是基于怎样的本性形态的，例如，铅总是有下垂属性。当人们问及，他只会从他的实践出发，人如何做，人如何与之打交道，如何计算；关于真正的知识，也就是 αἰτίαι（原因）的理解，他并不具备。这样一种真知与从实践中创造出来并限制在实践需求之上的认识之间的分离，在真正的政治家那里是不存在的。政治的技艺（τέχνη）必须是哲学的，也就是说，它的践行并不是以经验样板为导向的，而是本身就是 αὐτῶν τῶν ἀκριβῶν μίμησις（精确的模仿）。这里的行为被称为 μίμησις（模仿），这是指它自身也并不是纯粹的直观，而是一种技艺（τέχνη）（参见 55, 8: τῶν μὲν ἄλλων τεχνῶν...），如其他一切技艺（τέχνη），是对 φύσις（自然）的模仿。现在，这个 πρῶτα（首要）的存在优先性被包含于 αὐτὰ τὰ ἀκριβῆ（精确性本身）这个表述方式以及，更多的，在于柏拉图对后面句子的解释中。但是，这个存在优先性本质上是关于科学认识的，在柏拉图那里和这里一样。这个"精确性自身"就是原因（αἰτίαι）和本原（ἀρχαί），这两者作为"首要的东西"（πρῶτα）使最精确的 ἐπιστήμη（知识）成为可能。这个知识（ἐπιστήμη）的基本结构，即从 ἀρχαί（本原，原则）出发去证明由此原则推得的结论，本身就表明这种本原（ἀρχαί）研究的真正哲学开端是正确的。但本原（ἀρχαί）研究是亚里士多德所有的哲学科学。我们在《形而上学》导言的第 2 章发现同样的思想。耶格尔已经指出，其

180

一致性是如此紧密，以致人们可以下结论说，这里存在对《劝勉篇》文本的直接使用。⑪当然，这里一些特定的柏拉图式的用法（αὐτά〔自身〕和 μιμήματα〔模仿物〕）被避免了。但是《劝勉篇》思想对于《形而上学》的亚里士多德之可应用性同样告诉我们，柏拉图特征对于《劝勉篇》论证的劝学核心来说无论如何也是次要的。当然亚里士多德在其本体论思辨中认为普遍概念没有独立存在，因而也不要求它呈现出真实的存在，但是他对本原（ἀρχαί）对于哲学研究的统治性意义保持忠诚，甚至在那他不承认它们具有 διότι（为什么，由于什么）与 αἰτία（原因）之特征的地方，就像在伦理学那里一样。

在先的和在后的本原（ἀρχαί des πρότερον καὶ ὕστερον）对于哲学研究的这种普遍意义，在杨布利柯残篇第 6 章也有描述。耶格尔在那里于说明条件和条件决定者之关系的时候也想在亚里士多德身上找到柏拉图思想的证据。也就是亚里士多德是通过线对于数、面对于线、体对于面的存在依赖关系来说明这种关系的。亚里士多德后面也引用了这个理论，但从没有像在他的《形而上学》第 14 卷第 3 章 1090b5 那么明确。然而这是非常清楚的，即这个学说在这里也只是出于说明的目的而被使用的，就像在第 5 卷第 8 章中一样。这很清楚地表明在 38,1—39,8 的构成上面。这已经被

---

⑪ 这里我显然不能跟随耶格尔，当他认为这些思想对于前言的需要是"凑合而成"的时候。前言的思想走向的"凯旋的力量"基于间接性，一如其基于发展的一致性。在那里，数学的出现并不是"异常突然的"，并且根本不需要一个出于《劝勉篇》的说明。这里更多的是刺激思想发展，从智者与知识无关到利用良好说明（εὑρεθὲν）的考虑，毋宁说这一思想在此被迫切的发展，即智者（σοφός）作为有知识的人与对良好说明（εὑρεθὲν）之使用的考虑无关，而数学对此就是一个很好的例子（耶格尔，第 72 页）。

2. 亚里士多德的《劝勉篇》与对亚里士多德伦理学的发展史考察 273

告知的证明过程，一方面关于 περὶ τῶν δικαίων καὶ τῶν συμφερόντων（正义和有利），另一方面关于 περὶ φύσεώς τε καὶ τῆς ἄλλης ἀληθείας（自然本性和其他的真理）（并没有分为三个部分，就像在下面所做的一样。另见耶格尔第 861 页注释[12]），通过一个一般的关于更好的东西相对于更差的东西、限制者相对于被限制者的更精确可认识性的讨论而被引出来。这里是一个无可争辩的例子。首先 38，14 以 ὥστε 开始了第一个标题的使用，38，22 则是第二个标题的使用（除了诸纯粹的物理学理论，39，4 那里毕达哥拉斯的数论和学园的理念论两者都作为例子被提及了）。

在这里，对杨布利柯的柏拉图化的第 10 章做的尝试性解释并不比本内斯和第尔斯想把柏拉图思想从亚里士多德残篇中分离出来的尝试有更多新进展。他的这一解释更多意在积极地展示，有争议段落的柏拉图主义如何也可以服务于《劝勉篇》的目的，这里既可以是亚里士多德的，但也同样可以是非常柏拉图式的，因为它根本就没有要求科学的哲学之水准，在这个要求之上才有亚里士多德和柏拉图的对立。亚里士多德并没有在所有他公开发表作品中反对柏拉图的理念论，这是公认的。他在《劝勉篇》中没有这样做，是一种理所当然之事。他在这里（像在《欧绪德谟篇》）和理念论的关系，耶格尔已经证明了。但他有没有在这儿或其他地方代表了理念论，对此我们却还一无所知。如果人们仍然尝试解决这

---

[12] 耶格尔在这段中看到亚里士多德这里相应的哲学学科的学园式的三分的一个例子，此外它只在《论题篇》第 1 卷第 14 章那儿出现，这是不对的。因为这里的"其他的真理"（ἄλλη ἀλήθεια），像在 39，4 中的例子，还有罗斯的残篇 52（S. 59，4）中所说的一样，只是"自然"（φύσις）概念的一般化，而并不是独立的部分。

个难题,从《劝勉篇》勾勒出一个科学—哲学的教义出来,就像耶格尔所做的那样,那么这样一种结果,甚至当人们把所有的源头批评的顾虑搁置一旁的时候,对原本的问题史的关联还是没有什么帮助。如果现在想把亚里士多德立场和柏拉图理念论联系起来,就因为他写了《劝勉篇》,好像我们能够从中能有所发现,那么这决不可能达到这个柏拉图后期对话已经存在于此的问题水平。对于亚里士多德的哲学发展,尤其是对于他的伦理学的哲学发展,看一下柏拉图的《斐莱布篇》是非常必要的,因为在这里(就像在《智者篇》《巴门尼德篇》)我们会发现所有我们熟悉的亚里士多德批评柏拉图的主题都已经在里面了。现在人们或许还可以反对说,即使在亚里士多德讲稿的柏拉图批评中没有后期对话的积极倾向,而只有对那种理念论形式的批评,有如我们主要只是在早期对话(如《斐多篇》《国家篇》)中所熟悉的,但亚里士多德显然也是从后期柏拉图的口传和笔传学说中知道的。这个事实也说明,在后期对话(《巴门尼德篇》《智者篇》《斐莱布篇》)中对于理念论困境的辩证(对话)讨论并没有动摇柏拉图形而上学的根本基础。但这个事实并没有对方法论要求有异议,即将亚里士多德哲学的发展正好定位在柏拉图思想工作的外围作品上,这并不是仅仅因为我们只有这个而没有柏拉图真正的学说,而是因为,正是这些对话的批评主题才在问题史意义上作为亚里士多德后来批评的预备阶段而出现。

现在,亚里士多德伦理学的发展问题由于下面这点变得复杂了,即我们在《尼各马可伦理学》之外还有真实性有争议的《欧德谟伦理学》。根据耶格尔的看法,《欧德谟伦理学》在《劝勉篇》的柏拉

2. 亚里士多德的《劝勉篇》与对亚里士多德伦理学的发展史考察 275

图式规范伦理学和后期形式的《尼各马可伦理学》之间起了一个中介的作用。在《欧德谟伦理学》的方法论章节(第1卷,第6章)就已经批评了《劝勉篇》的方法论立场,但还没有像后来在《尼各马可伦理学》中做的那么激烈,在那里他明确反对了精确几何学的处理要求。

我们已经看到,《劝勉篇》从来没有(第10章同样也没有)讨论哲学方法论,因为它始终只是引入证明说,人无论如何都当进行哲思。经验对于哲学政治学和伦理学的意义在那里并没有被争论,而是根本就没有被考虑到。被争论的仅仅是那个坏的经验认识,它相信自己能够不用哲学洞见就最出色地满足实践的需求。无论是《欧德谟伦理学》还是《尼各马可伦理学》都不让自己成为这种"经验"的辩护者。正相反,这两部伦理学中的"经验"乃是完全不同于《劝勉篇》(同样也是《尼各马可伦理学》,第10卷)中所反对的智者派城邦理论家的半截子科学:它是哲学的科学从实践中产生唯一可能的根基,因为只有从此地基出发,哲学沉思的合法性要求才能在正确的范围中得以理解。人们现在对比两部伦理学的方法论章节,将会清楚发现,《尼各马可伦理学》在伦理方法的特殊性的理解水平上更高一层。但问题是,那在《欧德谟伦理学》中所讲的方法论反思究竟是否表达了一个原来实事上有偏差的立场。这里有很好的理由可以进行怀疑。因为《尼各马可伦理学》也只是想作为哲学研究,作为对ἀρχή(本原)的研究,给予事实的实在性的优先权以适当考虑。当把《欧德谟伦理学》说成是"哲学的"时候,在某个τί(什么)后面要追问διατί(为什么)和αἰτία(原因),所以与《尼各马可伦理学》立场不同之处,只是在于方法论的表述上面,而不是在方法本身。它仅仅是试图把在亚里士多德那里的哲学研究的一般意义应用到它可以感受到的哲学伦理学的方法论状况的特殊性，并为那种明确由分析篇中得到的逻辑观点提供必要限定。不过，这里又有个问题，这个出于一系列为人熟知的亚里士多德主题所建立起来的方法论的讨论，究竟是由某种自身的内容思考而产生的，还是只是一个尝试，要将伦理学的科学特征——《尼各马可伦理学》出于自身研究的意图对此已有描述——在形式上更加深刻地加以把握？但这是不成熟的：深刻化和形式化，却并没有因此而对观照有实质性的推进。⑬《欧德谟伦理学》的实践方法真的在这方面和《尼各马可伦理学》不同，即它是更加"规范的"吗？耶格尔认为它们两者的问题史关系事实上从《劝勉篇》方面看的确可以这样刻画。他证明《欧德谟伦理学》第 1 卷的大部分和《劝勉篇》有着紧密的亲缘性。而这个亲缘性同样证明了在柏拉图伦理学和《尼各马可伦理学》中间有一个方法上和内容上的中间状态，这样的结果应当是不可抗拒的。但在我看来，事情却似乎有另一面，如果我们看《欧德谟伦理学》的其余部分，如第 3 卷的德性（άρετή）分析的话。因为在这几点中对于《欧德谟伦理学》与《尼各马可伦理学》的比较而言突出的，不是一种有偏差的实事上的趋向，而是《欧

---

⑬ 这一章(第 1 卷，第 6 章)的结构会引起猜疑。这一点是有启发意义的 γάρ：b32：ἐκ γάρ…；39：φιλόσοφον γάρ…；a8：ἀπαιδευσία γάρ；16：ἔστι γάρ…，亚里士多德用这个词来补充解释说明。再者，诸分析学的提出，它在方法的实践使用方面并没有太多出现。(下面关于 αἰτία 和 τὸ δεικνύμενον 的单独处理实际上在哪里得到贯彻呢?)形式的证明结构大多并不是摘录者从原文摘录出来的东西，而是作为不成熟的解释的果实而可怀疑的，耶格尔误判了这一点(第 146 页)。赖因哈特《宇宙和同情》，第 82 页以下)对耶格尔的反对在我看来是正确的。

2. 亚里士多德的《劝勉篇》与对亚里士多德伦理学的发展史考察　277

德谟伦理学》对形式明确化、否定表述与图示化的偏爱。反之,看一眼《尼各马可伦理学》的特殊内容,却从来没有这么突出图示化(例如这里或那里的羞感〔αἰδώς〕)。人们在此几乎不会想到出自同一个作者手笔的成熟转型,毋宁说会在《欧德谟伦理学》那里发现内容上新的东西,并正因此而发现《尼各马可伦理学》分析的不规则之物,它为一种系统化的与因此同时必然是变质的加工所支配。但如果在 ἀρετή(德性)段落的分析里情况是这样的,那么我们在耶格尔所观察到的那些特征里也不能看到实事上重要的这种倾向性,而是看到同样的形式化与图示化之手的全盘掌控。

现在,耶格尔为了证明《欧德谟伦理学》的真实性而求助于《欧德谟伦理学》与《劝勉篇》的文献关系。他相信通过这种方式可以解决非常有争议的 ἐξωτερικοὶ λόγοι(外部言说)问题。但在我看来,仅仅通过《欧德谟伦理学》相应于《劝勉篇》的段落关系,既不足以确保作为文献引文的名句解释,也不足以支持《欧德谟伦理学》的真实性。因为耶格尔并不能将《物理学》第 4 卷第 10 章在文献引用的意义上进行解释。在那里甚至诸话语(λόγοι)随之而出,而有一点很突出,就是几乎所有这些所谓的引用都涉及基本的划分。这样的引用在我们这个纸张化的年代甚至不能经常出现。另外,如果亚里士多德认为他出版的冠以固定题目的作品都有这种普遍的格式(Formel),那么这反而是奇怪的。所以,据我观察,第尔斯正确地指出了《政治学》1323a21—35 对应着《尼各马可伦理学》1098b9—18,它被标识为 τὰ λεγόμενα(所说的话)。同样地,《论灵魂》432a25 与《尼各马可伦理学》1102a26 很近,但却离下面这一点很远,即灵魂(ψυχή)的区分指向亚里士多德早期作品。当然,耶格尔的观察是反对第尔斯的解释的。就《欧德谟伦理学》与《劝勉篇》的其他很多关系而言,这种对于"引用"的关系事实上也是邻近的。然而,这个引用形式保留了值得注意的特征。这个形式导致这样的预设,那些应当由之暗示的作品对于作者形成了一个内容上的统一。但是,当《欧德谟伦理学》第 2 卷第 1 章对《劝勉篇》第 1 卷第 8 章而言成为一个对理念论的批评的时候,这个统一性在于何处呢?如果我们把所有这些片段放到一起,则第尔斯的解释很多是站得住脚的,主要是因为他也解释了《物理学》第 4 卷第 10 章。只是,人们必须得承认,亚里士多德的文献作品,首先是《劝勉篇》,根据事实,完全属于由第尔斯所勾勒的形式的意义范围,也是为人所熟悉的,并被确定为学生的范例,正如那个时代的一般的前理解。

就算《欧德谟伦理学》真的完完全全引用了《劝勉篇》,但其中什么又可以证明亚里士多德就是作者呢?也有可能是欧德谟斯使用和引用了亚里士多德的《劝勉篇》,但这个猜测并不能被严肃地进行讨论。(一个学生引用老师的时候使用"我们",这在文献中是常见的。)

《欧德谟伦理学》的真实性问题很难以不同于以《尼各马可伦理学》为导向的解释而来判定。因为只有这样的解释才会导致对《欧德谟伦理学》统一的内容上、立场上的价值之考虑,这是耶格尔为他观察到的关系所使用的一个前提,但这前提需要首先被证明。关于这两部伦理学到此为止的探究,无论如何都不能对《欧德谟伦理学》的难以理解之处有任何帮助。[14]《欧德谟伦理学》关于 φρόνησις(实践智慧)问题的讨论段落还是一如既往的是个谜。在那里这个词还保留了理论层面的、柏拉图式的意义,但是却也没有缺少相对于 ἐπιστήμη(知识)概念的全然有意识的突显(第7卷,第13章)。同样成谜的还有这部伦理学的神圣法方面(theonomen Aspekt)。神学方面的渗透很难和《尼各马可伦理学》的另一方面观点明显一致起来。而且,整体构成,从一对象到另一对象的过渡,也是一个如果不回到《尼各马可伦理学》就很难解释的问题。无论如何,尝试将《欧德谟伦理学》置入发展史框架,首要的难点在于整个伦理的—神学的学说还暂时呈现出了一副混乱的景象,这景象并没有因为个别地方适合发展史视角而能得以更好理解。那个由耶格尔论题所提出的研究任务在于:不再只是解释个别的部分,而是解释《欧德谟伦理学》整体;不再是就个别特征,而是就整个柏拉图和亚里士多德后期伦理学进行解释。耶格尔这种解释结构的一个未经批评的要求会导致对这个根本困难的忽视:对如下问题总是碰到非常困难的决定,即与柏拉图立场的亲缘性是否是原初实事性的立场,或者还是亚里士多德立场与对柏拉图的反对之高度堕落后的表达,而希腊伦理学在后世的进一步发展就通过这一堕落而被刻画出来。

[这个研究目前导致了这样的结果,三部亚里士多德伦理学呈

---

[14] 关于第一个段落见弗莱堡大学卡普(E. Kapp)的博士论文《〈欧德谟伦理学〉与〈尼各马可伦理学〉的关系》(1912年)。但这部作品也没有解释《欧德谟伦理学》的内在问题,而认为其真实性证明是已完成的,如果它能证明,《欧德谟伦理学》中的每个主题相较于《尼各马可伦理学》中的对应主题都占有了内容上的优先性。

现了同一个基本学说的变形。同样,《欧德谟伦理学》与《尼各马可伦理学》所共享的三卷*原本显然应属于《欧德谟伦理学》(参见迪尔迈尔〔F. Dirlmeier〕的评注,以及最新的精确分析:肯尼(A. Kenny):《亚里士多德伦理学》,牛津,1978年)。我对《欧德谟伦理学》真实性的怀疑在今天看来是不再成立了,但我对于耶格尔的发展史建构的怀疑却仍然存在,尽管这个学说有很多追随者。]

(田洁 译,高语含、洪汉鼎 校)

---

* 此处指的是《欧德谟伦理学》第4—6卷与《尼各马可伦理学》第5—7卷完全相同。——译者

3. 柏拉图与诗人

（1934年）

"每个哲学作品都有一条论辩线索贯穿其中，即使并不容易被人觉察到。进行哲学思考的人与他的前辈和同辈意见并不一致。因此，柏拉图的诸种对话往往不仅面向某些东西，而且还要反对某些东西。"

——歌德

柏拉图的《国家篇》为城邦及其教育规划了一种理想秩序；就在这部著作中，柏拉图判定，要把荷马和那些伟大的阿提卡剧作家们完全驱逐出城邦。① 也许从来没有哪个哲学家对艺术的地位作过如此彻底的否定，艺术作为最深刻和最隐秘真理的启示这个对我们来说不言而喻的资格，从未被如此尖锐地争论过。要理解柏

---

① 下面的分析是1934年1月24日在马堡人文中学的朋友聚会上所做的报告。发表本文也是为了在更大的圈子中呈现给对这个主题感兴趣的人们。因此，开篇语和支撑性的引文大部分都被删去了。此外，把柏拉图对诗人的批评从整部《国家篇》中拿出来，终究造成了对一些最重要的论证环节的放弃：比如第1卷中对传统正义概念的辩证分析，第4卷中对苏格拉底意义上的古代德性学说的新解，尤其是（第5—7卷的）理念论——此种理念论超越了德性学说，真正实现了人和城邦的意义。[参见"柏拉图的教育城邦"，现收入本卷第249页以下。]

拉图对诗人的批评的意义和正当性，或许是最困难的、对德意志精神的自我意识来说最棘手的任务，这个任务是德意志精神与古代精神的论辩为自己所提出来的。因为正是在古代艺术和诗歌那里，德国古典和浪漫主义时代的美学人文主义辨认出古典时代并将其树立为不得不追随的理想。而柏拉图，这个对古典时代之艺术的敌意的批评者，他自己却被浪漫主义者悉知为希腊人诗歌才华最杰出的体现，并且从那时开始，就与荷马、悲剧诗人们、品达以及阿里斯托芬一样备受赞叹和爱戴。尤其是由于古典理想被唤醒而产生的学术研究，以它特有的方式完全证明了这种经验的合法性。这种研究寻找柏拉图对话文学特有的形式法则，并在柏拉图的作品中辨认出所有赋形之力的令人惊叹和充满艺术气息的结合，这种结合一直规定着从荷马到阿提卡悲剧和喜剧的文学发展。柏拉图自己也表明他一度满足了这个要求，该要求是他在《会饮篇》中，在苏格拉底与悲剧作家阿伽温及喜剧诗人阿里斯托芬的彻夜讨论中提出的，即真正的悲剧作家必须是真正的喜剧诗人。此外，柏拉图在诗歌形式发展史中的地位，在明确的古代传闻中得到了证实，即柏拉图年轻时自己也曾写过悲剧。

但这一传闻也告诉我们，在成为苏格拉底的学生之后，柏拉图便烧毁了这些不成熟的作品。理解了这个故事也就意味着理解了柏拉图对诗人的批判。因为我们肯定不能把它理解为（如某些古代的权威所提议的那样）是柏拉图受苏格拉底影响而醒悟，放弃了他青年时的不正确道路。我们不能像通常所做的那样，在解释某个开创性人物的一个类似自传性故事时，把它解释成这个人发现了自己的真正才能。如果这个古代的故事确实是真的（而不是由于柏拉图后来对诗人的批评而杜撰出来的），那它的真实性并不在于，柏拉图已经认识到他不可能成为伟大的诗人，而在于他并不愿意做一个诗人，因为与苏格拉底相遇使他体验到，在面对哲学之显现时，就不再值得自己去做一个诗人了。

毫无疑问，除了我们熟知的、柏拉图用来激烈地反对古典诗人的衡量诗歌地位的标准外，肯定还有其他的标准。在《国家篇》第十卷中，我们得知了柏拉图反对被爱戴的荷马的原因：荷马并不能建立一个比卡隆达斯或梭伦所建立的还好的城邦；他也没有揭示任何一个为了大众福利的天才的发现，像泰勒斯和阿那卡尔西斯那样；除了公共影响力，他也没有作为某个圈子的领袖和带头人而为少数人创立一种荷马式的生活方式，就像毕达哥拉斯创立毕达哥拉斯式的生活方式那样；他甚至连智者学派的大人物也比不上，他们是有成效的、成功的教育者，而他却无家可归，不得不过着一种居无定所的游吟诗人的生活。当我们听到以上种种，诗人的价值在这儿要按怎样的标准来衡量和摒弃，这个标准如何能够说服我们反对诗人而认同哲学家，这两个问题使我们既不敢把这条标准应用在诗人，也不敢应用在哲学家身上，甚至根本不敢用它来衡量精神的意义。

所以，如果我们想要评价柏拉图对诗歌的判决和对诗人的批评时，我们将不得不试着再一次去理解这个标准。并且，我们这么做不是为了使他的判决从我们身上挪到远离某个独一无二的历史时刻那儿，而是相反，是为了首先创造这样的可能性，即他的判决对我们依然有某种意义。当柏拉图焚毁他的悲剧作品时，他并没有用生命意义之深度这个标尺来平息哲学和艺术之间的一种永恒的地位之争,而是在做出判决的时候承认了苏格拉底哲学的不可避免性,而诗人和任何其他人都经受不住这种不可避免性的考验。

我们应该回想一下《申辩篇》中苏格拉底的故事:他是如何向政治家、诗人以及工匠证明"无人比他更聪明"这条神谕并且发现说他们一切无知是情有可原的。在这一系列求证中,对诗人的审视又包含特殊性:尽管诗人不会对自己发出苏格拉底之问:什么是真正的德性,但他们的作品中却可能包含着真正的答案。只有当诗人基于自己的诗歌作品而自认为是最有知识的人,尽管他们不过是像神谕的预言者和解释者那样转述神的教示,只有这个时候,他们才印证了德尔斐神谕。尽管他们的诗可能总有神谕性,但他们自己比任何听众都缺少解释诗歌的能力。这就是苏格拉底的证明所揭示的。

"诗人一旦坐在缪斯的三脚凳上,就丧失理智了,他只让一切进入他的东西像喷泉一样任意涌出。并且,由于他的全部艺术只是模仿,所以当他对互不相同的人们作诗时,他时常不自然地说出自己反对自己的话(自相矛盾)。他不知道在他所说的事物中哪一个才是真实的。"——"诗人们不是出于自己的知识而叙说,而是被神充满并在神灵附体中……在神灵附体中创作,就像酒神从河流中汲取蜂蜜和牛奶一样。"并且他们告诉我们,"他们像蜜蜂一样四处飞翔,在缪斯的花园和树林里采集着流着蜜的花粉,并给我们带来他们的诗歌蜂蜜。而且他们是对的:诗人是一种轻盈之物,长着双翼、无比神圣,只有当他被神充满、意识不清醒、不再有理性时，才能创作。"

对作诗激情的承认，充满了最危险的模糊性。尽管这般刻画是如此光彩夺目，但其讽刺批判的基调还是占据了主导地位。作诗很可能是神圣的疯狂和神灵附体，但它无论如何都不是知识，不是能力，并不能够提供关于它自己和它自身真理的解释。诗人强有力地唤起的生活画面，跟生活本身一样，一直是含混不清的谜。真正的生活技艺是什么，不断追寻的苏格拉底没有从诗人那里体验到。因此，当苏格拉底把诗人们尊奉为"智慧之父和引领者"时，这听起来简直是赤裸裸的讽刺。并且，他激烈地反对"荷马教育过全希腊"。

尽管如此，柏拉图关于作诗热情的言论还有其他意思：这些"神圣的人"是否说出了真理，在离诸神更近的时代他们诗歌的真理是不是真的被理解了，尽管人们如今不再理解它，苏格拉底并不想真正地断定这个问题。他只知道他自己的无知和他能够询问的那些人的无知。因此，在关于诗人的这种是和否的讽刺中就潜藏着这样的要求：通过哲学思考追问他对荷马的批评之合理性。

柏拉图到底谴责荷马什么？首先是他对诸神的描绘：每个神都有着我们所熟知的人类的模样，他们住在奥林匹斯之巅，吵吵闹闹、胡作非为、诡计多端、居心叵测，和人类生活中到处都充斥着的一样。其次，他反对荷马对哈德斯形象的描绘，认为它必定会唤起人们对死亡的恐惧。他反对向死者表示过度的悲伤，反对过分的讽刺和嘲笑，反对荷马诗中神和英雄们对情欲的无节制的欲望。

这一切看来更像是对荷马史诗中的神话的批评,而不是对如此这般的诗歌的批评。柏拉图并不是唯一如此批判神话的人。他的先驱包括哲学家色诺芬尼、赫拉克利特、毕达哥拉斯和阿那克萨戈拉,他们都对荷马的神学做过类似的批评。但更重要的是,一些晚一点的诗人、品达和一些悲剧作家们,他们也与柏拉图的意见相一致。正是他们,在各自对古老神话的续写或扩展中净化和提升了诸神和英雄们的形象,偶尔还公然地反对传统的言说形式。续写或扩展传统的神话,从它们那里赢获新的真理、新的道德和政治意义,这并不是诗人偶然地迎合其公众的愿望和期待,而毋宁是诗歌创作自身的特性(所有其他的诗歌技艺都必须服务于它)。作诗就是去寻求恰当的(recht)神话。并且,正如亚里士多德所言:神话是悲剧的灵魂。那么,柏拉图只是古老神话的这一系列哲学批评者和诗歌改造者中的最后一员吗?他是伟大的神话传统的最极端的净化者吗?还是把古老的神话改造成新习俗(Ethos)的最激进的改革者?

所以,当大家想起他对荷马史诗中众神与英雄们的批评时,便可以这么认为。这种批评与色诺芬尼对荷马笔下众神的粗野的、拟人化形象的攻击,与赫拉克利特关于荷马应当从赛会中驱逐出去并被鞭挞的观点有着同样的宗旨。但是,当后荷马时代的诗人们把诸神的胡作非为、不受道德的传统视为吟游诗人的谎言加以抵制时,他们与柏拉图基本上似乎并无二致。因此,柏拉图超过诗人和哲学家们的地方似乎只在他们自己所承认的要求的严格性上。事实上,甚至他要净化神话传统的动机本质上似乎也与他们相同:他们之所以都反对虚假的东西,不仅因为它是虚假的,而是为了教育的缘故。诗人们自己知道,他们对年轻人的影响最大:"每个能给小孩讲故事的人都可以作小孩的老师。但年轻人的老师是诗人。因此我们应该只跟年轻人讲正确的东西"(阿里斯托芬)。

但是,柏拉图的批评却永无止境。戏剧也经不住他的批评。因为他用同样过分的标准来批评文学创作的形式。文学创作用叙事的形式,或直接模仿的形式,或者用两者相混合的形式来展现其内容;如酒神颂歌、戏剧、史诗。现在一切模仿性展现都将被抛弃,只要展现的不是模范性的习俗(Ethos)。结果荷马史诗可剩下的内容寥寥无几。事实上,柏拉图有意识地把攻击挑衅做得过火,即把《伊利亚特》的经典开端从直接引语第一次出现开始就改为间接引语。当他把这位诗人的家喻户晓的诗行改成毫无光彩、平淡朴实的报道时,明显并且挑衅性地有意让它缺乏诗意。

荷马(A33 以下):

> 他说完之后,克律赛斯吓得瑟瑟发抖,只得从命。
> 他一声不响沿着白浪铺卷的大海的岸边走去。
> 当他独自一人,漫无目的走着,这老人,
> 便向阿波罗,头发卷曲的勒托之子,苦苦哀求,
> 听我说,神啊,你带着银弓,令克律赛斯反败为胜,
> 使神圣的基拉(Killa)多子多孙,你是涅多斯至尊的主人,
> 斯明特乌斯!念我曾为你装饰金碧辉煌的庙宇,
> 念我曾把上好的公牛或山羊肥腿烧熟献给你,

请你成全我的这个心愿:
请用你的箭,让阿开亚人偿还我的眼泪。

柏拉图(《国家篇》,394a):

当老人听到这话,深感畏惧,便默默无语地离开了。走出了营地之后,他呼唤着阿波罗的各种名号,向他祷告,提醒神回想起无论在建殿时还是在感谢神的祭仪上,他所献上的礼物是多么丰厚,并要求阿波罗给予报答。他祈求,作为感谢,神应当用他的箭矢惩罚阿开亚人,以泪水偿还泪水。

当然,这应该只是表明报道和模仿之间的差异的一个例子,但却是一个有意中伤的例子。因为按照所提的规范,那实际上《伊利亚特》开头场景中的所有直接引语都必须被净化了。无论是阿伽门农的勃然大怒,还是祭司的复仇祷告都不允许模仿。因此,现在整个阿提卡戏剧统统遭到摒弃,还有希腊音乐中独特的音乐元素——乐曲(和声)和节奏——遭到同样不加反思的遣责,以致最后作为教谕性的诗歌只剩下赞美神、英雄与德性的酒神颂歌式的赞歌,即简单严格的音乐形式来表现正确的习俗,就再也不令人感到惊讶了。

并且,对诗人的这般审查似乎还不够,在《国家篇》最后(第10卷的开头),柏拉图又回到把诗人赶出城邦这个主题,而且更加尖锐地加以重申。他提出的理据看上去既严肃又有说服力,并且挑衅之意并无减弱，反而更强了。拘于自孩提时代就伴随着他的对荷马的热爱和羞涩的敬畏感（而且现在仍然迷恋着他），苏格拉底带着明显的迟疑开始了对荷马的再次清算。但是，当清算变得粗暴和令人咋舌时，这种迟疑就更加明显了。他将荷马归为工匠，说他是一个诡辩家，一个只会制造骗人的影像，甚至通过唤起各种各样的激情来败坏灵魂的变戏法者。因此，他认为，把九位甜美的缪斯全都从城邦中清除出去是必须的，不管她们可能多么有诗意。

总的说来，柏拉图的观点就是这样。事情再清楚不过了，对荷马及诗人们的令人咋舌的攻击其动机不仅仅在于教育者的责任，正是出于这个责任他之前的哲学家和诗人们对神话传统进行了净化。柏拉图的批评总体而言不再是对神话的诗性批评或是对经过批评而得到净化的古老诗歌的真正保留。因此，他的批判不是变成了对承载于希腊之本质之上的基础和对希腊历史的遗产的攻击吗？这个攻击不是发自一个不懂艺术的启蒙者（Aufklärer），而是发自这样一个人，他的作品自身就从诗歌的力量中汲取营养，召唤着诗歌的魔法，并且用诗歌的魔法迷住了几千年的人类，难道不是这样？然而，哲学家柏拉图无法公正地对待诗人和诗歌艺术，这件事不正好表达了诗人与哲学间的原始嫌隙吗？尽管柏拉图有他自己的保障。

想要以任何方式弱化柏拉图的批评所具有的挑衅性悖谬都是错误的。确定的是，柏拉图自己在这里暗示了诗人和哲学家间的原始论争，但只是为了说明他的批判并没有流露出这种古老的敌意。确定的还有，他对荷马神话的批判并不是没有类似的激进先驱者。还可以确定的是，如果如今的读者不知道诗人在希腊教育中的地位，柏拉图反对诗歌艺术的观点在如今的毫无准备的读者听来依然会觉得陌生；那时的人们常常从荷马那里获得自己的全部知识并运用于所有领域（正如后来的基督教作家一切皆获自《圣经》）；诗歌的听众常常迷失在寓言的解释和琐碎的注脚中；由于在希腊世界口头言语占支配地位，诗意的表达作为格言和警句声声入耳、直击心灵，诗的作用不会受限于诗人的整体意图或由整体意图所规定——所有这些都确有其事。但是柏拉图批评的巨大独特性并不能通过弱化得到逐渐减缓。而那种捍卫柏拉图观点的看法同样是错误的；他们认为柏拉图批判的不是诗歌本身，而是诗歌在同时代人那里的堕落退化，满足于对现实生活之场景的单纯模仿。尽管荷马及大悲剧家使苏格拉底和他的朋友陶醉不已，但受到批评的正是他们。还有一种观点同样不能给我们的理解带来帮助，即认为柏拉图对诗人的批判是其本体论基本假定的逻辑一贯的结果，当我们预先把柏拉图当作理念论的形而上学家然后再进行证明时。然而，事实正相反，柏拉图对诗人的态度并不是他的思想体系导致的，不是这个体系不允许他对诗歌的真理给予公正的赏识，而是某个决定的有意表达。这个决定是他被苏格拉底和哲学所俘获时做出的，这种哲学反对时人的整个政治和精神文化、质疑他们拯救城邦的才能。柏拉图把他对诗人的批评放在《国家篇》两处显要的地方，并作了明确的阐述，这不是没有原因的。因为通过与阿提卡教育的诗歌基础决裂，柏拉图的哲学活动作为与整个传统不同的全新活动，其教育意义就展示出来了。

所有解释都依赖于提出把诗人从希腊生活的神圣殿堂驱逐出去这一立场的语境。这就意味着，忽视这一语境而孤立地评价柏拉图的命题,好像这些命题已经明确表达了柏拉图关于艺术的主张,好像至关重要的是一种辩护,这种辩护容许我们同样热爱诗人及其反对者,所有这样的解释从一开始就是错的。实际上,唯有从其位置出发,对诗人的这种批评的意义才能得到规定:它出现在柏拉图的《国家篇》中,出现在为一个城邦的护卫者所设计的教育规划中。这个城邦只在言语中、用它所必需的建筑材料,在我们眼前被建造起来。只有在这种总体的城邦奠基的语境中,从完全摆脱现有城邦的动机出发,从在哲学的言词中为城邦奠定新的基础出发,对诗人的批判才能得到理解。直到这时,对诗人的批评才能获得它的严肃性。

柏拉图自己在著名的自传性声明《第七封信》中,对他西西里的政治上的朋友叙述他是如何学会从实践政治行为中抽身而退,以及如何在长时间等待之后认识到行动的时机,认为城邦的新生只有通过哲学才能实现,因为在他看来,不仅是他的母邦,现存的所有城邦结构都糟糕透顶且几乎不可救药。柏拉图的《国家篇》就是这一见解的表达。他要求,哲学家必须成为城邦的统治者,因为只有根据哲学来治理城邦,城邦才能变得井然有序。

这个要求和它的理据适用于《国家篇》中关于城邦秩序所说的一切。但是,如果有人从字面上去理解苏格拉底所提出的关于教育和城邦秩序的构思,那么他便误解了这一要求的严肃性。这个城邦是一个思想中的城邦,而不是现实的城邦。也就是说,在它身上有一些东西会显露出来,但它本身并不想成为一个蓝图,后者为城邦的现实生活带来更好的秩序。柏拉图的城邦是为那些想要使自己和自己的内在状态井然有序的人提供的"天上的原型"。它唯一的规定性就是,让一个人在这个原型中认识自己。当然,在原型中认识自己的人正巧并不把自己当作一个脱离城邦的孤立个体来认识:他在自身中认识到城邦之现实建立于其上的基础,不管他生活于其中的城邦是多么腐败、多么丑恶,他也能在自身之中认识到那个基础。这里所拟定的教育蓝图,这个完全推翻了现存教育秩序的蓝图,它有助于把人的政治本质、"正义"的真正本质等问题,擢升到所有生活秩序的形态之上,并进入"灵魂"这个基础,因为迄今为止的城邦和从今往后的城邦无一不是建立在灵魂这个基础之上。

因此,柏拉图对传统诗歌的批评性净化也只能从这个规定出发才能被理解,即《国家篇》的整个典型机制所拥有的规定。同时这个净化不可能是改造传统教育的一种指示、不可能是按照新标尺而对"教学计划"进行的一种净化。如果我们用人们通常对诗歌的教育意义所提的那些要求来衡量的话,那么与对诗人的批评一道出现的这种要求是过分的。在古代诗歌方面的一切有教益的传授,无论是过去还是现在,都像所有现实的课程一样,被视为某种纯粹的辅助,它使传统的诗歌遗产能够达到教育青年的目的。因为所有教育都产生于自身的关键时期。但是,教育的头等功效从来都不归于明确的指示,而是归于"城邦的律法",尤其归于未成文律法,归于在城邦社会中占主导地位的习俗,习俗潜移默化地塑造着人。因此,诗歌的教育功效的秘密就在于,与在道德共同体内占主导地位的精神相应的东西,总是来自于诗歌。由于荷马史诗中有英雄道德、勇气、荣誉、视死如归、高尚、忍耐、理智等方面的伟大典范,他在希腊青年当中影响深远,就像他今天依然对某些青年有巨大影响一样,诸神间的不和、欺诈、卑劣的计谋或胆小懦弱并不会作为消极的榜样而产生影响。

有鉴于此,柏拉图对诗歌的审查显得像一种理智主义者和道德主义者的盲视。因为这里给予了诗歌所不可能负担也不需要负担的包袱。在柏拉图看来,诗歌的内容应该被净化得如此干净,以至于它靠自身力量就能达到巨大的教育效果,即在游戏中向青年人的灵魂灌输货真价实的习俗,一种规定着青年人和老年人生活共同体的习俗,是无须操控和引导诗歌言词的影响的。这给诗歌加上过重的教育任务,它的动机只在于它的批评意义:一种能够保证诗歌的正确影响和对诗歌的正确阐释的具有联结作用的城邦习俗,自从诡辩术规定着教育的精神以后,就不复存在了。这种过重负担只有通过柏拉图所说内容背后的批判动机才能得到说明,这是柏拉图笔下的苏格拉底的见解。虽然正义和政治人物的德行刚好也算智者式教育的品格目标,但苏格拉底已经揭示了这种品格的真正意味:对智者来说,正义(Rechtigkeit)不过是所有弱者未雨绸缪的约定,道德并没有自身的有效性,而是彼此间相互监视的形式,律法的有效性只有通过彼此间的恐惧才能得到维持。律法(Recht)是一个人借助其他人的帮助对抗另一个人从而生存下去的基础,而不是一个人在其中自我理解的公正(das Rechte)。智者们关于法的理论的五花八门的变种有一个共同点,那就是要为公正提供一个"基础"。无论智者们认为他们自己是保守的还是革命的,甚至当他们认为自己正在给城邦律法树立威信时,他们已经歪曲了公正的意义。作为律法的矫正者,他们已经否认了律法,即便当他们"开释"它的时候。因此,卡里克勒斯和色拉叙马库斯关于强者之公正性的直白宣告只不过揭穿了一个事实上占主导的想法：无人自愿作公正之事。

当这样一种真理充满了城邦精神时，诗歌的教育效果就转变成了它的对立面。对于听惯了色拉叙马库斯及其他智者的言论的人来说，诗歌世界成了颠倒混乱的精神本身的明证，而此前几代以来诗歌世界都一直为年轻人树立着更高的人格典范。因此，在阿德曼托斯（第 2 卷开始）的高谈阔论中，诗人们自身被认为对正义的正确意义的陨落负有责任：人们教孩子们公正并不是为了公正本身，而是为了利益和好处，而整个诗歌也是这样教孩子的。从英雄们开始并一直到今天，不公正从未由于它自身而受到诟病，而公正也从未由于它自身而受到赞扬。但阿德曼托斯继续解释说，并不是他独自对古代诗歌的真相有此看法，他总结说，色拉叙马库斯或其他人对公正和不公也可能说过这样的话，其中把诗歌的真正含义进行了大胆的歪曲。

由此，苏格拉底应当向公正献上真正的赞歌。他必须完成其他人尤其是诗人所不能完成的事情。柏拉图的《国家篇》必须真正地大声赞扬正义，这赞扬将永远胜过智者们对正义之意义的歪曲：正义并不是律法，不是每个人据之以反对另一个人的律法，而是一种公正存在（Rechtsein），是每个人都为自己和为他人而共同存在；正义不是一个人警惕着另一个人，而是每个人都警惕着自己并照看着内在机制的公正存在。

如若现在在苏格拉底提出的理想城邦中，诗的传统被净化至古代遗产被完全毁灭，以便不再有证据来支持智者们对诗歌的歪曲的程度，这种净化的过度，这种比所有时代的道德说教者所抱有的最大胆的权力梦想还要超过千倍的过度，必须教导我们，柏拉图意义上的教育新秩序应该是怎样的。它不会向我们展示，在一个现实城邦中诗歌应当是什么样子的，而是将展示和唤醒建立城邦的力量自身，城邦的一切本质都有赖于这些力量。因此，苏格拉底用语言建立了一个城邦，它的可能性只存在于哲学之中。这个看起来像一个完全奠基于某个教育组织的力量之上，像一个通过某种新习惯的力量而从虚无中诞生的、没有任何历史的新开端的城邦，实际上是一幅图画，灵魂应该在它的如椽之笔中认识到什么是正义。但是，灵魂在其通往知识的道路上不仅必须远离传统诗歌和道德的传统世界，它还必须把这个新习惯之城邦自身也抛在脑后，必须通过数学跨越出去，以便学会区分表象和真理，并且只有对于已经通过哲学思考而跨过了现实的阴影世界的人而言，回归城邦事务的现实道路才得以打开并得到实施。

　　因此，对理想城邦的描绘有助于政治家的教育，但并不是像一本带有对教育方法和材料的探讨的教科书那样，能够给教育者指明目标，且应把教育者引领到其教育实践之中。在这部关于"城邦"的著作背后存在一个真正的教育城邦，即柏拉图学园这一共同体，该学园的意义在于：这个在数学和辩证法方面有着严格训练的团体并不是一个非政治性的学者团体；这种训练毋宁应该达到这样一种境界，这种境界是流行的智者教育由于其百科全书式的授课和对古代诗歌这个教育材料的武断道德化而尚未达到的，那就是重新发现人们灵魂中的公正，并以此教育政治人物。但是，这种教育，这种参与城邦的现实教育，绝不是通向一个预定目标的离奇古怪且大而无当的灵魂指引术（Psychagogie）。相反，恰恰在对既有道德观念的表面有效性进行质疑时,这种教育就是对正义的新的经验。这种教育根本不是建立在一个理想组织的力量基础上的权威性教育,而是只活跃在问题之中。

至此,要解释柏拉图对诗人的批判必须从这种模棱两可入手。它的过度是他的规定的具体表达,即在不可能性的蓝图——不可能建立一种拥有无限创造力的教育——中实现可能性,即对城邦政治人物的真正教育。这种教育的首要前提是,它与当时希腊人和作为希腊人的人文主义接班人的我们在"教养"(Bildung)和"文化"(Kultur)两个概念下所思考的东西相反,当时的希腊人和现在的我们所想的是:"在生活的各个领域中对人性的塑造","人性的协调发展"。② 尽管柏拉图在开始批判诗人之前讨论教育的各种形式时,他解释道:看上去人们似乎能够找到比人们早就已经找到的形式——用音乐培育灵魂、用体操训练身体——更好的形式,其实不然。但是,事实上,这种对希腊人文素养(Menschenbildung)的悠久传统的虔诚恪守,却潜藏着对伟大的希腊诗歌的不虔诚的、严厉的审查,这种审查我们已经见识到了。并且,当我们质疑这种严格审查的合理性时,我们就会完全明白,在柏拉图的教育和一切其他的教育——无论是通过祖先的习俗和惯例,通过诗人们的智慧还是通过智者们的教导所实施的教育——之间,存在一条不可跨越的鸿沟。对柏拉图来说,教育并不是传统意义上培养孩子们使其获得音乐技能和身体灵活性,也不是热衷于依靠神话和诗歌

---

② 这两个表述参见耶格尔:《柏拉图在希腊教育建设中的地位》,柏林,1928年,第17页。

3. 柏拉图与诗人 297

中的英雄典范来提升青年的精神气质,或者借助如此这般的"人类生活之镜"来教育人使其获得政治和生活智慧,而是培养人使其获得灵魂的某种"内在的"和谐,获得"犀利"与"温和"、意志力和哲思间的某种和谐。

当然,这听起来也像"和谐人格"的人文主义理想的残余,即通过人的素质的全面发展培养和谐人格——并且,与这种审美理想相符的是,"对人类种族进行审美教育"这个观念应该为审美理想开辟道路。然而,柏拉图用这种和谐来指出人的本性中的一种不和谐的情绪(《国家篇》,375c7)③。教育乃是对人身上难以调和的因素、对人身上的野性与平和间冲突的统一。仅从教育方面来说,城邦的护卫者并非本性上就是公正的,所以至关重要的是,要使他们能够发展他们的潜能。毋宁说,恰恰是为了将他们潜能中分裂成两半的东西统一起来,才需要教育。实际上,护卫者阶层才是真正的人类阶层。④

柏拉图以混合着怀念和讽刺的独一无二的方式描绘了一个素

---

③ 这一点在《国家篇》410c 以下表达得更清楚,而《政治家篇》306 以下给予了最充分的强调。

④ 当然,护卫者们只是一个城邦的领导层,而城邦由大量各种职业的人组成。但值得注意的是,只有在护卫者这个阶层中,教育才成为专门意义上的课题,并且是为了认识正义;这就是说,"各行其是"(ἰδιοπαγεῖν)的职业正义只是真正的正义的影像。虽然正义的"真理"并不只有在护卫者那里才能找到,但只有从护卫者开始,只有跟他们联系在一起,职业的人才可以说分有了真正的正义。对于后者来说,"各行其是"的含义更多地是指不要干扰其他阶层(亦即武士和护卫者)的事务,而不是不要涉足其他职业的工作;因此也就意味着:让自己充分表现自己(《国家篇》,434ab)。但是,最后这幅关于城邦的整个蓝图有助于解释"内在的城邦",亦即每个个体灵魂的体制,后者的正义作为"内在的行动"为个体的所有行为提供规范;不管是获得财富的行为、满足生理需要行为,还是事关政治或私人事务的行为(《国家篇》,443de)。

食的、健康的、田园诗般的城邦,即"猪的城邦";在这个城邦中,和平与和平主义是自然而然的事情,因为每个人都以对所有人来说不可或缺的正确行为做正义的事情。然而,这种由供需紧密相联而组织起来的城邦在现实的人类历史中并不存在,也并不是人类城邦的真正理想⑤。因为这样的城邦没有历史,并且正如它没有历史,它也缺乏人类真理。人类并不是纯粹的自然生物,像能够建立城邦的动物比如蚂蚁那样,在对生活保障的有目的的组织中满足其社会冲动。人是放纵无节、渴求进步的动物。因此,这个"城邦"由于需求的增长会凭借自身力量完全扩大,这种"膨胀"的最终结果是武士阶层的登场,并且在其中出现了新的东西,一种真正的人类,即城邦人的存在。

---

⑤ "猪的城邦"(《国家篇》,369b—74e)是一幅与人类政治生活的现实恰恰相反的讽刺性蓝图。因为,在任何历史时期或史前时期,都不存在任何人类的城邦,它不是已经跨越了必然性的王国并因此而进入到历史的王国中来的。在这个历史中有繁荣、有衰败、有堕落、有拯救。但是,在柏拉图看来,这一切都与正确的教育有关。猪邦的居民所享受的健康生活方式本质上是从老一代到年轻一代的无历史的生命流传(372d2)。因此,在这个城邦蓝图中,找不到关于什么是正义这一问题的真正答案,因为关于公正的问题在这里完全不存在。公民们彼此间的联系局限于生产大家都必需的物品这种交互需要,并因此在消费他们的产品时这种相互联系就实现了。在372a中,笔调转向了讽刺,这应该是明确地表明了,在柏拉图看来,停留在这种建构上是不可能的。正义的城邦在这种"健康"中是找不到的。只有在非正义也可能存在的地方,在对供需的协调分配组织的超越中,在一个既有主人又有奴仆、有"美好事物"、有人侵他人领地的欲望(πλεονεκτεῖν)和战争的城邦中,什么是正义的问题才会被提出来。正义的城邦就是在历史的现实中将过度带回到适度的城邦(399e5:διακαθαίροντες)。维拉莫维茨在他关于猪的城邦('Υῶν πόλις)(《柏拉图》,第2卷,第214页以下〔柏林,1919年〕)的富有启发性的论述中,正确地认识到了柏拉图不满意这种"理想"状态而运用那个讽刺漫画的原因,但他没有看到,在论述人类职业的首次分工时,不能忘了外部威胁,还有由此而产生的武士阶层。因此,他并没有认识到健康繁荣的城邦这条弯路在认识正义时的必要性。

而武士的工作是唯一一种其目的不是生产人们必需品的工作，这种工作并不在于对技艺的单纯运用。相反，对武士提出的要求与具体工作毫不相干：他必须能划分敌友。因此，从本质上讲，他的技艺就是知识，关于在何时、何地以及对何人应当或不应当行使其技艺的知识。因此，他的本质就是护卫。武士就是护卫者。护卫同时是对某些人的保护与对另一些人的防卫。保护某些人即意味着，可以对他们行使权力，而且这种权力和强力并非是要加害于他们，而是对他们有益。因而，与运用手艺不同，进行护卫需要在其战争的工作技艺中保持节制与自我克制。但这种节制隐含着更多的东西，如热爱友人仅仅因为他是友人，不只是由于他做了什么好事，而且即使在他行恶之时也仍要爱他；相反，憎恨敌人只是因为他是敌人，哪怕他做了什么好事。柏拉图将如此附加给尚武意志的力量称为哲学的本性，他用忠诚的看家狗这一比喻来描绘这些对立本性的统一。就像狗会对家中朋友表现出友善，只是因为他是熟人，所以狗就是熟人的朋友，也就是认识之友——而从字面上讲，哲人就是知识之友。因而，作为人，护卫者必须在他自身中培育哲学的本性，与此同时，他还必须使这种哲学本性与自我保卫和权力意志的暴力本能在自身中和谐共处。

教育的使命就是要进行如下协调：既不使人变成驯顺的牲畜（奴隶），也不变成贪婪的豺狼（独裁者）。因此，人之成为人群中的一员，成为城邦动物的力量与能力，就在于对这种哲学本性与尚武本性进行统一。但这种力量并非人天生就具有的。因为即使在人身上必然具备这两种"本性"，人也只有在抵挡住因奉承而产生的权力之诱惑时才能成为城邦的动物。⑥但是,这意味着他必须学会区别真正的朋友与虚伪的朋友,区别真正的正义与阿谀奉承的假象。而只有哲学才能做出这样的区分:哲学喜爱真实,厌恶虚假。因此,哲学使人之作为城邦的动物真正得以可能。由此可见,教育并不是什么技能培养,毋宁说,它是对爱智与权力这种统一状态的制作,是对人所固有的这种危险性的平息,但这并不是要达到一种和谐的构型,而是要达到一种共同的统一力量。这样,并且只有这样才是人的存在。

因而,柏拉图将智者启蒙的洞见纳入到了人的危险性(即那种自我保存的力量所带有的暴虐专制)之中,也将它们纳入到教育的理念中,但柏拉图也将"哲学性因素"(Philosophische)视为一种同样根本的资质,视为人的一种可能性。城邦正义的建立并非因为单个个体的软弱无力以及缔结契约的明智审慎,相反,人之为积极的城邦动物,正是由于他能不顾自我保存而行利他之事。检验护卫者的标准就是看他是否坚守并捍卫这项根本原则,即最重要的不是他们自身的幸福,而是城邦全体的幸福。只有当他是城邦自身的护卫者,这个护卫者才是正义的护卫者。

不削减力量而使相互冲突的因素和谐一致,这成了评价诗人的谎言(它毕竟只是谎言)是否美妙的标准。因此,应该禁止诗人们吟唱荷马与赫西尔德关于诸神纷争,以及发生在神与神或神与人之间的不义恶行、尔虞我诈的故事。同样,也要禁止他们吟唱英雄和凡夫身上所有胆怯气馁与挥霍放纵的东西,免得有人将他们

---

⑥ 《国家篇》,492以下(亚西比德!)。

作为榜样,来宽慰自己的不义之行。关于人类生活的真正诗歌必须始终传布这样一个真理,即只有正义的人才是幸福的。因此,对不正义风俗的所有模仿都必须同样被排除。因为模仿与那种对各人本质进行预先教育的不同之处在于,它总会使人类灵魂本就极为紧张的和谐状态得到松动,并使它放纵在令人无法抵抗的幻相的媒介中,在那里灵魂自身会逐渐异化。公共财产、集体生活,以及妇女儿童共有,这是所有教育(音乐和体育教育)的准则,也是护卫者生活方式的准则,曾经提到过,到最后就连生育优秀的下一代都要由一些数字来决定,这些数字是用某种神秘方式经过深思熟虑地计算而得出的(而城邦的堕落就是由在婚姻历法上的计算错误而导致的)。人们应该意识到,城邦的这种教育并没有为人和城邦规定一种新的秩序,而是要让人们了解人性(Menschsein)本身以及构建城邦的基本力量:只有在那种使权力与正义达到和谐状态的难得机运成功实现之时,城邦才得以可能。

因此,柏拉图的教育就意味着,同那种由启蒙势力给城邦造成分裂的作用相抗衡。通过明确批判现存教育,并对人类本性和理性教导之力量给予坚定的信赖,柏拉图对诗歌的批判使上述那种抗衡作用得到了发展。这种教育以一种彻底纯化了的诗歌来与智者对抗,这种诗歌不再是对人类生活的反映,而是一种有意编造的美妙谎言。这些诗歌从教化上对统治着这个"纯净"城邦的风俗道德进行强有力的表达。

在第10卷,柏拉图重复了他对诗歌的批判,并证明了将诗人们驱逐出城邦的合理性,"就诗歌是模仿性的而言"。批判诗歌的同时也是在向我们揭示一种对柏拉图著作的决定性辩护。初看起来，新的批判指向的是诗歌本身的理念，它所使用的论证对于那种从教育意义上严格"净化"诗歌的道德主义来说十分陌生，而对于现代意识来说则更为陌生，因为现代意识认为，从艺术象征性的表现手法中我们可以找到对真理最为深刻的揭示，而这种真理是概念所无法把握的。这种批判的思路在多大程度上令人信服，它的前提就在多大程度上令人感到陌生。他认为艺术的本质无非就是模仿。苏格拉底在他的论证中从画家出发，意在将画家与诗人一并归入到手艺工匠之列。在"造型艺术"（bildende Kunst）中，确实存在着一种与被描摹的"现实"（Wirklichkeit）之间的联系——尽管这种联系没有充分表现出其更为深刻的本质，在这些"现实"中，包括了手艺工匠"实实在在"（wirklich）制作出来的东西。而工匠自己反过来又要观察他所制作的那个器具的"理念"，如此一来，由于这种与理念的等级关联，图像的"现实性"就下移到距离真理的第三个位次。而工匠所制作的个别器具也只是理念的一种晦暗不清的仿制品，只是一个仅仅与事物的真实存在"相似的某种东西"，是这个种类众多例示中的一个，因此画家完全就是对这种例示进行描摹，而且其至都不是如其所是那样来描摹，而只是如某个特定视角、众多可能视角中的某个视角所展示的那样来描摹，所以画家只不过是假象的模仿者，而非真理的模仿者。他的仿制品越好，其"虚幻性"也就越大。只是因为这种艺术品的目标仅仅是幻相（Täuschung），所以它才能在假象的媒介中不受限制地拥有事物的所有形态。艺术家就像是一位无所不能的人，一个魔术家，或者一个"智者"。

3. 柏拉图与诗人　303

　　这种论证的意义并不是要提出一种有关造型艺术的理论。它们的本质是否真的不同于对现实之假象的简单描摹——诗歌批判的意图恰好需要这种与造型艺术进行说明性的类比。因为诗歌有一种至高无上的诉求。诗歌不是造型艺术,也就是说,它并不是从事物的外形和颜色出发在某种不同的材料上刻画出它们的形象。诗人使自己成为其刻画活动的工具;他通过言说来进行刻画。但是,诗人如此刻画出来的主要是人身上各种东西的形象,诗人在他的生存中进行表达;他是怎样知道自己在采取行动和被动遭受的。诗人在教育方面的诉求以及对这种诉求之合法性的批判式质疑,源自如下问题:既然诗人懂得如何出色地去讲述,也懂得如何让那些有理解力的人去出色地讲述,那么诗人是否是从所有关于人类的知识,尤其是从关于人自身的知识(教育和德性)出发来进行诗歌创作的呢?在同画家模仿式的描摹活动——它朝向的只是在于外貌(Anblick)的假象——的类比中已经勾勒出了上述重要质疑的答案。

　　因为诗人要是真正懂得教育和人类美德的话,就会完全将之付诸实践,而不是沉溺于空虚无力的赞美上。因此,只有真正作为教育者,真正塑造人类现实的诗人,才能够从现实的知识出发进行诗歌创作。只有当诗人不把他们的诗歌创作当成是最严肃的事情时,他们才会得到严肃的对待。因此,从对人类生活的有效塑造这一标准来看,荷马是不合格的(梭伦在一定程度上则是合格的),他的诗歌被证明是知识的纯粹伪装,这些诗歌用五彩缤纷的诗意语言让人眼花缭乱。当人们从诗人的诗歌中去掉那些诗意的修辞时,就可以表明诗人们其实一点也不理解,那些被他们如此有力地展现出来的东西究竟是什么意思。当苏格拉底追问诗人们他们究竟有什么意图时，他就是在这样做。诗人的智慧就像年轻时显得十分俊俏的脸蛋，一旦青春的魅力消逝，就会暴露它实际上并不美丽。苏格拉底用这一比喻预先指出了那种真正的对立物，在对诗歌的批判中具有论战性质的辩证法就是以之为背景而发挥作用的；在苏格拉底的论证(Logos)面前诗歌不仅失去了它的魅力，而且就连那些被诗人用色彩艺术装饰从而显得十分美妙的道德形态，也被证明不过是一些腐朽过时的东西。

因为，这实际上是为了反对诗人的教育诉求而提出的"另一半论证"：这一半论证不仅是要指出，诗人们事实上并不具备关于人类以及关于"美"的真正的知识。手艺工匠同样也不具备这些知识，他们必须从懂得如何使用这些器具的人那里来获得自己工作的正确方法和指导方针。与之相比，就连在诗人们声称自己所了解的领域，他们也没能正确地去行事。然而，诗人们也没有表现出某些东西（如人的生存）是如何美好或如何丑恶的，而只是表现了它在大多数什么都不了解的人眼里显得如何美好。画家不是将事物真正的大小，而只是把事物在远处所呈现出的样貌作为他描摹的正确标准，因此和画家一样，诗歌对人类生存的表现，也是从人类本性的现实尺度转移到虚假的道德形式上，这些道德形式对于那些它要向其展现的大众来说显得十分美好。

对诗歌艺术的批判预示着同整个教育传统的决裂，这个教育传统以荷马世界里的英雄为榜样来展现各种独特的道德真理，尽管这种决裂没有被明确地表示出来，但却隐含在那种批判性的论断中，并且在对于诗歌之影响起作用的附加说明中也有所揭示。

柏拉图批判的对象并不是颓败堕落的同时代艺术，也不是由这种艺术趣味所决定的对古代经典诗歌的各种见解；相反，同时代的伦理道德以及伦理教化⑦才是他批判的真正对象，它们建立在对古代道德进行诗意塑造的基础上，并且在继续恪守逐渐过时的道德形态时，它们并不具备什么力量来抵抗诡辩精神对其肆意歪曲。因此，苏格拉底拒绝诗歌[对古代道德所作]的解读，也拒绝怀疑我们是否完全了解古代诗人的智慧。在一个伦理道德对行为具有约

---

⑦ 弗里德兰德：《柏拉图》，第一部，第138页以下，参见他对模仿说（$\mu i\mu\eta\sigma\iota\varsigma$）批判理论的动机所作的严肃讨论，在我看来他的独特见解基本上是可取的。在模仿说批判及以后的论述中，柏拉图论及绘画及其拙劣的迷幻作用的方式使人想起在那个时代占据主导地位的艺术，而在诗歌上让人想起欧里庇德斯和那些公民戏剧，这样讲当然没有问题。但这只是说明了柏拉图为什么能够以这种论证方式反对艺术。然而，关键之处在于，这种针对崇高的古代艺术的批判也保留了一项终极意义，它与同时代的艺术见解无关，而是与其现实的伦理形态相关。耶尔格在其《教育》一书中所作的研究表明，柏拉图在批判对德性典范的诗意美化时，拿荷马作靶子是多么合适。一切没有实践智慧（$\varphi\rho\acute{o}\nu\eta\sigma\iota\varsigma$）的德性都可以追溯到荷马，不管希腊的城邦生活有多大变化，荷马式的德性始终保持它作为典范的作用。在我看来，这一事实使下面这点更为清楚，苏格拉底-柏拉图对这种德性-典范的批判，是在要求一种具有实践智慧的正义（$\delta\iota\kappa\alpha\iota o\sigma\acute{u}\nu\eta\ \mu\varepsilon\tau\grave{\alpha}\ \varphi\rho o\nu\acute{\eta}\sigma\varepsilon\omega\varsigma$）（《国家篇》，621c），它与强大的荷马传统正相反对。在生命的较早阶段通过"无哲学的习俗"（$\check{\varepsilon}\theta\varepsilon\iota\ \check{\alpha}\nu\varepsilon\upsilon\ \varphi\iota\lambda o\sigma o\varphi\acute{\iota}\alpha\varsigma$）分有德性的人，在通过抽签来对命运重新分配时竟然选择了一种独裁者的生活！（《国家篇》，619b以下）这个神话的主旨以象征的方式概括了在《国家篇》漫长的辩证运动中所展开的、在对诗人的批判中所完成的东西。对比《斐多篇》，82bc！（沃尔夫在其《柏拉图的〈申辩篇〉》一书的第83页以下试图指出，苏格拉底形象的发展是被下面这件事所误导的，即过分高估了对苏格拉底在《申辩篇》中自我声明之形成史的美妙认识。在这里，这种形式是一种具有挑衅性的游戏。亚西比德说过的那番话（《会饮篇》，221c3以下）正好指出了苏格拉底-柏拉图哲学长久的重要性：它开创了一种全新的伦理形态。）[参见我对沃尔夫一书的批评，本书第316页以下。]

对于"悲剧情节"更为细致的现象，索尔姆逊（参见《日暮》，1929年，第404页以下）正确地强调了关键性的一点，以"理念思想"（Ideendenken）为前提作为其科学"立场"。

束力,并且伦理规范清晰明确的人类世界中,这些"神一般的人们"的言辞,可能是父亲向孩子在树立道德榜样时所能援引的最高尚、最有力的表述——从过去哪怕最为崇高的诗歌中,也无法找到那些在一个衰落的时代可以制止城邦精神日益败坏的言辞。

因此,当柏拉图断言诗歌虚妄、骗人时,他并没有以真正的存在概念为标准来批判艺术在审美上的存在特征,毋宁说,这种对诗歌艺术的"存在论"批判,其最终针对的是诗歌的形态,由它展现的风俗伦常,以及关于"德性"与"福报"的意见争执,但这一攸关个人命运的争执却建立在对"德性"与"福报"的错误理解之上。因此,苏格拉底在对其影响作用的批判中加强并完成了对诗歌的批判,这一批判对早先批判诗人的主题进行了重复和深化。苏格拉底向我们表明,诗歌所带有的那种令人陶醉的冲击力是如何让教育的真正使命以及对正当的风俗伦常之保护得到败坏的。

对灵魂的欺诈与败坏是紧密相联的。画家所制造的错幻效果迷惑着人的眼睛,使事物的样貌时而这样、时而那样显现,直到掌握数学知识的人们通过测量、计算和斟酌考量才将真相(Wahrheit)确定下来。与画家一样,诗人对真正的标准同样一无所知,也就是说,诗人并不了解善恶的标准。而且就像画家使人们对事物的真相产生怀疑,诗人通过生动的描绘使人们的激情交替爆发,从而在观众义愤填膺的灵魂中制造混乱。在这里,苏格拉底正是以雅典的剧场统治(Theatrokratie)为颜料,来描绘所有模仿性诗歌的影响作用。如果诗人想要打动听众,就要遵照听众的口味和自身的独特性,来追求那些被展现的富丽堂皇、有声有色的东西,并去描绘各种情绪的交替发作、激动不已;相反,面对一切遭遇都保持着意志力，镇定而又精力十足，这种始终如一的举止从来不为诗人所描绘。然而，他们轻易想要展现的狂热姿态和表达，在真正的伦常面前就会变得虚假不实，因此，艺术不过是在重述那些实际上已经是"生活中虚情假意"（Heuchelei des Lebens，黑格尔）的东西。

但是，艺术是以一种迎合奉承的方式来进行重述的，因为单纯的模仿带有一种表面上的无害性，艺术就是在这种无害性中进行着重述。因而，对模仿的关键批判所针对的，就是它的诱惑力在人类灵魂中引起的那些东西。模仿的目的就在于，经过他者回返到自身。因为模仿他者同样可以以掌握某种东西为形式。这样一来，模仿的目的事实上就完全不在于他者，而在于通过他者指向人们做事情的方式。人们通过示范与模仿学到的并不是属于他者的东西，而是自己同样也可以做到的东西。因此，这种模仿活动的目标完全不是模仿，而是自身的能力。

与之相比，一个实际上只是对他者进行模仿的人，只是"扮演"他者的人，就已经不再是他自己了；他是在一种异己的形式里表现自身。尽管如此，他还只是在仿效他者，也就是说，他既不再是他自己，也不是他者。模仿因而就意味着一种自身分裂（Selbstentzweiung）。他一方面是他自己，同时他又模仿着其他人，这进一步又意味着他对其他人的模仿是外在的，他通过在其外形或外在表现上仿效其他人，力求在外在表现上与其他人一致。然而，以任意可变的外在姿态为导向［进行模仿］（如果是真的在进行模仿，而不是为了教学上的示范而有意识地进行表演），这意味着对人自身以及内在因素（innerlich）的忽略。这种模仿活动是在对自我的遗忘中进行的。

如果模仿的意图,即使得自己与其他人相像的意图在相似活动（Gleichsehen）的完成中得以实现——例如当一个人扮演好自己角色,那么这种情况就不再是对某种与自身不同的外部特征进行单纯模仿。因为在这种模仿活动中,尽管自我被遗忘了,但仍然得到了保持。模仿变成了对自我的放弃。因而,演员不只是在扮演他人的姿态。毋宁说,他所有的外在表现都是对内在本性的表达,然而这却不是他自己的人类本性。因而,模仿中的一切自我遗忘都是在自身异化中实现的。即使只是观看而自己并不进行模仿的人,也会以产生共鸣的方式沉浸在被模仿的事物中,也就是说,在与他所观看的他者的共同生活（Mitleben）中,他忘失了他自己。因此,即使只是旁观,当忘我地随着他人情绪一同波动时,也总会产生一定程度的自身异化。

十分清楚的是,在诗歌这里,即使其展现活动的诱惑性没有那么强烈,但模仿式展现的影响作用仍然不会有根本上的不同。在柏拉图的《国家篇》中,模仿的影响作用得到了揭示:模仿的魅力以及它所引起的快乐是一种忘我的形式,它在被展现者自身就是忘我的这种场合（也就是在激情里）里表现得最为强烈。

因此,对模仿性诗歌的批判就切中了更为深刻的东西。它不仅是对模仿艺术错谬的危险内容或选择那种不被许可的呈现方式进行了批判。同时,它还对道德疑难中的"审美意识"进行了批判。由欺骗性模仿所呈现的体验世界,它本身就已经是灵魂的一种败坏。因为,对灵魂"内在机制"（inneren Verfassung）的深刻认识表明,在审美上的忘我让一种关于狂热激情的诡辩论（Sophistik）闯进了人类的内心。

因而,就出现了如下问题,诗歌性的展现活动是否能够避免上述危险?当柏拉图抓住诗歌教育的观念牢牢不放时,他对这一问题表示了肯定,那么这样的诗歌在何种意义上算是一种模仿?最后一个问题对于柏拉图的著作本身而言是十分关键的,它的答案包含在如下评论中,即能经受住批判的只有关于神的颂歌和对"善"(Guten)的赞扬。因为,在这些诗歌中自然会以诗歌的方式呈现出一些"不现实的东西"(Unwirkliches),甚至神和人本身都能在这些诗歌里——在最严格意义上的模仿中——作为演讲者登台露面。尽管如此,这样的诗歌也没有其他诗歌所具有的那种充满诱惑力的呈现:它呈现的是赞扬。然而在颂歌中,在它非凡的形式中,关于神的赞美诗并没有那种由诗歌表演的强大魔力造成的自我异化的危险。在赞扬中,赞扬者和听他赞扬的人都没有被遗忘,相反,他们在其存在的每个瞬间都是在场的,并且还在相互攀谈。因为赞扬并不是对被称赞者的展现。尽管在颂歌中被赞扬者同样也得到了展现,但这仍然有着本质上的不同。称赞者既是在向他自己述说,也是对那些听他称赞的听众们述说着某些内容(在一定程度上也包括被称赞者本人),这些内容使称赞者将大家共同联系在一起,并让大家具有共同的责任。称赞者宣称了自己对某些内容的信奉。因为,在称赞中我们可以搞清楚这样一些标准,根据这些标准我们可以领会自身的存在。如果在起示范作用(vorbildlich)的展现中共同标准变得清晰可见,那么这种展现就优于表演,也优于对榜样(Vorbild)的展现:因为榜样在这种展现中或通过这种展现发挥了示范的作用。

颂歌作为诗歌表演在本质上是一种公共语言,即关于共同的严肃之事的语言。这就是柏拉图的城邦中公民所拥有的诗歌语言。这种模仿性展现同样也要经受存在论论证的考验。因为它和一切诗歌一样,都是对制造物的模仿。它实际上并未确立真正的伦常风俗,相反,它只是以诗歌的方式对之进行展现。但在真正的正义城邦,颂歌中的展现公开声明了对这种公共精神的信奉,这种精神与轻松愉快的戏剧一同赞美真正严肃的东西。

然而,当正义实际上并未成为那种在城邦生活的风俗、伦理以及秩序中形成的公共性时,那么在颂歌中只能承认这是一个事实上"几乎无药可救的城邦",这时应该如何用诗歌的方式来展现对真正正义的颂扬呢?这种称赞的形式必须是什么样子,才得以使之作为展现而成为真正的称赞,成为关于共同的严肃之事的语言呢?这正是柏拉图的诸种对话在柏拉图的精神世界中所处的位置。因为,正义只是灵魂的一种内在确定性,在其中并不能看到什么实在的东西,而且它还被要求在启蒙意识面前对自己的知识进行辩护,这时关于真正城邦的哲学对话就成了对正义唯一真正的赞美和展现。柏拉图的对话就是这种赞美诗,它断言了对所有人都十分重要的事情,并且在这场关于教育城邦的戏剧中,它并没有忽视一些严肃的问题,亦即有关城邦公民的真正教化以及城邦正义的问题。对诗歌的批判就是在确保这些要求能够实现,这些批判在对审美意识的批判中达到了顶峰。柏拉图并没有以一种具有魅惑力的新诗歌来对抗在审美上的忘我以及旧诗歌的魅力,而是通过哲思上的追问来祛除这种魅力。人们必须像一个热恋中的人那样去做,当他认识到爱情的无益时,他会强使自己从爱情中抽离出来。在苏格拉底讨论"城邦"问题时提出的诗歌批判就是一番祛魅的话语，它可以让人永远保持清醒。在对自己灵魂状况（即内心的城邦、在自身中的城邦）的担忧中，人们凭借着这番话语就可以祛除诗歌的魅惑力，用以从那种陈旧的喜好中脱身而出。

因而，柏拉图对话就根本不是那种在理想城邦中被接受的诗歌的范本。但它是真正的诗歌，它知道用具有教育意义的言辞来述说现实的城邦生活。就像理想城邦中的诗歌要避免"从审美上"理解它的模仿一样，柏拉图的对话诗也要拒绝这种审美上的理解。如此一来，在柏拉图为诗歌所确立的规范与他自己的对话作品之间就存在着前后一贯的一致性，而这种一致性在《国家篇》的结尾部分就已经得到了暗示。

这种一致性即使在柏拉图著作中最接近诗歌之传统意义的地方，即柏拉图的神话中也可以找到。不言而喻，柏拉图的神话形态、神的形象、彼岸世界与灵魂之命运的形象，都严格遵照城邦中创立的"神学"。早先的诗歌形态在那种具有祛魅作用的批判中得到了净化，然而，最重要的在于，是何种力量与方法使得它们作为新的神话之光而焕发生机。这些神话形态并没有在原始法庭的壮丽光辉中消失殆尽，也没有终结在一个自身封闭的世界中，这个世界的知识征服了那种像是优越的异己真理的灵魂；它们从苏格拉底式真理的中心生长出来，作为戏剧，在它们之中可以认识到灵魂以及灵魂最深层的确定性，即正义是灵魂唯一的幸福，它们从远方返回灵魂，并停留于此。柏拉图所采用的一切神话形态，诸如关于彼岸世界的信仰、灵魂转世、厄洛斯（Eros）的超凡统治，以及灵魂与天体、城邦与星辰在宇宙间的关联；所有这些神话力量都不是在自身的魅力中被唤出的，而是联系了进行哲思的灵魂之真理，从灵魂内在的确定性中生长出来,进而它们给予了灵魂以新的确定性。如果神话指的是古代信仰无法猜破的确定性,而诗歌指灵魂在扩大了的现实镜像中自身的呈现,那么柏拉图的神话就既不是神话也不是诗歌。不存在对柏拉图神话世界的解释,因为在神话中构建的世界根本就不是世界,而是灵魂自身(它在逻各斯中进行着解释)在宇宙中勾勒出的轮廓。在振奋(Aufschwung)与出神中,柏拉图的神话并不能在其他世界中被经验到,相反,通过与人类自身经验的反向关联,这些神话的古老寓言从对现实世界的放大、颠倒、远观以及带有讽刺性的反面形象中获得其意义。因此,这些神话事实上绝不是那种单借其魅力就吸引我们的展现,也不是那种在观看中就使我们得到满足的表演。

叙述的形式也受其制约。灵魂不能也不应该在想象征程的这种幻相中遗忘自身。柏拉图叙述得十分差劲,他对叙述所该有的那些要求毫不在意,而叙述的目的在于,通过凭空幻想出来的各种形态的魅力来使讲述者和听者全神贯注,忘乎所以。令人十分惊讶的是,在这些神话中存在着太多的间接引语。《国家篇》结尾部分的神话就是以间接引语来讲述的。这使那些在针对荷马的诗歌批判中出现的充满恶意的蠢话在事后变得十分合理。一切都被计划好了,这个神话式的寓言不同于美好的童话,它与童话还隔有很远的距离。在诗歌的狂喜振奋中,我们突然认识到——有时只是在苏格拉底唯一一个真正的语词中——包围我们的是苏格拉底的氛围(Luft),那些据称是在遗忘中得到的古老传说根本不是被重新唤醒的古代神话,相反,在寓言那令人丧失抵抗力的假象中,出现在我们面前的是苏格拉底的真理,它作为真正实实在在形成的世界出现在我们面前。柏拉图的神话郑重地证明了苏格拉底对假象的批判,也论证了他依据真实世界(wahre Welt)而对现实世界所做的离奇倒转——尽管充满了讽刺,但它警告我们不要忘记,并不存在幸运的巧合让我们回报崇高的真理,并使我们避免苏格拉底的严肃批判。

尽管如此,也不能说整个神话好像只是通过寓言来对苏格拉底的真理进行明智地表达。人们片刻也没有怀疑谁在这里讲话,以及用哪种知识在讲话。但是苏格拉底关于本己自身(eigene Selbst)的知识在包含有神话形象的戏剧中得到了表述,同时也表达了一些关于获得这些知识的确定性方式。苏格拉底在他的灵魂中遭遇到了一种无法解释的东西,所有对神话进行破坏的启蒙都是通过这种东西而被展现出来。或许,通过将神话形态和神话事件解释为自然力量和自然进程,启蒙以此对神话进行祛魅,可自然力量和自然进程并不是灵魂所依赖的信仰。然而,当他想要对灵魂自身进行启蒙时,而且想要在机敏或差劲的虚构或者疾病中对正义和爱的力量进行祛魅时,苏格拉底在理性面前就变成了他自己灵魂的先知者(Seher)。通过克服对理性的批判性毁灭,他依靠着这位先知的双眼发现了灵魂的确定性,并借讽刺者之口,他以对死者的进行审判、对世界的进行统治的形象宣布了这种无法解释的灵魂的确定性,人类的哲学思考就是依靠这种确定性确立了其视域的界限和范围。在这种神话的诗歌中,灵魂并没有转变为各式各样的形态,即那种拥有一切权力,并使我们陷入无知当中的形态。但是,灵魂从贯穿神话领域——苏格拉底的真理作为事物的现实法则,在这个领域超现实的自然中占据统治地位——的征程中返回，从这个世界过于顺从的待命状态（Bereitschaft）中教导它，以确保在哲学思考的严肃性中没有减轻任何公开揭示的负担。

神话叙述以诗歌那令人无法把握的魅力进行装饰，在对话录中与模仿性诗歌中的差距比在这种神话叙述中显得更为清楚。当然，对话录确实是在对现实中的人物，即对苏格拉底和他的伙伴们进行展现。然而，这种形象的本质并非存在于对这些形态的直观展现中，也不是存在于对如下话语的虚构中，即它们是如何规定这样的形态并以合理的方式对每个形态进行展示。从根本上讲，这些对话不同于"哲学戏剧"，苏格拉底也不是史诗里的英雄。毋宁说，即使对苏格拉底形象的展现也是为了推进哲学思考。这种对话的意图和完成（Erfüllung）并没有包含在对讲话与答复的单纯复述中，也没有包含在对人物的呈现中。柏拉图喜欢在反复的报告（Bericht）中呈现这些讨论，这绝不是偶然的，他对于让苏格拉底在第二天重新讲述《国家篇》整整十卷的漫长对话毫不担心。柏拉图关心的不是生动复述的力量，而是关心使这种复述变得有价值的东西：对话所具有的助产术式的力量，哲学思考的活动，它们在每次新的复述中都得到更新的发展。正是由于这种目的的严肃性，才使柏拉图式的模仿具有单纯表演以及嬉笑的轻快。柏拉图的对话录通过对哲学思考的呈现，促使了哲学思考的进行，他将自己隐藏在讲过的所有话语之中，而且也隐藏在令人无法把握的讽刺的微光中。因此，柏拉图自己不用出手，就可以躲避对他所有著作的攻击，也正是通过这种方式他创造了一部真正的哲学创作，它能够超越自身而指向那些严肃之事。他的对话不过只是消遣性的暗示，他确实说出了某些东西，但也只是对于那些关注对话字面意

3. 柏拉图与诗人

思之外的意义并使之在自身中发挥效果的人才是这样的。

然而,柏拉图对诗人的批判中所显示出的永恒主题在于,诗人们严肃对待了一切不值得严肃对待的事情。柏拉图偶尔会指出,他自己的作品是真正的文学创作,因为它们只是在戏谑并且也只是想戏谑。在《法律篇》中,他让雅典人讲到(借此他自己就明显地隐藏了起来),适合青年教育的真正文学创作的样板并没有受到损害。

"如果回顾一下我们从今早到现在进行的谈话——在我看来,并非没有触及诸神善意的迹象——,那么我觉得那整场谈话被说得像一篇诗作。因为,与大多数我在诗歌或散文里读到或听到的话语相比,这种谈话最适合年轻人来听。所以我不知道有什么比这更好的样板适合于法律和教育的护卫者们:应当安排教师把这些东西教给孩子,并且还应该把它们当作评判其他诗歌是否合适的标准。尤为重要的是,必须迫使教师来学习并且赏识它们……如果悲剧诗人来到这个城邦,并且想在这里上演他的戏剧,那我们就要告诉他:您这位最优秀的外邦人,我们自己就是悲剧诗人,我们可以写出世上最美妙和最出色的悲剧。因为我们的城邦就是对最美妙和最出色生活的模仿,它确实是所有悲剧中最为真实的。你是诗人,但我们也是诗人,在最美妙的戏剧方面我们是你的竞争对手,最美妙的戏剧只有在真正的法律中才能实现,这才是我们的希望所在。"

在创建新城邦的谈话中所提到的模仿方面，在上述这段话中反映出柏拉图是如何看待自己的文学作品，以及他借此所真正关切的东西。引导柏拉图对话录这些文学作品的唯一一个严肃的任务就是，将人自身在其内在机制（Verfassung）中确立下来，正是从内在机制出发人类在城邦中的生活秩序才能得到更新。即使是对正义城邦与正义立法的描绘，也只是真正法律的序幕（Proömien），"相对于必须要完成的东西而言，它们只是前奏和序曲，只是充满艺术魅力的准备工作"。柏拉图讲到，还没有人为城邦的法律创造这样的序幕，它就像一首歌的前奏一样为灵魂进行定调（stimmen），使灵魂心甘情愿地接受法律。对于人类存在的真正法律来说，柏拉图的著作正是这样一种真正的序幕。他与诗人的斗争就是对这种崇高诉求的表达。

（缪羽龙、毕波 译，陈巍 校）

4. 新近的柏拉图研究

(1933年)

新近的柏拉图研究——其最重要的成果下面将展示给读者[①]——乃是最近这二十年来带给我们的并在战后的批判年代在许多关于柏拉图研究的纲领和道路中所表露的那些生活经验和科学经验的结晶。如今柏拉图研究的基本指导经验是：科学、艺术抑或是神秘主义，都不是人们足以能把握柏拉图的创造性整体的最终范畴。新的视角已经包含在标题中：柏拉图作为教育家，奠基者，Paideia，教化，以及与城邦、共同体的邻近，并且以教育的道路。这就是我们新近的柏拉图认识的核心，我们自己的时代命运让我们看到了这一点。

绝非偶然的是，语文学家书中的柏拉图观点证明了这种时代的变迁。哲学确实也同样被这种变迁所触动——我们可以想想《柏拉图理念论》第2版中纳托普的附录——但正如把"体系""理

---

① 库尔特·辛格：《奠基者柏拉图》，慕尼黑，1927年；尤利乌斯·斯坦策尔：《教育家柏拉图》，莱比锡，1928年；卡尔·赖因哈特：《柏拉图的神话：一种尝试》，波恩，1927年；保罗·弗里德兰德：《柏拉图》，柏林/莱比锡，第1卷，1928年；第2卷，1930年；维尔纳·耶格尔：《柏拉图在希腊教育构建中的地位：一个草案》，柏林/莱比锡，1928年。

论"和"科学"作为柏拉图解释的主导思想是颇成问题的一样,对于柏拉图的哲学解读也正面临着新的处境。如果得到正确理解,在和柏拉图一道进行哲学思考的时候,这种解读就不会再去要求着眼于整体或者最个别意义上的柏拉图,而是有意识地仅仅想要以下这点:单一的创造性表现,让个人的推动尽可能直接发挥作用。但这意味着哲学不会——还没有或者不再会——出版一本全面的,适用于弗里德兰德、辛格、赖因哈特、斯坦策尔新书和耶格尔新纲领的柏拉图著作。这些作品有一个共同点,亦即要求不仅仅将柏拉图看作某个哲学家,而是看到柏拉图更为核心[的东西]。但在这种共性之中,这些作品仿佛都以不同的道路接近一个完整的柏拉图。辛格以一种颂扬的基调划清和那些"无脑"科学的界限;斯坦策尔从教育的观念出发;耶格尔采取了一种最为广义的历史的方法,即从柏拉图在希腊民众的精神史和生活史的位置出发;弗里德兰德走了一条也许是最源初的、从形式到内涵并来回切换的语文学道路;而最后赖因哈特关注于一个"单一问题",但也正是这种单一现象最断然地摒弃了科学规范,[这一现象]即神话。此外,在编订和相关要求方面也有不同:辛格提出的是一种远超出现代科学范围的宣言;斯坦策尔对柏拉图数十年的研究进行了一种更为导向性的内容总结和补充;耶格尔是一个"草案";赖因哈特则是一个更纯粹个人的"尝试",而弗里德兰德做的则是一部封闭的、涵盖一般与特殊的著作。

　　库尔特·辛格的柏拉图著作(《奠基者柏拉图》)不能也不愿意用科学批评的标准来衡量。这部著作最突出的特点在于,作者没有给它加上任何指明方向性的、划定界限的或者辩护性的序言。

因为著作本身已经具有了序言的这些功能,本书的本质恰恰在此。辛格的书中并非没有包含可供讨论的柏拉图解释中的论点,几乎所有的论点都包含其中,另一方面甚至还有一系列在科学的意义上"无法讨论"的课题。但是作者有意识地要求对个别问题不做断言,以致仍保留针对个别问题进行争论的意义;毋宁说,他要求"探讨本质性的东西"(vom Wesentlichen handeln)。这种柏拉图形象的来源是众所周知的。在这里显然不是一个语文学家或哲学家在讲话,而是这样一个人在讲话,他证明在柏拉图那里还有一个在科学之外的,能看到更本质东西的视角,即使这个视角也处处深受柏拉图科学解读成果的影响。相较于个人的视角,这种总体图像的优先性是非常明确的。最明确之处也许在于,《高尔吉亚篇》的那个自相矛盾的解释开头和普罗泰戈拉—高尔吉亚习惯顺序的调换。这种方法的决定性因素就在于优先考虑其明确的意义而不是多义的特征,优先考虑直接的把握而不是间接的犹疑。重要的不是这种方法是否令人信服,重要的是,它是一种真正意义上的诠释学方法,这种方法有意识地设置了前提,并从这些前提出发,得到一个可以理解的层级概念,而这种层级的区分绝不是按照时间顺序进行的。这种分层使得彼此之间的区别得以彰显出来,不借助这种分层是难以如此清楚地彰显这些区分的。这对于那些不能真正信服去跟随的人也颇有教益,因为在这些对话的不同的基本态度中,他可以更多看到创造性思维的多向性和其丰富意义,而不是——如辛格所说的——对于人类理解而言明确态度的影响。这种诠释学方法的正面好处是本质性的:它可以以一种不偏不倚的视角去审视柏拉图的著作,比起所谓的科学研究的成果,以及从其中产生的虽不无根据但难免流于僵化的习惯而言,这种方法更加自由。

辛格的柏拉图形象的本质已经体现在题目当中:《奠基者柏拉图》。这包含了对于来自当今精神科学中所有的柏拉图解读的有意拒绝。对于辛格来说,柏拉图不是现今意义上的哲学家(更不用说是单纯的逻辑学家或者知识论者),不是神秘主义者,不是"单纯的诗人",不是"教育家",但也不是"城邦的思想者"。最后这个头衔最值得一提。辛格避免把如今无人否认的柏拉图的"城邦意志"简单地理解为对于"城邦事务"的一种明确而积极的态度。他认为这个"奠基者意志"是一个不可消解的歧义概念,它"奠基"的既可以是又可以不是一个城邦。如果其奠基的是一个城邦,那就意味着是一个乌托邦;而如果作为一个教育体系,那么这种基础就是非柏拉图式的教条,是对于一个群体的迷信盲从;然后人们就无法认识到,这个共同体尚未真正存在。此外,重要的不是这里被奠基的东西,而是奠基本身,即哲人王阶层的自身行为(Selbstaktus),这个阶层没有王国,也没有对其俯首称臣的奴仆,却依然享有着"统治地位",这是一种奠基,它不是为那种表现出有待奠基的东西而奠基,但它却又奠定了某种真正的基础。人们应当认识到,辛格在这本柏拉图书中给出的神秘解释成功地详细解释了弗里德曼[②]在 1914 年关于柏拉图的马堡解释中试图预告的一个尚未解决的差异性问题。我们不能否认,即便是这个柏拉图形象,它很少"暴露自己",也是有边界的。这个形象经历了柏拉图本质的某种秘密转移,亦即转移到

---

② H. 弗里德曼:《柏拉图形象》,莱比锡《艺术期刊》,1914 年。

陌异—相关的表象世界。为了以显著的例子说明这一本质问题,辛格称(第34页)柏拉图为"搁置的、尚未决定的大师"(Meister im Dahingestellt-Sein-Lassen, im Noch-Nicht-Entscheiden)——柏拉图自身在这里显然可见,但同时辛格也继续说:"在高贵的犹疑和男性特有的坚忍中"——柏拉图在这里并非隐而未发,但好像在一种好战的伪装下呈现。

从有意的、对于作者来说不容置疑的前提条件出发,以及对其知识的这种有意伪装,贯通和规定了这本书的特征。这个富有特征的形象所获得的内在的统一性可能解除了那些非专业的研究者得以获得有力观点和生动占有的困难,而对于那些专业的研究者来说也颇有裨益,因为书中处处流露出为了获得清晰透彻的理解所做出的努力。某人对于领会如何去真正地解读柏拉图颇有见地(即使不是以专业研究的方式),并且他有着足够细致的科学知识和足够宽广的精神视野,以便在许多方面,乃至在柏拉图"哲学"中许多在我看来尚未解决的阐释问题方面,对柏拉图的作品给出一种如此独特的、就直觉而言精确的和非常统一的图像,这在很大程度上弥补了表达上的完全不确定性和概念上的松散性,以及客观的哲学分析的缺失。从作者的角度来看,这不是一种缺失,而是一种蓄意的态度,这一点自然是属于那些对于作者来说不容讨论、却因此对任何人都没有约束力的前提条件。无论如何清楚的是,在这种回避分析的过程中,只有通过下述方式才能产生某种结构化的形象:作者以一种权威的姿态将歌德和荷尔德林、康德和黑格尔的思想,乃至技术、政治、交往以及所有今天规定着文化之自我意识的精神形态和生活形态牵涉到持久的、精细划分和巧妙对照着的推理(Räsonnement)之中。

更重要的在于,这种解读其实并不在"科学水准"以下,它把那些并不是微不足道的(也许是不可解决的)任务加之于科学之上,而不是放在这种解读的水平之下。

斯坦策尔:《教育家柏拉图》

斯坦策尔,这位近来最重要的柏拉图辩证法研究(《从苏格拉底到亚里士多德的柏拉图辩证法发展之研究:德性与二分法》(以下简称《研究》),莱比锡/柏林,1917年;《柏拉图和亚里士多德那里的数与形》,莱比锡/柏林,1924年;"苏格拉底",R. E.,1926年)的作者,他的这部柏拉图著作足够要求引起批判性的科学关注,即使它本身,正如眼下的这本书,想要被理解为一种(单纯的)"柏拉图主义的入门或同时作为对教育和教化的基本思想本身的探讨",并只是为了引导读者"按照自己的特定方式解读"。因为尽管去判断作者在何种程度上达到了预期的教育学效果并不能是一个科学批判的任务,但是对于科学兴趣来说已经足够:一方面是考察斯坦策尔早期个别的研究对于这里所筹划的柏拉图整体图景的贡献,进而是突出他为了促进对柏拉图对话的理解而恰恰认为是本质性的东西。但首要的是提出"共同地探讨柏拉图和教育基本思想"这一任务,把它作为一种可能的,并且按照斯坦策尔甚至是柏拉图阐释的核心基础加以合理检验。

第一个观点可以用几句话来解释。斯坦策尔级别的柏拉图研究者们在大体上或者在细节上深谙可以传授不少东西,以促进对柏拉图的理解,这一点是毋庸置疑的。很显然,在总体的概念构想上也免不了会出现偶尔的简化表达。首先,斯坦策尔在这里运用的生动的描绘和概念上模糊的语言,也可以看作是为了适应这本书的意图而进行有意的调整,以合乎某项任务。柏拉图作品的美感不能发挥出来也可以理解为作者出于其自己的任务设定的原因而舍弃了某些表达。他自己也意识到这个棘手的问题:他"不得不用粗线条的思路追随神话的精细轮廓"。其棘手之处不仅仅在于当人们努力要把思想内容从柏拉图的神话中强调出来的时候,还在于当人们试图以一种对其哲学思想的冷静讨论安置柏拉图对话的创造性的整体次序的时候。但是在这些困难中,斯坦策尔也不时会得出对分散的思想动机的颇有价值的概述,并探讨一些对于现代读者来说往往是很陌生的思维路径。特别是柏拉图思想中的数学性的特征和功能就发挥了很好的作用——对他早期著作成果的更为一般的把握。为了阐明这个观念与可见事物的关系的本质,斯坦策尔巧妙地运用了胡塞尔所创造的感知图像的"侧显"(Abschattung)概念,并将其最初的适用范围加以延伸,以此来表述柏拉图哲学中存在和生成境域之间的关系。很显然这种表述也只是一个纯粹的形式描述。但是此种表述也可以引申到对于此在的道德理解层面,而斯坦策尔也因此获得了一个进入柏拉图存在论基本概念的形式统一性的诠释学通道。但是,对于解读培养这种"存在观念"的原本动机来说,上述的描述也只是做出了间接的贡献。它只是指出了观念中直观数学性和道德性的共同本质要素,但它也掩盖了一个事实,即恰恰"道德性的东西"是苏格拉底和柏拉图的出发点,而且他们也从这个角度理解数学性的存在。这种观念起源史的形式化观点,在斯坦策尔的《研究》(第14页以下)中已经得到阐述,这与他对苏格拉底的诘难的形式化解释一致。苏格拉底的关切点在于相互理解,而相互理解出自一种从语言出发的纯粹意义的塑型。正如柏拉图的理念论中明确表达的那样,它们的概念基础实质上就是一种普遍的意义理论。当然,相互理解的道路不是由旨在普遍的含义理论的意图所引导的,而是由向着共同体而教育的实践目标所引导的,对共同体的联结性实质的保证应当以相互理解为介质。

斯坦策尔也力图让教育旨在共同体的动机成为柏拉图城邦哲学的主导动机,将其彻底加以实行。

这种进路立刻产生了令人信服的消极结果。柏拉图的著作不是简单的文学作品,更不是教条主义意义上的诗性包装下的哲学。只有当人们从其作品里看到自我超越意愿,也就是受教育的意愿的时候,它才显得颇有成果。这恰恰是教育传播的本质,即它不会在内容的传播中起作用,而是在它传达的东西中,它是以它所对之言说的人的先见为指导的。从这个意义上来说,柏拉图的著作确实是由一种教育意志所确定的。它所说的关于城邦、教育、道德,同时关于存在思辨的东西,不是柏拉图关于某物"本身"所要说的东西的简单表达,而是所说的一切都外指那种其本身不能被言说的东西,基于这种东西终究会说出以下这一点:一种人之存在(Menschsein)的可能性,它事实上包含了,城邦和共同体也会通过这种可能性而重新得以可能。

然而斯坦策尔在对柏拉图哲学的阐释中对教育思想所做的发展,使得教育和共同体动机的意义有了更加紧密和直接的含义。

他试图将柏拉图关于教育和共同体的思想放在更优先的地位。本评论者试图以下述方式促进与斯坦策尔的阐述对等的学术兴趣，即试图通过一些批判性的异议限制斯坦策尔的基本论点。

以下考虑的出发点是《第七封信》，对此的讨论在本书的开头和结尾对柏拉图的阐述中都极具特征。在《第七封信》中，我们从柏拉图自己的口中听到了他的哲学是从城邦思想中发展起来的，而且这种思想一直延续到他生命结束。因此，斯坦策尔关于柏拉图对话的解读的重点在于"城邦"。斯坦策尔的努力在于使得那些不为人们所熟知的柏拉图教育纲领的个别内容能够为那些现代非人文主义的读者加以历史性的、实事性的理解。对于那些不熟悉希腊文化的人来说，与现代教育问题进行详尽的对照很显然是有益的。特别是他对于音乐教育的阐释是非常出色的。如果人们对于一般希腊的教育情况有着比较历史性的理解，那么柏拉图关于教育的思想就会具有某种富有成果的意义，这一点使斯坦策尔的解释更加令人信服。但是在我看来，仅仅避免把柏拉图思想重新解释为一种特定的现代教育理论是不够的。应该说，不仅仅是在对细节的小心评价上，毋宁说，必须从根本上说明，对柏拉图哲学中的教育学思想永远不应当仅从字面上进行理解。例如，将诗人从城邦当中驱逐出去对于城邦来讲不能算是一个严肃的改革方案——就像妇女社群也不是——而是一种反应性的煽动，其意义在于揭露现实的败坏。从积极方面来看，这些想法仅仅意味着将人之形象的真正可能性刻画出来。改革的想法越激进，就越能有效地把真正重要的事情展示出来，而不是具体地说明它应当如何发展。

斯坦策尔常常采取辩护的态度，这并非偶然，而是源于他为了使柏拉图关于教育的思想直接有成效的努力。他详细地论证了柏拉图不是现代意义上的理智主义者或者是肉身的唯灵论嘲讽者，或者诸如此类；但是，在我看来，柏拉图主义所谓的理智主义或柏拉图主义的情欲（斯坦策尔特别试图在这里和别的地方澄清这一点）的结构和动机将会被这种辩护性的趣味再次所遮蔽。毫无疑问，对柏拉图来说最重要的不是定义美德的知识，而最终在于行为（Tat），或者说：重视上升到"美本身"并不意味着柏拉图拒绝了肉身之美。但是，伦理行为仅仅是作为伦理知识的实现才证明了伦理知识这一断言，却颠倒了关系，正如对以下这点的强调：爱神厄洛斯的最高形式积极地保留了较低形式的内容，并不会使得这种向着最高形式的提升的意义和合法性变得可理解。我认为关于爱神厄洛斯的章节尤其暴露了斯坦策尔的方法的片面性。当然，爱神的高级对象是某种共同之物，但倒并不是因为他们是共同的，因而才是更高的，而是因为他们更加持久，更加富有意义。而且他们确实也会联结成共同体，但这只是因为他们在面向更为持久的东西本身而存在时，使得个体更加持久。所有经历过这种爱之历程的个体，都能在美本身的观念的存在中获得对自身的理解，这样他们才能与他人达到相互理解。

219　　斯坦策尔关于城邦对于柏拉图哲学的意义的基本论题似乎与我是类似的。下面这一点确实是正确的，即希腊人，尤其是柏拉图，当他描述哲学家的理想时，他所指的不能是孤立的个体存在。但是，如果寻求在共同体中哲学存在的可能性，而不是在哲学存在中寻求共同体存在的可能性，那么这是否也意味着这种关系的转换呢？并不是因为人是其所在共同体的一分子，所以人的真正本质才有普遍性和共同性，而是因为人在其真正所是的东西中，乃是普遍性和"灵魂的自身"，因此才有了由人构成的共同体。并不是因为人存在于一个彼此相互理解的共同体中，通过他与自己相互理解，所以才有了对普遍之物的习得（Lernen）；而是因为人类真正的本质就是与自己的和谐一致，或者说，就是这种自身理解（Selbstverständigung），因此对他来说才能获得与别人的相互理解。因此真正城邦的设计乃是一种构造，因为对于城邦来说，真正重要的恰恰是真实的人，而不是真正的城邦。真正的人只有在真正的城邦中才能繁荣，这蕴含着更深刻的真理，那就是真正的人之存在（Menschsein）使得真正的城邦得以可能。真正的朋友属于政治。这一点，只有这一点，使得城邦行动（staatliches Handeln）成为可能。对于柏拉图来说，朋友只存在于共同的哲学事业中。所以哲学成为政治和友谊得以可能的原因，因为政治就是整个哲学和哲学性的共同生活。在我看来——无论是否实际如此——这种奠基关系是这样的——特别是在城邦的构想中——亦即个别人被筹划为真正共同体教育的产物。

在我看来，斯坦策尔将这个奠基关系颠倒过来了，这是十分独特的。在教育学观念中，人是由其所加入的共同体"产生出来的"。但是，柏拉图乃是由人的观念中获得教育的观念。只因柏拉图的哲学乃是对哲学的教育，所以柏拉图的哲学是"旨在教育学的"，只因柏拉图的哲学是在建立国家的构想中设计人的存在（此乃所有教育的目的所在）；所以柏拉图的哲学乃是对国家的教育。虽然这种对哲学的教育似乎表现为一种教育哲学，但是当人们想要把握柏拉图著作的核心时,却不想从其哲学中直接获得某种教育观念。正如逻辑学或者神秘主义一样,教育学也是对柏拉图哲学解读的一个举足轻重的方面。只有当人们把握这种转途(Umwegigkeit)——由于这种转途,柏拉图成为某些学说的老师——才能接近这个中心。然后人们就会意识到,当柏拉图向我们展示什么是哲学,也就是什么是对哲学的教育的时候,他其实就是在亲自传授我们,他自己是谁。

赖因哈特:《柏拉图的神话》

这本小册子出自赖因哈特的一些演讲,这些演讲并不是为语文学家做的。虽然其语言多有含糊和不规范之处,但是赖因哈特在书中还是给出了一些对于语文学的柏拉图解释和哲学的柏拉图解释都同等重要的观点。他以之对柏拉图神话进行观察的视点的正确性,直接地阐明了:他在逻各斯(Logos)中追寻神话(Mythos)的发展。从《普罗泰戈拉篇》的智者神话——这一名称似乎是一个任意的发明,并且其发生的必要性明显早已由其应当传授的东西和其所被发明的目的所事先决定——开始,柏拉图式神话诗(Mythopoiie)之路一直导向《蒂迈欧篇》,在此篇对话中,神话的游戏与逻各斯的严肃性,以及神话的严肃性和逻各斯的戏剧性不可区分地紧密交织在一起。这种统一的道路出现在不断增加的内在必然性中,这种必然性将神话事件从教诲人的任意幻想转升入一个看似真实的世界的内在意义规定性之中。这种观点的贯彻不依赖于今天还可能按照年代顺序方法的变化,因为它们采取了针对自己的问题体系的安排原则。神话和逻各斯之间的关系是由一些极为出色的表述刻画出来的。赖因哈特将"彼岸范畴"(die jenseitige Kategorie)称之为神话的原始范畴。它既包含了他所谓的"灵魂的空间化"(Verräumlichung des Seelischen),也包含了人们可以类似地描述为灵魂的时间化(Verzeitlichung des Seelischen)和"远古的"范畴。从柏拉图特有的意义来讲,神话始终是灵魂的神话:神话世界的诞生源自于将灵魂从国家、性别、文化和群体的古老秩序中"驱逐出去",作为这种秩序"在灵魂自身中"、在一个内在世界(这内在世界在神话中获得意义)中的重新诞生。真实的灵魂世界和现实世界的关系因此被形式地表现为这个现实世界的翻转,这因此也同时是苏格拉底式逻各斯的直线延续,而苏格拉底逻各斯同样还代表了翻转、悖论和谬论。人们可以做这样一般化的表述:就像(苏格拉底式的)真理变为现实一样,它是一种形式,是对人类对于显著的意见假象的所有信任和信仰的束缚的最有力的适应。神话"封印"了逻各斯(正如逻各斯本身就是一个印章),因为它限制了直观现实性的可信度基础(或者——在另一种安置中——预先将此种美的信仰假象赠予它)。

除了具体表述上的细致澄清或者改变,这种神话的一般性结构很少有系统性的发展。因为所有这些可以在其中理解柏拉图神话的变动,都是关于一种共同一致的动机的变动,尽管解释性描述是极其简短的,但这些阐述对于重要的核心问题有所突破,并且恰恰在对不同神话的对比中阐明了各个对话的整体层面。

当然,恰恰是哲学家应当在评价这种阐释时必须做出一种限制。这本柏拉图小册子所产生的直接生动的效果首先还要归功于其语言。那些用以描述和解释神话的语言形式所展现出来的易激动可也是激烈的活力在对柏拉图的解释中——完全有意识地——与我们的德语所具有的力量共同协作。但这也意味着，它在其工作中召唤了一种对柏拉图来说完全陌生的语言的直观创造的权力，却没有明确地遇到这种现代化带来的危险。当赖因哈特谈到"灵魂"的时候，不可能不去思考那种"充满潜能的无限性"（这种表达来自于弗里德兰德的柏拉图书），这种无限性在核心环节中转变了灵魂的形象且有限的构成物。清除遥远的历史也是本书的一个特征（例如"渴望死亡"是《斐多篇》的特征一样）。但通常以这种方式出现的推迟也有积极的一方面。这位无可比拟的作者身上的魔法就这样活泼地传递给了希腊那些未受教育的人们。对于那些受过语文学训练的人来说，也恰恰是用一种确定的优越性以这种方式突出表现了这样一个为常规的柏拉图研究所忽视的特征：社会性的范畴。关于这种范畴对于柏拉图的意义早已在导论中以短小精悍的 Charis（感恩）、Geloion（荒谬）和 Ironie（反诘）诸概念的特征得到说明。同样的社会的统治权也是柏拉图神话中的一个本质环节，因此不仅在整个过程中被突出强调，而且同样也在赖因哈特解读（这种解读并不担心现代的扭曲和轻率的构造）的有把握的宽宏气象中被模仿以及因此不可比拟地被深入阐明。

弗里德兰德：《柏拉图》两卷

第 1 卷：形式、教育、对话

第 2 卷：柏拉图著作

4. 新近的柏拉图研究　331

　　弗里德兰德的两卷本柏拉图作品乃是语文学自身发展的成就。如果有人带着这样的要求和期望去读这本书,亦即在这本书中有对柏拉图的历史研究,并找到柏拉图在希腊思想史中的地位,那么通过对这本书本身的研究就可以得知,弗里德兰德自己提出的任务却是完全不同的(这里完全不说颇具构造性意义的语文学的原始形式、传记性形式以及史料批判性形式)。这两本书的每一卷前面都有这样的深意的话:"仅凭我们自身还能生产什么?展望完美者"(尼采),以及:"所有形态都是相似的,但没有任何两者是相同的。/而歌队如此来指向一个秘密法则/一个神圣的谜语"(歌德)。作者在方法上采取的态度是描述性的。正是在他描述柏拉图作品和寻求其结构规则中,在对其形式的和内容的动机(此动机在每一个甚至也是最轻微的形式要素中找寻一个有内容的意义对应物)的概观中,在这种描述性的解释中,弗里德兰德看到了他的任务——不是回溯到柏拉图著作的完善形态的背后而追问,也不是将其整体性消解为功能性关联,同时也不是他对希腊文化的精神和伦理生活进程之历史知识的评价。

　　弗里德兰德试图这样来解决他的任务,首先在第1卷中以一般性的讨论阐述他关于柏拉图著作的认识,其次在第2卷中力求在对每一部个别的柏拉图著作的形式和内容的分析中贯彻他的一般认识。弗里德兰德的这第2卷书是一本非常具有实用性的书。乍一看,只不过是一系列颇有品味和庄重的内容说明,但仔细观察就会发现是一些根本不同的东西。在这里并不仅仅是简要重复这些哲学对话的言说和反驳。本质性的东西也不是说,在此说的是持续观看柏拉图著作整体,以至于这些个别分析中的每一个都包

222

含了与其他对话的关联和比较参考。相反,柏拉图作品中的思想内容就是这样一种东西,当人们将其对话的外衣剥离开来时也能清晰地表达出来,即使这是一种偏见,即使这些假定的内容恰恰并非某个体系或者某种哲学。柏拉图从来没有自己说话,而这意味着,即便我们说柏拉图是在苏格拉底的面具下表达思想,我们也误解了他——就像是当我们认为一个剧作家通过他的主人公之口说出自己想说的话的时候,我们对他也产生了误解一样。柏拉图的对话就是戏剧的哲学形式:那些站在苏格拉底对面的反对力量不是简单的无意义,毋宁说,在它们的湮灭中,仍然有柏拉图世界的力量。

223　　因此,弗里德兰德对于柏拉图对话的分析,在于努力从地点、人物的选择、场景以及由言说和反驳本身去认识每个对话的运动和结构。为了表明与其他对话内容上的联系,他还试图在形式方面去展示关系。这种真正意义上的语文学任务将解释与其具体的任务及特殊的限制相联系。它将整个柏拉图的作品概括为一面镜子,以致这种意图的镜像忠实地保留了镜像和其映射的对象之间的关系。这个镜像展示这种关系于其外观和封闭的完成之中。而这首先也是一个优点。因为与柏拉图宏大的艺术理解形成对照的是所有这样的批评,它们意欲认知个别的形式或者思想元素,就好像它们看起来是维系于柏拉图著作的统一形态,并处于这种维系面前那样——这些批评,也就是所有朝向"史料"的推论,但也包括所有将有意的和娴熟的东西区别开来的尝试,始终处于无助的和任意的主观主义之中。在引用歌德的话"习得之后,他才会想去做"中,弗里德兰德已经很明确地意识到了他的态度偏好。

然而，这种思考方法的局限性在于它预设了某种从根本上均匀的、与柏拉图的距离。只有在纯粹思考的距离当中这些艺术创作才能保持其形象。但这意味着，以这种方式理解柏拉图，首先看到的是他的艺术和技艺的伪装，并且在整体的理解上是不充分的。那些完成这种伪装的积极的意义倾向性强调的则是每一个细枝末节。然而，柏拉图言说中的间接性和暂时性特征不仅仅着眼于其表述方法而被质疑，也在其实际所包含的意义中被采纳。哲学的对话不仅仅应该被思考，更可以被一道实行。仅仅说这些哲学戏剧不是颇具教益的研究性文章是不够的，因为这并不是说它们不去教授知识！恰恰相反，苏格拉底把自己描述成一个助产士，这就说明这种表达方式本身具有助产术式的倾向，只有在它帮助分娩的地方，才能被充分地理解接受。但前提是，当人们阅读这些文学性的对话的时候，也可以摒弃自己与著作之间的那些使得对话过于具有文学艺术性而高高在上的距离感，并且由此进入它们构造的世界之中。哲学戏剧恰恰不只是在人们获得理解上的快感时体会到的诗意。当诗人在他的戏剧世界中将自己客体化时，也就意味着他能够无非在其形态的感性现实中看到自己的真实性（Wahrheit）；当柏拉图在他的对话中将自己对象化时，他也是以一种伪装的方式这样做的，也就是说，他决意无非在这个对话的感性现实中说出他自己的真实性。因此柏拉图对话完全具有这样的意义，即通过这些他可以在其中单独地言说的伪装，认识到他想要说的东西。如果诗人在他诗歌世界的魔法圈外，脱去他诗意语言的外衣，却无法用赤裸纯粹的语言表达他的真实性，这反过来倒是说明，柏拉图其实并没有想要通过他书写的作品世界把他的真实性表达出来的意愿。从耶格尔的观点来看,如果我们只是从柏拉图的对话而不是从他的教育经历和教育理论来理解他,那也只不过是权宜之计;诚然,耶格尔的这一极端论点掩盖了以下这点,即使我们之后对柏拉图教育理论有所理解,我们也无法从根本上在柏拉图的哲学中收获其他什么教益。如果我们意图要求理解柏拉图没有对我们或者没有在当时公开,而只是在最小的圈子里所说的东西,那么我们只是在哲学上对其产生误解,而不能更深刻地认识他。对我们来说,他的"学说"并不是随着传统时代的更迭而遗失,而是其实就没有、不应有或者不能有那些真实有效的记录(弗里德兰德,第1卷,第147页)。尤其是解读柏拉图的真正的和最高的任务,就是遵循柏拉图对话以不同方式为我们开启的哲学的呼唤。弗里德兰德不仅从原则上承认这种诗性对话的哲学紧迫性(第1卷,第193页),而且根据其可能性真正体验到了这一点,这一点也指向了他在论述《巴门尼德篇》中的精彩的篇章。

这些评论想要表明这种描述性的解读方法到底在什么地方成为哲学读者的基本局限。很明显,与这种局限相类似的是能够被着眼于这些阐释的历史认知意愿所感受到的限制。可以肯定的是,弗里德兰德的理解方法将历史环境(有如被我们可认识的)包括在内,但是他的方法态度在根本上却是可以和对文学作品的审美解读相提并论的。作为希腊整个文学中最完善的艺术成就,柏拉图的著作实际上构建的是一个封闭的世界:似乎所有关于他的时代的历史现实性的关联都维系于他。柏拉图的世界与一切艺术的世界一样,尽管其创作者及构造手段都历史性地植根于精神的某个独一的世界时刻之中,却具有"绝对"的当前性。事实上,历史研究的任务可能在于消解（auflösen）艺术的"第二高的此在"，以便更深刻地认识它所由之而生的历史现实，且由此也反向地通过对构造可能性和构造手段的更深入的认识，来充分观看富于艺术性的作品。当有可能并且有必要，从一种不同的理解主张中看到弗里德兰德对柏拉图的解释的这些局限，那么这必然意味着在其边界之内存在着对它的根本性承认。正如柏拉图在这里应当呈现给我们的那样，这是一个不容对其有不同理解的人所看到并加以解释的形象。无论谁愿意将柏拉图把握为在哲学传统中和为这种传统的哲学家，如果他不能从这种哲学的文学事实的角度赋予柏拉图的对话以直观的解释说明，比如"最神秘和最复杂的古典形式"（狄尔泰），那么他也无法自圆其说。同样，历史研究不仅要将其知识和柏拉图作品的艺术性功能联系起来，而且如果不能看到柏拉图作品真正要解决的问题，不能透过柏拉图著作的表层意义看到其真正要研究的内容，那么就不能说获得了真正的历史知识。

与这种一般性的考量不同的是，弗里德兰德的第2卷书中的个别阐释是不能被讨论的，因为它也不希望面对的是那些读了这部分书只是为了了解本书作者观点的读者，而是更希望针对以下这种柏拉图的读者，他们援引此书的分析，当这些分析能够以某种方式为自己所用之时。

但在第1卷书的一些章节中弗里德兰德总结了自己对柏拉图的理解，这九章内容主要涉及了成文著作和其基本规定：关于柏拉图式的苏格拉底，关于反诘，关于对话以及神话，还有关于这些成文著作如何融入柏拉图的整个精神现象中。此书的第一章基于《第七封信》以及关于城邦的论述在柏拉图著作中的中心地位，从这样一个论点出发,即柏拉图没有"进入哲学",而是在他那个时代的城邦生活中寻找道路,但却在他当时的雅典城邦中迷失,开始寻求真正的、能让他发现理念的城邦。下文将讲到一个对于理念术语的概念起源的非常好的批判论述。当然,它们与逻各斯的关系没有得到充分的表述和理解。在这里,鉴于《第七封信》,弗里德兰德应该将逻各斯和形式的不可消解的关系放在讨论的一开始。柏拉图对前苏格拉底学派的哲学立场虽然只是一个概览,却是出于灵敏的直觉且颇有见解。正如巴门尼德和赫拉克利特之间的巧合也是通过毕达哥拉斯的因素将城邦和宇宙综合起来的。与他的观点相一致的是,弗里德兰德在这里并没有去探索其影响,而是从一开始就提出了这样的问题:"柏拉图是如何吸引了传统哲学的力量的?"接下来的章节使用了真正的柏拉图式的概念"神祇"(Daimon)和"不可说"(Arrheton),来与他后来的、特别是新柏拉图主义的形式(如此容易消失的)做对照。在"学园"这一章节中,Paideia(教育)这一概念被带入语言,柏拉图的政治意愿通过对于这一柏拉图式奠基的本质洞见而变得清晰。

构成本书其余部分的章节包含了关于决定个别阐释的根本认识。在此,我们不通过所有这些章节,而仅仅通过一个最重要的概念,即反诘(Ironie)来表现弗里德兰德的观点倾向。因为通过这个概念最容易把握到,弗里德兰德在关于柏拉图著作的理解中所尝试迈出的关键性的一步在我看来是什么。关于柏拉图的反诘,我们总是更倾向于去思考苏格拉底式的反诘,而弗里德兰德看得更远一些,他指出,如同谈论苏格拉底的反诘一样,我们也必须同样讨论柏拉图式的"艺术家的反诘"。因为正如苏格拉底喜欢把一件举足轻重的东西称作微不足道的小事,以便在其隐蔽处发现其惊人的意义一样,所以柏拉图自己也经常使用一些和苏格拉底的反诘不一样的方法来隐藏最本质的东西,使它看起来是附属于另外一些东西。比如说《斐德罗篇》里爱神的伟大且颇具幻想性的演讲也只是作为对雄辩术的本质进行分析的一个例子而已。这里清晰明白地说明了这一点,这应该被理解为所有柏拉图对话作品的一贯态度,弗里德兰德给出了这种反诘的某些形式:在《会饮篇》中女先知关于苏格拉底的讨论的"反诘的分裂";在《斐德罗篇》模糊的结构里包含的"反诘重心的转移";还有一些类似的从形式角度出发的反诘的张力,存在于《智者篇》和《政治家篇》中对于二分法(Dihairesis)的荒谬的应用当中,在《智者篇》中"通过对象性的东西"在所谓寻找智者的过程中刻画哲学家的形象;最后,由苏格拉底默默地站在这个对话中的情境所产生的"无言的反诘"。这些和诸如此类的反诘张力的形式不仅大致体现了关系的相对变化,而且它们在每一步都决定了柏拉图所说的多重意义的面纱。某种表达是严肃的还是反诘的,这是一个一再被提给针对柏拉图学说的阐释者的问题,而这个问题似乎从根本上说就是错误的。就反诘和严肃是对立的而言,柏拉图完全是反诘的,而绝不是严肃的。这也就是说,柏拉图的表达不是他的意见的抽象表达,这些意见能够被那些处于对话中的人从其所处的情境取出,并将其提升到自在有效命题的关联中。一切所说东西的彻底而普遍的情境束缚性使其更具有讽刺意味。柏拉图并没有把 $θεία\ μοίρα$(命运女神)创造为被力量和反力主宰的世界的伟大的客观塑造者,而是以一种极高明的智慧自行遮掩在文学作品的客观形态当中,而这是为了让那种迅速和单调的重复和反驳(Nachreden und Widerreden)无法发现它。这只道出了反诘的严肃性，它如此遮遮掩掩地道说着真理，以至于真理仅仅对那些本身就能通达它的人敞开。

　　柏拉图式的反诘不仅仅是一种单纯社会性的现象，也不只是以下这种精细的腔调，在其中匀质之物——没有明确性之激情——自行理解着道说某物，且它锁闭了不可理解之物。它不是被意愿，而是必然被需要；因为它所源之而出的处境不是任意的，甚至有可能是要避免的，毋宁说，出于同一种使苏格拉底在口头对话中成为反诘者的必要性，它作为书面表达的可疑性而重复出现。弗里德兰德的解读是在个别问题上实现这种观点（原则上没有人否认）的道路上的一步。因为解读的任务是无限的，所以即使一小步，也是使得其遮盖在面纱下的真容显现出来的力量。它在观念上预设了，阐释者根据与柏拉图精神的最内在的客观一致性将他的反诘（从他们所隐秘敞开的实事直到细节）理解为必然的、意义丰富的，且看透了这种反诘。倘若能够看透，就像柏拉图自己所传授给我们的修辞学的假象一样，它的幻相仅仅在真理的基础之上才获得意义，那么，柏拉图辩证法的伟大假象倒完全是值得尊敬的。但是我们只能永远从这个遮盖的面纱中去寻找柏拉图的学说，因此当我们想要去认识或者评判他的反诘，那我们的想法就太简单而且天真了。

　　也许，基于这个事实，人们需要对弗里德兰德在他著作的序言中所表述的观点加以限制："现今柏拉图现象的基本谜题与其说是从哲学本身出发，不如说是越来越从古典哲学出发而被看到。"所有对柏拉图的语文学解读都是从（尚且如此无意识的）哲学性的实事领会中获得其视域,在这种实事领会当中,对语文学的柏拉图解读的认知才能够区别于对柏拉图著作的艺术构造和反诘式遮掩。因而有待质疑的是,哲学阐释的片面严肃性和语文学阐明的教条式的狭隘性是否必须一再预先表明,它能看到什么、能看到多远。

耶格尔:《柏拉图在希腊教育构建中的地位:一个草案》

除了这些大部头的关于柏拉图的著作之外,还有维尔纳·耶格尔以提纲的形式写的一部草案。开头几个部分的论述是关于"文化理念和希腊文化"。从对文化概念的一般性讨论出发,耶格尔阐述了文化理念在希腊人那里独特而典型的实现。在希腊世界里,他看到了卓越规定西方人类整个历史的塑造力量,精神的客观化产物,国家、宗教和艺术,都被纳入人类的生活现实当中。文化——这是希腊人留下来的并在"文化危机"时代特别强有力的永恒遗产——是"在所有生活领域塑造属人之物"(Herausgestaltung des Menschlichen in allen Lebenssphären)。希腊人自己在教育理念中明确表达了这一任务,就像柏拉图首先筹划它那样。——在另一个关于"19世纪柏拉图形象的变革"的讲座中,耶格尔通过对柏拉图研究中的一些重要转折点的简短刻画为下述任务作了准备,亦即在第三次演讲中所勾勒的任务:耶格尔拒绝柏拉图阐释中的一切抒情表达(根据作者的体验和情绪来阐释作品),且怀疑纯粹哲学的、问题史的考察方式③，他所刻画的任务是，在历史关联和希腊精神塑造的关联中理解柏拉图的出场。耶格尔的这种将柏拉图哲学理解为教育的观点所构造的形象将柏拉图哲学表现为[公元前]5世纪末国家和社会生活总危机的特征。这个提纲的主要特点在于在很多方面都符合斯坦策尔书中的一般历史观点，此外还将柏拉图的出场置于世界历史框架中，在第一讲中，对于文化和人文主义思想的探讨已经形成。这里所构想的任务的宏大和问题的广度在这个构想的执行过程中具有明显的哲学意义。

[凭借巨大的毅力，维尔纳·耶格尔贯彻着他的草案：三卷本《教育》，其中完全致力于柏拉图的最后一卷出版于不幸的1944年，在走向灭亡的第三帝国——于柏林，在一片废墟中——当美国的坦克的轰鸣声响彻在莱比锡柔和的景色中的时候，我研究了这部作品。教育的主导思想问题以及这个概念对于智者运动的无限接近以前已经由H.库恩在对耶格尔第1卷的批判性评论中令人信服地指出了：KSt 41(1936)。尽管耶格尔的作品传达了丰富的

---

③ 值得一提的是，耶格尔同样非常重视20世纪的柏拉图研究：斯坦策尔的成果丰硕的《研究》对他来说无疑是一个划时代的转折，虽然纳托普的书也颇具时代影响力，却不被耶格尔看作是同样划时代的著作。因为此后所有的柏拉图研究从本质上讲都是由斯坦策尔对于柏拉图所做的反转决定的，后来的哲学家们由此发展出的科学性的知识结出了累累硕果。同样值得注意的是作为对照的纳托普和维拉莫维茨的著作：尽管人们可以按其所好给维拉莫维茨的柏拉图作品赋予极大价值，但是，不管人们如何强调他的价值和对后来的教导意义，对耶格尔来说有一点是肯定的，他在开创研究新纪元方面并无建树。耶格尔的评判标准自然是成果的持久可靠性。在我看来，纳托普的柏拉图研究所传达的只能算是冒险故事，而非真正的成果，这一点和耶格尔自己的《亚里士多德》那样是十分清晰的。

知识，但关于柏拉图的第 3 卷著作仍恰恰确证了这种有所批判的保留态度。

弗里德兰德的柏拉图作品已分成三册，并提供丰富的书目增补。它是一部真正的标准著作，尤其体现在其英文版中。]

(田洁 译，王宏健、洪汉鼎 校)

5. 实践知识

(1930 年)

  我们的道德概念，特别是道德意识的概念本身含有某种源自西方精神的基督教传统的色调，这一点一再被希腊文学(Dichtung)和哲学的每一位阐释者所重新意识到。我们所有特定的道德概念，诸如良知与罪责、义务与道德、德性、自由等等在希腊人那里都没有真正的对应物。基于这种概念的不协调就敢于得出结论说希腊人对这些现象有着某种盲目性，这又太草率了。绝非偶然的是，我们需要某种始终警醒的自我批判，从而让道德阐明远离对希腊经典文学和哲学的阐释。尽管人们也能意识到此种(道德)阐明所呈现出的曲解，但是，人们还是太过轻易地被诱导至此，其原因不仅仅在于道德概念在我们本己的生活意识中无疑占有支配地位，同样也是由于这样的一种窘境，亦即我们活生生感受到的、对希腊之物的理解可能性，并非根据希腊生活意识的本己核心而被提升为概念的。

  这项使命的出发点必然是希腊生活的自身解释，它存在于古典哲学之中。然而对于我们而言，正是这个出发点总是已经处于从道德意识出发的光源的闪耀之中[*]，而成问题的是，这种光照的

---

  [*] 此处 Licht 和 Schein，都是指光。Licht 指发光体，而 Schein 则是指发光体所射出的光。因此本文将 Licht 译作光源，而将 Schein 译作闪耀。——译者

投影究竟是否还能让我们得以看到希腊生活意识的本己核心。从苏格拉底到亚里士多德的希腊古典哲学处于某种广泛的文化危机之中。在旧事物的解体中，古典哲学如何想要成为旧事物的守护者，而在古典哲学的分化中，它又如何恰恰追求着与古老生活现实的融解，这些是与我们相关的东西，并且可以根据道德意识态度的自身分化而得到理解。在尼采无畏地对道德价值评估进行重估之前，黑格尔已经将苏格拉底的形象看作道德意识的诞生，因而它同时是"一切后世哲学的普遍原则"。这种看法的结果包括，尼采对基督教-西方道德的批判中包含古代经典哲学家，并且他将苏格拉底谴责为首位伟大的道德家，其"不正派的辩证法"决定了希腊人权威性-自我确信的（autoritativ-selbstgewiss）伦理的没落。因此似乎是这样：对道德概念在希腊生活意识面前的失效的某种沉思（Besinnung），其自然出发点——亦即伟大的哲学——是不适宜的，它与其说是开启了通道不如说是锁闭了通道。然而可疑的是，我们的道德范畴究竟是否能够让哲学意识的真正位置得到正确理解，从希腊城邦（Polis）的实质伦理到对这种伦理的操心（Sorge）这一精神转变——而这就意味着，在哲学上——这一精神是否真的是黑格尔从伦理到道德的转变。也许此处有一种被基督教所规定的精神形态，它将其亲熟形式置于希腊人哲学性的此在理解这一相对陌异的尺度面前，并且遮掩了后者自身的命运？

人们乐于将希腊伦理学刻画为理智主义的。苏格拉底的悖谬公式，德性即知识，将伦理存在（das sittliche Sein）转移到对它的知识之中，亦即转移到逻各斯之中。拥有德性的人，必须也能知道和说出，何谓德性。倘若不能做到这一点，则不具备德性。从尼采开始,着眼于更为古老的希腊之物的活生生的现实性,这个基本原理的异乎寻常的非现实性(Unwirklichkeit)便具有了一切浪漫主义精神对自身的指控——就好像是苏格拉底用逻辑的毒药摧毁了美好的伦理,就好像并非其实是时间自身变得古旧,就好像时间并没有在无节制的逻辑的陀螺中不断翻转和破坏着一切曾在的与生成着的(gewesenen und werdenden)现实。*对循环真理的现实性和有效性的检验,并非投入某种新的东西,毋宁说是对古老真理的严肃对待,就好像这些真理尚且是它们想要成为的东西。这就是苏格拉底辩证法的意义。其真正的力量在于对无知的证明,因为对它而言,知识和现实的关系是不可消解的。如此一来,在这个苏格拉底等式中知识所指的东西,必须根据为知识所要求的、与实践现实的关系而得到规定。预先设定这样一种知识的意义——此意义令这个等式变得不可理解或者变得强人所难——意味着将某种借此所提出的理智主义指责反过来针对自身。此种质朴的方法上的自明性(斯坦策尔在《研究》第 186 页所着重提出的)之所以会被忽视,仅仅是因为人们自以为确定对于苏格拉底而言知识的含义。苏格拉底自己始终在与 τέχνη(技艺)和 ἐπιστήμη(知识,科学)之知识的类比中提出这种知识要求,而恰恰着眼于这个由苏格拉底所许可的与实事知识和专业知识(Sach- und Fachwissen)的类比,苏格拉底等式的有效性看上去是不可靠的。诚然,人们在这里遗忘了某种决定性的东西:苏格拉底尽管要求这样一种知识,但这一

---

* 本句中三个并列的短句均为虚拟式(其中前两个为虚拟式的完成时,而第三处为现在时虚拟式);而后两句则同时为否定句,双重否定则表示对句意的肯定。——译者

要求恰恰证明了无知。然而,通过指出实事知识对于伦理行为的含义,从而针对理智主义指责为苏格拉底辩护(参见斯坦策尔:《教育家柏拉图》,第136页),这种做法是颠倒的。并不是说,苏格拉底从自己出发提出了某种实事知识的要求,毋宁说,恰恰是当实事知识的界限是可感知的时候(因此这种要求是可感知的),苏格拉底才坚持实事知识。伦理知识与合乎实事的科学之间的呼应并不是苏格拉底式的,毋宁说,这种呼应在辩证法中的失败才是苏格拉底式的。事实上,柏拉图一再表明,智者的知识概念(苏格拉底关注对它的 ἔλεγχος〔辩诘〕)在以下任务面前失效了,亦即使得正当的行动得以可能,换句话说,知晓善好之物(das Gute)。德性是可教的因而是知识,显然是智者的教条,它要求通过其授课而实现城邦的德性。这一要求的失败必然会引起对那种知识的追问,后者将正当地提出这一要求。在探讨这一问题时所给出的规定,亦即必然存在某种关于有用之物的知识(Wissen des Nützlichen)*,令苏格拉底蒙上了某种可疑的荣誉,亦即作为功利主义者立身于哲学史中。伦理学的创始人竟变成其19世纪最呆滞的仿制品,这真的是一个悖论。也许已经存在着某种机会,以便从可动用性(Nützlichkeit)**的"非道德"侧面出发来澄清古代伦理学的概念。

---

* Nützlich 的含义为"有用的"或"可动用的",其名词化形式 das Nützliche 可译为"有用之物"或"可动用者"。在下文中,我们一般将其译作"有用的",在某些情况下译为"可动用的"。——译者

** Nützlichkeit 既可以译为"可动用性",也可以译为"有用性",在此我们之所以选用前者,是因为"有用性"的"有"并非某种静态的"拥有",而是指某种潜能或可能性,亦即朝向动用、使用的可能性。例如当我们说"桌子有四条腿",这里的"有"既可以指四条腿属于桌子的部分,也可以指桌子能够稳定地放置在地面上而得以使用。——译者

首先，有用之物的本质在于，它并非自在地拥有其存在，而是在某个它者那里拥有其存在，亦即其可动用的何所为（wozu）*。而这对关于有用之物的知识而言意味着，只有从它者、亦即其可动用的何所为出发，才能认识和度量有用之物的可动用性（《尼各马可伦理学》，1155b19）。只有先行着眼于其可动用的何所为，当前存在者才会作为有用之物而照面。也就是说，仅仅着眼于本身并非当前者（Selbst nicht Gegenwärtiges），亦即它对某个它者而言的用处（Nutzen）**。这种关于有用之物的知识是人有别于动物的特殊标志：逻各斯。因为动物沉浸于欲望之无关联的当前性中。诚然，即便是动物也是——在欲求中——朝向某个本身并非当前的东西。在任何欲望中都有着对被欲求者的记忆。但是如此被欲求者并非单纯着眼于某个它者——对于它者的用处——而被欲求，毋宁说，作为直接令人满意者和令人愉悦者，它就其本身而被欲求；相反，着眼于用处而被追求者并非就其本身被追求者。有用之物被追求，乃是基于与次好之物（ηδυ）保持某种先行的距离。为了能够追求有用之物，需要时间感以及某种对于较疏远者（Ferneres）的先行筹划。在这种较疏远者之中，存在着选择较切近者（Näheren）的理由，较切近者自行显现为对于较疏远者是有用的。这种与它的用处的有距离的关联使得存在者基于其存在而成为可称呼且可谈论的（an- und aussprechbar）。恰恰因为存在

---

* 或者译为："亦即它对之有用的东西"。——译者

** 这里的 Nutzen 是阳性名词，因此不是由动词 nutzen 的不定式演化而来，不可译为"动用"。Nutzen 的含义有"用处"或"利益"，在下文中，我们根据语境选用不同的译名。——译者

者并非就其本身而言是我们所关注的东西,存在者才是可道说的。因为它指的不是这个,而是那种有用之物。我们所关注的东西,不是有用之物,而是它的用处。它本身也可以自在地有利于它者,而它者可以像它一样有利于它。但是,它乃是作为对于这个目标而言的有用之物而被意指的,它乃是从它的用处出发而成为可理解的,因此,存在着某种使得它得以敞开的"逻各斯"。此处的"逻各斯"意味着"计算"。

于是,对有用之物的知识乃是关于个别之物的某种知识,并且是在其可动用性的普遍规定之中,也就是说要撇开它的特性。然而,恰恰借此,根据对被追求的用处的先行视见(Vorblick),某种对个别之物的先行支配得以可能:技艺(Techne)。恰恰在有用之物与它的用处之间的有距离的张力之中,存在着以下可能性,亦即让这一操心独立于旨在普遍使用的预备性制作。普罗米修斯是技艺的献身者,是首位悲剧性的文化英雄。这也存在于柏拉图《普罗泰戈拉篇》中的精妙阐明中:普罗米修斯对 τέχνη(技艺)的赠予损害了人的存在。直到宙斯重新赠予 δίκη καὶ αἰδώς(正义与羞耻),才给予人类以持存(《普罗泰戈拉篇》,322c)。因为技艺是在一切动用之前关于有用之物的可制作性(Herstellbarkeit des Nützlichen)的知识。但恰恰是对有用之物的这种预备性操劳使得有用之物与动用着的使用分离开来。一方面是制作者,另一方面是使用者。有待制作者大概是根据它的使用规定而得到规定的,但是作为关于制作的知识,它是一种对于所有人皆可能的知识,因为它确实针对的是普遍使用。每一个如此知晓者拥有某种为了他人的知识,这种知识不再支配对于可支配者的使用(亚里士多德:《尼各马可伦理学》,第 6 卷,第 4 章)。

然而,一切有用之物,只有当它对于某人而言于某物是有用的时候,才是有用之物。这意味着:某物之可动用的何所为(wozu)不是作为某个随意、自在的目标而源初照面的,而是作为某人的目标。只有作为对某个被追求的目标有利之物(Dienliches),某物才是对于某人而言有用的。倘若它的可能用处不是被追求的目标,而是有待避免的东西,那么有利者本身就照面为有害者。并且,倘若我们不关注目标,那么,我们也就不会关注有利于目标的手段。它对于无物有用。也就是说,并非某物适宜(tauglich)于其中的关联本身,使得它变得有用,毋宁说,仅当它的这种用处被某人当作目标时[,它才是有用的]。在此,对于某人而言有用的东西,就是这同一个东西可能——在相同的关系中——对另外的人而言是有害的。因此,关于有用之物的知识始终意味着:关于对某人而言,在特定视角下有用之物的知识。即便缺乏对视角的说明,这也并非意味着关乎某种"自在"有用之物,毋宁说,这是某种在以下视角下有用的知识,亦即知晓者一向观看的视角;倘若缺乏其对谁而言有用的说明,那么这就意味着:对于知晓有用之物的人本身——并且首先是:对所有人都有用者(κοινῇ συμφέρον)。从根本上说,这也是针对一切知晓和意识到本己利益的人。于是,苏格拉底将有用之物等同于善好之物,将德性等同于知识的做法也就可以理解了:只要我无限关注我的本己存在,那么我自己就知晓对我而言向来有用之物。在这种最本己的、关乎对某人本身有用之物的知识中,以下这种分化的鸿沟得到了闭合,这一鸿沟在通常情形下将一切有用的知识与它的用处和用法分离开来——就像它在 καλόν

(美)和 ἀγαθόν(善)那里是闭合的那样。

当我们考虑到,苏格拉底(根据柏拉图:《国家篇》,第 1 卷,336d)将有用之物刻画为在共有城邦意义上的正义之物或善好之物,那么,做出这些大费周章的发现可能看上去是多余的。这种正义之物并非对于他人的有用之物(ἀλλότριον ἀγαθόν),而恰恰是对某人本身而言是善好的(οἰκεῖον ἀγαθόν)。我真正的本己利益(Nutzen)是共同的且相同的,而非我诈取的好处。因此,我的本己利益不是某种在他人面前的好处,毋宁说,它也是每一个他人的真正利益,也就是共同的利益。对"灵魂"而言的利益乃是所有人的共同理解视角。

尽管如此,每个人还是借此都看到了他真正的利益(他最本己的东西)。对于每个人而言,关于善好的知识始终是关于本己利益的知识。无论德性是不是某种共同的东西:作为知识,德性——独立于一切可能的可分享性和可传达性(Teilbarkeit und Mitteilbarkeit)——恰恰是个体的着眼于其利益的自身理解(Sich-selbst-auf-seinen-Nutzen-Verstehen),这样一种知识作为不可辩护的最本己的实事归属于个体的责任。在这个意义上,关于本己利益的知识乃是一切现实的自身理解所具有的不可怀疑的基本形式。一切真正有用的东西都在这种对我的最本己之物的操心中得到规定。

根据这些现象,这种关于本己利益的知识的特性确证了苏格拉底对知识与德性的等同。无论如何任意地规定一向有用之物:无论如何,关于有用之物的知识本身是实践的,且它不允许知而不行。因为有用之物不是某种自在正确之物(无须为我成为正确之物),毋宁说,它在朝向行为的考虑之"自为"中作为有用之物与我照面。当我事实上没有施行有用之物,这就意味着,我对它无所知晓。因为无人自愿出错。无人自愿他本己的损害。清楚的是:一切不当行为的非自愿性这个苏格拉底命题的此种意义无须某种针对道德理智主义指责的辩护。毋宁说,它更需要某种针对以下指责的辩护,亦即某种太过实践性、太过理性的非道德主义指责——倘若苏格拉底问题并非始终意味着真正的利益和损害。

235　　然而也许人们会问:难道柏拉图没有克服这一整体的阐释尝试?必须承认的是,根据柏拉图,善好之物也同时是对于个体真正有用者。然而,关于这种善好之物的知识难道不恰恰是在与实事科学的类比中被思考的?后者的知识是可教的、可传达的——而非像真正的实践考虑一样不可辩护。难道柏拉图的善好之物不是某种至高的普遍者,而关于这一善好之物的知识,亦即 μέγιστον μάθημα(最高知识)不正是存在于对数学之客观对象性的科学特征的提升之中?难道哲学不恰恰是在超越数学的道路上才是可企及的?而这种哲学恰恰应该是政治与实践的引领者。

　　事实上,在科学与技术的图式中,所追问的是这种关于善好之物的知识。然而,答案是否出自同一种意义,以及它——倘若出自这种意义的话——是否真正构成某种答案,是有待检验的。

　　我们称早期柏拉图对话为疑难对话,尽管其出发点从表面上看是消极的,但我们必须追问其先行勾勒的答案的特征。尤其富于教益的是《卡尔米德篇》。因为在其中,克里提亚斯正好提出了某种我们尝试将其突出并作为苏格拉底意愿的真正意义的东西以反对苏格拉底,然而,克里提亚斯是错的。我们回想到:审慎(Syphrosyne)*乃是施行属己之物(das Seine Tun),更准确地说,施行善好之物。但审慎是某种知识。于是它就成了:知晓属己之物,亦即自我认知。显然两者都是接近真理的。就像每一种德性一样,审慎也不是"单纯的"知识,毋宁说本身包含了 πράττειν(行动、实践)之规定。因此,它是与科学知识不可比拟之意义上的知识。克里提亚斯提出这一点是非常正确的。事实上,审慎就是诸如知晓属己之物的东西,这并非一种针对所有人的知识,而仅仅针对某人本身,这种知识并不是关乎某种实事(这是针对所有人的),而是关乎它本身。似乎苏格拉底明确隐瞒了这一点,而这一点让苏格拉底遭遇了从克里提亚斯口中说出的真理:自身知识(Selbstwissen)必须拥有某种本己的作品,倘若它理应成为某种知识。倘若没有本己的作品,那么还是需要有某个有别于它自身的对象,它所关涉的对象。一切知识都是关于某物的知识,关于其自身的某个他者。而关于它自身的知识理应不仅仅是来自其他科学的知识,而且是来自它自身的知识,并且,不仅仅是对已知之物的知识,而且是对未知之物的知识。克里提亚斯所意指的东西,显然会被苏格拉底毁坏,因为根据苏格拉底的理解,克里提亚斯所意指的知识,拥有其实事对象。尽管这种知识与实事科学是不可比拟的,但它还是在与后者的类比中得到理解。这种知识的非实事状

---

* 在柏拉图所提出的四主德中,Syphrosyne 的含义是"节制",与"理智""勇敢""正义"相并行。而就 Syphrosyne(对应于德文的 Besonnenheit)的本义而言,它包含两层含义:第一层含义是理智、审慎、考虑周到,尤其是在伦理、实践事务上;第二层含义是自制、节制。在此,我们依照语境将其翻译为"审慎"。——译者

态使得它的可能性变得可疑,令它的可动用性失效。因为即便我们赋予这种知识以知晓自身的功能,这也意味着:将自身作为某个他人、某个知晓某物的他人而加以知晓,也就是说,能够在自身中、在他人那里发现真正的专家。但即便是这种知识也不能让我们幸福,就像它可能显现的那样,而对于一个雅典人,一个经历过"人民"的无约束统治的雅典人而言,必然会如此。尽管我们可以让对实事有着最好理解的合适的人(Rechten)来做事,这意味着,我们将会取得对一切实事执行和能力(Leisten und Können)的真正完成,然而,在此我们缺乏某种决定性的知识:这些成就(Leistungen)中哪些是应该有的,也就是说,哪些是善好的。而要知道这一点,还需要另一种科学,后者——并非自身知识——操劳的是一切成就对于个体生活或城邦生活的可动用性。没有这种关于善好之物的知识,这门科学本身就是无用的——就算它具有一切实事知识。

因此,"审慎"摆脱了这种把握的支配(Zugriff)——这是一种对于所有人的知识,因为审慎本身作为自身知识仍然始终是作为某种对于所有人的知识而得到理解的。在此确定的是,审慎必须成为某种确保个体及城邦生活之正当性(Richtigkeit)的东西。"自身科学"之规定的失败源于对实事科学之观念的固守。(成问题的)并非,将它本身当作某种实事科学,而是在于认为,它是某种关于实事理解状态的知识,它的智慧在于始终让专家去行动。* 显然,对于审慎而言,以下这点是灾难性的:它对实事理解状态的优越性,除了从自身出发而服从后者以外,无法存在于任何地方。

---

* 注意此句中的三个短句均为虚拟语气。——译者

5. 实践知识 353

"审慎"这个政治德性是关于他人的知识与关乎作为某个他人的自身的知识,它对于无人有用,或者至少是对于某个他人才有用,而对于自身则无用。对它来说,这种真正流行的关于利益的科学必须还是被预先设定。因此清楚的是:每个人自己都必须拥有这种关于善好之物的科学,以便从根本上能够使用专家(在自身或他人那里)。对所谓的专家和真正的专家的区分能力(Unterscheiden-können)并非本身是善好的,毋宁说,它仅仅是对于某个知道何时和为何需要一个专家的人而言是善好的。也即善好就是,能够将实事理解状态的真正的可动用性区分于其表面的可动用性。而教会我这一点的只有关乎我真正利益的知识,而后者我无法又托付给某位专家,毋宁说,我必须从自身出发在眼前看到它。

《欧绪德谟篇》中也包含了相似的指示。在此自然也是政治学最早提出要求,能够支配对一切科学的使用或动用。但它的本己功能是什么?仍然是某种善好之物和有用之物。但是,没有什么东西本身就是善好或有用的,除了知识本身。因为只有知晓善好之物的人,才确实能够动用有用之物。于是,它的功能恰恰是:知识;而政治学之实现这一点,仅仅是始终将自身加以传达,且使得他人成为善好的,或者说有所知晓的。这是相同的窘境。这是一门科学,它并不以其他科学所制作或认识的全体实事为对象,而只是以自身为对象。但自身恰恰是作为其自身的他者,作为这样一种知识,这种知识并不是让知晓者自身变得善好,而是让他人变得善好。由于科学朝向的是某个他者(由于这个他者它才是科学),因此,自身知识必然消失于自身-科学(Selbst-Wissenschaft)中。

全部苏格拉底定义对话难道不是相同窘境的表达?其本己现

实理应存在于知识之中,后者是某种德性。某种满足这一知识要求的定义,必然保存了其本己意义。作为可说明和可传达的知识,这种知识脱离了它所在的土壤,而只有在这一土壤中这种知识才能拥有力量。它不再是从其本己存在中产生的关于自身及其真正利益的知识,这样的知识会成为行为(Tat)。在此种知识中我们不再自行知晓自身,而是在距离中、作为他人而知晓自身,而知〔识〕与行〔为〕之间的联盟也破碎了,这一联盟仅仅使得知识变得"善好"。

这一阐明也许有着某种确定的内在可靠性,但其支撑点却完全在苏格拉底对话的消极性之中。在终极善好之理念中,在对所寻求的知识的形而上学充实面前,其承受能力难道不是必然的?当然,最高知识(Mathema*)不像数学那样是可教的,但并不是因为它是某种个别的知识,属于一向实存者的特殊性,毋宁说是因为它超出了数学乃至一般可道说者的普遍性和客观性。我们难道可以意愿从生活——着眼于其利益而被考虑的生活——的无休止的易感性出发,去理解对善好之物的有所充实的直观?

然而可以表明,这条朝向理解柏拉图至高智慧的通道不仅仅对我们,而且对希腊人自身也是通用的。至少柏拉图没有害怕选择这一通道:关于有用之物的知识也许是精神力量的某种微小的、日常不起眼的表达,但它有着某种不可否认的优点:针对一切人类言谈和赞誉的假象和表面性(Schein und Scheinbarkeit)的优越

---

* Mathema,即古希腊文 μάθημα,一般含义为知识、学科、科学,也可特指数学,在此我们将其翻译为"知识"。——译者

性，这种优越性内在于它。德性的高级形态在美之假象和赞美之回响中照面，即便先知和指引者的真理也被包裹在聆听着的人群的惊叹之中。非正当与欺骗深谙在同样的假象中阔步走来。因此就出现了这样一种情况，人们始终还是想要拥有看上去正义者及诸如此类的东西，即便这些东西并非真正的正义者。然而，对于善好之物——作为有用之物——倘若它只是看上去如此的话，那么没有人会满足。在那里，每个人都寻求真正的善好之物，鄙弃假象（《国家篇》，505d）。我们不能用现代的粉饰（本真性、内在的声音等等）来美化这个不起眼的现象。这里说的是有用者和有害者，这是完全明确的。没有人想要看上去有用，而实际上并非有用的东西，他们只想要真正有用之物。没有人会仅仅由于它被认为是善好的，或者看上去像某个有用之物而想要有害之物，毋宁说，如果他知道的话（并且他想要知道），他就会选择有用之物。

而尽管善好本身——它使得一切它者变得善好或有用——作为一切有用之物的可动用性的原因，它尚且是如此高高超越于不起眼的日常使用，但是，它是某种知识，人们借此知晓有用之物以及一切有用之物之可动用的何所为。并且它是灵魂的某种独一操劳的警觉（Wachsamkeit），不被任何假象所欺骗、不想与任何闲谈争辩，渴求着进入实事（Tat）与现实性之中。这是决定性的。此处开始了苏格拉底式的哲学思考。苏格拉底试图帮助灵魂展开最深刻、无休止的对真理的寻求，并且以辩证法摧毁一切由意见和效果所带来的安慰，使得真正的利益成为使命。

当然，柏拉图对灵魂的这一寻求的回答，亦即善好之理念，是这样一种知识，它不仅仅规定了实践性实存的意义和方向。它是一切存在者的终极根据,也包括自然,而不仅仅是在灵魂和城邦中的人类形态。因此,在被奠基的东西中不仅仅关乎个体生活的真正利益,毋宁说也关乎一切存在者的有意义的秩序和关联。难道这种知识竟没有"本己实事"的紧迫性?也许,即便是关乎宇宙的知识在其真正的根据中也是这样一种知识,后者完全合乎关于本己至善之物的知识。以下这个有所充实的洞见,亦即某物对于有所知晓者而言是善好的,又意味着什么?难道这不恰恰是说,他知道它如何是真实的,且免除了对于欺骗和逃避的操心?难道对无法给人类此在带来利益之物的知识意愿(Wissenwollen),不也是实存的某种紧迫的操心,而对这一渴求的充实是我"最本己的实事"?尽管这种知识是如此远离世俗,它难道不是一种对我而言的知识(Mir-Wissen),并且本己的实存以及"城邦"之共同人类世界的实存不恰恰合乎一切存在者的宏大秩序,乃至合乎对这一秩序之知识的广泛操心(我在行为和认识中无限关注这种知识的确定性)?即便在这里,初始现象的呼应就足够了。没有一种可道说和可传达的逻各斯,把握着这种至高根据。在一切似真之物的无休止的流动中,在共同传达的相互理解中,我们产生了这种洞见,但它本身并非可传达的,不是面向辩证消解而又与其相违背的"美妙的答案",但也不是某种人们尚且可以道说的、人为的神秘智慧,而是 κεῖται ἐν χώρᾳ τῇ καλλίστῃ τῶν τούτου(保留在它的最美之地)(《第七封信》,344c)。绝非偶然的是,柏拉图在某个政治-实践性文本中谈到了这一美妙的发现。政治性建议(Rat)与学院学说的共同点是,被恳请以建议或教导的人无法完全充实追问者的意向。通过为他自己发现智慧,被恳求者尚未拥有对于所有人有效的智慧。对于劝导性谈论而言,为他人思考他本身没有思考的东西,以便让他人对此加以思考,这是一种引诱。通常,此种狡猾的建议就像真诚的建议一样擦肩而过。原因在于:倘若某人不理解,因为他是这个那个,或者曾是这个那个,所以他必须如此行动,那么,他就无法动用任何这样的建议,这个建议告诉他,他人在给定的处境下将会如何行动。而这就是说,他人作为他人而谈论,只有当他是这个他人或者曾经是这个他人时,他人才能够意愿追随者。只有朋友之间才能互相建议。因此,σύνεσις(相互理解)与γνώμη(体谅)是亚里士多德那里实践-理智德性的某种形式(《尼各马可伦理学》,第6卷,第11—12章)。

　　柏拉图并非按照理念论的原则来从事政治学——就像他在理念学说中所教导的那样少。通往对超神性场所的直观的上升之路与托付给自身的、对本己存在的操心的下降之路,是同一条道路。哲学之所以是政治学,不是因为柏拉图相信宇宙和人类世界中的善好之物的某种朴素-抽象的综合,毋宁说是因为哲学家和真正的政治家生活在同一种操心之中。在两者中都必须存在真正的知识,而这意味着:它们必须知晓善好之物。然而,我们无法远距离地、为所有人而知晓善好之物,毋宁说,只能原始地为自身而知晓善好之物。真正的知识仅仅出自对本己自身("灵魂")的这种忧虑,这种知识的真理是富有成效的,而这一忧虑(Bekümmerung)就是哲学。

　　人们习惯于从亚里士多德出发,根据善好概念的无差异性来理解柏拉图对哲学与政治学的这一综合,似乎善好是某种至高普遍之物,比数学中的数字世界和尺度世界还要普遍。作为如此普遍之物，它对于世界的知识和人类行动的知识而言是一样的。这一研究方式有待转变。柏拉图之所以坚持这种无差异性，仅仅是因为他从根本上不相信任何关于普遍之物的知识，倘若后者并非作为灵魂的某种自为知识的最本己实事维系于本己自身的最美好的场所。亚里士多德消解了政治学与哲学的联系，这并非因为他认识到了对政治学的数学-普遍的奠基是不可靠的，毋宁说，恰恰相反，是因为他实现了以下这种可能性，亦即将被知晓者的哲学普遍性分离于个别灵魂的生活。因为存在着某个规定着被意指者且使其对一切重演都可支配的概念（λόγος καθ' αὑτό〔根据自身的逻各斯〕），因此，哲学的这种理论可能性必须脱离政治学。并非因为存在着某种关于个体的、无法形成理论的自为知识，而是因为存在着某种理论亦即针对所有人的知识（Für-alle-Wissen），因此，在亚里士多德那里才出现了这样一种针对所有人的知识与自为知识的差异。因此他区分了 σοφία（智慧）与 φρόνησις（实践智慧）。阿那克萨戈拉和泰勒斯被称为 σοφοί（智慧者）而非 φρόνιμοι（实践智慧者），因为他们显然不知晓对于他们而言有用之物，毋宁说，他们所知晓的是尽管非同寻常、值得惊讶和神性，但却是不可使用的东西——亦即对人类的行为和放任（Tun und Lassen）而言（《尼各马可伦理学》，1141b3）。相反，伯里克利却是 φρόνιμος（实践智慧者），因为他知道觉察对他自己而言——同样也是对人类而言——的善好之物（《尼各马可伦理学》，1140b8）。对于这一现象区分，我们可以和亚里士多德一道，将 φρόνιμοι（实践智慧者）的语言用法视为某种确认（相反，这明显不是指 φρόνησις〔实践智慧〕的语言用法，后者是这样一个词语，其充满回响的含义本身承载着某种提升和扩张)。①对 σοφός（智慧者）一词的狭隘化无疑是人为的,而 φρόνιμος（实践智慧者）一词的狭义看上去尚且通过柏拉图之反例而被证明是自然和原初的。通过为其保留一个本己的词语,语言之精神再次显明了关乎本己至善的知识的特性。

对有用之物的实践性考虑是某种不同于对始终持存者的理论性确证的思想,同时,当人类实存试图塑造某种思想或另一种思想的可能性时,它向来是朝向他者的,这一点似乎是完全自明的。有待澄清的并非这一差异,毋宁说是柏拉图的无差异性。我们在上文中业已表明,这种无差异性在柏拉图的 ἀγαθόν（善好）之普遍意义上呈现为客观的,但事实上这却意味着,实践知识并非在理念论中被阐明的,毋宁说理念论,亦即关于始终存在者的知识,本身尚且以苏格拉底式实践知识的方式被埋入人类关于自身的具体知识之中。只有通过某种作为关于普遍之物的自主科学的理论哲学之观念,实践知识的独特性才得以、才必然进入概念。

我们的分析必须不仅仅规定这一知识与 σοφία（智慧）之理论性的东西的关系,也要规定它与技艺的关系。因为技艺知识恰恰也不是理论发现的考虑,而是实践性的考虑。但考虑的对象是不同的:这里是某种"艺术"的作品,而那里则是实践性实存本身;也就是说,这里是 ποίησις（制作）,而那里是 πρᾶξις（实践）。在这里,知识的为何之故（Worumwillen）是某个作品,而那里作品是 εὐπραξία（好的实践）本身。然而,倘若这是唯一的区分,那么,

---

① [关于 φρόνησις 这个词的使用参见 W. Jaeger, *Die Theologie der frühen griechischen Denker*, Stuttgart 1983, S. 131.]

φρόνησις（实践智慧）也许还是某种特定的技艺，某种制作之艺术，不过并非关乎某个他者的制作艺术，而是关乎自身的制作艺术？然而，存在某种实存之"艺术"？显然没有。技艺的本质在于，支配和掌控制作的手段，以便根据这种知识及其 ακρίβεια（精确性）让制作赢获确定的先行规定（《尼各马可伦理学》，1140a30）。当技艺达到顶峰时，它所施行的东西不再是 φρόνησις（实践智慧）所完全存在于其中的场所：尚且寻求、尚且商讨（zu Rate zu gehen），必须亲自考察，它是如何被制成的。技术的本质正是：通过对正确手段的先行知识尽可能为制作廓清本己寻求的道路。这种知识可以从他人那里学到，并且可以被传授，某物是如何被制作的。但我们无法从他人那里学到，我们该如何实存。也就是说，φρόνησις（实践智慧）是理性的反思能力（Nachdenkenkönnen），它对某人自身有用——亦即对本己实存而言（《尼各马可伦理学》，1140a25，εὖ ζῆν〔好的生活〕）。在此，反思能力是唯一的能力，因为对于针对本己实存的善好之物，不存在先行可支配的知识。因此我们甚至将某人称为在某个特定实事上的 φρόνιμος（实践智慧者），例如某个人懂得如何处理工作进程中的障碍，比如某个必要工具的损坏，假如他懂得在某个不存在技艺的实事上正确地考虑。因为假如对此已经存在技艺，那么，我们就可以事先知道，而如果此时某人却还需考虑，那他就恰恰并非能手（Könner）。于是，φρόνησις（实践智慧）是某种关于善好之物的自为知识，是 ἕξις πρακτική（实践之方式、态度）。它知晓善好之物的何所为，就是人之存在本身。相反，技艺是 ἕξις ποιητική（制作之方式、态度）。它也知晓对于某物的善好者，亦即正确的手段，但它针对某个作品，后者预备被他人所使用——或者作为他人的自身。凭借其所有的知识，它不知晓对于使用者善好和有用之物(参见《国家篇》，第10卷：使用为制作者提供规定)，因此，技艺知识总是他人的知识，亦即所有理解这一艺术的人，所有学习这一艺术的人。因此，在这种知识中存在着对其掌控的或多或少。技艺的 ἀρετή(德性)*(《尼各马可伦理学》，1140b22)乃是精通(σοφία[智慧]！)：对它的艺术如此理解，以至于对其完全掌控，亦即根据这种知识确定地支配制作，而不必怀疑和考虑。而 φρόνησις(实践智慧)的 ἀρετή(德性)是不存在的。不存在对于本己实存的不断增长的掌控，后者会导致，由于我们已经事先知道了至善者，于是我们就不再必须一向重新为自己追问至善者。** 毋宁说，φρόνησις(实践智慧)恰恰作为关乎自身的操心之警觉，它是其本真能是的东西。它本身就是 ἀρετή(德性)。沙德瓦尔特(Schadewaldt)建议为 ἀρετή(德性)提供准确的翻译，即至善(Bestheit)。因此，在实践智慧上不像在技艺上那样，存在着其知识与其实践性履行(Ausübung)之间的张力，对于后者而言，经验(反复、多次履行)较之先行知识更为重要。因为它的知识根本上不是某种普遍的先行知识(后者可能会在决定性的瞬间失效)，毋宁说是在一切实践性实存中一向自行敞开的、关于可能之物与有用之物的视角。

诚然，这并不意味着，由于这种知识在瞬间中一向是新的，它

---

* ἀρετή，通译为德性，在这个语境中其实意指"最好者""至善者""卓越者"(亚里士多德《尼各马可伦理学》第1卷中 ἀρετή 即这个意思)。对于技艺而言，它存在着比较性的视角，因此存在着技艺的"至善者"，即完全掌握了技艺。而对于实践智慧而言，情况是非此即彼的，没有比较可言，因此，不存在实践智慧的"至善者"。——译者

** 注意本句为虚拟语气。——译者

就是无历史的。φρόνησις（实践智慧）是实践知识之某种持续性方式。对于实践智慧而言，不仅仅它的视域——有意者或恰当者——作为其意愿的正当性和方向是由ἔθος（习惯、习俗）和ἦθος（习俗、伦理）所历史性地先行规定的，毋宁说，在这一视域中一向更新的关于善好之物的知识本身就是某种极其历史性的东西。一向正确判断个体、当下之物的有用性，并且发现正确的道路，这种能力显然与生活经验一道产生、出自生活经验。而这意味着，出自某种不断增长的先行知识。然而，在这种对于瞬间的观看中存在着φρόνησις（实践智慧）的真正本质，而它在具体考虑中已经一并携带的、实事性的先行知识，是次要的。（只有当实践性考虑在瞬间中，为了这一瞬间能够让先行知识变得富有成效时，这种先行知识的增长——就像它引导着某种"伦理学"那样——才是具体的实践性意识的某种增长。）

对本己至善之物的考虑，作为自为知识，不具备人们所拥有的知识的距离，后者指的是，可以或不可以加以运用。它并非在距离中的知识(Wissen im Abstand)，我们无法选择（选择始终预设了距离），是否愿意运用它。因此，一个能够自愿在制作中犯错的人，是一个更强大的能手。他支配着他的能力，因此他能够借助这种能力完成他想要的东西。相反，人无法支配他的实存。在此犯错——且是自愿的——并非意味着：成为能手，而就是指是错的(Falsch-sein)。人总是已经身处这样的环境中，在其中重要的是φρόνησις（实践智慧）。相反，技艺领域是人[后来]才进入的。我们可以选择自己的职业。然而，我们无法选择，成为一个人，毋宁说，我们始终已经是人。(ἐν μὲν τέχνῃ—περὶ δὲ φρόνησιν[一方面是在技艺中，另一方面是关乎实践智慧〕，1140b22）一个人能够进入的地方，并不是他已经身处的地方。他可能会放弃这种进入，他也可能进入另一种职业，并且他可以一再出入于某种职业行为。人无法从他作为人的实存中退出。"我们并非伦理的自愿者"（康德）。

在此，为自身而知晓至善基于某种持续的态度（ἕξις）。它不仅是单纯的"拥有某种意见"（倘若它业已不是某种理论性的先行知识），毋宁说是在实践中一向当前的视见。倘若人拥有某种意见，他可能将其遗忘。人们可能遗忘，他认为某物真正是什么。对本己存在的考虑性的忧虑之态度却无法被遗忘，毋宁说它始终活跃于这一操心之中。人们真正所倚靠的东西，是无法被遗忘的。倘若人们不再拥有 φρόνησις（实践智慧），那他也不会遗忘其自身，他仍然倚靠于某物，作为性命攸关的东西，且操心着他的存在。然而这一操心的方向是相反的。φρόνησις（实践智慧）乃是始终"当前的"（克尔凯郭尔）。

自为知识既有别于技艺知识，也有别于 ἐπιστήμη（科学、知识）之知识。因为两者都是"为了某人"，也是为他人的知识。然而，难道政治学不也是某种为他人的知识？然而卓越的政治家被称为 φρόνιμοι（实践智慧者）。这种矛盾只是表面上的。政治学乃是某种自为知识，φρόνησις（实践智慧）的某种方式，而非 σοφία（智慧）的某种方式。我们将政治家正确地称为 φρόνιμος（实践智慧者）而非 σοφός（智慧者）。因为由于他拥有为自身而知晓至善的德性，因此我们也把公共的至善托付给他。显然，σοφόν（智慧之物）*是单

---

* 注意此处 σοφόν 是形容词 σοφός 的中性形式。在此，σοφός 指有智慧的人，我们将其译为"智慧者"，而 σοφόν 则是指合乎智慧的东西，我们将其译为"智慧之物"。——译者

一者(Eines)。只存在一种 σοφία(智慧)。如果我们想把关于公共的至善的知识也称为 σοφία(智慧),那就会导致,有多少共同体,就有多少种智慧。即便动物也有某种智慧,倘若它们具有对于本己生活的预备性,就像蜜蜂和蚂蚁那样。而我们说的是"智慧者",而非像说"我们的政治家"那样说"我们的智慧者",这是对的。因此,必须在最高尺度上、知晓最高存在的人,才被称为 σοφός(智慧者),而所谓最高存在指的是天空、星辰的秩序,更为神性的、较之人性更为优越的存在。

也就是说,存在着某种政治性的 φρόνησις(实践智慧),其中包括极其不同的形式:经济感受力(οἰκονομία)、政治考虑的感受力(βουλευτική)、正当感受力(δικαστική)、组织感受力亦即立法的感受力(νομοθεσία)。* 然而,最本真的 φρόνησις(实践智慧)始终是对自身及本己至善者的感受力(Sinn)。在此非常有道理的是,政治感受力的其他方式也拥有 φρόνησις(实践智慧)这个共同的名字。所有这些都是"实践感受力",而这使其有别于 σοφία(智慧)和技艺。在所有这些中,以下这点是共同的:εἶδος μὲν οὖν τι ἂν εἴη γνώσεως τὸ αὑτῷ εἰδέναι (对自己有所知是一种知)**(1141b33)。这一感受力的形式多样性很容易遮盖这个共同点:政治家看上去是多劳的、忙碌的(πολυπράγμονες)。但倘若我们认为,只有始终考虑他的个人好处的人才是 φρόνιμος(实践智慧者),这仅仅是某种假象。倘若没有一道使用经济和政治感受力的话,人们根本无

---

* 以上几个希腊词在亚里士多德那里分别意为"家政、考虑、审判、立法"。参见《尼各马可伦理学》,第 6 卷,第 8 章。——译者

** 廖申白译本:"知道对自己而言的善是什么无疑是一种明智。"——译者

5. 实践知识   365

法真正察觉他的本己好处。人也无须进入政治(因为人根本上就是政治的生物,因为这才叫作人),并且人也能够同样好地放任它。毋宁说,对本己至善的操心从自身扩展到家政与城邦领域。因此,人们通过操劳公共事务,并没有停止为自身而知晓(1142a)。诚然,公共事务并非仅仅是他人的至善。(在此我们想到亚里士多德对无城邦的政治家的拒绝,亦即智者,他们像一门技艺一样在书中教授治国术,参见《尼各马可伦理学》第10卷第10章。进一步可以想到,伦理学本身就是政治学的一部分。)

244

这种实践感受力的实行方式显然有别于科学的实行方式,因为前者首先涉及一向个别之物——亦即一向可施行者(das je Tunliche)(1142a23)。这是如何被给予的?并非在逻各斯中,因为逻各斯确实始终只涉及普遍之物,毋宁说是通过直接的感知。但也并不是通过感官和真正的观看。可施行者并非朴素的观察,颜色、声音或者诸如此类的东西,毋宁说,它作为某种寻求的终极之物而照面,就像在对一个有待测量的平面的几何学分析中[作为]三角形而照面。因为三角形不仅仅被视作图形,同时也被视作在对平面的分解中最终的图形。三角形是终极之物(στήσεται γὰρ κἀκεῖ,1142a29)。可施行者、上手存在者也是这样,它作为某物而被给出,考虑着的寻求停止于此,而行动肇始于此。它照面于某种推理之关联。但推理不是某种单纯的知识,而是决断。与数学的类比在此显然是不完善的。人们在分析中达到的终极之物是在三角形中抵达的,这一数学的洞见在某种纯粹的认识关联中是明证的,但并非对最切近的可施行者的把握。后者亦即 φρόνησις(实践智慧),有着不同的形式(Eidos)。因为关于可施行者的这种知识乃是某种自为知识。它并非某种终极的被给予者，而是首要的被托付者(Aufgegebenes)。凭借对这种知识的把握，人们朝向实践性的支配而决断。显然，对他而言，可施行性是不可观看的。如果人们并非处于朝向人们所意愿的东西的实践性考虑中，那么，这种东西可能是存在的(被看到的)，但不是作为有用之物和可施行者，而是说作为终极之物而照面，它是有待施行的首要者。

《尼各马可伦理学》第6卷第10章：实践感受力具有某种寻求性和考虑性揭示的实行结构。在其中，νοῦς（努斯）必须发挥作用，并且是以双重方式，作为对被意指者(这意味着"目标")的朴素意指和对最切近者的朴素的让照面(Begegnenlassen)。而两者都仅仅在朝向可施行性而计算可能性的关联中才得以实行。因此，实践感受力并非给出预言，不是"精于中的"(εὐστοχία)，因为在其中没有计算(ἄνευ λόγου)。它是建议，而建议则遭遇于突变中，没有任何逻辑和计算导向此处：ταχύ τι（快捷之物），1142b2。同样，诸如直觉性观看(ἀγχίνοια)*的东西也和实践感受力有所不同。这种观看也仅仅是建议的某种方式，它适用于相同的规定。

即便这种实践感受力并非商讨性考虑，依据它的实行，它也与可证明的知识相违背。可施行者并非被证明，而是被建议(1142a34)。但它也不是作为某种不可证明的完备意见的实事而照面。在从某个被追求者到它的实现的考虑性回溯中，可施行者显明自身，它并非事先已经被意指的。φρόνησις（实践智慧）的正当实行是对可施行者的直接的计算性发现：ὀρθότης ἡ κατὰ τὸ συμφ

---

* 该希腊词在亚里士多德处意为"机智"。——译者

ἔρον(1142b32)。对于 φρόνησις（实践智慧）的实行结构（所谓的 εὐβουλία〔好的考虑〕，1141b10）而言，富有特征的乃是我们作为 φρόνησις（实践智慧）的普遍形式而认识到的东西：它是在本己实事中的某种自身商讨（Sich-beraten）。

《尼各马可伦理学》第6卷第11章：在每一种自身商讨中，难道不是都有与他人商讨以及恳求他人的判断的可能性？并且，难道这里的他人不正是为某个他人及其至善做判断，他的知识难道不是与实践感受力种类相同？如此一来，自为知识并非这种感受力的本质性规定？然而，这种修正恰恰是恰当的，以便澄清实践感受力的这种不可比拟的理性特征。我们借以追随某个他人——他叙述着自身及他关于对他而言至善者的考虑——的理解，即 σύνεσις（相互理解），显然和 φρόνησις（实践智慧）一样，并非某种理论性的知识或意指。其对象和知识方式完全符合 φρόνησις（实践智慧），只不过它不是指向行为，而仅仅是做判断。然而，判断的这种距离显然并不意味着，判断性知识会剥夺对于实践知识本质性的"自为"特征。倘若某人以漠然无殊的客观理解力（Verständigkeit）追随他的阐述，那么，他并不具备对他人的正当理解；毋宁说，要具备对他人的正当理解，就必须和他人一道理解，对后者而言什么是性命攸关的。因此，理解并非对实践知识的单纯拥有，或者是对实践知识的获取，毋宁说，理解乃是将某种知识运用于对他人的实践情形的判断。充分理解者必须业已拥有特定的 φρόνησις（实践智慧），但还要更多：他必须将其本己的 φρόνησις（实践智慧）用于实践判断。他必须用实践感受力（不是以单纯的理解力）将他人的情形把握为实践问题。倘若我们没有先行看到目的，倘若我们没有以对于他人在实践上成问题的东西为基础(而非对一切自在可能性的理论性探讨),那么我们就无法判断某物的可施行性,无法将较好和较坏的道路区分开来。只有当我们投身于他人的状况,追问其本己的实践感受力,我们才会拥有对于他人的理解和判断,他所需要的理解和判断。充分理解者的这种知识也就不是在距离中的知识,毋宁说,尽管在判断者和行动者之间有着实际的距离,但是判断的意图恰恰在于,以如下方式为他人思考,就像要施行他自身的行为一样。由此出发就可以理解 γνώμη(体谅、体察)和 συγγνώμη(原谅、宽容)的邻近性,亦即"体察"(Einsicht)和"宽容"(Nachsicht)的邻近性。

　　清楚的是:对实践知识的分析仅仅明确地将对于某个先行给定的目的而言的有用之物和有助益者认作它的对象(1144a7)。因为这种实践感受力并非自行设定善好之物,而是揭示一向真实的处境的实践含义,且规定朝向目的确定之物的具体决断。然而它不是某种单纯的运用?难道这种实践感受力从根本上是某种德性?它难道不是某种单纯的机敏,处于行为能力的非同寻常的把握确定性之上升的至高点,它恰恰令某人对一切拥有能力,例如也包括罪犯?亚里士多德称其为 δεινότης(聪明)。对于苏格拉底而言,德性不仅仅是关于有用之物的单纯知识,而是始终建基于对真正至善的有所警醒的操心,正是这种至善之物使得一切有用之物变得有用。相反,单纯为了自身的实践感受力显现为某种自主的禀赋,某种可用于任意目标的能力。无论它对之有利的东西是否真的是人之至善,实践性观看对于当下目标之真理是漠然无殊的,这是一种关于真存在(Wahrsein)的自主能力,一种单纯的可动用性之感受力(Nützlichkeitssinn)。

在此我们必须问:借此是否摧毁了某种富有成效的前景,正是为了这一前景,苏格拉底从关于本己利益的知识出发?倘若这种观看的终极视角,亦即善好之物,没有被置入操心的同等紧迫性之中,那么,对人的这种规定,亦即在涉及其本己利益和损害的时候,人想要有所知晓,而不想被任何假象(包括共同世界的权威)所欺骗,就成了某种漠然无殊的次要规定。倘若规范是出于习俗的自明有效性(Geltung)而先行被给予的,那么,它在此种知识意愿中是不成问题的。然而,倘若这一知识仅仅涉及被先行给定的目标的手段,并且对于这种知识而言,目标总是已经确定,那么,这种关乎目标的知识就不必是某种自为知识,而是对公共有效性的某种自行倚靠。这一点可以被所有人知晓和言说,而这意味着:存在着某种针对所有人的知识。这是某种作为科学的实证性规范伦理学,而它的运用则是单纯机敏和经验的事情。

这既非亚里士多德,也非柏拉图。尽管亚里士多德说:对于可施行者的实践性考虑而言,善好之物之视角必须总是已经确定。为考虑而规定着可施行者的寻求的东西乃是人类的伦理(Ethos),是将其意愿(欲求〔Orexis〕)固定地朝向德性的具体形态。尽管如此,当 $\eta\theta o\varsigma$(伦理)和 $\varphi\rho\acute{o}\nu\eta\sigma\iota\varsigma$(实践智慧)在某种时间先后中相继出现时,这仅仅是某种假象(参见第 1 卷,第 13 章,1102a30:$\dot{\alpha}\chi\acute{\omega}\rho\iota\sigma\tau\alpha$〔不可分〕)。人类追求所针对的德性形态,事实上不是普遍之物(德性被其先行规定为普遍之物),毋宁说始终是某种具体方式,在当前之物和独一之物中去存在(zu sein)和去行动(zu handeln)的具体方式。可施行者(着眼于它所呈现的态度)被觉察到所借助的实践感受力,仍然规定着这一态度本身,亦即这一态度是如何在具体的行为中呈现出来的。追求的方向既为考虑指引方向,反过来也被这种考虑所指引。当然,态度(Hexis)与逻各斯并非同一。德性不仅仅是知识;这是苏格拉底的辩证性—启发性的错误。但它们也不是各自为自身而是它们所是的东西,毋宁说,仅当它们互相协调一致时,它们才存在。德性不是 ἕξις κατὰ τὸν ὀρθὸν λόγον(依据正确逻各斯的态度),而是 μετὰ τοῦ ὀρθοῦ λόγου(关乎正确的逻各斯)。在德性本身中,逻各斯亦即 φρόνησις(实践智慧)是引导性的(1141b11)。内在于某人的伦理的方向——这是教化的功能——会被成熟的人明确采纳为他的本己决心。他朝向人类态度而理解自身,但他对自身的这种理解并不是以某种抽象—普遍的决心的方式,或者以某种道德行为规则之体系的方式,毋宁说是在对以下事物的具体规定之中,这种东西通过行为而向他生成,且让他成为行为。实践性—有效用的自身理解是某种统一的现象:此种行为可能性一向被优先选择,相对于先行着眼于借此所确定的态度而产生的行为可能性。这种优先选择(προαίρεσις)既是 διάνοια(理智)也是 ὄρεξις(欲求);既是思想的具体自为知识,也是行为的动机力量。

倘若伦理并非某种盲目流传的追求方向,ἀρετή(德性)也不是某种人们本身具有的单纯态度,而是人们就此、作为此而理解自身的态度,那么,反过来说,这种自身理解也不是某种单纯的禀赋,并非某种实践感受力,毋宁说,它本身包含着某种被保存的、保存着的态度。φρόνησις(实践智慧)是某种 ἕξις(态度、方式),而不是某种 δύναμις(能力)。倘若我们在过度的激情中遗失了态度,这同时也就意味着，实践性考虑失败了，犯错了。因为决断的何所向借此被掩盖了。它不再显现为绝对被意愿者。φρόνησις（实践智慧）仅仅通过 σωφροσύνη（审慎、节制）才是可能的。

倘若 φρόνησις（实践智慧）与伦理德性在分析上的分离仅仅是一个假象，那么这并不排除，正是伦理为沉思的具体实行先行给定了对象，且为其先行规定了方向。伦理并非原始地、本质性地被关于它的知识所规定，毋宁说恰恰是被本己生活的行为和习惯所规定。知识并非对意识的绝对的重新动用，毋宁说，意志之朝向"美"已经存在。借此亚里士多德使得以下两种规定至善之物的对立可能性得到了均衡：有用之物和美好之物。而这种均衡意味着在希腊启蒙运动中崩坏的圆环的闭合，倘若它批判性地对立于对 καλόν（美）之有效性的真正的自身理解。

亚里士多德将伦理的逻辑化从苏格拉底问题的辩证悖论提升到概念分析的清楚性。在此所显明的东西乃是，这种逻辑化有着它的界限，而它从根本上有着某种论争性和辩诘性的含义。扣人心弦的苏格拉底问题似乎朝向我们称之为道德意识的那种意识形态，朝向自身意识的个别化，并成为充满畏惧的良知觉悟，亦即罪责意识和自身责任——倘若如此的话，那么，亚里士多德对理智德性和伦理德性的分析就教导我们：环绕和界定着希腊的自身意识的东西，正是伦理公共精神的不可消解的现实性。对于希腊人来说，人类伦理领域的意识不是某种特定的道德意识，不是某种关乎应然之物的非现实性与非道德性的现实性的意识。它并非良知的无限畏惧，毋宁说它活跃于人类形态（这种人类形态以可理解的方式立身于它面前）的有所镇静的确定性之中。这就是"美"。唯独其具体充实是它设定为警醒性的使命的东西。在对美好形态的这种警醒性的充实中,存在着道德之物的本质,后者呈现为对"损害"的有所警醒的操心,而对正当和习俗的毁坏被理解为"损害"。

而在其世界史形态中,哲学的命运首次在亚里士多德那里清晰可见:用灰色在灰色的概念中描画的生活形态已然老去且无法恢复活力,而只能被认识。在此,亚里士多德及哲学史的开端区别于柏拉图的对话辩证法。

(王宏健 译)

6. 柏拉图的教育城邦

（1942年）

德国最近的柏拉图研究将柏拉图的政治生涯看作是理解其著作和哲学的重要途径，开启了一个极富成果的研究视角①。由此，《国家篇》逐渐占有了比过去更为重要的地位。在其庞大的架构中能找到许多柏拉图晚期政治理论。但是，关于城邦形式和政治制度的学说实际上并不处于这部著作的核心。是的，这里没有一处在讨论城邦的公正法律，而真正关心的仅是城邦的正确教育，而这个教育是通往哲学的。在这篇哲学对话中，他构建了一个远离现实的理想城邦，一个乌托邦。因为这里是一个由哲学家统治的城邦，并且是统治者通过哲学教育而掌握如何统治的城邦。

从柏拉图的生平活动，特别是从他唯一的自我见证性的著作《第七封信》中可以得知，柏拉图的这一要求绝对不是基于抽象的理论推导，而是对他青年时代的政治经历的自然结果的呈现。他的整个一生的工作都植根于他政治和哲学相关的活动效果之中。同样，《国家篇》中不仅有他的哲学生活，而且还有他的政治生活。

---

① 参见维拉莫维茨：《柏拉图》，柏林，1919年；K.希尔顿布兰特：《柏拉图》，柏林，1933年。

它的特性必须由此才能得到规定。

从柏拉图的口中②我们得知,出生于雅典一个高贵的家族的他,曾经决定参与政治。他的母邦的政治坏境似乎对他非常有利。因为伯罗奔尼撒战争之后,一场暴动产生了一个同情斯巴达的寡头政体。在这所谓的三十僭主中,有青年柏拉图的至亲,他们也立即拉拢柏拉图。但是,他年轻的理想主义的希望,即每件事情都会变得更好、更有序,并没有得到实现。相比这个统治,受人唾骂的民主制显得非常珍贵。尤其是当它试图使他尊敬的苏格拉底变成丑闻时,青年柏拉图更深刻地体会到了这一点。因此,他对回归的民主制寄托了新的政治希望——当然,这一希望也因苏格拉底审判而破灭了。

"当我观察这些,首先是观察从事政治活动的人,以及法律与习俗自身,当我所见愈多,年纪愈大,我愈发现管理城邦事务确实是件困难的事。因为,我首先认识到,人若没有朋友和可靠的伙伴,则不能做成任何事情——而找到这样的朋友同样也非易事(我们的城邦已很久不按祖先规定的风俗习惯来生活),而通过普通的方式建立一种新的道德标准也根本不可能。其次,立法败坏,世风日下,已到了难以置信的地步。因此,虽然我开始时极度热心于从事政治,但当我看到所有这些事情,看到它们如此混乱不堪,我就变得头晕目眩。虽然,我并没有放弃思考用何种方式可以改善整个整体形式,但真正行动我却必须一再等待合适时机,直到我最后认识了所有的现有城邦形式,它们总体上都处于糟糕的法律治下。

---

② 《第七封信》,324c 以下。

因为它们的立法处在一种无可救药的状态——除非来一场根本的变革——因此我不得不去颂扬那种正确的哲学,人们只有通过它才能认识到城邦生活和个人生活中的所谓正义。除非真正的哲学家去统治,或者城邦中的权力拥有者由于某种神迹,能开始严肃地从事哲学活动,否则人类中的灾难将永远不会停止。"③

我必须将这个著名的段落引在这里,因为它对于柏拉图文学作品价值的评价是颇有争议的。我认为,这段自我阐明的陈述给我们揭示了柏拉图全部著作的目的。这里并没有说柏拉图在成为一个有影响的作家以后,才逐渐认识到他的政治抱负是难以实现的。它只是说明柏拉图怎样放弃了政治生涯,并以作家身份全身心投入诸种活动中,呼吁哲学以及要求城邦统治者进行哲学教育。这就是在对话开端他通过苏格拉底之口所说的要旨。后来,他在西西里岛听从了权贵朋友、学生迪昂的劝说,对他来说这简直是一个神赐的机会,可以通过叙拉古国王这个年轻统治者将其哲学思想付诸政治实践④。西西里事件——结果是不幸的——并没有背离《第七封信》中所述的基本原则。柏拉图除了哲学教育外没有尝试其他获得权力的途径。西西里计划的失败是对年轻僭主的教育的失败。即使当柏拉图在给予政治建议时,他也并不是给出经验性的建议,告诉他们如何最有效地利用政治形势,而是在一切形势下都做出相同的建议⑤。这种建议是以他的哲学教育为基础的。只有正义才能产生稳固持久的城邦,只有对自己是朋友的人才能

---

③ 《第七封信》,325b 以下。
④ 同上书,327e 以下。
⑤ 同上书,331d6。

赢得别人的坚贞友谊。这两个命题包含着柏拉图的全部政治哲学,也包含着城邦与灵魂以及政治与哲学之间的本质关系。最后,我们认为,亚里士多德对柏拉图独特形象进行的简练总结,即让 Arete 与 Eudämonie,德性与幸福相互协调一致,实际上表达了同样的基本真理。正是如此柏拉图才被证明是苏格拉底的真正继承人,苏格拉底的命运决定了柏拉图自己的命运,以苏格拉底之名与形,以"一个变得年轻和美丽的苏格拉底",柏拉图用写作和生动的语词从事着非政治的而是真正的建立城邦所需的教育。柏拉图并不比苏格拉底更多或更少的是一个政治家。

《国家篇》体现了真正的政治教育家的职责。这也在他所设计的教育城邦,在他的学园里生动的教育实践和教育团体中体现出来。人们不该因为某些记忆而遮蔽了这个基本认识,即乌托邦之形式,理想城邦之布局与充满伪装的现实之间的关系,在柏拉图以前就已经作为文学种类而存在,并且具有直接政治意图的作家显然会采用一种幕后嘲讽这种政治项目的方式而宣扬他的政治纲领,因为在其中明显地混合了批评与承诺;柏拉图的理想城邦同样也是这样,通过无视政治与立法之间的内在联系,而把注意力完全集中在对城邦领导者的正当教育上,一种迂回的但同时有着深远影响的活动。他建立了哲学家统治的要求,这是他生活中的批判性认识和经验,源于思考城邦的本质以及源于可能建立这一城邦的力量,即 Dikaiosyne(正义)。他开始了哲学研究,因为他一直在问:苏格拉底这个正义者如何能在不正义的城邦中生存?

Dikaiosyne 是真正的政治德性。它不仅仅是像我们在德语中首先想到的公平分配意义上的正义,而是出于城邦公民概念的古老传统,是所有共同体,包括所有真正统治的基础,是所有教育的目的。Dikaiosyne 从根本上是正义、正当、合法及城邦品质。哲学不仅是要获取它的知识,而是需要获得和保存它本身,这就是柏拉图大胆的、悖论似的断言。因为在以前,哲学只不过是青年人在进入政治舞台前接受的最后一层重要的教育。要证实柏拉图的这个论断,我们必须把握《国家篇》论证过程的逻辑连续性与整体统一性。因此,对《国家篇》的分析就不仅仅是一个文学形式问题。无论是那些偶然的还是有意的或者那些发展明显的构建痕迹可以辨识出来,一场统一的哲学运动正在进行。我们想要试图阐明这种内在的统一性,从而揭示这个讨论中核心的重要意义,进入哲学的特征性问题。苏格拉底在一开始提出的关于正义的问题似乎有两次回答,即第 1 卷末尾(它确实显得本来就是一篇独立的关于正义的对话)以及第 4 卷末尾。毫无疑问我们应把这两处的尝试都突出出来。这两处都值得坚持讨论,也定会取得新一级的认知。

让我们从第 1 卷的序幕开始,这里是一场争论性对话,其中透露了智者理论关于正义的本质。柏拉图一直在思考智者的思想,由此他的思想永远保持着当下性。关于正义、所有城邦秩序中的德性的本质的思考,智者的思想比柏拉图的更加接近现代思想。从历史上柏拉图和修昔底德以来的发展路径看,这一本质决定了现代政治理论及其基于权利思想的构建方式。智者学说不仅仅是逻辑辩证游戏,在它们中间表现了希腊公共道德的堕落。这种堕落说明了柏拉图青年时代的政治经历。这一切进入老年之后便看得清清楚楚。老人是反映着哲学存在的自然之镜。他们从感官欲望中解脱出来,称赞谈话的欢乐。他们正当的结合祭礼和习俗而生活,即能"讲真话并且偿还债务"⑥。如此确定的宗教与风俗在他的儿子和继承者⑦那里被禁止了。在他身上,不再有其父亲那里满足的自信心,而是基于某种态度的自信心,这一态度必定是关于自身以及其与传统教育的调和。所以,儿子就必须从他认为知道的东西中寻求解释,逻辑上的错误实际上是揭露了他的存在中的一种更深刻的不正当性。他认为,正义就是偿还欠债。在西蒙尼德时代⑧,这是毫无异议的知识。但对苏格拉底的对话伙伴来说,当"某个神智不正常的人要求归还他的短剑"这一诡辩被引入时⑨,"债务人"的概念却产生了问题。随之,正义的概念也成了问题。偿还债务显然只是在一种外在的意义上说才是"正义的"。什么是正义,这并不总是由宣称别人占有了我的东西而得以规定。在一个与只是借给他某物而确立起来的关系相比,在更为真诚的关系中,反对他所宣称的"正义"可能更为正义。例如,在他失去理性的情况下。在这里,正义的事物是"为他着想"。这里的正义进入到了更高的关系视野中,即政治空间中,这里要求区分朋友和敌人,用处与害处⑩。这里的正义概念也只是局限在战争的环境中而有效⑪。但是,真正的正义难道只有通过战争情况才能被说明吗?对于和平的地方,整个事情又再次变得模糊了。对这个商人

---

⑥ 《国家篇》,331d2。
⑦ 同上书,331d8。
⑧ 同上书,331d5、e5 以下。
⑨ 参见 Xen. Kyr. 1. 6, 31;第尔斯:《前苏格拉底残篇》,90, 3。
⑩ 《国家篇》,332ab。
⑪ 同上书,332e5。

的儿子来说,和平时期只不过是意味着赚钱而已⑫。在某些情况下,为了保护钱可能要求钱与人分开。因此,如果是为了另一个人而秘密地在他之前交易⑬,正义就可以变成为偷窃艺术。如此就陷入了这样的困境,正义在不同领域有着不同的理解。正义并不是社会交往中的一种能力⑭。

但是,即使像在战争中已经区分出朋友与敌人,事情也并不是毫无疑义的⑮。这里的问题是朋友是否就是为反对敌人而构成的统一体,还有正义本身是否就能在帮助和损害他人的能力中得以充分把握?"损害敌人"似乎是一个没有争议的公理。但可以追问,正义是否就是如此,正义的一贯意义是否就是在一种能力(这一能力如何运用大概已经很明确了)的自我优越感中找到的,它除了是一种能力并不是其他什么。但这就意味着,它并不是善以及善之秩序的共同特性,并不存在于正义的理念中,因为在那里敌人的概念同样能得以把握,敌人就似乎并不是被真正伤害的人,而只是被人用武力对待而已。城邦之中的各个党派也类似,或许甚至还适用于城邦之间的秩序。西蒙尼德格言不是没有更深层的意思,但就留给了人这种印象,要打击佩里昂达和薛西斯这样的独裁者。仅仅拥有权力的人,他们的自我意识中只有能力和权力⑯。因而他们关于正义的谈话总是认为他们自己高于别人。独裁者是没

---

⑫ 《国家篇》,333b10。

⑬ 同上书,334ab。

⑭ 同上书,332d2。

⑮ 同上书,335a 以下。

⑯ 同上书,336a。

有朋友的。

　　对西蒙尼德所言的这种解释当然是有意的带有讽刺的曲解。这表明他得到的理解还少得可怜。毫无疑问,苏格拉底在其对话的辩证困惑中,揭开了对话者那里对正义理解中隐藏着的专制意味。这使我们认识到正义的真正意义,这是需要通过回忆来学习。此时的对话正想通过回忆来进行教育。

　　但是,这里突然出现了一个众所周知的场景,在场的智者色拉叙马库斯提出了毫无掩饰的命题。正义是强者即统治者的利益[17]。但是,如果这意味着统治者将其利益作为正义,那么,他们也可能不会认识到什么是真正对他有利的东西。在这种情况下,正义就会变成伤害统治者的东西[18]。因而,如果他真正懂得如何去统治,那他就根本不懂得他自己的利益,而只懂得对被统治者有利的东西[19]。因此,这一定义的真正意义是:被统治者拥有正义的德性即是统治者的利益。对自身没有德性的人来说,它是一个陌生的利益[20]。因此,正义是强者的利益,这一定义根本没有对正义本质上是什么、对寻求正义而生活的人提供答案。当其他人继续恪守正义而生活的时候,这个定义只是说对违背正义而能逃脱惩罚的独裁者有利。但这也就意味着正义是一种天真[21]。然而由此也揭示了这个见解的内在不稳定性。正义被说成是强者的利益,

---

[17] 《国家篇》,337c。

[18] 同上书,339b—e。

[19] 同上书,342c—e。

[20] 其他的善(ἀλλότριον ἀγαθόν)在某种与传统相对的、崭新的字面意义上参见《国家篇》,343c3。

[21] 《国家篇》,348c12。

只有当它不被认为是强者的利益,而承认有真正的正义时才成立。通过权力来确定或主张正义并不能解释,为什么这一做法不是受权力胁迫,而就是正义本身。我们还可以补充说:只有对统治者来说是正义的,而他的权力因此也不是他的,而是为城邦所有的合法权力时,通过权力而正义才是合理的。

色拉叙马库斯提出的独裁者生活理想并没有真正回答正义的本质是什么这一问题,反而是一种背离。与这种理想不同的是,真正的智慧和德性、真正的力量与幸福在正义中才能被认识[22],这一反驳也忽略了对正义真正本质的追问——而这一疏忽使得对话的第一部分结局显得消极和临时,缺少对正义本质之优点的赞扬[23]。苏格拉底在这里把他自己与爱吃甜食的人进行对比,因为他在他对手为他准备的宴会上,可以尽情品尝那多样的美食[24]——这表明,在一场立场对立的论战中,对手决定了对话总体的水平。因此,对正义本质讨论的失败恰恰证明了,柏拉图认为现存城邦已经腐败的见解是多么正确。对正当的社会秩序以及正义作为灵魂中中坚力量的无知已经发展到完全扭曲的程度。

在第 2 卷开始,柏拉图的两个兄弟进入到了对话讨论中,而将问题提升到一个新的水平。他们承认正义比不正义实际上更值得选择,但由于害怕遭受不正义,使他不会选择善,而去选择一个较小的恶。什么是正当的,以及对正义的估量是来自这样的智慧,即

---

[22] 《国家篇》,349—354。
[23] 同上书,354a 以下。
[24] 同上书,354a12。

认识到每个个体的软弱而缔结契约㉕。

　　这似乎对正义在现实上,同样也是政治上和教育上的估量。但这只是有条件的评价,因为,它显然依赖于正确地估计不同的权力关系。所以,只有在这里它才有效,而非它本身就是有效的。形成对比的是,这令人想起康德对义务概念的严谨分析。正义不依赖它的效用,就是说必须证明,不正义总是坏的,而正义总是好的。但是,与康德不同的是,柏拉图还没有想到推演出一个无条件的善良意志的内在道德世界,一个与政治行为领域相分离的道德世界。柏拉图所寻求的是人类灵魂中那构建和支撑城邦的力量,它的政治效力㉖,城邦和正当都能从这些力量中产生。人的真正存在并不是关心与城邦相对立的自己的繁荣发展,这还是出于对公正和正义的效用的担忧而产生的㉗,他们关心的是城邦的存在本身,只有通过他们它才能存在。城邦虽然已腐朽,但总还是存在着的,它扎根在公民的灵魂和正义的理念中。

　　解释乃是理解的回溯,并且是从终点出发。因此,这里的问题如果不首先知道它的答案,那么也不能得到解释;那种答案在于区分流行观念与作为其基础的"理念"。在以后的章节中变得更为明显,只有在柏拉图哲学中所作的这个区分使得真正的政治艺术成为可能。这种政治艺术影响政治现实,并且不仅仅是在后者的既定形式中走它的道路。做出这种区分并透过流行的观念认识到理

㉕ 《国家篇》,358e 以下。

㉖ γόνιμα,参见《国家篇》,367d2。

㉗ 《国家篇》,367a2。

念的人就是哲学家。只有在这方面认识到永恒的人,才可能大规模地进行政治活动,即能够形成和维持一个稳定的政治现实。因此,哲学王虽然早已隐含在背景中,但却在有意拖延很久以后才被明确引入,本质上他包含在开始提出问题的方式中。或者,换句话说,柏拉图哲学是从苏格拉底存在中发生的。通过在盛行的不正义中寻求正义的可能性,柏拉图哲学发现了"正义自身"。

正义自身是什么,这一对其本质的追问变成对其在城邦中的能力或影响的追问,也必然是对城邦自身之本质的追问。但城邦会是什么样的,依赖于它的公民的德性。我在这里不想重复它是如何用言语构筑起来的城邦在进展到保卫者阶级时,才到涉及实际权力和统治的政治领域[28],即城邦从内在于自身的统治权与整体的压倒一切的秩序这两方面之间的冲突中发展起内在的政治张力,并且同时又需要通过教育的途径以克服这些张力。只要这样说就足够揭示正义是什么,开始是在一个正义城邦的秩序中展现的,然后进展到把在那里所见到的东西转化成灵魂中的正义[29]。古代 πάτριος πολιτεία(父氏宗族)的价值,在柏拉图所谓的"四主德"中重新出现了。这些德性非常奇特地互相交织着,并且相互转化,直到最后融合成为一种苏格拉底所寻求的德性。智慧,意即为大家的思想[30],属于领导者;勇敢,属于保卫者,但不是属于只具有最基本的动物性勇敢的战士,而是为大家却从不为自己使用武力的

---

[28] 参见我的文章"柏拉图与诗人",法兰克福,1934年(也见本书前文第187页以下)。

[29] 《国家篇》,427d以下。

[30] 同上书,428d1。

政治上勇敢的人㉛；节制，属于一切阶级，既属于统治者也属于被统治者，就是说，节制与统治阶级的为大家思想以及为大家战斗是一致的㉜。可是，城邦的正义在于所有这些具备专门德性的阶级预先设定的某种东西中，即在于每个阶级都"各行其是"㉝。"各行其是"同样既要求劳动者阶级也要求统治阶级，只有这样才能促使城邦秩序的统一。个人虽然会脱离他自己的阶级，但却要受这些阶级整体相关的政治秩序的约束，就此而言这个城邦是可能的。只有这种约束才能把统治者从仅仅是对权力的占有，改变成对城邦权力的管理。

不难发现，"各行其是"的原则应用在一个等级分明的秩序中，这包含着对阿提卡民主制衰落的批评㉞。但事实上，在这里所强调的主要是作为整体的城邦而不是它的特殊部分。城邦是政府和民众的一种秩序化。这种秩序化的基础是，整体体现在每个个体及其行为中。"各行其是"的原则没有把政治正义转变成一种劳动分工。这对整体的生活显然具有决定性的重要意义。劳动分工只是代表了正义的一个"影像"，是人们能在任何技艺中找到的个体行为与整体的联系㉟。可是，柏拉图所关心的远不止把劳动产品整合到消费社会。毫无疑问，在那里任何工作对一切有能力的人都是开放的。尽管如此，一个政治领导者或一个保卫者的工作却

㉛ 《国家篇》，429a—430d。
㉜ 同上书，430d—432a。
㉝ 同上书，433b9。
㉞ 同上书，434b。
㉟ 同上书，443b c。

不是那样一种技艺,而是与整个城邦直接相关的。政治领导者知道他是为全体而工作的,他做什么、不做什么都依赖于这一点,依赖于他对整体的知识㊱。其他每个工作者也直接与整体相联系,但不是由于他整合入整体的工作秩序中,而是因为他是一个公民,他融合于其所属的统治秩序之中。因此,各阶级政治上的"各行其是"要与在技艺上的"各行其是"相区分。由此可以推出,这种阶级秩序的瓦解是政治上的不幸,会导致诸如在雅典民主制衰落中所揭示的那种统治秩序的败坏㊲。

在较大城邦图像中的正义被引申到灵魂层面。看起来,这里只需要类推就行。城邦的秩序必然与灵魂的秩序相适应㊳。与城邦一样,灵魂必定具有与自身相统一的可能性,但也容易遭受无秩序和冲突的危险。在一个非常值得注意的分析中,柏拉图证明,灵魂确实有三个部分,分别与政治秩序中的三个阶级相对应,即爱知识,激情,欲望。欲望迷恋于某物,知识辨别"是"与"否"。在它们之间所存在的东西,人们可以称作与是与否有关的东西。这套灵魂学说是从展现了灵魂的内部冲突的现象中推出来的,因此,它的提出与人内心的自我冲突相关。灵魂各部分之间的适当秩序此时产生了一幅关于灵魂基本德性的图景,此处在灵魂中所呈现的正义与在城邦中显现出来的正义一样,在这里灵魂的各部分各行其是,在那里则是各阶级各行其是。它表明我们现在似乎已经达到了在第一次的尝试中没有达到的本质性结果。对于城邦来说,政

㊱ 参见《卡尔米德篇》,166 以下;《欧绪德谟篇》,291 以下。

㊲ 《国家篇》,434c。

㊳ 同上书,435bc 以下。

治正义不可能在专业劳动分工的经济原则中找到,而只有在对城邦内在秩序的遵从以及关心中才能找到。换言之,它存在于三个阶级的和谐与统一之中。前面已经证明,城邦的行为只有在那个秩序的基础上才可能是正义的。现在是以同样的方式证明,灵魂的正义并不存在于某些外在的行动力中,不存在于钱财问题上的正当性中,也不存在于政治性权力意志下的利益派系中。不如说,跟在城邦中的情形一样,它存在于灵魂"内在"的行为中。通过灵魂的这种行为,在多次的追求和欲念之中,正义获得了与其自身的统一和友谊[39]。与灵魂这种内在秩序相一致,产生并支持那种秩序的行为是正义的。因而,把自己构筑成一个内在和谐的灵魂,是Dasein(此在)的自我理解之真正准则,即 σοφία(智慧)[40]。灵魂的败坏就是 ἀμαθία(无知)[41],是这种自我治理的内在能力的丧失。

正义的内在性绝不是思想的内在性,并不是这世上唯独能称之为"善"的善良意志的内在性。相反,这里的内在性是人类活动中一切真实的外在表现的尺度和源泉。它并不是只有神才知道的心灵的神圣领域,而是一种治理的秩序和在所有行为中坚持并实现自身的灵魂的存在状态。这场讨论,仅就它确立了城邦和灵魂所共同的正义本质而言,似乎已经达到一个真正的、成功的结论。这里所定义的正义不再涉及正义的作用及后果,而是正义的本质,正义自身:灵魂的健康,这是城邦健康的条件;灵魂与自身相关联的存在,这跟苏格拉底呼吁人们关心自己的灵魂相呼应。

---

[39] 《国家篇》,443cd 以下。
[40] 同上书,443e6。
[41] 同上书,444a1。

但这里我们进展到了对话的第二点。在此处,随着主题的发展,最后导向了一个关于保卫者和统治者之哲学教育的结论。跟前面一样,讨论中的这一转折是主题自身的逻辑结果,不管主题展现自己的方式多么迂回曲折。柏拉图自己注意到他从城邦中的阶级到灵魂部分的推论是初步的[42],他对这种初步性有着充分的暗示。随之而来关于统治者的哲学教育的描绘,确实是对尚未得到很好说明的城邦教育计划中一个论点的精心阐述[43]。但在本质上,远不尽于此:这种教育的目的是增强保卫者身上的哲学因素,使得如黑格尔所说的普遍的东西($κοινῆ\ συμφέρον$)能够普及。统治者容易受到权力的引诱,产生独裁冲动。这是他们不可避免会有的特征,这一弱点会导致他们身上的哲学因素的丧失和公共秩序的败坏。在个人的灵魂中也可以发现相同的感觉。当它迎逢权贵和感官享受时,就会有把自己分裂为两半的危险。正是在这里,灵魂三分的心理学以及基于这种心理学之上的正义定义的初步性才显现出来。灵魂三分学说是德性定义的基础,他们不能被分离[44]。但这并不是心理学,而是作为与自我分裂之危险相关的学说,这种分裂乃是正义德性与自身相统一的影像。灵魂在形式上是一还是多[45],是否是简单的还是一个多头怪物[46],这不是一个理论科学的问题,而是一项通过知识正确引导生活的任务。但是,这

---

[42] 《国家篇》,435d。

[43] 参见《国家篇》,503b、503e。

[44] 维拉莫维茨:《柏拉图》,第 2 卷,第 219 页,注释称这里有误。参见《国家篇》,504a4!

[45] 《国家篇》,612a。

[46] 参见《斐德罗篇》,230a。

种指导的可能性以及它所导向的方向,在迄今为止已获得的内容中,甚至在德性的定义中,提出了一连串的问题,它们最终会把我们引向柏拉图的全部哲学。

这里关于灵魂的讨论可以用柏拉图所使用的健康灵魂的图像来说明⑰。健康完全可能是不和谐背景上的内在和谐。只有在不和谐和混乱中,灵魂和肉体二者才能感受到它们的内在分裂。但身体健康与精神健康之间的类推有着明显的局限。我们习惯说:本性只关心或帮助自己。因而,一种"好的本性"即意味着具有自然更新自己的最大能力,每个个体都是在照顾着自己并保护着自己的健康,医生同样如此,但他在自然更新过程中只是起辅助的作用。

相反,健康的灵魂并不是简单地掌握在某种体贴的本性中,它也不具备一种可以自我实现的"优良本性"。灵魂总是意识到不和谐的危险,因为它必须有意识地争取与自身相统一。它必须不断注意保证与自身的一致。或者,换句话说,它与自身的一致每时每刻都受到威胁。对于灵魂的优良素质和此在对自我的认识这二者之间的内在联系,希腊人有着生动的表述,他们称之为 $\sigma\omega\varphi\rho\sigma\sigma\acute{\upsilon}\nu\eta$ (节制),亚里士多德译作 $\omega\varsigma\ \sigma\acute{\omega}\zeta o\upsilon\sigma\alpha\nu\ \tau\grave{\eta}\nu\ \varphi\rho\acute{o}\nu\eta\sigma\iota\nu$(保持实践智慧)⑱。伴随着 $\varphi\rho\acute{o}\nu\eta\sigma\iota\varsigma$(实践智慧),即知识自身,此在获得了持久的自我管教。对于灵魂来说,仅仅说明它的健康状态就不够了,真正的着眼点是要防止它误入歧途。所获得的正义是灵魂的健全状

---

⑰ 《国家篇》,444de。

⑱ 《尼各马可伦理学》,1140b11。

态,但只是正义城邦与正义灵魂的理想画面以及真正的政治健康与心灵健康的画面。但是,对于这二者,它们并不是某种本性,也不像某种优良本性那样健康。这适用于城邦,同样也适用于灵魂。苏格拉底在这里用语言构筑出来的真正的政治健康,具有这种健康的城邦由于其制度中的智慧而富有生机。它是如此井然有序,以至于除了健康,别无其他。但是,谁构造这样一个城邦?谁构造这样一个灵魂?如此献身于城邦的人在哪里?其激情如此驯服的灵魂在哪里?真正的问题不是正义作为城邦与灵魂的理想的健康看上去如何,而是正义如何获得产生它并维持它自身的力量。可是这实际上等于问,这个城邦如何可能存在?——实际上,正是这一问题,即这个城邦如何可能,它怎样才有可能产生,引入了现在才开始的主要的哲学讨论[49]。

即使真正的城邦与真正的正义的画面只是一个模型,像每一个画家的理想图画一样[50],不存在它是否可能的问题,但这个现实的正义问题使得这里的哲学讨论得以进行也不是偶然的。苏格拉底的悖论式的回答就是哲学家掌握统治的要求。这在《第七封信》中以同样的词句作了重复[51]。在《第七封信》中,政治权力与哲学是打算通过教育年轻的叙拉古统治者的方式统一起来的。在《国家篇》中,哲学家做统治者的可能性也同样维系在教育上。主要是由于这一原因,才提到了统治者的儿子[52],也正是由于这一原因,

---

[49] 《国家篇》,471c 以下。
[50] 同上书,472cd。
[51] 同上书,473d。
[52] 同上书,499b7。

才刻画了城邦中的年轻人所遭受的诱惑(见阿尔基庇亚德斯画像)[53]。现在所注意的中心转到真正哲学家更明确的标志,并从此过渡到对城邦领导者实行哲学教育之路的描绘。如果没有从哲学上审视哲学家之所见,那么从根本上就无法说明什么是真正的哲学家。如果没有同时把这种哲学教育看作是把人们的目光转向"真正的存在",那么,即使对哲学教育的描绘也是不可能的。

苏格拉底通过比较与对照描绘了哲学家的形象。他首先把哲学家与好色之徒相比较[54]。他们都为激情所左右。好色之徒总能从每个年轻人身上发现美,也总能为自己的爱人找到新的借口,亦不会被某种特定的嗜好所占据,这些都表明,好色之徒其实在所有爱中只关注一件事。同样,哲学家关注各种各样的知识而不为任何偏见所支配。对他来说,任何特殊种类的认识也只是一种托辞,是他自己完全能看透的。激情正具有这样的性质。它能在任何事物中,甚至在最贫弱的借口中找到所追求的事物[55]。因此,哲学家是被目睹真理的激情所左右的。

但是,看的激情或看的渴求仍然可能是某种根本不是哲学的东西[56]。确实,渴求看的人努力想看到一切美的事物。哲学家也是这样,他在这一点上被归入好色者[57](正如前面[58]提到色欲的爱

---

[53] 《国家篇》,494c。

[54] 同上书,474c 以下。

[55] πιλότιμος(爱荣誉者),参见《国家篇》,475ab。

[56] 《国家篇》,475d 以下。

[57] 同上书,476b 以下。

[58] 同上书,403c。

被升华成对缪斯的爱,即是说,升华为对智慧的爱)。只是渴求看的人没有在一切事物中看到美本身。相反,他迷迷糊糊仿佛生活在梦中[59],总是为感官所见到的一切所吸引。他在众多事物中寻求欢乐,他总是将一件事物与另一件事物相比,他的标准则是新奇[60],他的激情就是关于这些。与梦呓者相反,哲学家是清醒的。不管发生什么,他始终不为所动,走自己的路。他能从虚假中辨别出真实并注视真正的存在。

哲学家与渴求看的人的这种差异使读者回想起对话的开头[61]。哲学家将那些出于看的渴望而欲观看火炬赛马的同行者引入了对话,这正是发生在苏格拉底身边的哲学事件。

真正的存在自身、理念、范型是与分有它的、混合的、混乱的事物相对立的,能看到这种区分是哲学家的特征。那唯一使健康的城邦成为可能的,即,使统治者对他们据以统治的官职和权力具有正确态度的,显然就是这种能力。统治者必须认识到,他们所掌握的权力不是他们的,不是他们可以为所欲为的权力。他们必须拒绝来自权力的公开迷惑和私下引诱,迷惑引诱有权力的人来谋私利,并且还把这种行为称作是正义的。他们必须不受这些现象的影响,把全体人民的真正幸福装在心中。这一切都要通过对理想城邦中的保卫者的教育而取得。因此,回避了这么久的真理最后终于被宣告出来:理想城邦的统治者必须是哲学家[62]。

---

[59] 《国家篇》,476c:ὄναρ。

[60] 参见《国家篇》,328a3,苏格拉底对看的欲望的讽刺。

[61] 《国家篇》,327a 以下。

[62] 同上书,503b。

紧接着就是柏拉图的政治见解,即医治他那个时代城邦的不健康状况的药方只能是哲学的统治,且在柏拉图所设计的理想城邦里,幸福也才可期[63]。它主张,只有哲学才能使这样的城邦成为可能,而城邦的存续也需要由哲学教育出来的领袖。但这也意味着:这根本上只是关于一件事情。为患病的城邦体制寻求药方和用语言构筑一个理想城邦是同一的。语言中建立城邦就是在教育中培养城邦和使理想城邦成为可能:培养公民正义的政治态度。

从这种哲学教育到辩证法的讨论,我们不在这里进行。哲学教育引导我们从正义的理念到善的理念,它超越任何单独的理念之上。它不是理念学说,而是以理念学说为前提。在从多到一的所有秩序中,在城邦、灵魂、知识和世界构造中,它发现了一和多、数和存在的法则。

(田洁 译,石海翔 校)

---

[63] 《国家篇》,501e。

7. 古代原子论

（1935年）

自然科学的研究和其历史之间的关系在那个现代自然科学启蒙突飞猛进的时代是特别无关紧要的事情。自然科学研究可以在研究进展的主导观念中来观察它的历史，但这意味着：当代的每一种研究状态本身就包含了在这门科学的历史中每一种实在知识所获得的一切。因此这项归属于历史的研究状况只有处于一种科学研究的附属性兴趣的时候才值得关注。对于自然科学本身而言，根据其自身观念，去研究早期时代的自然科学世界图景是一项无关紧要的工作，因为这些图景当时还没有获得这些知识，因此它们仍束缚于此际已被克服的错误中。虽然我们可以看出，科学史的研究偶尔会为当前的研究提供一种推动，原因是它能使在过去研究时代所从事的问题重新沐浴在一种对当代有兴趣的光亮中。但这种情况不仅实际上极其罕见，而且它们首先不能为历史研究的兴趣提供真正的动力，因为根据这个观点，科学的现状保留了其对象为其设置的所有的问题。如果历史的再加工向科学再次提出了这样一项任务，那么对于科学来说，那只是对其真正任务的偶然遗忘。

毫无疑问，通过新物理学的发现，经典力学的局限导致了这种事态的某种松动。在原子物理和宇宙物理学领域中放弃经典自然科学看似坚实的基础的必然性，比起其已经取得的成就来更有利于如下的可能性：以不同的视角来审视这门经典科学的兴起，但这也意味着，它也可能有利于这样一种可能性，即在现代自然科学里去观察历史所决定的现象，这种现象的精神的和世界观的意义并非全由纯粹的知识获取而决定。

用这种方式进行的研究似乎有助于促进古典自然科学的历史性讨论，但实际远远没有为其自身的目的而得出这些推论。相反，这项研究在其新获得的成就中看到了其生存法则——即在科学进步中克服错误并且只将真理保留下来——具有一种理所当然的确证。因此，它在其自身范围之内赋予经典力学以古老的、毋庸置疑的有效性，并且相信随着对于欧几里得式空间和彻底的因果决定论的背弃以及对直观的原子模型的不可能性的证明，与其说驳倒了牛顿科学，毋宁说驳倒了那种通过哲学先天论对牛顿科学的解释。实际上，从经典力学到新物理学的研究进展的一致性也确证了这种实证主义自我解释的一致性。如果人们把自然科学本身的这种发展误认为只是一种歧途，那这是对事实的一种误判。正是在这一点上，新物理学的这种革命性发展具有如下意义，即它揭示了其生存法则，从而迫使哲学意识全力去追问这种自然知识的本体论意义、它的精神前提以及它的要求。正是在根本放弃直观性（虽然这种直观性对于个别的物理研究的实践是可有可无的，但对于整体结果的理论的解释却似乎是不可或缺的）中，自然的数学化得以完成，这种自然数学化起源于现代自然科学得以造就成了本质规定现代文化之因素的那几个世纪中。

当然，就算是现在，自然研究本身的兴趣也不是那种引起了人们对其历史的兴趣。如果不被迫承认这些新知识根本无法改变直观的自然世界观,那么这些研究就会无所顾忌地与直观性相分离,而这种直观性却是天体和原子事件领域的研究所凭借的。就算是牛顿科学虽然也不得不放弃广泛的自然事件领域,因其超越了机械因果解释的可能性而被保留某种本质上是描述的自然观察方法。但这却意味着一种在因果论机械观念下的对自然观进行的真正的重塑,这种重塑在技术的存在中获得了强有力的表达。其精神意义和对于人类生活整体的意义对于第一个当代都是不言而喻的,与此相反,新的转变会导致概念上的后果:将这种显而易见的关联撕裂开来。重新对之重塑在"经验主义哲学"①那里很难得以承认或获得成功,所以对其自身来源的历史兴趣形成并非偶然,这种兴趣属于其自身意义给予的关联,并且涉及了将其自身的生活基础作为科学。今天不会再有人能够说,其意义给予的这项任务是否甚至连研究自身的进步方向也不会一起规定。

众所周知,现代自然科学的开端取决于对古代思想的富有成效的接受和发展,通过这种接受和发展,盛行的亚里士多德和中世纪的自然形象的基础被颠覆。在这些古代思想中,原子观念(Atomgedanke)占据着特别突出的地位。在原子观念的复苏过程中,新兴的研究兴趣与对基督教世界观以及"学院派"科学的批判性考察结合起来。古典原子论的主要来源,即卢克莱修关于物性论的教谕诗(此诗由于其无神论倾向而受到诽谤)是当时最具影响

---

① 参见杂志《认识》(同时也是哲学编年史)(1930年以后)[以及目前在全世界广为传布的"科学统一"运动]。

力的书。拉斯维茨(Lasswitz)的伟大的作品《原子论的历史》[2]为我们深刻而颇有远见地介绍了古典原子论在现代自然科学的诞生中的重要意义。但在他的这个介绍中却缺少了对于古典原子论本身的描述和评估,不过这确实也并非出于偶然原因。现代自然科学的哲学为拉斯维茨的历史研究提供了系统的指导,但也同时为他设定了时间上的限制。古典的自然哲学只有在最初的新时代以及其对此新时代有作用的情况下对他而言才是言之有物的。这位原子论的哲学史作家的历史敏感表现在:他始终恪守在自身的界限内,这一界限是通过自然科学研究的概念思维手段中的进步这一主导观念而设定给他的。

事实上,最近的关于古代原子论的历史研究所给出的图景,是以最有教益的方式为现代自然科学的科学理想无可争议的效用所决定的。这表现在对其历史价值的一种引人注意的不确定性中,而这种不确定性反过来又导致关于古代原子论的真正学说相应的不确定性。众所周知,我们并没有从其真正的科学发展的鼎盛时期(公元前5世纪到公元前4世纪)获得关于古典原子论原始社会的完整描述,而只是从古希腊伊壁鸠鲁学派时期的科学疲乏期中略知一二。在亚里士多德的自然哲学中取得胜利的古典原子主义的反对力量如此强烈地规定了伊壁鸠鲁学派独特的自然哲学学说,以至于他们扭曲了德谟克利特和留基波原始原子论的根本观点[3]。因

---

[2] 新版由 Wissenschaftliche Buchgesellschaft 出版社出版,达姆施塔特,1963年。
[3] 我首先思考的是原子坠落学说,在策勒的权威加持下,我在这个理论中迷失了很长时间,最终由 A. 格德克迈尔(A. Goedeckemeyer)阐明。参见 A. 格德克迈尔:《伊壁鸠鲁与德谟克利特的关系》,斯特拉斯堡,1897年。

此我们从中只能看到一个，甚至看不到一个使原始原子论得以重构的特别优秀的来源。因此对我们来说，比起那些不合格的追随者来说，亚里士多德和他的后古典时期解释者们的公开反对意见更可靠。但就是在这里，历史的观点受到了如下事实桎梏而陷入偏见之中：这位古典原子论的反对者同时也已然是最初的现代自然研究伟大的、被超越和克服了的反对者。因此历史的研究在这个共同反对亚里士多德的团体的推动下，已经在很大程度上使古典原子论和现代自然科学逐渐趋于一致，并因此倾向于从古代贫乏的资源中重建一个已经包含了现在自然研究基本原则的自然解释体系。

然而，从这一点来看，历史的观察引发了这样的问题：为什么这种面向未来的古代自然科学的态度在两千余年和亚里士多德的哲学对比中一直处于劣势？如果人们不希望使用"古老的精神已经趋于疲沓而无法通过古典原子论的方法本身使现代自然科学得到发展"这样的托辞，那么就必须要去找寻这种方法的内在缺陷。但是，这是又一次以进步为尺度考察古代原子论，而这种进步乃是新时代通过看似相同的基础所得。因此，如果缺乏执行力，例如在没有碰撞动力学的情况下，人们就会从历史的视角看到古代原子论基本不可能有颇有成效的进一步发展。或者说人们对于亚里士多德的权威是如此地深信不疑，以至于在当时的自然知识情况下比起原子论人们更偏爱亚里士多德物理学，因为这种原子论只能根据将来从新时代的数学物理方法的发展状况中获得。

因此对于古典原子论的考量是在对其具有前瞻意义的现代性的极尽溢美之词与对其科学和哲学性分量的确有根据的贬低最尖

锐对立之间来回摇摆。这种泾渭分明的评价与学说本身的见解和重构是相关的。可以推测的是，这两种对立的观点都不是对这种学说真实面貌的反映。但是这个争议性问题的真正的调解只能从一个新的基底出发才能够发现，这一新的基底用其他的标准取代沿用至今的一般性准则。但是这种一般性准则是现代自然科学的观念，面对这种自然科学观念，这种原子论可能是可行的，也可能失效。如果人们这样对其进行如此的改建，那么它就可行，这样的话亚里士多德哲学就是一种经院哲学的迷乱，但如果人们将它保持在事实的自然知识基础上，那它就失效了，这样的话亚里士多德哲学当然是一种被克服了的但又是相对占上风的立场，历史性成功的宣言（Machtspruch）也证实它。在那个人们准备好对新时代数学自然科学的历史独一性和精神前提进行考察的时刻，我们还必须避免用它们提供的标准来评价古代原子论，并在其整个希腊自然哲学的整体中和作为自然解释和存在解释的整体中获得一幅古代"自然科学"的图画。

古典原子论并不是一个数学物理科学的研究假设，不像数学物理科学那样：必须在对经验实在性确切解释的效力中显示自己，并且还要在对实验数据的说明和解释的不可或缺方面要求有效性。正相反，古典原子论是真正实在性的一个根本筹划，因为它来源于关于实在性的存在的哲学追问④。因此古典原子论属于试图对自然的想法进行思考的早期古希腊哲学。这个神话般的世界图

---

④ 当然，这也适用于晚期原子论的一些形式。参见拉斯维茨：《原子论的历史》，第1卷，第401页以下。这个事实对于阐明现代自然科学的形而上学前提具有重要意义。

景——从法令和神明的有力干预中了解自然界的事件和人类的命运——随着这个事件的第一个思想而消失。更为重要的是，传说中人们公认为第一位哲学家的泰勒斯曾说："一切都充满了神明"，也就是说，自然本身中就存在着一种力量，它规定着自然中的事件和人类在自然中的存在。当德谟克利特的原子论将这句话（如其所示的那样）以"可怕的无神论"这一形式进行重新阐释，并且宣布所有的事物都可以用游荡的原子的不可见的实在来解释的时候，它只是这一自然想法的一个合乎逻辑的终极思考⑤。从泰勒斯到德谟克利特，"智者"一直在探寻自然是什么这一问题：在这从永不止息的生成和消散之流中永驻，并给予其规则和秩序、可信靠的重复的东西究竟是什么？"物理学家们"对这个问题的答案没有一个是现代自然科学意义上的"物理"论题。如果他们假定一个或多个质料，假定在质料之中或质料之外有作用着的力量，这些力量从质料中形成了世界形态，那么，他们*就始终要引入一种对实在性的真实本质的直观，并且他们在其特有的自由类比的普遍化意义上使用了作为其出发点的"自然科学"知识。必须注意原子论的本质和意图的问题。可以肯定的是，虽然那些在原始物质的凝聚和稀释中发现了现象的多样性得到解释的最古老的物质理论和使得凝聚和稀释现象得到真正解释的原子论的"科学"理论之间存在着巨大的差异，但是，它将表明，原子主义也是由原来对存在的整体解释所引导的，而不是仅仅力求通过理性解释来巩固伊奥尼亚哲学

---

⑤ 参见第尔斯：《前苏格拉底残篇》，55A74，78。后文统一标注为：VS。

* 此处 sie 为复数，故句中的 leitete 应该是 leiteten 的印刷错误。——译者

家的那些半神话学说的物质理论。

当然,在希腊自然沉思中,对古代原子主义的原始偏好似乎是一种颇为极端的构想,它将整个世界的特质追溯到原子的纯粹形式和运动。这个理论看起来好像是动力学的预示,这总会引起当前的自然研究者的兴趣。但是历史学家也会在其中看到古希腊启蒙的完成和巅峰,因为其简单性和合理性优于同时代的所有其他的粒子理论。尽管在恩培多克勒的元素论——特别是他通过"流射"和"孔道"解释感官知觉——以及阿那克萨戈拉的种子论中可以看到近似的原子论世界观[6],但如此一来这些理论却恰恰免除了冷冰冰的结论,由于这些结论,原子论从存在的原始现实性中消除掉所有质的差异和从自然秩序的概念中消除掉所有的精神力量。因此恩培多克勒或阿那克萨戈拉的世界观与其说是留基波和德谟克利特原子论的中介先驱,毋宁说是那个时代启蒙意志较为晦涩的变种。通过这种相似的关系,它们只会使得原子论的独创性看起来更加明显,它们想要从一个基本假设出发解释所有形式的自然现象:本质的产生和消逝,增长和减退,质的转变和位移[7]。如果人们看到了古代原子论的合理性,那么事实上是人们想要确认现代自然科学援引这一理论先驱的正当性。但是我们必须有这样的疑问:希腊世界思想的生活准则在这里是否没有被侵犯,而且一个来自遥远未来的陌生者是否预示了古希腊的对于此在理解的终结?

接下来的诸种解释意欲表明,实际上就是如此,并且正是这种

---

[6] 参见瓦尔特·克兰茨(Walter Kranz):《恩培多克勒与原子论》,Hermes,1917年。
[7] 参见亚里士多德:《论生成与毁灭》,第1卷,第2章。

7. 古代原子论 401

情况导致古代原子论走向衰败。依循原子机械论对世界进行解释，这与此种解释中行之有效的而且专门的希腊人有关自然秩序的理解存在着某种内在的紧张关系，这种紧张关系会导致原子机械论的世界解释的蹒跚行进甚至于走向怀疑论的近旁。只是在希腊存在论的诸种预设在刚刚开始的近现代中遭到异化之后，原子思想才在数学化的自然科学中开启出了其胜利的进程。

留基波和德谟克利特走出的关键性一步在于和自然直观及物体的哲学概念的彻底的断裂：将虚空假定为物体世界的内在的构成元素。将虚空假设为整个物体之外的空间，这显然是一件非常自然的事情，就像如下现象是同样自然的和近乎直观的（尽管哲学家们认为并没有这样的直观）：凡是一个物体改变其位置的地方，就必定是一个允许其自身运动的空间。然而并非一切都是自然而然的，德谟克利特的理论与所有迄今为止物体存在的哲学观点相矛盾，他认为物体本身就是从虚空中聚集起来的不可分的粒子。尽管这个虚空的假设可以使得位移、聚合和消散、增长等这些现象变得真正可以理解。但是虚空如何能够是存在的东西，它们始终必然属于物体性存在的东西，很难用巴门尼德哲学里表述的希腊的存在概念来解释。最近的自然科学史证实，反对承认真空，是根源于希腊本体论的实体概念。直到托里拆利的实验创造了宏观的真空，才开启了一条道路，古代对于真空存在的异议对这条道路保持封锁，或者只是踌躇着并且仅仅只允许在微观空间中起效用（比如通过伽利略的《两种新科学及其数演化》）。

事实上，"虚空正如充盈一样存在"这一原子论命题，至今还没有在其本体论后果方面得到最终的思考。在虚空中展现的数学式谋划存在方式是现代自然哲学的一种尚未澄清的本体论问题,如此一来,很自然的情况是:在数学物理学被迫在最新研究特质中提出存在论上完全悬而未决的数学化自然的基本事实之前,数学物理学已经习惯性地奠基于绝对空间的存在之上。

古代原子论的世界观所基于的基本假设是什么?对于这个问题的回答最清楚地表明了古典原子论是怎样一直被本体论(此本体论清楚地表现在实体思想中)所规定。由于它假设了虚空,它并不冒险进入数学抽象的维度,而是通过一个拥有一种特有的、尽管避开了我们观察的可直观性的真实的事物和事件的世界给予感性经验实在以强有力的论证。正如亚里士多德之前的所有希腊自然哲学家一样,原子论者以世界产生(宇宙起源学)的形式呈现了他们的世界观[⑧]。

世界形成的开始并不包含有关其带来的关于动力的说法,在宇宙中有虚空和充盈。这个宇宙在时间和空间上是无限的,当许许多多的物体从无限中(就好像是从世界形成的无尽的储备中)分离出来并向巨大的虚空中运动时,世界就开始形成。当它们碰撞并聚集时,它们会产生一个振荡的旋涡,就像在一个畚箕里一样,相同者朝着相同者聚集,那些已经聚集到中心的巨大团体,从它们开始驱散一些在宏大的虚空中分解的细微原子,直到它们聚合成一个球体。这是一个钩状原子网络,就像裹在其身上的一层皮肤一样——一个宇宙系统开始生成,在这个宇宙系统中,由于相互缠

[⑧] 原子论宇宙起源学说的阐述要归功于 J. 汉莫-詹森(Arch. f. gesch. d. Philosophie XXIII,1910)和伊娃·萨克斯(Philolog. Untersuchungen,24. Heft,1917)。参见《前苏格拉底残篇》,54A1。

绕而变得沉重的原子聚集成为地球,那些轻微的、细小的原子构成天空等等。

从这个对世界的形成的描述中可以对事物自身的存在得出这样的观点:被展现给我们的事物形式的统一性,是一种假象。事实上每个一都可以变成多,但是多却无法变成真正的一,就如同真正的一,原子不可分割的统一性能够变成多。所有的存在者都是虚空和充盈的混合物,但这意味着虚空作为保持区分者(Auseinanderhaltende)是所见的形态统一的真正"原因"。因为只有彼此分开的东西,在虚空中的一群原子,才能聚合成一个形式的统一体。这种聚合的过程本身遵循纯粹的机械法则,粒子们的不断运动使得它们能够彼此接触。它们依靠这种彼此接触保持在一起,只要它们不再次彼此撞击,如同那些"固态"的物体所展示的那样。与阳光中的尘埃所展示的那些无休止的运动相反,这就需要另一个假设:这些颗粒在形状和大小上是不同的。如此它们才能彼此纠缠,平滑的和微小的原子最容易摆脱这些聚集的纠缠,但互相聚合成球的原子会一直紧紧抓住这些平滑的小原子,最重要的是,粒子之间不会保留任何空隙。巨大的物体就好比是印刷厂堆积的铅字。只有通过微小的原子才能产生"牢靠"的印痕⑨。

正如物体统一性的展现是由这种最简单的虚空假设和根据不同原子的大小和形态来阐明的,所有这些出现的事物的特性也都来自于这些原子的形式、处境和状况,以及这些特性在其单纯的重组中所展现出来的变化。这样一来,颜色产生于原子的重组,重量

---

⑨ 主要参见:《前苏格拉底残篇》,55A37,38。

产生于原子的堆积。

毫无疑问,这个理论意味着在原子领域对自然现象进行的一种前后一致的机械论解释。从这个描述中,人们可以不费力气地解读出力学的基本定律,如碰撞理论,质量吸引力,因果关系定律,物质守恒原理,力量守恒定律,作用和反作用定律,熵定律等[⑩]。但我们要注意,德谟克利特的这种力学原理并非偶然的处于未被表达状态。此外,下面这点也不可否认,即通过德谟克利特建立在当时自然知识全部线索之上的这种原子力学的普遍理论被认为是一种富有成果的力学解释。许多广为流传的轶事以及大有前途的标题都向我们证明了德谟克利特拥有对所有现象的力学原因方面的研究热情。据他曾经说,他宁愿为某物去找一个别原因性的证明,也不愿意成为波斯国王(《前苏格拉底残篇》,118)。所以他成为研究者,正是因为他拒绝根据偶然来解释现象。只要人们能足够透彻地看,总能找到其无可辩驳的原因[⑪]。机械因果论概念的胜利力量连同那种肆无忌惮地将所有质的所与都归到原子形态的真实世界中的还原使得德谟克利特科学似乎成为现代自然科学的真正典范。

单单这个结果就足以引人深思。作为一个应当预见到现代自然科学的伦理和方法的希腊哲学家,除了这种自然科学本身之外,关于这种研究和这种求知欲在他的整个哲学世界观里对他意味着什么这个问题,他还应该有回答的义务。对于这个原子论的反对

[⑩] 直到悖谬被合乎逻辑地引出来,都是根据 L. 勒文海姆(Löwenheim)的《德谟克利特的科学及其对现代自然科学的影响》一书(柏林,1914 年)。

[⑪] 参见亚里士多德:《物理学》,第 2 卷,第 4 章。

者给出的两千年来胜利的历史判决,在这里并不能证明任何事情。尽管事实是这个原子论的大胆构想缺乏详尽的贯彻方法;这种完整的机械解释缺乏对碰撞力学的任何确切知识;它完全缺乏定量实验,而最重要的是它缺少能够应对其基本假设的高度抽象的数学。但是它仍然能够声称有效的事实是决定性的因素。因此,所有这些陈述——从现代自然科学的观点来看,这些陈述意指这种原子物理学的许多内在的不可能性,并将它们降低到一种奇怪的、不可预见的幻想——将追问其基本的哲学动机的问题突出了出来。

我们一步一步地来分析这个问题:

(1) 原子论者如何证明原子的存在?他们的主导思想是,真正的存在者永远不可能不存在,但也就是说它总是保持不变。但这意味着它必定是不受自然界所有物种的可见衰变所有影响的东西。亚里士多德所采用的作为原子论观点决定性的基础的思路[12]听起来是颇为"数学的",更确切地说,他通过援引物体性的本质反驳了由连续性思想所给出的无限可分性的数学性要求。可分性必须要以虚空为基底,否则就会成为实体的破坏。因此,无限的可分性使所有的物体性消失在不可延展的点状虚空的非物体性中。这也就是说,物体性的存在只不过是虚空而已。但物体性实际上就是其中毫无虚空存在的充盈,也就是具有坚不可摧形态的原子。因此,原子思想是一个基本的本体论假设并且被证明是这样一个尝试,即将埃利亚学派统一性学说的存在思想和自然经验的要求结合起来,其办法是:它在不可见的小的统一体的多重性中认识到

---

[12] 参见亚里士多德:《论生成与毁灭》,第1卷,第2章,315b 以下。

了现象的真正存在。⑬

（2）原子的不可分性因此是一种本体论的物理学的要求，而不是数学的要求。原子是不可分的，因为它们是"坚实"的，也就是说，没有虚空。使得它们不可分的，并不是它们微小的体量。它们不是数学的伪点（Pseudopunkte）。它们具有不同的大小，如果真实现象的经验不排除的话，可能自在的存在着像整个世界一样大的原子⑭。这种"物理学的"原子论能否与"数学的"原子论（从扩展的"点"构建的空间连续体）相契合，是一个备受争议的问题。唯一能够说明这一点的证据是众所周知的通过平面切割圆锥的问题，甚至被解释为无穷小原理的预示⑮。但是对德谟克利特而言，这无疑是一个物理问题，这即是说，在此德谟克利特——以及他的整个数学——可能与一个物理学模型绑定在一起，他真正的原子结构服务于连续统一体的直观性要求，即使德谟克利特认为与"不真的"感性知识相对立的"真实的"知识、"知性"的知识也是物理的而不是理想的数学知识。⑯

---

⑬ 参见《前苏格拉底残篇》，54A,8u. Anm. 11。

⑭ 参见《前苏格拉底残篇》，55A47,43；亚里士多德：《论生成与毁灭》，第1卷，第2章，326a28。

⑮ 参见《前苏格拉底残篇》，55B155 和第尔斯的注释。

⑯ 原子主义的数学，或者反过来说德谟克利特的连续统一的真正数学，这两种说法都是错的。单是《物理学》82,1 并不具备参考价值。亚里士多德和德谟克利特之间的数学原子研究之间的冲突基本上证实了德谟克利特除了真正的物理学之外甚至都不知道任何真正的数学（参见《前苏格拉底残篇》，11p!）。亚里士多德的反对意见将原子论转化为后来的新数学问题的水平，并且与柏拉图和色诺克拉底的"不可分割的线"学说相符合。参见弗兰克：《柏拉图和所谓的毕达哥拉斯学派》，1923年，第55页。另见《前苏格拉底残篇》，55B11。

(3) 因为应该由原子解释的现象是无穷且多样的,所以原子论者们认为原子的数量是无限的。下面这句话打开了这种对自然进行解释的世界观本原力量的大门:原子是数不清的。虽然亚里士多德说:"从某种意义上说,像毕达哥拉斯派那样的原子论者把所有东西都编成了数字"(《前苏格拉底残篇》,54A15),并且实际上,每个存在都是多个原子,也就是一个数字。但是数字化的存在既不是事物的存在,也不是我们在任何时候所熟知的可以被数出来的数字,即使单个原子的混合或重新排列也可以决定性地改变整体原子形象的外观⑰。在感性表象背后的真正的知识,清楚地认识到根本没有偶然,所有的表象都有其原因,但它其实自身也未认识这些原因。相反,其功效就在于把对于现象的观察和对真正的原因探究的不竭推动力加以关联,这是因为所有的事物都是可靠的,所有的事物都是由相同的必然性机制支配着"由其自身"发生。当然,我们能从自然界看到的总是只有明显的因果联系的粗略联系,而不是体现真正过程的原子的真实机制。⑱

(4) 服从着已经存在并且一直存在于其中的强制性运动,原子由其自身造就了物体形态的短暂统一。正如这个世界上的诸形

---

⑰ 参见《前苏格拉底残篇》,54A9。

⑱ 没有任何证据证明德谟克利特曾采用任何数字的方式对不同种类的原子进行混合——像我们从恩培多克勒那里所知的那样。假如他被亚里士多德称为是同时或者先于恩培多克勒触及到事物本质定义的人时,那个关于热的例子(《形而上学》,1076b20)到底意味着什么就得以证明。热量的现象能够普遍地回置到真实的存在,即光滑的圆形火原子,也就是说是回置到原子形态上的差异,而不是数量的差别。在不同形态的原子混合关系应该解释某种现象的地方——如混合色——说的并不是精确的数字关系。作为物体实在的数学化状态的原子之和也就不能为任何数学奠基。

态出于原子的推动不断形成一样,其他的世界也在按照相同的法则不断地形成。我们对它们一无所知,而且也根本不能有所知,但是它们是存在的。除了原子现象的毫无感觉的机制之外,没有任何其他的理由可以使我们所认识的世界合法化。但在原子聚合之处必然要导向世界的形成[19]。这样一种世界解释必然陷入与自然的世界经验(即一个有意义且合目的的有秩序的宇宙)最激烈的紧张关系中。以这种自然的世界理解为尺度必然性的支配就显现为偶然性的支配。宇宙的形态和布满整个世界的形态的宇宙只不过是(有幸的)偶然,正是因为它们仅仅基于机械的必然性[20]。正是这种阿提卡哲学导致了对这个世界进行原子论解释这一哲学结果,并成功地证明了其世界观的转变和其实际上的不彻底性。我们所知道的"自然",是充满生机的秩序,而不是出于盲目的强制性导致的偶然(柏拉图:《法律篇》,第22卷[21])。更进一步说[22]:基于原子主义基本原则构建的自然解释不停留在类似"有其父必有其子"的层面上,即按照生殖规律本身来将"自然"认知为有效的。只有从更遥远的世界的产生,在其中天空秩序得以可能,并且从无生命的自然历程,原子论者才会宣称它会从自身产生("自动")。

---

[19] 参见柏拉图独特的文字游戏(《蒂迈欧篇》,55c),柏拉图以无际世界来解释无际猜测。

[20] 关于机械主义、合目的性和偶然之间的内在联系,参见康德:《判断力批判》,§61。

[21] 参见汇编,φύσις καὶ τύχη,《普罗泰戈拉篇》,323c;《法律篇》,889a,5u.ö.;κατὰ τύχην ἐξ ἀνάγκης,《法律篇》,889c,1;与之相反,柏拉图:ψυχή...διαφερόντως φύσει,《法律篇》,892c。

[22] 参见亚里士多德:《物理学》,第2卷,第4章=《前苏格拉底残篇》,55A69。

亚里士多德的自然哲学的伟大成就是证明了这种对自然的原子论解释的内在的不彻底性，并且已经在"从自身"和偶然的相邻关系中发现了它的本体论表达。

在原子论的自然思想中，存在着对以事物和生命的形态为导向的自然世界观的消除，从而排空所有发生事件的意义。支配万物的，并且所有事物都据以自然发生的必然性以在最终效果上有意义却在原因上无意义的方式起作用：自然秩序。但那不是大自然的原始力量。凡有规则地产生和发生出来的东西，不是偶然的作品；偶然的东西乃是违反规律和预期效果的东西。因此，在德谟克利特的语境中，"出于（Von-selbst）自身"这个概念是不可避免的必然性的唯一表达形式，它在面对自然秩序活生生的合法性时获得了例外原因的特征，也就是盲目地导向一种成就的特征，而活生生的自然法则或有意识的目的通常就是导向此一成就。对于一贯的机械方法论的自然研究而言，这可能不是一个有意义的规定，但它是原子论自然解释的延伸后果，它从未真正抛弃朝向宇宙经验秩序的指向。

（5）原子背后的真实世界与自然经验的世界的衔接点存在于感性知觉中。对感官知觉的原子论解释表明了，原子的假设是如何建立了形态统一与质的差异的现象实在性。在这里，我们发现了对现代哲学及其对待自然科学的立场具有决定性作用的关于第一性的质和第二性的质的学说。原子的唯一现实的基本假设以及它们在虚空中的运动使得感官知觉的内容仅仅被看作假象。但如其所示，这一假象同时也是真实的。感观的主观性在现实性的真正存在中有其基础——原子。在合成事物现象的冗杂且不计其数的原子中,真实地存在着所有的原子形态和原子结构,这导致了主观上的变化和不同的感觉。同样,同一种葡萄酒对有些人来说是甜的,对有些人来说是酸的,是因为对这个人来说穿透和感受到的是这种原子构形,而对那个人来说是另一种。因此,真正的知识使我们能够在所有的表现出的感观数据中找出在虚空和原子中的唯一的真实性。

当然,我们通过类比将感官体验中已知的物体的机械性质回置到原子来确定原子的大小、形状和位置。所有关于自然知识领域的真正原因研究都完全出现在事物所显现形态的更加粗糙的直观之中。由此德谟克利特可以用作用在理智行为上感官的反批评来补充他对于感官知觉的批判性限制:"你这个可怜的头脑,从我们这里窃取证据,并且想要击败我们?你们的胜利就是你们的败落。"㉓当古希腊晚期的怀疑主义者通过诸如"对于现实中的任何真实事物,我们都无法知道"㉔这样的话语发现感性和知性以同样的方式关联在一起的时候,他们就显得不那么错误了。从这种对德谟克利特的原子科学的怀疑主义的抛弃出发,我们这样去理解:当亚里士多德一旦㉕诉诸感性经验(这种感性经验看到作为整体的整体的自身改变)反对自然界质性变化的原子解释的时候,他并没有犯愚蠢的错误。当然,原子重新组织的过程(德谟克利特借以阐明变化)恰恰应该是看不见的。然而亚里士多德还是完全正确的:对自然过程本身的解释性描述,就像我们首次以感官体验它们

㉓ 《前苏格拉底残篇》,55B125。
㉔ 《前苏格拉底残篇》,55B10,参见 6—9。
㉕ 亚里士多德:《论生成与毁灭》,第 1 卷,第 9 章,327a15 以下。

那样,给我们提供了对所发生事件的其他的整体性理解形式。与原子假设和它们的合计性算术形态相反,它们表达了自然的真正形而上学。因为并非互相孤立彼此等效的粒子,它们的增减或者重新排列,导致形态是现实性的第一存在。而这些形态不会首先从偶然性的"骰子筒"里跳出来。它们——并非原子的原始形态——是我们想要解释清楚的过程有秩序的统一性。

(6)从现代机械自然科学的知识模式来看,它将自然界的概念以方法论的意识限制在语词的数学意义上可被理解的对象,由此可知严格知识的每一种进步都伴随着如下代价:在自然方面,它作为其认识对象更大程度地贫乏化。德谟克利特当然赢得了自然方面早期祖先的荣誉等级,而亚里士多德作为结论的统一世界观显得更像是一种僵化的直观教条主义。与之相反,凡是能在这种世界观中看到处处充满了现实力量的人,都认识到亚里士多德的这种世界观是一种伟大的尝试,通过最古老真理的新形式来禁止这样一种被德谟克利特一直引导到对所有关联在一起的和构成形态的力量的最极端消解的解释。看一下德谟克利特关于道德论述的残篇(人们当然必须从后来的一些补充中解脱出来)也会证实:我们已经正确地将其巨大研究能量的世界观基础和其原子理论的基础思想连接在一起。就像后来柏拉图和亚里士多德试图再次确立的那样,希腊共通感(Gemeinsinn)的周遭视域,不再是这种冷冰冰的精神所承载的确定性。

(7)在亚里士多德的世界观中起作用的对立的力量是有柏拉图来源的。柏拉图的文学作品被描述为与德谟克利特的唯一伟大对话并非没有道理,那些关于柏拉图想要焚毁德谟克利特的作品却最终因为这些作品已经在太多人的手里而放弃的轶事也不是没有深刻的象征意义。柏拉图自己不也是——除了德谟克利特之外——质料和元素原子论的创始者？并且柏拉图的历史影响不亚于德谟克利特。他自己就掌握了新时代的真理,这难道不正是他无以效仿的伟大之处吗？事实上,最现代自然科学在柏拉图那里并不会比在德谟克利特的基本预感里所发现得更少。㉕

要具体地说明以自然科学尺度进行衡量的古代自然哲学研究遵循何种深刻本能,则会走得太远,如果这种研究不是在柏拉图,而是在德谟克里特那里找到自然科学的古代先驱的话。在《蒂迈欧篇》的神话里,德谟克利特的原子论思想所经历的转变可能表明,如果与现代机械自然科学关联最深的是德谟克利特原子主义而不是柏拉图主义时,它所告解的是什么。柏拉图的最终基本单位,也是被他认作是世界的构成单位——只是这种质料,而不是世界秩序本身——是三角形。但是三角形是数学空间形式可以分成的最简单的图形。因此,最后一个原子三角形的不可分性假设是基于一个独立的不可分割性。不可分割性是三角形的本质,它不再通过分割产生更简单的图形。柏拉图的原子不是最后一个能抵抗表观形态瓦解、形式统一性崩塌的实在,而是物体本身的原型。它们不是会随机地从其聚集中跳出来的形象,而是规则的"柏拉图多面体"。原子三角形并不是可破碎之物的终极现实,而是秩序性的原初基石。它并没有达致所有可见形态的瓦解,而是实现了延

㉕ 伊娃·萨克斯(Philolog. Untersuchungen, 24. Heft, 1917)对此有阐述,特别是第 221 页以下;参见 K. 希尔德布兰特:《柏拉图》,1933 年,第 380 页以下。

展合法性的直观性分环勾连。因此,柏拉图的原子世界中没有虚空。物质原子结构的机械性具有数学综合的特征,而不是随机的不可避免的事件。人们可以看到:德谟克利特的原子概念的转变成柏拉图有效的能量,这一事件促使希腊自然科学在希腊生存法则下进行更新的启蒙。对德谟克利特而言应该用来解释真正自然现实是不可分割的原子事件的盲目必然性,在《蒂迈欧篇》的神秘创世论中,它处于双重转变,以此它发现它的权利受到了限制。那个世界就是根据神圣的数学来建造的事实。这个世界上有不规则和不完满,也就是说它们缺乏宇宙结构的纯粹和完满——这就是由原子形成之物的盲目强迫的力量。但就算是在这种物的原子构型中也能看出数学化的雏形。即使在不可知之物中,形态和数量的法则仍然起着支配作用。无论在世界之中数学所占的可见比例有多少,物的数学化都是测量和计算的结果。它将自己融入描述世界的基本计划当中。如果在这个计划中人的存在有其确定的领地,那么世界的法则也同时规定了人类的国家社会的现实性的规则。它成了一种与所有国家精神消解性力量相对立而抵抗一种新的宇宙尊严的秩序。由此,我们对于古典原子论的哲学动机的洞察在世界和城邦神秘奠基的相互对照中已经得到了证实。

这里需要一个特别的解释来表明亚里士多德是如何基于这个柏拉图的世界观念成为不仅是德谟克利特式的,更是柏拉图式原子论的批评者。人们将会认识到,这一两千多年来富有决定性意义的对柏拉图自然观的批判一直是可信赖的,但不是指他的国家激情,这种国家激情对他而言意味着与敌对危险的真实力量相连,而不是将这些力量驱逐出去。

如果被现代自然科学的自我确信所规定的更新的历史研究，在柏拉图-亚里士多德的自然观旁边溜过去，在德谟克利特那里看到了现代自然科学的先驱，那么它所犯的不只是一次历史知识的错误：在现代自然科学尺度无可置疑的有效性中，显露出其对更高意义上的哲学的放弃。

说明：手稿完成后我才看到赫尔曼·兰格伯克（Langerbeck）的研究（《新近语文学研究》，第10期），其中包含"德谟克利特伦理学和认识论研究"。它的成果在我们已经概括描述其基础的研究的本质观点上作了补充。我们将在另一个地方作更精确的讨论。〔恩斯特·卡普在1936年于《认识》上发表的同样内容和尖锐的批判，可能并不对此隐瞒，即赫尔曼·兰格伯克的研究，从一系列"新的哲学研究"来看，不失为最有原创性和最富有成果的工作。参见我对兰格伯克的书评（赫尔曼·兰格伯克："意见之流：关于德谟克利特伦理学和认识论的研究"，柏林，1935年），载本卷第11篇；我的论文"柏拉图论数学与辩证法"，现收入我的著作集，第7卷。〕

（田洁 译，曲立伟 校）

II

书 评

II

해설

8. 关于希腊形而上学

W. D. Ross, *Aristotle's Metaphysics*. A revised text with introduction and commentary. 2 vol., Oxford 1924.（W. D. 罗斯：《亚里士多德的〈形而上学〉》，包含导论和评注的修订本，两卷本，牛津，1924 年）

（1929 年）

亚里士多德《形而上学》的一个新版本在英国付梓。除了文本之外，它包括长达 150 页的全面的、实质性的导论以及详尽的评注。两者均以清楚的、极其可读的英语写就。这一版本的意义是多重的。一方面是外在的：它是目前在售的《形而上学》的唯一版本（如果人们不考虑柏林科学院的全集版及其价值不高的重印的话）。[1] 而这意味着，即便在德国也会有一些人使用它，这些人通常不习惯于在国外搜寻此书。理所当然的是，这个版本的确包含

---

[1] 现在还有：W. Jaeger (Hrsg.), *Aristotelis Metaphysica*, Oxford 1957; H. Bonitz/ H. Seidl(Hrsg.), *Aristoteles' Metaphysik* (gr./dt.), 2 Bde., Hamburg 1978 und 1980。

有关英语世界的亚里士多德文献的大量提示,而这些提示对于德国读者而言是极受欢迎的。

此外,这一版本适合于作为对波尼茨*的重要评注版的真正补充,后者的遗憾之处在于它对于爱好者而言是某种稀有之物。因为这一版本从波尼茨所达到的学术水准出发,以完全的篇幅对其加以推进。此外,它极其彻底地利用了所有自那以来为《形而上学》所作的东西,首先也有许多来自耶格尔的研究。另外,编者罗斯教授,为文本组织和评注增添了许多自己的东西。[②]他对文本的处理是谨慎的,在本质上远离了某种亚里士多德校勘者所轻易陷入的夸张的对称化。同样值得称赞的手法是,他知道如何将篇幅有限的评注的艰巨任务和文本论证的任务统一起来。这种评注放弃了呈现某种深入勘探的总体阐释,不再每每维系于有待澄清的文本。以此方式,它实现了以下目标:让读者始终逗留于实质性困难的意识之中,并且学习区分以下两者,即根据更确切的文本了解而可澄清的东西和出于更深刻的、实质性理由而始终成问题的东西。因此,这一评注使得这个版本成为了某个突出的哲学性研究版本,因为它到处为实质性的问题而敞开。突出的还有简短的内容总结,它标示出个别分析的更宏观的关联。

本书的实质性的导论以一个清楚和明确划分的报告得以突显。它首先探讨了《形而上学》的文献形式,同时给出了关于各个

---

* 波尼茨(Hermann Bonitz,1814—1888),德国语文学家、哲学家、教育改革家,他对亚里士多德《形而上学》的翻译是学界的权威著作。——译者

[②] 耶格尔给出了对罗斯的文本组织的优点和缺陷的富有价值的呈现(Gnomon 1925)。

卷目彼此之间的外在和内在关联的一个极其有用的概览。它详尽地与耶格尔关于《形而上学》发生史的研究相争辩。它不无道理地将重点放在十卷形而上学的统一性上，这一点对于实质性地理解我们眼前的这一文献是重要的，即便这种编排并非源自亚里士多德的创作计划。对耶格尔研究（《亚里士多德》，1923年）的最新结果的考察被罗斯仅仅放在注释中。诚然确切的是，耶格尔的这些研究让我们更强烈地将《形而上学》的"结构"与亚里士多德之研究的哲学动机加以联系。然而，恰恰是由罗斯所保存的纯粹描述的形式（这种形式大体上合乎该版本的意图），为研究耶格尔的论题提供了良好的辅助工具。在导论的第二部分，罗斯概览式地探讨了苏格拉底、柏拉图与柏拉图主义者。在此他主要使用了其同胞的研究。最重要的是他为理解亚里士多德的柏拉图批判所给出的提示。对于哲学读者而言，重要的是导论的第三和第四部分。在此罗斯勾画出亚里士多德存在论研究的主导关联。这里我要质疑的是，在此从《范畴篇》出发是否得当。恰恰是着眼于这一导论的纯粹教学的目的，更能理解以下这点，亦即首先纯粹从《形而上学》出发去提出范畴问题。因为《范畴篇》的成文日期和真实性是极有争议的（参见耶格尔：《亚里士多德》，第45页A）。因此有待展开实质性追问的是，在何种意义上《范畴篇》中所提出的第一实体和第二实体的区分对于亚里士多德存在论而言拥有某种原始动因的意义。的确，在《范畴篇》中也会强调，"第二"实体所彰显的乃是"第一"实体。关于这个问题：何谓这个人？恰当的答案是：这是"某个人"（而非诸如"某个白人"；2b31以下）。而《形而上学》的存在论诸卷（Ontologiebücher）的主导性趋势也在于表明，某物的本质和实事本身之所以是同一的,乃是因为知晓实事意味着:知晓其究竟、本质上是什么。存在论的主题乃是:在其存在中规定存在者,亦即恰恰是,将某个存在者规定为 εἶδος τοῦ γένους（类的形式）(第7卷,第4章)是可能的,以及是如何可能的,这意味着称呼(ansprechen)存在者并借此使得存在者在它总已经是和它始终是的东西中成为可支配的。"知晓"对于亚里士多德而言意味着对以下存在者的这样一种"拥有"(Dahaben),这种存在者不仅仅当我们亲眼看到了实事时才持存(währen)而且只有这样才得以可能。由此激发了亚里士多德的存在论基本问题,亦即对存在者之存在的追问作为对存在者(作为存在着的东西)始终所是的东西的追问。这就意味着,当我们将实体的双重含义(作为"第一"和"第二"实体)视作某种"两义性"时,就阻断了通往存在论诸卷的基本问题的通道;而亚里士多德这种存在论研究的整个努力方向在于,积极澄清这种两义性的实质性意义。只有当我们澄清了这一基本开端时,我们才能理解,亚里士多德为何致力于"寻求个体事物中的实体性要素"(罗斯,第XCIII页)。此外,恰恰是对第7卷主导环节的呈现具有典范性的清晰性,并且为我们尝试理解《形而上学》的这一最艰深部分整体提供了良好的帮助。

　　导论的第4章呈现了亚里士多德的神学(第12卷)。这里欠缺的是关于这种神学与 οὐσία（实体）-思辨之关联的提示。即便人们不必追随耶格尔就发展史对亚里士多德《形而上学》的这一双重面孔的评价(谁会为此而责怪编者呢?),然而对实质性问题的某种表态是必须的,既是为了亚里士多德主义的历史所拥有的意义,也是着眼于新近的研究,亦即纳托普的研究(《哲学月刊》,第24期,

1888年)。为了阐释 νοῦς(努斯)罗斯引入了《论灵魂》。这是正确的,由于亚里士多德对这个决定性概念的稀有论述,仅仅在某种公共的使用中才有希望照亮实事。罗斯以清楚的理由反驳了在内涵上充实 νόησις νοήσεως(对知性的理解)的尝试,亦即通过将其(与托马斯一道)同时理解为某种 omnia alia intellegere(对一切其他事物的理解)。但他要为这一如此完全空洞的 νοῦς(努斯)概念的动因负责,特别是因为他完全无视了与 οὐσία(实体)-思辨的关联。在此,较之罗斯用以结束其论述的反常的神学批判而言,更为紧迫的乃是尝试某种真正的哲学阐释。

Werner Jaeger, *Aristoteles*. Grundlegung einer Geschichte seiner Entwicklung. Berlin 1923.（维尔纳·耶格尔:《亚里士多德:其发展史奠基》,柏林,1923年）

（1928年）

在哲学的意义上,针对哲学与其历史的关系有理由认为,一个哲学家在过去时代的哲学家那里所寻找的,与其说是这个哲学家自身的过去所是以及当时将来所是,不如说是某种"理念",而对这种理念的表达就是这个哲学家的现在所是。这恰恰是朝向唤醒逝世者而开放的最切近道路:将逝世者如此加以把握,仿佛他尚且活着。黑格尔就是如此推进哲学史的。无论在哪里,只要一个哲学家预备与某个前辈相争辩,那么他的努力就是,在其学说的多样性之中把握某个单一者和同一者,以便能够依据这个固定的对立面(Gegenbild)确立自身或者批判地突显自身。亚里士多德,作为将哲学史发现为哲学本身的某种事务的第一人,已经以这种方式利用对哲学史的概览来批判性地准备他自己的学说。哲学对其历史的这种实用性兴趣的结果乃是,历史上所有伟大哲学家在传统之光照下都拥有固定伟大人物的特征,而其学说的发展则或多或少都停留于晦暗之中。

无疑,在此存在着学术的重要使命。然而无论在哪里,只要现代历史研究尝试把握这一使命,那么这项使命几乎都会被转换成另一种使命,亦即书写相关哲学家的传记。绝非偶然的是,很长时间以来,在一切历史形态中,哲学家缺乏现代风格的历史传记。因为使得对过去哲学家的兴趣保持生动的东西,绝非是这样一种东西,亦即可以根据对哲学家的生活和个人命运的研究而得以理解的东西。因此,在任何其他历史领域中几乎都无法找到一种同样的在如下两者之间的不相关性,即一是哲学家在研究过去哲学家时所追求的东西,另一是传记性研究针对这些哲学家所阐明的东西。对于哲学家而言,从某个哲学家的著作和其他流传物中塑造其"人"的图像、其生活的画像,这一点绝不迫切;想要根据哲学家的生活史来澄清和理解他的著作,这一点极其反常。

这些事实告诉我们——即便人们与此相反尚且援引历史研究的特权,正是历史对象本身,要求某种不同的、非传记性的把握方式。当今的历史学家也可能在其他领域进行传记研究时有相似的经验;在如此细致入微的研究结束时,恰恰还是无法把握真正的东西,亦即个体。而哲学史家此外还需承认,个体根本无法成为其努力的真正对象;人(重要的是其哲学成就)对他而言根本无法拥有其他的命运,除了思想的命运;一切哲学家的历史都无非是哲学史的一个片段。

耶格尔新出版的亚里士多德书(柏林,1923年)对于这样的考虑显然并不陌生。尽管这个"发展史奠基"是以传记的外表被包装的,但是耶格尔将这一呈现形式本身仅仅刻画为某种外在"框架"。其书的重点不在于传记内容,毋宁说,任务是这样提出的:"阐明希腊精神的历史这一部分,亦即亚里士多德这个名字所标示着的东西",并且作者知道,这乃是哲学史的一部分。于是,耶格尔提出的任务,乃是围绕着哲学的任务,而非语文学的任务,并且是在语文学任务之中所包含的哲学任务(das Eine im Andern)。人们数十年来不间断地从最最不同的侧面出发为柏拉图所作的努力,亦即不仅仅合乎事实地确定他的发展,而且也是客观地理解这种发展,这一点耶格尔尝试一下子在亚里士多德那里实现。

耶格尔也考虑了,由于何种理由发展史的提问迄今一直停滞在亚里士多德那里。他用对亚里士多德学说的经院主义理解的支配地位来论证这一点,经院主义这种理解业已始于漫步学派,并且通过东西方亚里士多德主义的整个历史得以持存。事实上,这一标示着西方精神史的、对亚里士多德讲稿(Lehrschrift)的教条主义评价业已源于古代:这一评价导致了一切对话和书信的遗失,却也导致了对讲稿的挽救。在基督教的中世纪对亚里士多德(就像对柏拉图一样)的纯粹教条主义的、非历史的兴趣是不言自明的。(诚然并非偶然的是,首先向西方世界敞开的乃是亚里士多德的逻辑学著作;对于其教条主义使用而言,逻辑学著作对变形能力的要求最少。)甚至对于开创性的近代而言,一种发展史的理解之观念也是足够遥远的,特别是因为它所面对的是这样一个亚里士多德,其在真正概念研究领域的绝对统治力在很长时间里尚且仅仅引发着某种实用主义兴趣。

因此,从现代语文学到对亚里士多德著作的某种起源式理解的任务,唯独这一过渡始终是某种有待澄清的事实。耶格尔为说明这一事实所给出的理由,同时也告诉我们,他自己是以何种眼光看待亚里士多德著作的。针对人文主义所塑造、现代语文学所继承的古典的形式理想,亚里士多德的讲稿失效了。因此,以独特的方式支配着亚里士多德著作的形式问题,人们是看不到的。人们仅仅看得到诸种内容(始终尚且着眼于学说与体系的统一性的内容)、看得到形式的缺乏,而又尝试有力地补救这种缺乏。

相反，耶格尔首次坚决地将对这些著作的批判性分析的消极结果认作是积极的。他认识到，将个别"作品"的真正形态和源初计划制作出来的努力，鉴于这些"作品"的文学特征而有着错误的前提，相反，他完全从讲稿所呈现的临时形式出发。恰恰是由于我们没有尝试有力地排除这种形式，才有可能基于对这种形式的运用赢获对亚里士多德学说的内容上的理解。在其中可以找到演变的不同阶段的痕迹。通往这条方法上的重新定位道路的第一步乃是耶格尔关于"形而上学发生史"的知名著作，其结果适用于某种发展史的考察。

而这本新书则尝试，尽可能全面地实施发展史的观念。在此，耶格尔在对《形而上学》的编排中所做出的观察给我们提供了线索。例如，在第1卷和第13卷中对理念学说的双重批判很可能可以这样解释，亦即在第13卷中更为尖锐和彻底的批判属于较晚的时间，那时，亚里士多德已经不再认为自己是真正的柏拉图主义者。根据这些观察以及耶格尔在他的新书中所强化的相似观察，我们为梳理出有待探究的发展的意义规则赢获了一个真正全面的视角。这样，产生了如下的研究任务，即亚里士多德的发展史是不是他摆脱柏拉图的形而上学前提的历史。

耶格尔会认为，可以从对遗失的青年著作之残篇的阐释中赢获这一证明的决定性依据。无疑，对这些残篇的阐释，无论是涉及清晰性的东西，还是涉及方法论结果的东西，都是现代语文学的最光辉成就。根据那些或多或少已经褪色的流传物痕迹，耶格尔提出了一系列的方法上和实质性的主题，这些主题极可能与柏拉图的形而上学有着某种相似的亲缘性。在此，至关重要的材料是

1879年由拜瓦特[*]所发现的，亦即杨布利柯所保存的伟大篇目《劝勉篇》[**]。因此，耶格尔也将对这一残篇的研究置于他对早期著作的阐释的核心地位，并且在此以全面的方式将其置于某种史源学考证（quellenkritisch）的先行研究的任务之下。其结果是，尽管我们不能将杨布利柯的选录看作对原始材料的直至其架构的忠实再现，但却可以将其看作对原始材料的主要思想的在其正面内容上的可靠呈现。于是，耶格尔认为，完全可以将这一亚里士多德《劝勉篇》的教条主义内涵刻画为柏拉图主义的，借此那个古老的，直至这项材料发现之后仍然争论不断（第尔斯）的争议问题（Streitfrage）可以完结了，这个问题就是：我们是否可以假定亚里士多德的某个柏拉图主义阶段。在耶格尔看来，亚里士多德在对话中就已经反对柏拉图的理念学说的古典证据，仅仅涉及较晚的对话 περὶ φιλοσοφίας（《论哲学》）（其理念批判我们可以在亚历山大那里得到），而相反，《劝勉篇》仍然明确承认自己归属于某种数学般精确的伦理学的柏拉图式理想，以及归属于理念学说的形而上学位置。

然而，针对这种结果当然还可以警觉地提出质疑。因为尽管可以承认，在《劝勉篇》的某些地方言说着理念学说的语言，但是，却没有地方讲到对某种伦理学问题的方法论讨论。并且，如果我们考察整个提炼出来的证明过程，那么我们很难相信，亚里士多德

---

[*] 拜瓦特（Ingram Bywater, 1840—1914），英国古典学者，以对古希腊哲学作品的编辑而知名。——译者

[**] 《劝勉篇》，亚里士多德的早期对话之一。它的主题是：哲学的生活态度对于正当的生活而言是否是必要的。——译者

想要让此书中的写作对象成为理论性的理念政治家,就像耶格尔所说的那样。这一著作的整个形式与这种单一的形而上学姿态相距甚远。相反,它维系于完全一般的、在形而上学上相对不受约束(unverbindlich)的思想,这一切仅仅服务于某个一般的目的,亦即从根本上敦促人走向哲学和哲思。而为了这个任务同时出现柏拉图主义的措辞(此外,这对于讲稿意义上的亚里士多德而言也是完全具特色的),从这一点中并不足以得出如此进一步的结论,有如耶格尔着眼于他的发展假说所作的那样。[①]

诚然,《劝勉篇》不是耶格尔为证明亚里士多德的"柏拉图阶段"所引入的唯一证据。除此之外还有《欧绪德谟篇》。在此这份材料是相当不足的,但耶格尔的阐释以令人惊讶的方式将少量的残余文字带入了讨论。事实上,理解《欧绪德谟篇》这个残篇的可能性是由以下方式而得以突出的,亦即我们可以针对柏拉图的《斐多篇》而将其突显出来,后者与亚里士多德的这一对话最紧密地相关。然而另一方面,我们在此仅有少数片段是直接的引文,甚至这些片段也是在纯粹教条主义的视角下被引用的。因而,关于这个对话的真正意图,我们无法拥有正确的印象。在这里与柏拉图相关的东西,也许只在与《斐多篇》的主题性关联上有其根据,并且,无论以何种方式,我们也无法排除以下这种根本性的顾虑,亦即我们的所有专家,由于他们致力于柏拉图与亚里士多德学说的和谐一致,仅仅给我们流传下在这种意义上可利用的东西。诚然,耶格

[①] 对这个判断的更精确的语文学证明由笔者在另一篇文章中阐明,它出版于《赫尔墨斯》(*Hermes*)杂志 1928 年第 2 册。参见我的论文"亚里士多德的《劝勉篇》与对亚里士多德伦理学的发展史考察"(参见本书第 164 页以下)。

尔通过透彻分析亚里士多德和柏拉图的不朽证明的关系所梳理出的东西，也无法回避这种顾虑。而为此我们也不知道，这一点在亚里士多德的对话中拥有什么角色。倘若《欧绪德谟篇》并非"以《斐多篇》的方式所进行的僵硬的写作练习"，那么，就无法在对形式逻辑的证明技艺的改革和改善之中找到以下动机，亦即以《欧绪德谟篇》的形态再度写作一遍《斐多篇》，就像耶格尔所阐明和认为的那样。耶格尔在第44页从辛普里丘的流传物（残篇46，罗斯）那里关于早期亚里士多德的灵魂概念所读出的东西，特别明显地遇到上述顾虑。②即便耶格尔也积极承认，关于范畴学说的知识在《欧绪德谟篇》里已经被预设了。因此他提出以下见解，在亚里士多德敢于动摇理念学说的形而上学前提之前，范畴学说已经完结了，并且他从根本上提出以下论题：亚里士多德"在他根据其关于抽象化的新学说提出有违理念学说的结论之前，就已经是第一个逻辑学专家了"。这也许是对的，但他没有强调本质性的东西。范畴学说不是逻辑学的发现，而是针对哲学研究本身的某种根本上全新的姿态。无论如何，就算我们在对柏拉图的批判性立场的明确化上同意耶格尔的理由和观点，我们也无法这样理解亚里士多德远离柏拉图的动机。亚里士多德实体学说和范畴学说与他对理念学说的批判的实质性关联是如此密切，因此，倘若我们像耶格尔那样，不仅仅致力于某种传记性的理解，而是致力于意义生成的理解，那

---

② 我无法看到，辛普里丘将灵魂是 εἶδος τι（某种形式）的学说"认为是某种偏离了通常意义上亚里士多德观点的东西"。一般而言后来的评注者对这些对话的使用，无非是根据对话而确证讲稿，或者使得亚里士多德与柏拉图和谐一致。两种视角都缩小了其历史上的证据价值。

么我们就无法将两者分开。

于是，针对残篇的这一敏锐的阐释，我们可以坚持以下怀疑：这一阐释的结果，即与柏拉图及理念学说的亲缘性（即便它能够经得起一切从对我们的原始材料的刻画而来的反驳），是否足够支撑关于亚里士多德哲学发展的这一哲学探究。我们业已看到：《劝勉篇》不是亚里士多德伦理学早期形式的见证，因为按照其整个资质而言，它完全无法对某种伦理学的基础性的方法问题表态。进一步：《欧绪德谟篇》尽管属于柏拉图—亚里士多德灵魂学说的发展线路，但它在这一问题的历史内部有何种位置，却又没有先行给定，毋宁说，至多是基于这一发展的最后环节而被揭示的。我们对《论哲学》这个对话的方法论承载能力的评估也并无多少不同。尽管在此耶格尔懂得，基于更为丰富的流传物去建构对话的某种统一、封闭的形象，但是其与后来学说的区分却遭受着某些怀疑。例如不甚明了的是，对理想数字的争辩（残篇9，罗斯）比《形而上学》第1卷第9章中这一批判的差异形式要来的晚。同样，将星辰运动的自愿学说与《尼各马可伦理学》中以人类学的方式加以奠基的选择（προαίρεσις）学说加以比拟，也并非真正的区分可能性。将πράττειν（行动、实践）提升为某种 ἀεὶ ὡσαύτως（永远同一者）显然存在于 προαίρεσις（选择）概念的可能性之中，就算我们不再将人类学定为中心（参见《尼各马可伦理学》，第7卷，第15章，1154b25，θεός〔神〕学说，其 φύσις〔自然、本性〕乃是 ἁπλῆ〔纯粹、绝对〕）。诚然其他关系是确定的，例如与物理学的实证关系也是如此。总而言之，在此我们恰恰没有可能，将其从亚里士多德后来的基础哲学中突显出来。这一点在耶格尔关于《论哲学》著作中的神学所说的尤其明显。显然,在柏拉图那里寻找对这一神学的奠基是正确的,并且耶格尔的证明(它证明了为存在哲学〔Seinsphilosophie〕对宇宙的实证发现的根源在于柏拉图的《法律篇》)的这一侧面是必然的。同样,耶格尔也正确地突显了这种"神学"的历史意义。问题却在于,对神学的这一阐释为《形而上学》的问题贡献了什么。

以下这点是可行的,亦即将耶格尔著作的重点看作对《形而上学》的分析,以及对通过阐释"残篇"所预备的发展史解释的运用。因为对于亚里士多德伦理学之发展而言,《劝勉篇》不具有相似的方法意义,其理由在上文中已经表明。然而,耶格尔对《欧德谟伦理学》的真实性的证明仅仅建立在这一有争议的前提之上。而即便他实质上是对的,但他的著作却没有包含这一结果在《尼各马可伦理学》上的运用。③耶格尔研究的有效范围和界限首先却是在《形而上学》上最好地表明的。无疑,耶格尔超出他的"形而上学发生史"的成果所继续展开的语文学分析,达到了本质上必然的结论。特别是他表明了 οὐσία(实体)诸卷(第 7—9 卷)的独立特征。尽管对过渡性关联的强调在分析的结果面前有时太过于保守(例如第 5 卷和实体诸卷的实质性关联),但是耶格尔与过度推进的实质性结论完全保持着距离。他强调,"在亚里士多德展开形而上学

---

③ 另一个事情涉及《政治学》。如果我们不考虑其与"残篇"的过于微薄的联系线索,那么我们仍需承认以下事实,即对政治学之编排的语文学批判的结果经由耶格尔的发展史阐释得到了新的视角。但即便在这里,哲学读者不会首先对这种发展感兴趣,毋宁说,他们感兴趣的是,亚里士多德自己是否及如何将新老事物联系起来。可以问的是,从中是否可以得出对于亚里士多德理想国家的原初特征决定性的东西。耶格尔自己在第 6 章结尾给出了对这一问题的提示性答案。

思辨的最早阶段,一种新的实体概念,或(更恰当地)存在概念本身就已经被预设了"(第 207 页)。他所强调的某种神学形而上学(诚如我们可以从第 12 卷中概略地得到的)与实体诸卷中的普遍的存在学说之间的区分的尖锐程度,根据分析而言是完全正确的。而较之普遍的存在学说,神学形而上学拥有更为古老的起源,这一发展史的视角被耶格尔机智地论证了,并且首先通过援引《论哲学》这一残篇。在此,在耶格尔证明的意义上,也许对于《形而上学》的问题而言,更多地援引《物理学》是有益的。他在总结性的最后一章中对此所提示的东西,值得被纳入对他的发展假说的详尽证明。

于是,核心问题就在于,由耶格尔所强烈突出的、在形而上学概念中的矛盾是否可以通过亚里士多德思辨的时间性发展之意义上的假说而得以消除。因为一方面,浮现出来的是耶格尔也承认的神学与存在论思辨之联系的原初性。"第一推动者"的概念,尽管源于宇宙学和天文学研究的传统,但它却是某种别具一格的存在者概念,也就是说,与其相联系的必然是某种特定的存在理解,其概念上的展开必会导致普遍的存在问题。另一方面,实体诸卷(第 7—9 卷)中的普遍存在论也包含着与所谓"神学"的某种实质性关联(即便第 12 卷按照其产生而言,没有发挥着它在今天所拥有的角色)。耶格尔也会承认这一点。这一关联的要点在于 ἐνέργεια(实现)概念。借助于这个概念,第一推动者的存在被理解为自足(χωριστόν)、持续(συνεχές)的在场状态。而将本真存在和最高存在理解为在场状态的这种做法让我们可以统一地规定一切关于存在的话语。因为只要存在者始终在其本真的存在中得到规定,那么存在就被理解为 ἐνέργεια（实现）,被理解为"此"。第一推动者的概念没有消散于其解释运动的功能之中,这一点告诉我们,它作为 νοῦς（努斯）,对于亚里士多德研究的整个领域发挥着作用；并且,在那里它始终同时是作为纯粹之"此"的存在这一通常的主导概念的表达。于是,这个积极的问题在亚里士多德《形而上学》的"双重意义"上得到了表达,此外它还可以被表述为存在论研究的一个普遍问题。④关于存在的某种普遍科学必然关联于某个存在者（对于支配性的存在理解而言本真的存在者）区域,对一般存在的追问和对本真存在者的追问相互缠绕,这一点存在于某种一般存在论的观念之中。

那么,着眼于这些发现,随着时间而发展的假说究竟还意味着什么？我们在此遇到了某种方法上的阻碍,对于耶格尔借此塑造他的图景的那些内容上和形式上的考察而言,其丰富性由于这种阻碍而无法形成明确的作用。耶格尔谈及问题史的关系和传记性关系。但是仅当问题史的关系本身被阐释为某种生平之关联时,它才得以清晰显明。耶格尔的发展论题的宏观特征所朝向的纯粹实质性关联的逻辑,与某个人的历史交织在一起。然而,我们对亚里士多德这个人所知晓的,或者根据他的著作所揭示的少量信息,对于耶格尔而言却包含了方法上的优先性；对他来说,某种合乎人性的思想之"内在"历史证明了发展。思想本身在它的考察中包含着某种或多或少可同感的体验特征。因此,在亚里士多德的精神形态的"潜在统一性"之前所出现的不是他对这一统一性之基础的

---

④ 参见海德格尔:《存在与时间》,哈勒,1927年。

分析与探究，而是对一系列事件的塑造，在这些事件中——或许——思想史得以实行。一方面是合乎人性的个性之历史的美学-人文主义理想，另一方面是这些个性在其中所曾生活、直至今日仍生活着的实事所体现出的严格的非个性，两者之间的距离并非总是可以克服，这一点无可惊讶。因此，按照"人性"的阐释，有些是不确定的，而有些纯粹实质性的关联会以下述方式被隐藏，即这些关联合乎"人性"地被理解，亦即从我们对灵魂的把握出发被理解。主导例子恰恰是"神学"。在这一概念域中、在存在论问题之中"神学"所意味的东西，上面已经做出提示了。而现在清楚的是，即便对于语文学分析而言，从方法上看，以下做法也是不恰当的，即在仅仅出于对此在的某种引导性直观的概念把握的任务去理解某种发展的情况下，将性情之潜力实体化了。于是，凭借着这种方法上的保留态度，我们必须追随耶格尔的研究，亦即亚里士多德从学徒时期的柏拉图主义中脱离，并不是从某种更为虔敬的生命情调到某种更为清醒的情调的过渡，毋宁说是对哲学研究的以下观念的某种越发尖锐的概念性澄清和展开，这种观念恰恰是从柏拉图与柏拉图的问题（运动问题）出发，作为他的独特使命向他呈现出来。耶格尔"发展史"的哲学价值并不在于其方法上的自身意识，毋宁说在于，即便耶格尔在个别证据中看到了关涉于某种具有传记性—人文主义特色的发展框架的"可怕瞬间"（第175页）之再现，他对这些个别证据的这一分析却仍能促进个别部分的区分和综观，因此也有助于对个别部分和整体的实质性理解。

Julius Stenzel, *Metaphysik des Altertums*. (Handbuch der Philosophie, hg. von A. Baeumler u. M. Schröter) R. Oldenburg, München und Berlin 1929.（尤利乌斯·斯坦策尔:《古代形而上学》,奥登堡/慕尼黑/柏林,1929年）

（1929年）

斯坦策尔在《哲学手册》中对古代形而上学的讨论,是从客观上彻底的提问出发,对整体材料进行某种全新的通盘思考的成果。海德格尔在当前的哲学活动中所重新提出的某种形而上学与存在论的哲学问题,也包括一切其他严肃的尝试,亦即拓展哲学的基础,使其超越新康德主义在科学与文化的事实下所发现和确保的根基（这是一种鼓吹历史的对哲学的救赎）,为斯坦策尔的工作指引了方向。斯坦策尔并非只是预设了对哲学的某种体系性筹划,将它作为其历史陈述的独断论线索。从重新赢获的形而上学追问的活生生的活动之中,他没有获得其定向于历史性的研究的尺度,而是得到了这种研究的提问方式（Fragestellung）。因此,他的工作在一切方面都超出了单纯的对材料的学述性质（doxographisch）的洞察,同样也超出了某种由体系性立场所规定的建构的片面性。他的出发点恰恰在于,不是首先建构古代形而上学概念,也不是把古代形而上学概念作为形而上学的某种明确可编排的、先天易于体察的体系可能性,将其从形而上学根本上所能是的东西中推演出来;毋宁说,根据希腊的历史性实体与其精神发展去规定希腊形而上学的形式。

为了保证希腊形而上学的概念规定中的广度与生动性，斯坦策尔做出了如下尝试，即从希腊精神的史诗性的远古时代出发，提出希腊的前理论的形而上学基本前提，这一尝试有着如此的历史敏锐力与方法论意识上的能量，据我所知是前所未有的。探讨"希腊在荷马和赫希尔德那里的世界中的人"，不是为了先行拼凑出古代形而上学历史的某个"前历史"章节，而是为了与现代精神和感受相对立，将刻画出希腊形而上学基本态度的历史现象的诸种动因聚集起来，以及将古典哲学在概念上所构思之物的生动前提展现出来。从这一定位出发，作者最本质的洞见乃是希腊精神面对神话（Mythos）的独特姿态。哲学从神话中诞生并不是那种将神话式的体验世界的非理性加以除魅的启蒙事实。因为这一神话式的世界本身就是启蒙了的，并且远离人类通过接近黑暗力量而具有的一切神话式的、魔幻的束缚，因此对于希腊人来说，反过来在对哲学思想的展开之中保存神话学传统也是可能的。希腊哲学的这种独特性业已产生了对形而上学的差异化的哲学概念的某种决定性限制。在整个古代精神史中贯通和支配着（明确或不明确地）某种对人类的宇宙学把握。对于启蒙以及在其中所设定的形而上学使命的哲学概念而言，决定性的是自身意识这一立场，而这是悬缺的。世界形而上学与此在形而上学不是形而上学追问的两种不同可能性。两者的统一性不在于这两种问题方向的关联与缠绕，毋宁说，关于人的问题在世界及其存在中寻找答案，并且反过来，人在对世界的存在的追问之中，一道发现自身，两者不是绝对的对立，而是作为某种指挥着对世界之存在的追问的先行把握（Vorgriff）。引导性的世界观乃是生动性之图式（Schema der

Lebendigkeit），它扼制住了对人的自身存在的追问，并且使得自身意识的典型衰退成为可能，这一点被斯坦策尔正确地强调出来。从希腊形而上学的这种独特性出发，他成功地理解了（尤其是）远古形而上学的言说和思想方式，这种言说和思想方式向现代阐释者呈现了所有陈述的不可克服的多义性。不只是荷马或梭伦对比喻的明确使用使得以下问题得以敞开，亦即在比喻方式的背后是否有着某种更深刻的相同性构想；毋宁说，恰恰是前苏格拉底哲学残篇就已经预设了一切领域之间的某种相似合流——从阿那克西曼德的公正到巴门尼德的循环。因此，在我看来以下做法也是正当的，即斯坦策尔没有将阿那克西曼德的无定（Apeiron）评价为从直观本原到抽象概念的划时代的一步（就像通常所见的那样），相反，斯坦策尔由此出发修改了对远古形而上学的单纯唯物主义的理解。唯物主义在此是一个从根本上颠倒且在历史上不可使用的范畴，这一洞见对于阐释埃利亚学派而言是尤其重要的。斯坦策尔所做的，对远古思想的多样的、互相无法比拟的动因的仔细探寻，就其结果而言，总体上超出了前苏格拉底哲学领域，进入了对（恰恰也是）古典形而上学的复杂特质的理解。

随着近年的研究，越来越重要的一个特殊难题是这种远古形而上学的数学方面。它对于前苏格拉底哲学的制高点是决定性的，斯坦策尔将巴门尼德看作这一制高点，这是正确的。他接续了古代传统以及首要是国外学者的研究，其方式是，将巴门尼德与毕达哥拉斯主义者的数的形而上学联系起来，且将巴门尼德充满神秘的"教诲诗"理解为连续统思想的提出。他深谙将这一开端与埃利亚哲学的划时代的存在论意义联系起来。巴门尼德为其充满争议的连续统思想所找到的论证方式,同时使得他的存在学说超出了这一回应关联。一切可能存在的存在之思想性,提出了形而上学的问题,对世界现象——这就是被推动的自然之现象——的一切概念掌控都必须依此而证明自身。诚然在我看来,他在尝试认可不同思想动因的综合时走得太远,因此他在对"教谕诗"的意见(Doxa)上乃是从它的悖论中所获取,特别是通过其他的、在某种程度上本质性且富于教益的关联(与赫拉克利特及原子论)而掩盖了希腊存在论的走势(Lebenslinie)所规定的东西:埃利亚学派与自然研究者(φυσιόλογοι)一致,将伟大的宁静(στάσις)打破了,而这本应是柏拉图与亚里士多德在明确克服埃利亚学派的存在概念时才将其消除的。

斯坦策尔的著作将其全部重心一方面集中于埃利亚学派的形而上学,另一方面集中于柏拉图-亚里士多德的形而上学,而我们的评论则必须尽可能以合乎意义的方式超出对斯坦策尔著作的简略表达,从现在开始,我们马上转向这一著作的第二个要点。斯坦策尔在对希腊哲学的这一古典时期的阐述上也懂得克服困难,将一个难以简单掌握的领域以精炼的总结加以阐释,且对其有实质性的推进。因为他将在这一手册中的简短勾勒有意识地处理为对他自己的著名出版物的补充。关于他的苏格拉底阐述可以援引他在实用百科全书上的文章,关于柏拉图和亚里士多德则有他的《研究》[①]、

[①] 斯坦策尔对"德性与二分法"的研究对于柏拉图研究而言是划时代的,其第 2 版的标题为《对柏拉图辩证法的发展研究》(Teubner, Leipzig und Berlin, 1931 年,共七章,共 208 页)。对于这部著作有所助益的还可以附上作者的其他分散的、部分难以获得的文章:"柏拉图对话的文学形式和哲学形态""论苏格拉底逻辑学""论柏拉图那里诗和宗教的关联""柏拉图主义中的意志自由问题"。[这些文章目前可参见 J. Stenzel, *Kleine Schriften zur griechischen Philosophie*, Darmstadt 1957。]

《教育家柏拉图》和《数与形》。在此，他也通过阐释阿提卡悲剧（复仇女神）为古典哲学的基本特征提供了富于教益的准备。此在的国家秩序将神话中诸神世界的力量集中于自身，并借此将阿提卡哲学锁闭在以下视域之中，在其中某个被神所赋权的人类共同体的秩序与由自然联系所构成的宇宙相关联。苏格拉底从天上召回到人类那里的哲学，保留着其宇宙式的基本特征，并且本身在这个明确朝向人类存在的提问中，通过对某种超越人类存在的秩序的筹划，扼制着对自身意识的设定，而后者是新近哲学的伟大真理。在这一洞见的基础上，他能够准确地定位苏格拉底式理智主义的特质。即便是德性也非照面为某种更为密集的内在性之自身，而是作为某种对象性的被观看之物，作为实事的某种有待认知的自身。而这一认识只有"在深入生命秩序（这一生命秩序乃是思维着的本己此在的基础）时"才得到充实。理解恰恰实现着和谐。在我看来，在斯坦策尔对苏格拉底定义的阐释的最本己意义上，有着某种对苏格拉底疑难和无知之不可解决特征的更为坚定的强调；正是由于它在本质上是不可完成的，认识的对象性方向才适宜于作为道德现象的阐释框架。

对柏拉图的阐述按照柏拉图的生平和思想分为三个阶段：对苏格拉底生存的阐述时期，《国家篇》中所提出的存在理念和晚期对话中存在概念的辩证法。他将中期阶段哲学任务的扩展阐明为以下五大全新主题的参与：爱欲主题（《吕西斯篇》《会饮篇》）、西西里的政治使命（《第七封信》）以及其他三个由西西里的毕达哥拉斯主义者所传达的主题：神秘的彼岸宗教、具有科学性的数学和某种在伦理-宗教上加以奠基的政治联盟之观念。所有这些都在善之理念中汇总,它为后来的存在辩证法和统一辩证法提出了概念掌控的使命。这些诸多主题的相互照看显示了柏拉图善之理念的复杂多样性,并且给予《国家篇》的科学理论意图以其在历史性的希腊教化处境中的原初意义。对"善之理念"的观看不是纯粹理论认知的事情。由斯坦策尔所引入的与康德"实践理性优先性"的相似性、与舍勒和海德格尔的相似性却不应该也不可以掩盖柏拉图进路的基础特质。这不只是说柏拉图取代自我形而上学提出了"我们形而上学"(Wir-Metaphysik):在"善之理念"中世界之存在与人类之存在得到了统一的把握。人类不仅仅着眼于善而理解自身,同样也如此理解一切存在者,因为他自己和一切存在者一样都处于善的视线之下。哲学要成就真正的共同体,这不是出于和在于与存在者相对的人类的共同性,而是根据人类与存在者的同一性。**诸理念即灵魂自身**(第114页以下)。当一个人触及真正的存在者时,实事世界和人格世界的界限被消解了。

与这一"在真正意义上极具天赋地被塑造的哲学思考的形式"相符的存在概念,在晚期对话中出于内在的必要性仅仅以辩证的方式得到展开。在我看来,倘若《第七封信》中的自白能够更强地规定他对这一存在辩证法的阐明的话,那么,这一辩证法的界限特征将被更为统一地揭示出来——借此,斯坦策尔在其《研究》中所论证的论题,将被一种由于着眼于将德性问题扩展为普遍的理念学说而辩证地重新开启柏拉图的哲学思考所修正。他首先给出了对《巴门尼德篇》的深入阐释,在对这个对话的辩证演练中他认识到了"一"与"异"的存在论基本原则(第131、133页),并且关注着数学问题,决定性地引领了数学问题进入柏拉图研究。在我看来,即便与纳托普相似的、对以下论题——即"一"相对于它的绝对性对一切的联系——的偏好是成问题的,但这些提示的价值却不容贬低。我认为,《巴门尼德篇》恰恰由此成为阐释柏拉图晚期对话的关键,因为这篇对话明确地将理念与个别事物的分有问题解释为独断不可解的,并且不是在某个独断把握的综合之中,而是在辩证法的不间歇的活动实行中呈现对这一问题的克服——这最精确地合乎《第七封信》的自我阐释:《第七封信》,343de=《巴门尼德篇》,133b,135ab,136e。我认为,着眼于在《智者篇》中对埃利亚学派存在概念的积极、辩证的批判,相同的基础性的顾虑是有必要的。被他所认识到的二分法(Dihairesis)在柏拉图晚期哲学中的意义必须得到保留,以应对柏拉图哲学的一切概念性独断要求之可疑性,从而避免堕入《巴门尼德篇》中的以下判决:"过早地去规定,什么是美的、公正的、好的,以及任何其他诸如此类的概念。"(《巴门尼德篇》,135c)

以必要的简练来探讨亚里士多德《形而上学》的使命,要比探讨柏拉图更为艰难。在此,斯坦策尔可以援引耶格尔的基础性研究,并且可以重新联系他自己的论著(首先是《数与形》),然而,明确地与耶格尔对亚里士多德发展史之规划相争辩,从而提出对亚里士多德《形而上学》的哲学阐释,这缺少柏拉图研究抛诸身后的近百年学徒期,因此暂时使得相似的、在总体上概括性而在细节上又详尽的阐述变得不可能。因此,斯坦策尔局限于《形而上学》第12卷,它作为单行作品构成了某个封闭的语境,且仍特别接近于柏拉图主义,借此他表明了对柏拉图主题的推进与改造,并且为他在其自己的著作中所采纳的研究指明方向。他所呈现的深入的文本阐释,利用了剩余的亚里士多德主要著作的重要部分。它包含了丰富的、具有原则上的重要性的个别考察,在此无法详细追溯。斯坦策尔对这一改造的决定性动因的阐明则是根据柏拉图的《蒂迈欧篇》。在那里,神作为推动者,通过观看不动的原型,创造了世界。这一关于对世界的存在论构造的神话图景,是对由埃利亚学派所摧毁的自然思辨的宏观恢复,但其基础却是承认埃利亚哲学的存在论要求,它为亚里士多德提出了强有力的使命,亦即从概念上把握是什么使得物理学从存在论上得以可能的。斯坦策尔将克服原型与神的"存在论分离(Chorismos)"之使命看作亚里士多德形而上学基本态度的原始现象(第161页)。创造性能力与被创造的实在性之间的直观联系必然转换为存在论阐明。实在性在面对可能性时将具有存在论上的优越性(Prius),因此必须在"一"之中包含运动能力和规定状态的持久性。亚里士多德的潜能—现实理论同时也成了宇宙论神学。创造的图景(即便对于柏拉图的真正意见而言也不包含任何基督教的创世概念)将被损耗殆尽。埃利亚学派的基本规定和柏拉图的理念构想融入努斯这一存在论和神学基本概念,而斯坦策尔在柏拉图主义与其中深入的"善之理念"的主题的关联上阐释努斯在存在者层次上以及在存在论上的两义性。即便理论(Theoria)概念对他而言也保留了柏拉图认识概念的某些超理论色调。

斯坦策尔对希腊化哲学的探讨仅仅是勾勒式的,这一勾勒恰恰显示了这些不再能够触及古典哲学概念水平和体系水平的体系所具有的强有力的历史意义,以便最后在普罗提诺这个从古代出发的最伟大的综合性思想家那里表明,是哪些新的、实际的问题

(特别是涉及灵魂与时间的存在)进入了希腊人的改变了的意识态度。通过更为精确地展示普罗提诺著作的两个章节(第3章,第7、8节),斯坦策尔具体地呈现出以下这个普遍提示:普罗提诺的哲学以希腊的方式说出了某种超出希腊形而上学基本态度的特征。

我们的评论已经表明,研究斯坦策尔为《哲学手册》所写的这部论著绝非轻易的任务,并且它没有给读者提供某种通常手册那样的便用,而是通过生动的案例向我们传授问题的重要性和着手解决问题的魅力。借此而确认的对《哲学手册》的使命的理解应该成为我们的榜样。

Harald Schilling, *Das Ethos der Mesotes*. Eine Studie zur Nikomachischen Ethik des Aristoteles. [Heidelberger Abhandlungen zur Philosophie und ihrer Geschichte, 22.] Mohr, Tübingen 1930.（哈拉德·席林：《中道的伦理：亚里士多德〈尼各马可伦理学〉研究》，蒂宾根，1930年）

(1932年)

本书对最为人周知的、经常陷入庸俗化误解的中道原则，展开了对《尼各马可伦理学》的体系性阐释。其概念手段和方法导向源自尼古拉·哈特曼的伦理学，该伦理学在对亚里士多德的 ἀρετή（德性）分析展开体系性研究的语境下认识到了其特有的描述性价值分析的重要榜样，并且赢获了关于对价值王国的概念分析的重要启发。此外，摆在席林前面的还有库泰克（Marie von Kohoutek）的一部未经印刷的博士论文《属人的善（ἀνθρώπινον ἀγαθόν）：对〈尼各马可伦理学〉价值表的研究》（马堡，1923年），这部论文反映了对哈特曼与《尼各马可伦理学》的亲熟关系的较早研究。席林充分利用了这项研究，并且从根本上讲只有在以下这一点上才超出它，即哈特曼在1926年出版的《伦理学》所引导他的地方。

库泰克的论文作了以下这项有趣的尝试，即从现代的现象学价值概念出发揭示《尼各马可伦理学》。除却许多其他相对于席林著作的优点以外，本书还显示出对其尝试的冒险性的某种确知，并且还很灵活地知道将其引入其体系性提问。相反，席林只是预设了哈特曼的体系性作品,且仅仅运用了哈特曼对作为"价值综合"之中道概念的富有成效的体系性利用,以实现对《尼各马可伦理学》的某种更为准确的阐释。他对这一阐释趋向的历史可疑性的意识却无处可见。

这里我们不会探讨价值概念对于阐释亚里士多德伦理学的基本效果,毋宁说,要做的仅仅是,判断眼下对价值概念的运用是否成功。即便对于语文学家而言,也总是很遗憾的是,席林那里缺乏对价值概念之历史的讨论。从这一直到布伦塔诺学派的历史去追踪其起源亦即经院主义那里先导性的含义,是很具精神史兴趣的。①对舍勒那里以及最主要是哈特曼那里的价值概念的概念澄清和提炼可以借此得到很好的凸显。而席林仅仅预设了哈特曼《伦理学》这一最成熟形式。

由于不论是《尼各马可伦理学》对于质料价值伦理学的哲学价值,还是将价值概念运用到《尼各马可伦理学》,这些都不是席林自己的贡献,因而对他的论著的评价必须局限于他自己的阐释推进的价值,亦即局限于他论著的第 2 章和第 3 章。以下仅仅涉及对这一部分的更为详尽的变体(或者是像将 μεσότης〔中道〕思想延伸到 φρόνησις〔实践智慧〕和 φιλία〔友爱〕之上那样的强制性的历史建构)。库泰克的著作已经通过阐释《尼各马可伦理学》第 2 卷

---

① 尽管有着间接的影响,但研究的这一前史在库泰克的论文中就已经付诸阙如,因此,在此我们除了海因策(Max Heinze, *Ethische Werte bei Aristoteles*, 1909)之外首先要提及以下论著:A. Kastil, *Die Frage nach der Erkenntnis des Guten*. SB Wien. 1900; E. Arleth, *Die metaphysischen Grundlagen der Arist. Ethik*, Prag 1903; O. Kraus, *Die Lehre von Lohn...* Halle 1905; Ders., *Neue Studien zur aristot. Rhetorik*. Halle 1907. Ders., *Die aristotelische Werttheorie. Z. f. d. ges.* Staatswiss. 1905。

第 6 章 1107a6 而将 μεσóιης（中道）的位置提高了,而将中道阐释为两种价值的综合是哈特曼提出的,相反,席林自己的贡献则是在价值理论的视角下更尖锐地阐明 ἀρεταί（德性）极端。在此他巧妙地利用了亚里士多德关于极端的学说中的几个不对称之处,例如第 3 卷第 10 章：δειλία（胆小）与某种双重的 ὑπερβολή（过度）相对,ἀφοβία（蛮勇）和 θρασύτης（鲁莽）。在价值理论上这意味着：胆小的非价值不仅仅对应于勇气过剩的非价值,也对应于害怕过少的非价值；这也是某种在伦理上价值不高的夸张。第 4 卷第 3 章：ἀνελευθερία（吝啬）,过少地给予和过多地获取,已经是可以自为存在的[两种]非价值的某种联结：οὐ πᾶσιν ὁλόκληρος παραγίνεται, ἀλλ' ἐνίοτε χωρίζεται（两者并非总是同时存在于一个人身上,它们有时是分离的）(1121b19)。现在,从这里所证实的、两种建构着ἔλλειψις（缺乏）之非价值的独立化出发,他也理解了与胆小所对立的两个极端亦即蛮勇和鲁莽的双重性,将其理解为两种在原初统一的极端中所包含的非价值的独立化(可以援引《欧德谟伦理学》1228a34,它显示两者尚且在固定的联结中）。于是,从价值理论来看,将勇气的价值和害怕的价值综合在勇敢之中,这种综合处于四个极端的非价值之中：勇气的过多和过少、害怕的过多和过少。

诚然,这种对价值分析式阐释的进一步塑造分担了整个方法的麻烦,这种麻烦在于,它给予亚里士多德 ἀρειή（德性）-概念的发展以某种在历史上不合乎它的方向意义。因为所观察到的对非价值环节的独立化——从历史上看——并非在价值观差异化之中的某种进步(它趋向于对理想化、自在存在的价值本质的某种分析),毋宁说是概念图式在观察到的现实面前的某种谨慎回避,这种回避在《欧德谟伦理学》之前突显出《尼各马可伦理学》。这种回避的历史动因只能凭借某种从历史上奠定的阐释来把握，而这一点席林几乎完全缺乏。历史性研究任务（其哲学兴趣不容小觑），乃是着眼于其具体动因来追问亚里士多德何以放弃对柏拉图德性-辩证法的悖谬加剧，以及他何以转向全民性的普及性意义。无论如何，朝向价值差异化绝非历史上发生作用的动因。也许在这一提问上会发生的是，要把握这种重塑的动因，就必须将柏拉图的德性辩证法从其通常的教条主义僵硬化中解放出来，并且根据智者的德性讨论这一历史性关联来阐释其活生生的问题。

很遗憾，在本书第 2 章所达成的、在对价值概念的运用上的进步有时包含了错误的体系化。因此，将 σωφροσύνη（节制）列入非价值的图式（表格 1）是完全错误的。ἀκολασία（放纵）与 λύπη（悲伤）相对，绝不是ἔλλειφις（缺乏），而同样是 ὑπερβολή（过度）。之所以产生混乱，是因为他仅仅将 λύπη（悲伤）当作存在于 σωφροσύνη（节制）之中的价值环节，而不是指实在的 λύπη（悲伤），后者恰恰过度地侵入 ἀκόλαστος（放纵）。同样混乱的还有，例如对依附于幻觉的非价值（第 36 页）的图式性编排。对 ὑπερβολαί（过度）的内在和外在不稳定性（Haltlosigkeit）、对 ὑπερβολαί（过度）的主动性和ἐλλείφεις（缺乏）的被动性的某种共同本质特征的有益观察，对不同极端的共同特征的根本刻画，确证了以下预期：当价值理论的阐释消解了德性的具体形态且联结为以别种方式接合的价值统一体时，它总是会赢获某种特定的合乎实事性。

在第 3 章"论特殊"（καθ' ἕκαστον）中，席林建构了在 ἕξις（态度、方式）的普遍性和当下处境的个体性之间的某种两难。他是对的,因为他自己在亚里士多德的德性概念上尚且将具体的个别处境认作"亚里士多德伦理学所置身的承载性基础"(第45页)。然而,他在阐释中将对这一伦理的个别处境的掌控判给 φρόνησις（实践智慧）,这种阐释是不充分且片面的。这里必须开始对 προαίρεσις（选择、决断）的分析。这样他也就不会被误导以至遗忘了 ἦθος（伦理）（ὄρεξις〔渴望〕）,而个别处境本质上是被这一环节所一道规定的。对中道的阐明,倘若其核心不是 ἦθος（伦理）与 φρόνησις（实践智慧）的关系,那么,它必然停留在不合乎实事的范畴之中。诚然,对 προαίρεσις（选择,决断）的某种分析会导致有必要超出价值概念,深入到亚里士多德概念的历史性实质之中。德性恰恰并非一个单纯的理想要求,毋宁说是某种由渐显历史性的 ἦθος（伦理）所规定的人生态度之现实。[2]

---

[2] 参见我后来关于价值概念的论文,载我的著作集,第4卷,第10、11篇;第10卷,第10篇("存在与虚无")。

Ernesto Grassi, *Il problema della metafisica Platonica*. Laterza & Figli, Bari 1932. (埃内斯托·格拉希：《柏拉图式形而上学之问题》，巴里，1932年)

(1933年)

这部献给马丁·海德格尔的著作是一位意大利讲师在弗莱堡任职期间写就的，它之所以值得特别关注，一方面是因为对于当代意大利哲学的提问方式而言，它尝试使得那种从海德格尔发端的哲学动力变得富有成效；另一方面，它首先是作为一部有意识地超出某种单纯历史学兴趣的对柏拉图进行哲学阐释的论著。本书的对象是柏拉图的形而上学问题，而对这一问题的探讨则以唯一的一部柏拉图对话《美诺篇》为线索。然而，柏拉图著作的独特性在于，这一限制不是对提问的狭隘化，相反，它让我们能够采取某种进路，使得柏拉图哲学思考的核心主题变得清晰可见。因为柏拉图的著作并非出于文学偏好而成为苏格拉底生动哲思的对话和呈现，毋宁说，它的使命是最忠诚地经营苏格拉底的遗愿，继续传达哲学思考的动力，而这一使命的呈现就形成了柏拉图的著作。但是这也意味着：一个对话的哲学内涵始终要超出其以学术方式把握的内容。因此，格拉希完全有理由将以下这一点作为方法论的基本原理(第10页)：突出从某个个别对话的哲学活动中所产生的隐秘结论，并且作为阐释者重复这种开放提问的态度，而这正是苏格拉底的助产术对于其对话伙伴的培养目标。因而，选择《美诺篇》的正当理由在于它的内容与柏拉图阐释的这一普遍基本原理的特殊相似之处。在《美诺篇》的中心有着一个著名的比喻，亦即将苏格拉底的麻痹作用比作电鳐的一击,这是苏格拉底的 ἒλεγξις(辩诘)所带来的真正哲学困境的象征。这种麻痹事实上是哲学思考的开端,这是《美诺篇》的真正主题,而这也给予这个对话以特殊能力,让它引导我们进入柏拉图形而上学的主题。

因此,对这一对话的选择就已经刻画出作者的动机和观点,通过揭示在《美诺篇》中可见的"理念"的本源历史,动摇对理念学说的传统阐释,亦即将其作为某种理性主义的"客观主义"。在德国的柏拉图研究中,格拉希最重要的主要见证者是纳托普将理念阐释为假说,还有斯坦策尔的矛盾表述(他认为不存在某种柏拉图的"普遍理念学说"),也指向相同的方向(《研究》,第30页)。

格拉希的阐述逐步追随着《美诺篇》的思路进展。因此它分为三个部分,对应着这个对话的三个主要部分。前三章探讨了在 ἀπορία(疑难)中结束的对美诺的辩诘(Elenxis),第4章探讨与此相联系的回忆(Wiedererinnerung)理论,第5章讨论对话的结尾部分,其标题是《对存在的形而上学规定》。作者将《美诺篇》的思想进路置于某种视域之中,而这一视域的特征乃是,理念之存在或存在方式的普遍问题一开始就是对话的真正和唯一主题,且构成了其阐释的明确线索(参见第46页)。尽管任何寻求和追问都始终植根于对话肇始的具体历史性之中,但是,这一追问本身真正而言完全不会走向处于问题中的东西(此处:德性)的特定对象性,毋宁说,它会走向一般存在的"客观性"问题(参见第21页)。"在探求真理时绝对无关紧要的是,这种探求的起点何在;重要且决定性的仅仅在于,选择这一探求所围绕的规定作为对象。真理同样不在于对探求真实之物时所涉及的被给予物的选择之中,毋宁说在于这一被给予物的'实在性'规定自身的方式之中。"(第65页,也见第75页)因而,苏格拉底 ἔλεγξις（辩诘）的全部活动——它涉及追问德性的"什么"(Was)——就被作者仅仅处理为"什么存在"(Wassein)、理念(Eidos)这一普遍问题的某个例证,甚至对话的过程恰恰被描述为:从"德性从哪里来"这个问题出发,经过"什么是德性"这个问题最后达到真正的问题,亦即一般的"什么存在"的问题(第28、29页)。这一思想活动的目标不仅是对智者的自然主义的克服,也是对以下这种理性主义的"客观主义"的克服,它将苏格拉底哲学问题看作对个别、特定的"什么性"(Washeit,例如德性)的某种定义,而非看作对一切定义的一般原则的追问,即对存在与真理的理念(它处于理念〔Eidos〕本身之中,而非在某种观看的秩序之中)的追问。

这种阐释趋向绝非任意。它的正当性不仅仅出于以下这种自明的可能性,亦即能够突出前述 ἔλεγχος（诘问）所包含的隐性的存在论前提;毋宁说,其正当性首先出自这一在先的对话过程与接着的回忆理论的关联。因为回忆理论显然涉及形而上学问题的全部广度和普遍性,而对于这一理论而言,事实上能够寻求和能够发现德性确实仅仅是一个案例。而格拉希坚定地、极其可信地指出,这种回忆说及其神话学包装的意义恰恰在于解释迄今对话所带来的这种哲学基本活动之疑难。仅当所寻求的德性之理念被意指为某种"客观"、理性的东西时,这种疑难才具有某种否定意义上无出路的困境特征。于是就出现了智者式的怀疑,人们如何能够寻找他们恰恰尚未认识的东西,而要克服这一怀疑,只有通过某种教条式的宗教论证。而现在格拉希很好地表明,这种流行阐释是错误的:这里所援引的神秘的灵魂学说根本无法理解为对回忆说的论证(这一点还可通过《斐多篇》72e 得到确证!),毋宁说它是对纯粹思辨真理的单纯表达。知识不是对某种客体的把握和占有,而是有所回忆地深入到怀疑和窘迫所具有的富有成效的敞开性和不确定性之中。著名的、对奴隶的几何学指导恰恰通过其不同阶段反映了对德性的辩证沉思的道路,并借此先行刻画出源自彻底困境的、富有成效的洞见环节。本书的第 4 章探讨的是这种回忆说,在我看来值得特别重视。这里也可以发现对柏拉图神话的精彩评论,而这些评论在柏拉图阐释的进一步关联中得到了确证。

即便是讨论对德性问题及其可教性的重新采纳的最后一章,也验证了作者的阐释,他将其刻画为回忆过程的绝对性(assolutezza del processo di reminiscenza)。"知识"被证明为"善"的基础。至善是在其绝对自身实现中的知识本身(第 149 页),如果说看上去在这种知识之外的正当意见被承认为善的基础,那么,这里所指的对知识的拒绝要以反讽的方式去理解,且仅仅涉及与智者的知识概念划定界限,而对话的真正主题就是克服这种智者的知识概念。在对话末尾所阐明的全部阴影中的唯一生动者,绝非在智者的"客观主义"意义上的有知者,毋宁说是苏格拉底自己,这个真正从事哲学思考的无知者和让人混乱的辩证法家。

这大体上就是格拉希阐释的进程。其优点在于对普遍的存在问题的强力突显,并且在这样一个对话上,这个对话的内容与其说是明确探讨存在论问题,不如说是在其内在动力中呈现哲学问题。以此方式,他松动了在对柏拉图存在论的阐释中的教条主义僵化,且为当前的古希腊哲学阐释赢获了新的视野,新近者要想确保超出这一阐释，就只能陷入对理念学说的某种教条主义-客观主义阐释。格拉希著作的这种彻底的目标却也包含某些不可对其加以沉默的弱点，这些弱点恰恰在格拉希阐释的前几个部分就可以感受得到。

这样的弱点并非显现为将问题局限于这个唯一的柏拉图对话，以及因此而放弃了对柏拉图思想所谓发展的认识。这种局限和这种放弃在我看来反倒是一种优点。追问柏拉图的思想发展也许始终是——这对于我们的历史认识意愿而言是显见的——我们历史意识的某种偏见。柏拉图作为作者进行的自我表达究竟是否活动于某种与他的思想发展平行的秩序序列之下，我们是否凭借着这些前提把我们文学世界的出版急迫性施加于某种也许由完全不同的规则所支配的作者创造事业，这些问题至少是值得考虑的。因此在我看来，格拉希著作的积极成就恰恰特别在于，他能够根据这个对话赢获柏拉图存在论的整体及核心问题。而其论著的不可否认的弱点毋宁说——除了对自身方法的过多反思之外（这一点至少对于德国的柏拉图研究状况而言是如此）——在于，他对对话过程的内在动力的阐释过多地根据普遍的存在论目标，而过少地根据其明确主题的内容问题。首先是对话的第一部分（一系列对德性的定义尝试），倘若我们不是将德性问题理解为一般本质问题的任意案例，而是理解为苏格拉底—柏拉图的问题，理解为唯一导向理念（Eidos）学说的哲学思考的独一主题（因此它绝非偶然地与对 ἀπορία（疑难）这一哲学的基本习性的揭示相关联），那么这一部分将会丰富和充盈。只要德性不是存在者，不是本质之下的本质，那么，诚如格拉希所强调指出的，恰恰是德性问题提出了 εἶδος

(理念)问题。

美诺在德性之存在这一问题之前的无能,通过其全部阶段呈现为德性问题本身的某种辩证发展。针对这个问题,他一开始用诸多的德性加以回答:男人的、女人的、奴隶的德性等等,这就不仅仅是、且有别于对统一性要求(这一要求是用一个定义提出的)的形式上的违背。证据在文本之中。在阐明了这个任意举例的形式错误之后,美诺又解释73a4:"在我看来,这[指德性的存在]恰恰不能与任何其他情形等同。"着眼于对此在的流行的道德理解,亦即以每每特殊的ἔργον(作品)为尺度来理解德性,于是,苏格拉底对德性的此种εἶδος(理念)的追问就是不可解的。在行为中,德性显现为能够完成某个有待制作者(Fertigwerdenkönnen mit einem Herrstellenden)。根据人的能在(Seinkönnen)来理解人恰恰是某种通过习俗(Sitte)而拣选和规定的东西:人所面临的东西,既是根据使命的类型,也是根据其本己的存在(ἡλικία[年纪])而得到测度,也就是说从本质上是根据他"在他人面前的状态"(Vor-Anderes-Gestelltsein):在城邦面前、在家庭面前。

第二次定义尝试(73c以下)则开始在狭窄的范围内寻找特定的答案:对人的支配能力。诚然这是在刚才所提及的男性-城邦与女性-家庭之间的差异内的某种共同之处,而非真正全面的同一者。然而,即便是这个答案也仍不仅仅单纯落入次好的"好答案"之中。这个答案之所以出现,是因为在对德性的功能相对化之中,男人的德性事实上可以要求某种优先性。它是真正的(政治)德性,尽管它被理解为对优先于他者的要求。而文本又一次表明,即便在此处决定性的也非范围狭隘这一形式错误。从73d6才出现了真正的回应:行为在类属上的共同点根本不是通往德性问题的正确通道,德性乃是自身行为的某种如何,而在此才开始一与多的真正问题。因为就算这个"如何"也非自身显现为某种同一的视线。习俗辨认出大多数德性。

因此,对于第三次定义尝试(77b以下)而言同样典型的是,尽管进行了充分的准备,这一尝试仍然通过模式定义(74b以下)而失败了。同样更为困难的是,在其同一的什么(Was)中将德性规定为 σχῆμα(形态)、χρῶμα(色彩)或者诸如此类的东西。真正的辩证行动所要求的答案仅仅源自业已授予的东西(Schon-Zugestandenem)。也就是说,它所要求的是,将人们自行理解的东西带到面前来。而这又要求:知道人们尚未自行理解的东西。而对此在的流行的道德理解又包括,对于人们事实上没有自行理解的东西,要理智地加以信仰。确实,道德的生存意识自认为业已知道何谓"美",且能够根据这一无疑已知之物的存在去测度自身存在的好与坏(ἀρετή〔德性〕与κακία〔恶德〕)。因此提出了最后一次定义尝试,亦即对美感到喜悦且能够创造美。[对这一定义的]反驳以众所周知的苏格拉底方式揭示了关于美的这种无可置疑的一致意见所包含的欺骗性,并且因此从形式上回溯到这样一种必然性,即必须通过被定义者(Definiendum)的某个部分来明确补充这一定义:德性乃是,能够正当地创造美。

因此而得到揭示的是某种共同的内容特征,它乃是美诺在定义中所犯的不同错误的同一动因:他没有将自己带到德性之存在的彻底的不确定性面前,因为他一再预设了习俗的自明的自身理解及其"客观"形态。然而,德性问题的真正急迫性在于,要在所有这些"客观性"背后追问这个问题,因此,就像格拉希所指明的,这一尝试的真正意义被揭示为作为对存在之追问的疑难(ἀπορία, Verlegenheit),但不是作为涉及对任意物的"决定原则"的形式疑难,毋宁说这一疑难涉及的是作为人之存在的德性——这一追问被揭示为对人自身的存在的追问。格拉希的形式化阐释——按照这一阐释,理念(理型)问题在 ἀπορία(疑难)中是显而易见的——并非错误,但它使得苏格拉底-柏拉图对德性的努力变成哲学思考的简单案例,而非其有效本源。对这一本源的接近才让我们得以理解格拉希所说的《美诺篇》的这种引导性作用,而恰恰是这一本源使得他能够在《美诺篇》中看到对所谓理念学说的阐释方针。只有如此我们才理解,格拉希将智者的立场刻画为"客观主义"有何正当性。这种客观主义不是某个哲学流派的特点,毋宁说,诡辩术与 πολλοί(大多数人)、与习俗的要求分享了这种"客观主义的"基本特征。例如我们可以想到普罗泰戈拉,他的要求仅仅是,更好地教授德性这个所有人都教授的东西。

也就是说,我们的批判必须确认(在此无法给出个别证据),作者在其个别阐释中不够重视和突出 ἀρετή(德性)与 εἶδος(理念)的关联。这并非意味着,他完全搞错了这种关联。对此他有着强有力的根本性意识,这一点也许最清楚地显示于他与布隆代尔(Blondel)*的奥古斯丁阐释的争辩,后者收于附录,标题是"在一种奥古斯丁阐释中的超越与柏拉图主义问题"。在那里他表明,法

---

* 布隆代尔(Maurice Blondel,1861—1949),法国天主教哲学家。他提出了一种行动哲学,来克服自由意志与决定论的矛盾。——译者

国哲学家布隆代尔对奥古斯丁的阐释事实上与柏拉图的哲学理念是如此一致，而两种构想的共同点在于知识的行动特征及其道德意义。基督教的顺从（umiltà）与柏拉图的疑难（aporia）共同的方式都是对一切客观主义的批判摧毁者——不过格拉希最终将宗教的超越看作退回到这种客观主义之中，而相反柏拉图则逗留于真正的哲学敞开性之中。这一阐述是对正文中的阐释的有益解释。诚然，它没有促进奥古斯丁的柏拉图主义问题，因为它满足于单纯援引布隆代尔，而没有面向奥古斯丁本身。在第二个附录中作者指出德国由耶格尔所引领的新人文主义运动，并证明了——这在我看来是正确的——以下观点：在对希腊 παιδεία（教化）的重新激活中，重要的并非对某种客观的生活规范的更新，毋宁说是唤醒那种同样本质性地构成柏拉图的 παιδεία（教化）的追问，并且，在新人文主义的这一使命面前，以哲学思考的方式进行阐释赢获了最本质的教化意义和哲学意义。

Ernesto Grassi, *Vom Vorrang des Logos*. Das Problem der Antike in der Auseinandersetzung zwischen italienischer und deutscher Philosophie. C. H. Beck, München 1939.
(埃内斯托·格拉希:《论逻各斯的优先性——意大利哲学与德国哲学争辩之中的古代问题》,慕尼黑,1939 年)

(1940 年)

这本重要著作所探讨的问题既具有宏观的、根本性的广度又具有当前的急迫性。作者一直是弗莱堡大学的教师,而现在是柏林大学的荣誉教授,对于他在此书中所开拓的使命而言,只有他在特定的程度上具备了前提条件。正是因为他自己的学业是在意大利哲学与德国哲学之间,所以他想要突出两者之间一个对另一个所能赢获的意义。由于迄今意大利哲学对于德国的影响主要还是局限于克罗齐的美学,因此对于德国读者而言这是一项特别有必要的事业。因此,格拉希在导论中首先汇报了 19 世纪意大利哲学和德国哲学的特质和不同之处,这是极其有用的。他表明黑格尔哲学对于意大利全国哲学传统的决定性意义。诚然,在意大利,自从斯帕文塔(Spaventa)*以来,人们就这样理解,即意大利人在黑格尔那里取回了在文艺复兴时期给予北方民族的东西。与此不同,德国的哲学传统主要取决于经验科学对黑格尔的回应,经由新康德主义、狄尔泰的生命哲学和现象学才逐渐回到形而上学的维

---

* 斯帕文塔(Bertrando Spaventa,1817—1883),意大利哲学家、哲学史家。19 世纪意大利哲学的领军人物,且对 20 世纪哲学有着重要影响。——译者

度上，这首要是通过海德格尔彻底地提出存在问题。格拉希在以下两个方向中看到了逻各斯的优先性问题：在海德格尔那里，反对将存在和真理这两个概念定位于判断和逻辑学（可以想到情绪在海德格尔揭示存在问题之中的基础性作用）；在意大利黑格尔主义传统那里，通过某种甚至超出了黑格尔的思辨辩证法的、"思着的思想"之逻辑（Logik des denkenden Denkens）对传统的"被思之物的逻辑"（Logik des Gedachten）的克服（秦梯利〔Gentile〕*）。

在两个方向上，逻各斯的优先性问题都导向了对古代的态度问题。在此他表明，被黑格尔及拉丁-基督教传统的自身厚度所塑造的意大利思想，无法真正从哲学上触及古代——和黑格尔一样，它将古代哲学视作某种被哲学思想所永远超越的"客观主义"。在德国的情形则有所不同，新人文主义运动在古代科学中（他引用耶格尔）使得在哲学上转向古代的要求变得迫切。恰恰是基于意大利黑格尔主义的传统，格拉希现在想要为这一使命做出自己的贡献。事实上，当人们想要为逻各斯的优先性问题而涌向古代时，这里重要的乃是对建立在黑格尔哲学及其对逻各斯的辩证把握基础之上的历史发展概念的某种克服，而这正是本书的最终意图。

研究本身分为三个部分。第一部分"确立"了逻各斯的优先性问题，主要是对海德格尔相关表述的阐释，特别是对真理概念的阐释。格拉希说，海德格尔对"逻辑学"的批判仅仅涉及传统逻辑，

---

* 秦梯利（Giovanni Gentile, 1875—1944），意大利新黑格尔主义哲学家，《意大利百科全书》主编，提出了行动唯心论。——译者

"它将某物的合乎客体的自行显示看作真理的基础"。"对这种传统形式逻辑的优先性的克服绝非意味着对一般逻各斯的优先性的克服"(第50页)。毋宁说,通过(像柏拉图的苏格拉底那样)定位于学习和错误的问题,人们可以在某个过程中、某种生成中、某种同时拥有和不拥有之中,认识到存在之"无蔽"与敞开性的基础,在这个意义上,这种过程大致可以看作某种"聚集"(legein),在原初希腊的意义上是某种朝向源初统一体的聚合,在这个统一体中存在者可以显现为存在者。对于这一超越存在者、令虚无敞开的情调(Stimmung),即便是海德格尔也并非将其意指为某种先行于无蔽过程的东西,因此是某种前逻各斯的东西(Prälogisches),毋宁说正是无蔽过程本身。这一过程是如何被规定的,海德格尔却没有明示。格拉希自己始于此,因为他想要将这一过程规定为"思着的思想"(这显然标志着意大利"现实主义的"黑格尔阐释),而这导致他回到柏拉图。

因此,在第二部分格拉希端出了对柏拉图《泰阿泰德篇》的解释。因为事实上支配着这篇对话的知识问题是全部存在者之敞开性这一形而上学问题。传统的柏拉图理解将《泰阿泰德篇》看作对柏拉图理念(作为"理性对象")学说的消极的、批判性的准备,这种理解对于形而上学提问的源始性而言是盲目的。形而上学提问乃是反对感觉主义的经验主义及理性主义的客观主义的真正背景——告诉我们这一点的是谈话者在谬误问题面前的无措。在"对普遍命题的强行要求(Nötigung)"中,知识被证明为"绝对进程",诚如格拉希之前在解读《美诺篇》的回忆说时所展示的那样①。于是,这部分的结论乃是,对古代"客观主义"的意大利—黑格尔式偏见是错误的。柏拉图恰恰处于形而上学问题的敞开性之中,且反驳任何形式的客观主义。而进一步的结论是体系性的,亦即逻各斯这一形而上学问题("在广义上")更切近地被规定为"对普遍命题的强行要求",亦即被规定为思想或者判断,借此黑格尔——至少是意大利对黑格尔的继续发展——获得了正当性。与海德格尔返回"逻辑"背后之哲学回溯的可能结果相对立,逻各斯的优先性始终得到保持。

格拉希在第三部分中试图表明这一点。一方面,他阐述了,为何事实上恰恰是黑格尔首先克服了传统逻辑的"客观主义"真理概念,又恰恰是在他的思维辩证法之中。另一方面,他说明了这一"对绝对进程的辩证消解"不仅仅向黑格尔封锁了与古代的富有成效的照面,而且它根本上就是不可持续的。秦梯利对"被思之物的逻辑"的批判也一道针对黑格尔的辩证法。他自己关于"思着的思想"的"现实主义"学说不再是以辩证的方式推出的:"行动是第一性的、不可派生的……自行论证和自行呈现的。"

在最后一章"语言问题及其存在论意义"中,他将对逻各斯的优先性的研究成果置于某种更为广阔的体系关联之中。除了"思着的思想"之外,还可能出现另一种自身开启(Sichoffenbaren)的方式:在艺术中,亦即诗人的语言。在此他一方面援引海德格尔在

---

① 参见埃内斯托·格拉希:《柏拉图式形而上学之问题》,巴里,1932年,以及我的书评,载《康德研究》(Kant-Studien),第39卷(1934年),第66—70页;也见前文第304页以下。

其荷尔德林讲演中的提示,另一方面援引自德·桑克蒂斯*以来的意大利黑格尔主义对黑格尔的内在批判,德·桑克蒂斯乃是保存艺术领域、以抵制黑格尔通过辩证法的方式令其服从于概念的始作俑者。格拉希认为,他对柏拉图的重新定位的体系成果乃是,从如此指明的自身开启的概念形式出发,突显出创作语词中的启示——最终也包括政治行动中的启示——并且将其作为"瞬间"之形式体系性地推演出来。

以上简短的内容回顾已经表明,格拉希对其使命的执行具有极强的紧迫性和连贯的毅力。他所尝试的不是对意大利和德国哲学传统的外在拼接,而是两者在形而上学基本问题这一深度上的交汇。尽管言简意赅,但无论是对海德格尔的阐述,还是对黑格尔的阐述——诚然也包括对他的意大利前辈的阐述——都是某种极具匠心的生动哲思的成就。而他自己的贡献,亦即对《泰阿泰德篇》的阐释却不那么令人满意。这也许是因为,他在此的问题兴趣集中于一个对于德国的柏拉图读者根本不那么新颖的论点上。对某种"客观主义"的柏拉图理解的反对业已出现在纳托普的著作中。对我们来说,《泰阿泰德篇》的意义却恰恰是在于对在《智者篇》中所提出的存在问题的准备。格拉希对《泰阿泰德篇》的阐释的一个重大缺陷在于,他回避了柏拉图克服埃利亚学派存在概念的尝试,而进入了对客观主义的经验主义的克服的外在方面。这毋宁说是普罗泰戈拉,或者至少是苏格拉底,而非柏拉图。因此,

---

* 德·桑克蒂斯(Francesco De Sanctis, 1817—1883),意大利学者,文学批评家。——译者

在对《泰阿泰德篇》的阐释中,他无法辨认出这一对话的基本方针。将对知识即感知这一论题的叙述看作对(感觉主义的)客观主义的反驳,这意味着对论证的某种完全的偏移。对苏格拉底所采纳的感觉主义的流动说的深化,却仅仅是那种对某个被极端强化的对手的批判的一个案例,通过这种批判,柏拉图的哲学性是无可比拟的。诚然,格拉希正确地看到了(和纳托普、但也和黑格尔一道)对"在逻各斯中存在的出场""对普遍命题的强行要求"所包含的相对主义的真正克服。然而,他本该能够看到,由于黑格尔将对《泰阿泰德篇》的这些阐释采纳到感性确定性的现象学之中,因此恰恰是对流动说的彻底执行为这一克服做好了准备。对矛盾律的真正意义的重要阐述也没有遵照对话的思想进展,与此相同的还有对谬误可能性问题的编排。对《泰阿泰德篇》(第112页,另见第134页对210b一处的完全误用)积极意义的辩护是失败的。简而言之,将《泰阿泰德篇》的问题层面还原到《美诺篇》(凭借他自己过去的工作),只能是难以令人满意的。最后人们可以质疑他自己的一项认知:除了概念的敞开性之外还存在着诗的语词的敞开性。柏拉图的话语将两者联系起来。在柏拉图那里,倘若我们想要认识到说了什么、指的是如何,那么我们必须学会观看到发生了什么。因此,与年轻数学家泰阿泰德的会谈还具有另一种释放力量,而非仅仅是对"客观主义"的反驳。它使得泰阿泰德对于来自埃利亚的异乡人的教导准备就绪。

然而,这种有些暴力的"回归古代"仍然具有某些富有成效的东西。回到西方逻各斯哲学的开端,使得海德格尔的形而上学彻底性与独立超越黑格尔的意大利哲学(首先是秦梯利)进入了某种极具启发的关系之中。因此,它提出了一个对于当代哲学处境具有决定性的问题:从西方形而上学传统中走出,亦即从(对我们来说)由精神、生命、主体性概念构成的始于笛卡尔而在黑格尔那里得到综合的传统关联中走出,这在何种程度上是可能的。海德格尔想要从这种主体性论题的关联中走出,这一点在格拉希那里恰恰是以下述方式显明的,亦即他通过提出逻各斯的优先性而将海德格尔置回这一关联而加以思考。诚然可疑的是,借此他是否令海德格尔从根本上折回黑格尔那里。无论如何,以他的方式着手克服近代主观主义的问题,这是一份功绩。我们的这项使命恰恰是从与古代的重新照面出发而赢获其本质可能性,这也是我所相信的。而我怀疑的是,黑格尔的(尚且如此自由和批判的)后继者——他们逐步显现于格拉希那里及一般而言在意大利哲学的黑格尔批判中——是否还能够真正推进我们的问题。在我看来,无论哪种"彰显存在"(Seinsentbergung)的形而上学进程的形式学说(它将概念和诗人语词并置,亦即分隔),从根本上都恰恰会固化西方存在论的概念传统。我认为,将艺术语言从概念的辩证优先性中解放出来始终完全是处于现代的影响之中。

此外,这本富有见解的书并不好读。对于一个外国人而言,格拉希的确非同寻常地掌握了德语,但在他用德语写作时,还是有着某种内在的强迫。然而,这一点被以下一点所补偿,亦即他的著作属于完全无法——用费希特的话说——根据自身而被解读的著作,因为它们缺乏"精神"。这种印象对于这本书而言诚然是极其不合适的,因为有充分证据表明此书的内容极具作者的机敏、洞察力和哲学精神。

作为补充，在此我们且指向作者的另一部小书：《关于诗性和政治的思想》。此书囊括了作者的两个演讲：在第一个演讲中，他以克洛普斯多克*对于德国文化的意义为由，阐述了意大利精神传统对于诗性语词和概念问题的态度；第二个演讲讨论和表明了政治相对于哲学的独立性，并在此援引从马基雅维里导出的意大利传统。两篇文章写得都很流利和动人——然而，在我看来，其人文主义的结论，亦即维护共同体的政治、文学、哲学-科学形式的独立性，又无法充分体现格拉希自己的哲学观点。

（王宏健 译，洪汉鼎 校）

---

* 克洛普斯多克（Friedrich Gottlieb Klopstock, 1724—1803），德国诗人，感伤主义的重要代表。——译者

9. 苏格拉底

Erwin Wolff, *Platos "Apologie"*. (*Neue philologische Untersuchungen*, hrsg. von W. Jaeger, 6. Heft.) Berlin 1929.

(埃尔温·沃尔夫：《柏拉图的〈申辩篇〉》，柏林，1929 年)

（1931 年）

本书既具有透彻的分析，也具有引领全书的宽阔的历史视野。在此对《申辩篇》作为一部柏拉图著作的探讨——不包含与相关研究的明确争辩——和任何其他对话一样。事实上，当我们在阐释柏拉图时，只有放弃历史上的苏格拉底这一问题，同样也将历史上苏格拉底的《申辩篇》这一问题置于一边，这才是前后一致的。[有人认为，]只有当《申辩篇》至少以苏格拉底真实说出的思想为基础且放弃苏格拉底完全不可能道说的东西时，柏拉图的这篇对话才是有意义的(维拉莫维茨*)，这个显而易见的论证包含了某种明

---

* 维拉莫维茨(Ulrich von Wilamowitz-Moellendorff, 1848—1931)，德国古典语文学家。——译者

显的循环。因为这里要质疑的恰恰是以下这个前提,亦即柏拉图的《申辩篇》在更确切的意义上是苏格拉底的申辩,而非柏拉图的对话——毋宁说,不多不少,正是这个。

沃尔夫通过对苏格拉底讲话的精确阐释表明,《高尔吉亚篇》中的悖论,亦即苏格拉底是真正的政治家,业已构成在这个所谓的苏格拉底的自我呈现中所包含的基本思想,借此,作者将令人信服的证据联系在一起,证明了这个苏格拉底讲话(以及整个《申辩篇》)乃是一部柏拉图的独立作品。因为与此处在苏格拉底自我呈现中用作证据(为证明苏格拉底在其当时的雅典城邦中没有地位)的东西相同的经验,被柏拉图在《第七封信》的开头引证为规定着他自己在雅典城邦中的位置。借此当然没有证明,历史上的苏格拉底在他真正的申辩讲话中未尝援引他自己的这一经验。尽管柏拉图在《第七封信》中没有援引这一所谓的苏格拉底的真实讲话,而是援引了关于苏格拉底审判的经历,然而,两者却并不排除,我们可以从中做出某个"精确的证明"(第33页)。较之这个"精确的证明"更为精确的毋宁说是沃尔夫所提出的以下证据,亦即当柏拉图想要对苏格拉底审判发表他自己的判断时,他所能说的无非是他让[他笔下的]苏格拉底说的东西。而这意味着,要想越过柏拉图的苏格拉底回到历史上的苏格拉底,在此我们所拥有的机会和平常面对某个苏格拉底讲话(Σωκρατικὸς λόγος)时一样少。

尽管下文中我们对作者的阐释有所批判,但这不是要贬低其论著的积极贡献,亦即将《申辩篇》从"流落到苏格拉底传记回溯到柏拉图研究上",我们也不是要怀疑这一阐释的细致和缜密,毋宁说,我们要表明,在这条道路上我们须得再继续往前迈出决定性的一步，且须得将《申辩篇》看作柏拉图的这样一个苏格拉底讲话，它不想要呈现苏格拉底，毋宁说，在苏格拉底对话（仅仅以允许选择苏格拉底生平中的这一独一处境的这种独一形式）的全部意义上，它让柏拉图通过苏格拉底（而非关于苏格拉底）而讲话。

通过比较性地阐释苏格拉底的申辩讲话与同时代的真正法庭讲话，沃尔夫证成了他的方法论基本原理。恰恰是对法庭讲话的形式和主题的明显借用开启了以下这个引领着阐释的提问："使得《申辩篇》中的传统元素组合为一个新的整体的形式原则是什么？"在第一章中，作者首先针对第一个讲话的绪言回答了这个问题。"在此丝毫没有感受到法庭讲话的激动气息（竞争的精神）。"在此，习以为常的绪言主题却不是为了赢获听众，而是"隶属于作为终极目标的伦理的呈现"。作者引述了亚里士多德的 μεγαλόψυχος（高尚、心胸宽宏）概念作为这一伦理的体现（总概念），他的依据是，这一概念明确地被"权威性的正直"与"反讽"所规定，而这两者源自某种高度的自身感受（第 6 页）。作者明确承认了对亚里士多德伦理概念的这种运用的根本正当性——只不过，这些概念必须真正地将实事带入表达。而这一点在我看来在此处的情形下是有争议的。我们通常也能认识到的、在这一引导辞中所包含的，乃仅仅是极其独一的反讽形式，亦即苏格拉底的反讽。然而苏格拉底不是一个会反讽性地称赞对方讲话的人，因为他认为在人群面前为他真实的意见说话是贬低了他的尊严。但他却习惯于以同样反讽的方式回答单个人（《普罗泰戈拉篇》，328d；《墨涅克塞努篇》，235c）。而这一点也适用于他关于讲话形式的致歉（例如《会饮篇》，198 以下）。以此种方式业已产生于最表层的东西，恰恰涉及到苏格拉底的基本态度。将他的伦理理解为 μεγαλόψυχος（高尚、心胸宽宏）这一伦理，并不意味着，将亚里士多德的某个范畴运用到某种在历史上有距离的现象上（这是一种沃尔夫给出充分理由的可能性），毋宁说（尖锐地说）：这意味着掩盖苏格拉底道德现象的悖论。倘若通常 μεγαλόψυχος（高尚者）要求 τιμή（尊敬），那么，这乃是出于应和承载着多数人的共同体，并且这种应和是经过深思熟虑的。相反，倘若苏格拉底——明确地通过 ἀντιτίμησις（报以尊敬）——为自己要求这种 τιμή（尊敬），那么他这么做是由于他恰恰要借此质疑那些应该尊敬他的人。因此，激发他讲话的自身感受意味着某种完全不同的东西。这样的一种自身感受在其所有的表现中不仅仅与对共同体的批判相联系，毋宁说，它本身就是这种批判的一种挑衅方式。对于苏格拉底的历史处境极其具有标志性的是，只要苏格拉底的德性以灾难性的方式与传统道德性相对立，且由此缺乏作用可能性和展开可能性（这种可能性根据个体对于共同体的归属和他对共同体的支持才被赋予个体，且允许个体单独地展开 ἀρεταί〔德性〕的这一"宇宙"），那么，对他而言，诸如 μεγαλοψυχία（高尚）的东西——倘若人们在亚里士多德的意义上理解这个概念——就根本是不可能的。而在亚里士多德伦理的其他一切德性那里同样也是相似的。苏格拉底仅仅带着深不可测的反讽从根本上援引 ἔργα（事功），并带着极其矛盾的意图（32a5），亦即表明，在这个城邦里他的危机是如此致命，即便仅仅是正义地执行他所接管的低微职务。他所指明的 ἔργα τῆς ἀρετῆς（德性的事功），是不合适的且不会被执行，借此苏格拉底根据对他所处身的道德共同体的支持、令其以常见的方式为自己辩护。这种援引对他而言是没有根据的,因为这个柏拉图的苏格拉底看待城邦和伦理不是用色诺芬那样的善意眼光,而是凭借个别人的批判激情。而只有这样我们才理解,何以苏格拉底的一生是批判的一生,是(无意地)与通行事务为敌的一生。也只有这样我们才理解,何以柏拉图那里的苏格拉底,恰恰因为他是苏格拉底,对于个别传统 ἀρετή(德性)的本质问题没有给出答案。如果真的像沃尔夫所意愿的那样,在苏格拉底的这种自我呈现中认识到亚里士多德的伦理(它诚然总计且总结了希腊的伦理现实),那么,就无法理解,何以在柏拉图那里苏格拉底未尝说出每一种德性是什么,而在他所说的地方是如此矛盾,就像城邦中勇敢(ἀνδρεία)和节制(σωφροσύνη)的互相嵌套。恰恰是耶格尔①的洞见构成了作者的出发点,但耶格尔也表明,古希腊的德性伦理(Areteethos)在亚里士多德那里得到概念表达要花多少代价:此间百年所花费的代价,亦即从古老的城邦伦理移置到城邦中某个"社会"的基础。

　　为了刻画苏格拉底讲话的基本态度他再一次使用了一个亚里士多德概念,亦即 Prohairesis(选择)概念、"希腊的意志决断"概念。这很明显,因为苏格拉底的自我呈现事实上明确表现了选择他的生活(Bios)的主题。因此他说,他立马再现了对于他的选择具有决定性的 προαιρεῖσθαι(选择)行为(第36页)。只有当讲话再次呈现这一早已决定性的选择的动因时,这里——看上去如此——讲话的形式才是选择这种形式。相反在其他地方,沃尔夫将选择概念直接运用于讲话行动(第75页)。还有一个改变是值

---

① 维尔纳·耶格尔:《亚里士多德:其发展史奠基》,柏林,1923年。

得注意的：当苏格拉底将其生存选择的动因呈现为某个早已决定性的实事，或者当他（在其他地方）用某种直接考虑（βούλευσις）的方式拒绝了通过流放或沉默义务而救命的可能性时，这就不同了。而这一切仅仅在派生的方式上意味着选择。προαιρεῖσθαι（选择）有别于支持或反对他人行动可能性的βουλεύεσθαι（考虑），毋宁说它要澄清这种可能性本身，在他人面前的行为至多是为了与他人商议（《尼各马可伦理学》，第3卷，第5章，1112b10）。

只有当苏格拉底在讲话中呈现为一个根据选择的行动者之时，我们才能够说，苏格拉底讲话的形式是选择的形式。而这意味着，选择根本不是讲话本身的形式。只要行动作为这一生活本身的某种行动被与讲话者的其余生活一样的伦理所规定，那么，选择在行动本身中就起作用，而倘若我们忽视了这一点，选择就只是讲话的"对象"。在沃尔夫所引证的伦理与悲剧之中的选择性讲话的案例，从根本上有别于苏格拉底的申辩，因为在其中英雄与自己或与他人（歌队）商议；而只要他（这不再是亚里士多德意义上的选择行动）说到他的选择，对此加以表达，那么就需要提出在某种真正的选择上根本无须提出的问题，亦即他的表达意图何在——而这也是针对《申辩篇》中的苏格拉底所提出的核心问题（在那里自然必须有一个与在阿基里斯这个案例中完全不同的答案，阿基里斯向着他的母亲而说话）。沃尔夫的论题是，"柏拉图在申辩中有意识地联系了这些伦理的和悲剧的讲话"（对选择主题从荷马到欧里庇得斯——作为真正的πρόνοια τοῦ βίου（生活预言）——的历史发展的证明是极富教益的），只有当我们问，柏拉图（或者他的苏格拉底）的这一联系是在何种意识之下做出的，这一论题对于柏拉图阐释的意义才会真正显示出来。这一点在作者的阐述中没有得出，因为他没有区分，苏格拉底在这个讲话中在他的听众面前所呈现的样子和他通过如此自我呈现而在读者面前所呈现的样子（而这正是柏拉图在与德莫斯*的争辩中所显明的苏格拉底）。两者并不必然一致。通过向他人如此地呈现自身，我们恰恰可以作为一个另外的人而表现自身，就像我们用话语来刻画自己那样；而当我们通过这种对自身的刻画"有所意图"时，恰恰会这样。而绝非偶然的是，沃尔夫在其阐释中没有找到做出这一区分的机会。苏格拉底大概不会想要以通常的方式呈现自身，而是要"说真话"；由于柏拉图让他"说真话"，他恰恰被证明为他明确呈现自身的样子。因此事实上阐释会持续有效，因为它所意指的究竟是柏拉图呈现的苏格拉底，还是苏格拉底的自我呈现（亦即柏拉图让苏格拉底呈现自身），这一点始终并不重要。但这一区分在以下这个问题上是必要的，对它的忽视是灾难性的：苏格拉底的反讽问题。这种反讽却不是某个问题之一，毋宁说，对反讽的承认必然规定着对苏格拉底所说的话的全部理解。即便是"说真话"也一向发生于某种完全反讽的意识之中。

　　沃尔夫通过讲话的旧的诗性形式将整个关于柏拉图阐述苏格拉底之语境的极其可观的知识倾泻而出。他遵循着对神的誓言的结构，遵循着预言家和警戒者的形态（安菲阿拉俄斯、特伊西亚斯）以及选择之讲话形式，且有着对于历史上共同和相异事物的细致和锐利的鉴赏力。这种历史草图所意指的东西也是完全清楚的：

---

　　* 德莫斯（Demos），柏拉图的异母兄弟。——译者

要给出的不是苏格拉底自我呈现的视野,而是柏拉图呈现苏格拉底的视野。

而当苏格拉底在其自我呈现之中引证阿基里斯,当他将自己与奥林匹亚诸神等而视之,当他在冥界乐于和英雄们展开 ἔλεγξεις(辩诘),如此看来,难道苏格拉底并不承认父系时代的英雄德性理想(这一理想也激发了柏拉图及旧的诗性呈现方式的形式关联)?此外,由柏拉图所着手的将苏格拉底形象与文学作品中的英雄形象与态度联系起来的做法,竟也在苏格拉底口中得到实施?但实情是一致且明确的:通过让苏格拉底呈现自身,柏拉图所呈现的苏格拉底属于这一英雄谱系,即便作为一个错综复杂的后来形态:"在此,在智者启蒙中被撕裂的城邦和宗教的联盟重新得到联结,逻各斯又一次和神话统一了形式"(关于誓言相似的,第 44 页;关于选择,第 62 页;关于英雄形象,第 82 页)?

然而,这个在生动整体中再现了柏拉图的德性理想和哲学理想的苏格拉底(以至于沃尔夫将《申辩篇》称作"对苏格拉底-柏拉图哲学整体的初次呈现"),是一个矛盾的英雄,就像柏拉图的神话是矛盾的神话一样。就像苏格拉底无法严肃地与他所在的城邦的道德尺度相对照,援引能够期待和要求无可置疑的承认的 ἔργα(事功)和 ἀρετή(德性),同样他也无法严肃地让自身(被)置于诸英雄边上,这些英雄被这一作为其本己意义的有效榜样的传统道德所要求。极具特性的是,通过探究大众信仰(有着明确的保留)的冥界想象,苏格拉底设想其彼岸生活:不是作为在希腊道德的循环宇宙中活动着的德性的某种完善的彼岸生活(Darleben)——对这种生活的展开可以防范此岸的阿提卡生活的无望,毋宁说是作为他的批判性生存的延续存在。当沃尔夫说（第68页），"在此承载着他的话语的稍显反讽的色调，这些话语在其中逐渐平息的诙谐用语，无法掩盖此处所说出的思想的严肃性"，他在积极的意义上是完全正确的，且他的正确在于在此看到了"在生命中活动的德性的不可消逝的持久性"这一"原初希腊的理念"，但他没有看清的是，运用这一主题的根本恰恰在于这一德性的矛盾内涵。苏格拉底不像米诺斯那样谈论正义，不像俄里翁那样追猎，不像赫拉克勒斯那样拉弓，毋宁说，他和人会谈、考验别人，并且这项事业会产生什么是很明显的：希腊道德的所有这些榜样也都需要解释——这之所以是一种充满价值的、对于苏格拉底而言充满吸引力的经验，是因为这些英雄绝非当今英雄中的泛泛之辈，而是希腊德性的理想形态。而这意味着：苏格拉底在希腊道德整体面前意味着某种无可比拟、从根本上全新的东西。当苏格拉底明确援引阿基里斯，或者柏拉图晦涩地将其言谈与态度纳入这一英雄先辈的序列时，这一点乃是发生于矛盾意识和挑衅意识之中，并且使得苏格拉底的这一自我呈现没有成为某种柏拉图式的苏格拉底"幸福论"，而是成为ἔλεγξις（辩诘）的最极端形式，在苏格拉底生活的这一最极端处境下，柏拉图为了某个苏格拉底讲话（Σωκρατικὸς λόγος）而使用它。

　　沃尔夫的洞见不会因此而失去价值，毋宁说，在我看来，它恰恰借此才获得了其真正的意义。因为针对一切反讽要问的是，它严肃而言要表达什么。苏格拉底的反讽的确不在于，单纯去证明旧德性的荒谬。简而言之，其积极的要素可以根据冥界主题的例子而表明。苏格拉底说，在冥界中的英雄不会杀死他（尽管他会反驳他们)。这意味着,他的考验式的反驳不是径直针对传统的希腊道德而提出,毋宁说恰恰是为了这一道德而投入的。他的德性没有提出某种有内容的理想以针对旧德性,毋宁说,通过"扬弃"旧德性,苏格拉底的德性恰恰将其保存在逻各斯的全新真理之中。鲜明可见的是,对柏拉图的一切的反讽阐释,在沃尔夫所提出的形式比拟中处处有待打通,因此,这种反讽阐释在结果上与沃尔夫的阐释又重新相遇。尽管无论在细节上、还是从整体来看沃尔夫著作的细致性和历史透彻性都可以获得承认乃至被突出,但在我看来他没有认清所有洞见中的终极真理:柏拉图不想将苏格拉底呈现为希腊英雄道德的表现,而是呈现为道德意识的全新批判形式,在其中这种道德尚且拥有真理。但对他而言,柏拉图式反讽的这一终极的最内在层面始终是遮蔽的,因为他没有充分看到这一戏剧性艺术作品的最外在层面,亦即观众和法官,在他们面前,苏格拉底没有将自身呈现为他真实所是的样子,毋宁说,苏格拉底向他们说话,是为了质疑他们所有人。

Helmuth Kuhn, *Sokrates. Ein Versuch über den Ursprung der Metaphysik*. Die Runde, Berlin 1934.（赫尔穆特·库恩：《苏格拉底：关于形而上学的本源的某种尝试》，柏林，1934年）

（1936年）

谁是苏格拉底？回答这个问题的尝试，也许是哲学史研究中最困难的任务，并且由于此种困难是绝对独一的任务。对这个问题的任何解决尝试都已经是对一般历史理解的基础方法问题的某种表态。看起来，史料考证方法在此无法达成一个明确的结果。阿里斯托芬、柏拉图、色诺芬和亚里士多德，所有人在现代研究中都有其代理人，他们被代理人判定为拥有"正确的"苏格拉底图像，并且特别一再被尝试的是，根据其他的流传物将"真正的"苏格拉底从柏拉图的构造中解放出来，近来的尝试有迈尔[*]的《苏格拉底》一书和斯坦策尔在《实用百科全书》中的卓越文章。另外，最新的研究恰恰已经表明，甚至是柏拉图的《申辩篇》也不是历史性的-传记的苏格拉底文献，毋宁说是柏拉图的构造，它完全被柏拉图对苏格拉底生存的意义和遗愿的理解所规定（沃尔夫）。

库恩的书则尝试在另一种意义上解决苏格拉底问题。他将苏格拉底看作"柏拉图存在论的本源发生"，因此他并不尝试利用柏

---

[*] 迈尔（Heinrich Maier, 1867—1933），德国哲学家，新康德主义者、批判实在论的代表人物。——译者

拉图或者其他的流传物作为关于苏格拉底的历史资料。毋宁说，对他来说柏拉图的著作意义更大。在其中，由柏拉图的"存在论"所开启的西方形而上学的整个传统关联证明了苏格拉底所是的东西。因此，他将苏格拉底之所是的问题定位于柏拉图的著作，但不是通过尝试区分柏拉图在口头上所加给他的苏格拉底形象的东西在何种程度上是苏格拉底的、在何种程度上又不是，毋宁说，他所追问的是，谁必须是这样一个苏格拉底，柏拉图作为他的继承人提出了为两千年来的西方形而上学奠基的观念"形而上学"和灵魂"形而上学"。库恩自己在"后记"中表述了以下启发性的主导思想："我们说，成为苏格拉底（Sokrates zu sein）和阐述苏格拉底必然是从根本上不同的东西；几乎就像以下两者那样不同：成为阿基里斯和如荷马般歌颂阿基里斯。"（第143页）这一简单地令人惊讶的主导思想——与在柏拉图的苏格拉底阐述中的对苏格拉底的一个成问题的区分相对——使得"苏格拉底问题"有可能结构性地脱离柏拉图的存在论问题和答案。库恩的任务是，重构出这样一个苏格拉底，他不仅仅是"历史的"苏格拉底，也不包含柏拉图的苏格拉底所言所行的全部内容，毋宁说，他作为现实生活的形态指的是，柏拉图的辩证努力试图在某种关于灵魂与世界的存在学说的弯路上所建立和保存的东西。库恩之尝试的优越的方法意识在于，他在此没有陷入生动（现实）生存和理论学说的对立之中，毋宁说他承认，柏拉图的"存在论"不只是对苏格拉底问题的某种"理论"回答，在这种存在论中——作为"辩证法"——"苏格拉底问题的要求，亦即对生活有所助益，继续活跃着"（第146、150页）。通过灵活使用奥弗贝克（Overbeck）*的某个术语，库恩通过以下方式刻画他的苏格拉底图像的历史要求，亦即他将苏格拉底的生存分派给"在文献上缄默的史前史"（第135页以下）。

库恩的阐述本身的独特性在于，它尽管依据于对柏拉图文本的阐释，但又计划缜密、考虑周到地走上了一条本己的思想道路。库恩拥有罕见的表述艺术，他成功地阐述了苏格拉底的生存，以至于——用他自己的形容来说——苏格拉底展开其影响力的希腊生活的讲台成为了"我们本己生活及对其加以理解的舞台"。在阐述中，不可翻译的希腊词很大程度上被遗忘了，以至于其德语化（例如将 εὐδαιμονία 翻译为"幸福"〔Glückseligkeit〕）有着某种完全非希腊的音调。库恩绝非通过某种非历史的现代化达到这一点。毋宁说，在他的阐述中活跃着满满的历史洞见。但他将苏格拉底的历史现身看作某种迄今仍在发生作用的精神可能性的本源，其目标意识乃是，为他以及为一道思考的读者自由传达历史他在性（Andersheit）。

此外，详细地报道此书的内容并不容易，而对阐述的个别步骤批判性地表态也几乎是不可能的。因为即便坚持研究的外在形式，这归根结底也只是某种阐述形式。所阐述的不是研究，毋宁说，从终点和整体出发而被看到的研究成果在逐步地展开过程中被阐述。因此，人们对这一苏格拉底阐述的遵循就像一幅素描，它通过一再采集新特征，逐步充实苏格拉底形象的轮廓。它开始于

---

* 这里指的可能是神学教授弗朗茨·奥弗贝克（Franz Overbeck，1837—1905），教会史学家，以与尼采的交往而知名。——译者

苏格拉底式的无知；然后显示出其中所包含的智慧和教化影响力，而终结于虔诚的生命根据，这个由于他持续的追问和反驳而罕见和独特的人是据此生活的。这一阐述轮廓使得作者有必要根据特定的意图去裁剪他所依据的具体文本，以便仅仅显明其所希求的特征，而非已然显明整体。从某些章节中，例如第 3 章（关于自我认识）和第 4 章，可以特别感受到这一点。但它主要在开头起作用，在那里库恩将苏格拉底式的无知解释为某种想"合乎艺术地"掌控生活整体的知识要求的失败。十分值得注意的是，这种知识意愿（Wissenwollen）的失败首先被他理解为完全不包含苏格拉底式的反讽——诚如在他的苏格拉底图像中"此人的惯用的反讽"竟奇怪地消失了。我认为，倘若我们在此看到库恩探讨苏格拉底时的最重要的哲学动力（因此他也忍受了某种权威地选择和裁剪文本的阐释所带来的麻烦），那么，我们就不会过多议论：着眼于西方形而上学的失败（它导致了 19 世纪的激进影响），苏格拉底的知识要求的失败具有典范性意义。克尔凯郭尔、马克思和尼采的激进影响将形而上学问题引导回它的本源，回到苏格拉底这个给予"世界"以这一问题的人，尽管他尚且是一个雅典公民（主要参见第 35、128、144 页及第 73 页以下）。因此，库恩的进一步阐述也完全伴随着以下问题，亦即在苏格拉底问题的独特性之中，柏拉图-亚里士多德形而上学的概念结构是如何出现的。一系列有着听上去黑格尔式的标题的章节分析了苏格拉底生活理解和教化意愿的这一目的论趋势，这种趋势尚且呈现于一切"存在论反思"之前。特别明显的是，当库恩谈到"幸福和对存在的信赖"时（第 9 章），这一关联就消失了。"善能够离开存在，而非将某种存在带入终结，这是不可想象的。""苏格拉底问题"的这一前提作为生动的遗产存在于西方形而上学的目的论存在思想中。苏格拉底问题的这种前存在论的目的论在崭新的"灵魂"概念上达到顶峰,库恩对此的更为详尽的讨论在我看来是他的著作中最有价值的东西。

相反,我认为可疑的是,在一切积极的、富于教益的规定面前,给予苏格拉底的无知以某个失败问题所具有的独立意义,而我最不能同意作者的是,他将苏格拉底对城邦权威的维系(在《克力同篇》中)阐释为与他对逻各斯的权威的独一坚持相矛盾,并且将其限定在苏格拉底处境的不可重复性和独一性之上。没有理由将《克力同篇》的问题局限于苏格拉底之上。在此,将苏格拉底对于城邦的态度纳入柏拉图的构想乃是柏拉图思想的一个核心主题(可以将《克力同篇》与《国家篇》第 7 章 520 加以对照),而这一点从柏拉图的《国家篇》开始就始终活跃于西方精神史之中。在我看来,在此黑格尔对苏格拉底审判和苏格拉底之死的著名阐释的影响加剧了作者本就正确的诉求。这表现在,他将苏格拉底在法庭前的"申辩"看作关于 πόλις(城邦)的法庭,而非对其教育职责和警示职责的某种终极实施。

而在我们告别这部杰出的著作之前,最后还有一个问题要指出:其副标题"关于形而上学的本源的某种尝试"是完全正当的吗?事实上,库恩是根据苏格拉底对真正的"灵魂自身"的忧虑来显明本质问题的本源,并且在"艺术的支配秩序"(苏格拉底问题的提问超出了它)之中认识到了目的论的存在观的某种先行形式。而无疑正确的是,不是根据自身,而是根据对真正 ἀρετή(德性)的追问来理解柏拉图的"存在论"。因为柏拉图从未抛离这一义务(参见

《第七封信》,344b)。然而,根据与希腊道德所包含的无可置疑的生命确定性的矛盾(这种矛盾出现于诡辩术的无根基状态之中),能充分地阐释苏格拉底问题吗?对于柏拉图,同样对于诡辩术,因此也包括对于苏格拉底问题而言,前苏格拉底的"形而上学"的提问(我首先想到埃利亚学派对 δόξαι〔意见〕①的批判)难道没有一种优先意义?

(王宏健 译,洪汉鼎 校)

---

① 〔注意复数的 δόξαι:那时候我才开始脱离通常对 δόξα 的讨论,并从根本上不再非历史地使用柏拉图概念以阐释前苏格拉底哲学家。此外还有我1929年的斯坦策尔书评,参见前文第294页以下。〕

10. 柏拉图作为政治思想家

Günter Rohr, *Platons Stellung zur Geschichte. Eine methodologische Interpretationsstudie*. Junker/Dünnhaupt,Berlin 1932.(京特·罗厄:《柏拉图的历史观:方法论阐释研究》,柏林,1932年)

(1932年)

罗厄著作的标题已经表明,此处提出了一个极具意义的问题。在一般教化意识中,柏拉图被认为是越过一切自然乃至一切历史特殊性的、理念直观的形而上学家,而这里所追问的则是他的历史观。这无非意味着:从"非历史的希腊人"这个关键词(自从尼采以来,这个关键词成为患历史意识之病症的现代精神的浪漫主义渴望之承载者)转换为一个向希腊本质的某个古典塑造者提出的生动的问题。此研究本身并非对这一问题的全面实施,毋宁说是"首次类比尝试"(第128页)。值得特别承认的是,罗厄基于深谙这一主题的重大和困难得出了方法上必要的结论,且尝试从某种柏拉图式历史阐述的具体阐释尝试出发寻求引向这一难题的通道。他之所以能成功,是由于其论著的价值不仅仅在于他所能给出的答案,毋宁说,其个别知识也能够充当某种深入的洞见。

他的出发点是对《法律篇》第 3 卷的阐释,在其中柏拉图以对话的方式呈现了国家及国家宪法的产生,并且是从最初的开端直到他所在时代的历史性当前。对文本的深入的个别阐释(在论著的第一部分)被誉以缜密和出色的手法。罗厄对迄今为止的洞见的超越并不令人意外,他既超出了英格兰的个别解释,也超越了迄今最好的萨林*和弗里德兰德**的总体阐述。在第二部分,他分析了摇摆于历史性叙述和构成性论证之间的独特的阐述方式及对文本的编排。他在这里从编排问题出发而聆听出哲学难题的敏锐洞察力,将他显示为斯坦策尔的忠实学生。从对原历史的假设性建构(κατὰ τὸ εἰκός〔根据可能性〕)出发,柏拉图阐述令人惊讶但又顺理成章地过渡到了特洛伊战争及多利斯***诸城邦的创建史的神话—历史现实(第 60 页以下)。问题在于,如何解释两种在我们看来"完全不同的领域和阐述方式"的这一紧密相关性。显然,仅当不注重其历史现实本身时,历史事实才能够和假设性建构保持一致。这就是说,历史事实仅仅确证了某种能够同样在纯粹虚构中表明的真理。因此,具体的历史仅仅是范式。对在历史性时间里所发生的 μεταβολαί(变化)的呈现所具有的真理要求并不高于对

---

* 萨林(Edgar Salin,1892—1974),德国经济学家,柏拉图研究者。——译者
** 弗里德兰德(Paul Friedländer,1882—1968),德国古希腊语文学家,专攻柏拉图和希腊悲剧。——译者
*** 多利斯(Doris),古希腊中部的一个地区,被认为是多利安人的故乡。——译者

城邦的首次诞生的可靠解释。因为即便城邦本身的这一 ἀρχή(本原)也具有某种纯粹的解释作用。在其本源的无咎(Unschuld)之中的首次生成表明了某种源始意义,从而在丧失了保存可能性的情况下澄清城邦的真正本质及历史演变。

罗厄从这种编排分析出发,以极其盘根错节的方式提出了这一历史阐述在柏拉图那里的有效性要求问题。对他的提问进路的了解除了导论(第 6 页)以外,主要是在第 107 页对他的方法的明确辩护,这一点要特别指出,尤其是由于索引的缺席和目录的框架式简要(很遗憾还有在前后转述中的一些错误)加大了我们定位的困难。在"对问题的辩证释义(Umspielen)"中,罗厄尝试突出由 σπουδή(真诚)和 παιδιά(儿戏)所混合而成的、柏拉图式历史阐述的真正有效性要求(这一最本己的柏拉图"模态"最近被弗里德兰德全面阐释和制订),以区别于实证主义的"历史"误解和去历史化的美学评价。在第四部分继续对主题的决定性地确认和置疑,在此才提出以下这个明确的问题,亦即柏拉图的历史态度是否可以从作为历史科学的历史出发得到刻画。

柏拉图历史态度问题的这一消极动机,最终导致了以下这个矛盾的主题,亦即将这种历史观阐释为"对'历史'的某种回应",而这一点透露出整个研究的根本缺陷:从历史知识与历史之物的可认知性之问题出发,亦即从某种现如今仍在活跃的科学问题出发,表达出柏拉图针对历史事实的令人不安的态度。通过仔细的编排分析,罗厄指出逻各斯对于历史经验的优先性,而在这种优先性中,罗厄明确看到"归纳方法的问题"。"在任何一种统觉中,尤其是精神科学的统觉中所存在的一向已经'作为某物'而把握(Jeschon-"als-etwas"-Auffassen)的事实,使得某种依据原则和范式的历史阐述(就像在这里)与某种似乎仅仅记录事实的历史阐述之间的区分,几乎对我们仅仅显现为这样一种存在于某种方法意识的内在自身确定性和外在明确性之内的区分。"(第72页)在此如果他意在把握"柏拉图历史方法的本质核心",那么这一表述表明,尽管他准备凭借精细的描述来采纳他的文本,但是,他并不准备从柏拉图意愿的核心出发去解释文本,毋宁说,他将其看作对历史认识的方法问题的某种解答。柏拉图只是表明,是什么将一切历史认识隐晦地收容起来:仅当事实在一个有意义方向的提问中被把握的时候,它才是在说话的(sprechend)。

很显然,这一开端是不确切的。在此为柏拉图所要求的方法意识并非以下述方式得到证明,亦即其方法上的自身意识乃是涉及范式之物的普遍条件而被证明(《政治家篇》,277以下)。在此罗厄遮掩了以下这点(第72页),亦即这种方法意识涉及范式之物的普遍本质,且恰恰并不呈现为对历史性的范式之物的某种反思。

对柏拉图那里整个 γένεσις(生成)领域的存在论评价也包含历史领域,因此在柏拉图意义上历史根本就无法有"科学"(第三章),这一点大概本身就是对的。因此,事实上历史认识对于柏拉图哲学的方法论意义并不等同于数学。而罗厄恰恰无法表明对历史性生成的特殊认识问题的任何一种反思。因此大概可以理解的是,关于柏拉图对历史学家(首先是修昔底德)的态度的有趣研究始终没有积极成果。诚如罗厄正确地看到,归根结底柏拉图凭借他对历史的类型化的、范式化的兴趣更接近于旧派史学家,而非修昔底德。而发生事件的模糊性导致将这一经验领域排除出"赢获有效判断"的领域(第 123 页),这一点为历史科学的特性要求某种方法意识,不独柏拉图,乃至整个希腊科学所缺少的方法意识。罗厄自己也无法隐瞒希腊"历史学"远离科学的特征。柏拉图的历史态度并非某种优于经验主义史学家的方法意识观点,毋宁说是某种历史优越性,其积极动因被罗厄依据被阐释文本的历史图景所着重强调和分析。并非权力确保了城邦的持存,而是正确的知识(腐蚀城邦的乃是 ἀμαθία[缺乏教育]);和雅典一样,波斯之走向毁灭是由于教育的缺乏或摧毁,这并非具体的历史偏见(根据这些偏见柏拉图的历史事实起作用乃至获得意义),毋宁说,这是针对历史本身的偏见。在正确的 παιδεία(教育)在城邦中发生作用的地方,就根本没有我们称为"历史"的东西,亦即 μεταβολαί(变化),产生与消逝、生长与毁灭的交互游戏。在基于事实而得到确证的发生事件之发展规律之上,出现了被保存的持存。仅当人们看到,这一延续也能称作"历史",柏拉图的"历史态度"才得以显现:在延续性先行图像(Vorbild)的延续性摹本(Abbild)中,在处于自然秩序之内的政治秩序中,历史之存在作为有所重演的保存之不朽而完成自身(可以想到《蒂迈欧篇》的开头)。

从被阐释的文本中还可以赢获进一步的东西。倘若根据所显明的视角历史始终显现为沉沦史,那么,在第三卷开头的原历史的构造却就是某种历史性生成。但这一原历史的意义事实上直接相关于历史作为沉沦史的这一特征。它恰恰应当从原形式的无咎出发,导入历史(作为遗失和毁灭的历史)的这一维度,以便显明某种有所拯救的保存的使命和可能性。在更高的意识层次上,借助于正确教育的手段,可以重新制作那种在一开始就质朴地存在的确保持存的、相同的一致性。历史的沉沦事件为之而产生的有效的λόγος(逻各斯),不止于某种历史性真理,也不止于在历史之中召唤历史行动。毋宁说,此种真理的知识最终能够抚平历史不安本身。因此它事实上同时是以下两者:有效之物的超历史真理与某种超历史延续的历史可能性。

因此,当罗厄将尼采对所有正当行动的非历史特征的洞见运用于柏拉图对某种新历史纪元的可能性的信仰时,他就接近了事实(第106、124页)。但即便在此他也可能放弃其真正的问题。本质性的恰恰是以下这点:在针对逐渐衰退的历史理解之正当性的斗争中,行动的非历史要素无法得到贯彻;柏拉图不是为了控制历史的衰退,才寻求超历史立场;毋宁说,历史真理的领域在柏拉图那里无法要求某种方法特权。历史知识的规模、历史记忆的广度(罗厄在第108页所强调的),既与柏拉图对历史的这一态度无关,也无关于我们的"历史意识",后者作为对一切当前的历史衰退的知晓,乃是19世纪明确的历史科学的本源。而罗厄为了界定,他看待问题乃是如此着眼于历史主义的相对性问题,因此他也是如此处于"历史世纪"的影响之下,以至于他将柏拉图的历史观直接看作对可能对手的拒绝,这一对手对他而言乃是相对化的历史学所意味的东西。他将这种"回应"称为某种"极其克制的回应",也许在字面上业已暗示出这种歪曲,而在我看来,他的这部明确坚持历史可靠性、在许多细节上极富成果的论著要回避这一点,却是徒劳无功的。

Kurt Hildebrandt, *Platon , der Kampf des Geistes um die Macht*. G. Bondi, Berlin 1933. (库尔特·希尔德布兰特:《柏拉图:精神为权力而斗争》,柏林,1933 年)

(1935 年)

希尔德布兰特的柏拉图著作不仅仅应该得到学术界的柏拉图研究的重视。这一阐述想要将柏拉图阐释为我们仍处身于其中的世界时代的创造者和引领者,阐释为将古代与基督教囊括其中(第197 页)的全面力量,且发挥着一再更新的创造性作用。在这个意义上,我们自己的当前和未来(古代的和基督教的精神遗产必然在其尚未揭示的可能性中证明其生命力)在特定的程度上也经受着柏拉图的创造性要求,这种要求在本源上统一了这一双重的遗产。柏拉图既是古典希腊世界时代的终结者,又同时是西方基督教会和天主教的世界图像在其中得以展开的精神王国的创始者,他的根本意愿既不是对古希腊城邦沉思的单纯重复之意图,也不是创造一个彼岸的极乐秩序,后者体现了基督教对柏拉图的国家哲学的改造。柏拉图的王国根据苏格拉底的哲学更新了希腊城邦的基本力量,将其提升为国家-希腊的统一体之政治形态,且试图将旧时代的国家宗教性与新的道德-宗教信仰联系起来,这个王国——着重强调的是——乃是"出于这个世界"(第 131 页)。借此不仅刻画出与基督教的柏拉图理解的矛盾(其世俗化的终极形式乃是持理念学说的逻辑学家和形而上学家,就像 19 世纪看待他的那样),也积极地刻画出在此对柏拉图著作的阐释所身处的视域。因此,这个柏拉图形象就统一编排了当代德国柏拉图研究所提出的诸种

332 柏拉图阐释，其一系列的尝试在于在政治中认识到柏拉图精神意愿的核心。

这一对柏拉图著作（此前是完全根据其科学哲学而考察的）的决定性转换和价值重估的外在机遇乃是对《第七封信》的真实性的认定，这是凭借语文学-历史科学而实现的。但是，就像现如今已经变得无法理解的、对柏拉图的这份唯一文献的抛弃，其本源并不在于某种学术技术上的失策，毋宁说是在于对柏拉图之所是的某种迟钝偏见；同样地，与之相反的、对这种语文学上的错误判断的纠正也仅仅是某种全新的柏拉图理解的消极前提。维拉莫维茨的富有学识的柏拉图著作（1919年）总结了对柏拉图传记的语文学研究成果，它能够展现柏拉图的政治命运，而不必在其哲学思考和政治命运的统一性中认识到柏拉图的整个力量。

对柏拉图的本质和命运整体的真正揭示并非基于科学的力量。需要的是对塑造人的激情的生动关联的直观和经验，并且借助于与国家有关的生活形式，亦即支配与服从。因此，诗人格奥尔格*的圈子里产生了重新理解柏拉图的最重要动力。希尔德布兰特自己在1912年受人瞩目地以对柏拉图《会饮篇》的翻译而出场，其导论传达了对柏拉图式爱欲的首次生动理解。在战后，弗里德曼（Heinrich Friedemann）**的年轻—革命的著作越来越发生影响，早在1914年，此书已经被乔治的小圈子所发现。由于其与被战争体验所动摇的精神的相似性，这一柏拉图形象和乔治的作品和态

---

* 斯特凡·格奥尔格（Stefan George, 1868—1933），德国诗人、翻译家。——译者

** 此处所提及的弗里德曼的著作应该是《柏拉图的形象》（*Platon: Seine Gestalt*）。——译者

度一样得到了越来越多的理解。在战后出版的——起初是纲要性质的,最终是以越发完善的形式,既在学界外,也在专业语文学家和哲学家的小圈子里——柏拉图著作(也包括没有直接受到乔治圈子的精神运动所影响的著作),通过将柏拉图哲学本身认识为国家意志和教化意志,产生了全新的知识。

这部新著在这一柏拉图阐释的最大范围内有着特殊且重要的位置。它尝试将柏拉图对国家的变革意愿的理解及他对精神王国的创建与我们关于柏拉图直接的政治统治欲的知识交织在一起,交织为某种生活故事式的命运形象的内在统一体,并且以此意图重新呈现柏拉图的文学作品。以如此直接政治的方式来考察柏拉图的著作,就像在这一(完成于1932年的)阐述中所做的,迄今还没有过。诚然,正如希尔德布兰特自己所知道和所说的,根据其政治使命,以某种"朝向某个能动目标的考察"去理解柏拉图对话,是某种简单化的考察。

他在某处表述道:"柏拉图本质的永恒有效之物并不表达在无时空的理论中,有如大多数时候朴素地预设的那样,或者像与康德的并行(指的是纳托普的"马堡"柏拉图)所造成的假象:在我们的眼中,柏拉图仅仅在其特定联系中才显示出来,在独一的俗世使命中。"这种说法极端对立于两千年来的传统所形成的(以及强加的)柏拉图哲学的形象。而这一阐述,通过显示那决定性地规定着柏拉图著作的本己内涵的、生动的历史现实,不仅仅将柏拉图作品从流行的习惯中攫取出来,这种习惯在于,将柏拉图当作哲学讲稿或者——在19世纪的非哲学之中——纯粹以文学的方式尊崇为艺术作品;并且,这一阐述根据柏拉图的这一独一的俗世使命,恰恰也让我们理解,他的哲学思考如何为西方形而上学(其产生和沉沦充实着哲学的历史)的世俗形态奠基。

"精神为权力而斗争"这个表述被希尔德布兰特刻画为其著作的目标,它有着自身的历史跨度。它所涵盖的柏拉图的影响乃是从其最初变革国家的作品到时至今日仍然具有影响力的、其精神在"精神王国"的掌权。他在阐释文献史料时实施这种伟大的、富有成效的视角的方式,在方法上很难明确地描述(且很容易被误解)。通过起源学的阐述,他将对话及自传性质的材料《第七封信》组建为柏拉图影响的某种可信的命运序列,形成了某个创造性的人物形象,这一形象基于本己的生命法则更新了希腊此在的国家精神。此种视角的统一性只能在一切作用表达的内在一致性上证明自身。在此我认为这一阐释的真正创造性核心在于:柏拉图的哲学作用和政治作用不是被看作他意愿的不同方向,而是其本质的统一的作用形式。

借此我们遭遇了一个真正的危机,它使得对柏拉图政治意愿的承认无法实现其对于柏拉图生存整体的真正意义,要澄清这一点,则需引入"理论性的理念政治"概念,这个概念是耶格尔为后期柏拉图的政治信念所塑造的,因此按照耶格尔的阐释青年亚里士多德是完全立足于柏拉图的根基之上的。倘若这个概念是恰当的,那么柏拉图的哲学思考与他作为学园引领者的政治影响之间的关联大概就可以理解了,同时,柏拉图的政治失败就可以看作其哲学要求的内在超载,而晚期亚里士多德的经验主义的国家理论就被赋予无条件的实质优先性。因为一种建基于哲学原则的关于真实国家的"学说"诚然会在其具体运用上遭遇滑铁卢。这一阐述认识到了哲学思考和变革国家的人类塑造的本质统一性和作用统一性，将整个柏拉图主义的、关于尺度和数的古代哲学回溯并联系到柏拉图影响的这一创造性范围内，在这一阐述中，亚里士多德与柏拉图国家思想的矛盾获得了另一种意义，这种意义在我看来是正确的。借此被归入整体的还有晚期对话的逻辑学和科学论主题，它们被斯坦策尔作为二分式辩证法（Dialektik der Dihairesis）的研究对象，并且由此出发斯坦策尔发现了其与学园（斯彪西波的《相似之物》*）及亚里士多德的概念研究之间的关联。按照柏拉图自己的说法，这些主题的作用是，"使其更加辩证"，并使得对 ἀρετή（德性）的真正洞见和作用得以可能（参见《第七封信》，344b1）。根据柏拉图对苏格拉底的唤醒，根据他对苏格拉底生存的更新和重演，显明哲学研究和国家意愿的这一"人格综合"（其后继者没有能力继续实行），显明对至高的希腊可能性的这一终极、不可重复的统一，将其作为人格伟大性的原始统一的此在形式，这正是希尔德布兰特阐述的意义所在。

因此，以下这种做法会被认为是非希腊、非柏拉图的而遭到拒绝，亦即将柏拉图的哲学教育和他对政治的实践介入，教育家对于灵魂的权力和政治家对于人类共同体的生命秩序的权力视作柏拉图影响的两种根本不同的方向。精神为"权力"的"斗争"，对"精神与真实权力的统一"使命源于柏拉图对苏格拉底的唤醒（第75页）。因为柏拉图在苏格拉底身上看到了唯一真正的政治家和雅

---

* 斯彪西波（Speusippos），古希腊哲学家，柏拉图学园的继任者，其代表作为《相似之物》（Ὅμοια）。——译者

典精神的生动体现，因此对于柏拉图而言，在苏格拉底精神中对雅典国家的变革乃是其政治的唯一道路，他的统治意愿源于以下这一意识，即成为这一苏格拉底遗产的唯一完成者和执行者。

希尔德布兰特强调，柏拉图的这条政治影响的道路不是创建一个非政治的、灵魂-宗教共同体，毋宁说是通往真正重新建构国家之目标的道路。因此，在他的表达中并不罕见地出现某种纯粹权力政治的思想语言（例如"用法律手段改变宪法"或者"掌权"）。希尔德布兰特对柏拉图早期对话的阐释表明，建国力量的出发点恰恰完全在于对个体的培育和塑造。在其中我认为《吕西斯篇》值得特别突出，因为这篇对话在此最为接近以下这个阐释理想，亦即将结构的现实性与思想道路置于内在和谐之中。在此，将年轻人之间的友爱提升为充满张力的爱欲魔力，这一生动的教育使命成了理解苏格拉底对话之辩证交织的真正关键①。根据这些阐释可以表明，柏拉图所引导的"为权力的斗争"从根本上无法辨认除了（苏格拉底）精神赢获权力以外的道路。而或者是哲学家统治，或者是统治者进行哲学思考：仅仅是拥有对自己的权力的人，才拥有真正的权力；只有成为自己的朋友，才能成为朋友的引领者。诚如柏拉图书信所表明，柏拉图在西西里事务上的一切具体的政治主张都恰恰源于这一前提。在其中苏格拉底哲学和政治影响的统一性昭然可见。

现在，希尔德布兰特尝试根据柏拉图的著作解读出其影响的

---

① ［我自己后来通过精确分析证明了《吕西斯篇》中的主导主题是逻各斯和作品之间的和谐，并且这是基于其典范性意义。参见我的著作集，第6卷，第171—186页。］

政治命数。在此他使用了一些源于以下考虑的、方法上的主导命题：针对柏拉图同时代的读者，对苏格拉底时代的形态和场景的阐述关于柏拉图的自身意愿究竟该说些什么。

第一个主导命题在某个侧面上丰富了对柏拉图著作的个别阐释，据我所知其方法一致性是史无前例的，这个命题说的是：只有当人们像这些著作本身应当被解读的那样（它们也曾是这样被解读的）去重新解读它们，柏拉图著作中的诸多政治意愿和命运才得以明确：充满了历史影射和政治意图，这些对于面世时同时代的读者而言是明确的。为了达到这个目标，希尔德布兰特引导性地在某种"历史记忆"中阐述柏拉图时代雅典和希腊的政治关系和政治命运。而首要的是，他在阐明个别著作时始终尝试突出同时代的读者一道思考的东西：柏拉图所刻画的、在其生活的较早阶段与苏格拉底对话的众人的后来命运；在对话所发生的时间点尚未降临或者尚未完成的事件的结局；柏拉图的读者对于这些人和这些事件的评价。从这里出发，希尔德布兰特尝试将每一种作品的意义规定为对柏拉图为权力而斗争的记录。

事实上，在对话所发生的时间点和柏拉图著作被阅读的时间点之间的张力，无疑属于被柏拉图所考虑和计划好的影响。显然，这一程序的影响力在以下这种情况下是最强的，亦即当柏拉图明确引入知名历史人物或者明确影射周知的历史事件时。而这一点——对于柏拉图的命运是足够具有标志性的——恰恰在早期著作中特别如此。我在对《普罗泰戈拉篇》《拉凯斯篇》《卡尔米德篇》《美诺篇》的人物形象的政治阐释中，乃至在《国家篇》开头部分对本迪斯节的巧妙解释中看到了这一政治生活的重要成果。

第二个主导命题是：根据柏拉图与苏格拉底形象的共生，让他的作品述说他自己及其变革事业的状况。在此，弗里德曼关于警世者苏格拉底和报道人柏拉图之间牢不可破的同盟关系的洞见按照某个重要方向得到了转换。确切无疑的是，同时代的读者——在某种程度上同样还有那些对于历史处境陌生的当今读者——在苏格拉底身上听到了柏拉图在说话。在此，柏拉图的对话本质性地区分于某个纯粹创造性的戏剧作品，对于后者而言，创作家在其戏剧世界的一切人物形象上——而非仅仅是个别人物——道说他的真理。希尔德布兰特曾在此做出巧妙的评论：柏拉图在他的对话作品中让苏格拉底的年纪越来越符合他自己的年纪。

诚然，他对使用这些主导命题的指导标志的赢获乃是根据《第七封信》中的自传式报告。处于开端的是公元前399年这个划时代年，根据《第七封信》的自述，这一年意味着柏拉图与雅典政治权力决裂，在继承苏格拉底遗愿上找到了其更高的使命（这一点和对《申辩篇》中苏格拉底的阐释完全一致）。第二个转折点是通过柏拉图的第一次西西里之行而暗示的。柏拉图最终——按照他的原话——被迫说出以下这点，只有从哲学出发才能获得拯救；而这意味着：不是根据雅典的某次直接的政治骤变，而仅仅是在苏格拉底式的变革道路上。柏拉图刻画了国家精神的不间断的堕落，这种堕落让他对古老保守的、对拉科尼亚友好的（philolakonisch）*贵

---

* 拉科尼亚（Lakonien），位于伯罗奔尼撒半岛东南地区，直到公元前190年，一直是斯巴达的核心地区。此处"与拉科尼亚友好"，可能意味着与斯巴达友好。——译者

族家族(由于他的出身和天性,他对于这些家族总是感受到最为亲近,参见《卡尔米德篇》!)的传统力量再也不抱希望。希尔德布兰特在此——以高度的概略性和较之维拉莫维茨更为内在的论证——看到且标明《高尔吉亚篇》,其对民主政治的大政治家的激烈攻击一道谴责了当前小人物(卡农*)的外在成功。根据这一攻击的激情及柏拉图离开雅典的事实,他相信能够得出以下结论:柏拉图对具有政治野心的雅典青年的塑造工作遭遇了抵制。他在这一意义上阐释卡利克勒**对苏格拉底的攻击。因此柏拉图认为根据苏格拉底精神对整个国家实体进行变革的目标远不可及。在他回归之后,他又一次开启他的事业,而现在是在以毕达哥拉斯学派为榜样而设立的学园之中,并且他对其影响效果的期待开始越来越仅仅源自青年,这些青年在学园这个本己的生活圈子中被教以新的思想。但即便是他的《国家篇》的出版也没有单纯表明,他已经放弃通过自己的个人带来其事业的胜利。在《斐德罗篇》中才表明,他已经放弃了自己的行动,仅仅还想要作为教育家而在此生活,诚然,这一意愿又被西西里事务再一次打破。在晚期著作的强有力的神话中,他才终于说出昭示出他的以下意识的重要话语:不再仅仅为当下的、历史性时刻,而是要流芳百世。

我承认,我无法详细追随对柏拉图著作的这一阐释,然而通过这一阐释,关于柏拉图政治命运的方向意义达到了完全的明晰性。只有通过阐释的细节才可以表明,倘若我们以此方式着眼于柏拉

---

* 卡农(Konon),古希腊将军、政治家。——译者
** 卡利克勒(Kallikles),古希腊智者、政治家,在柏拉图的《高尔吉亚篇》中作为苏格拉底的对话伙伴而出场。——译者

图的历史命运去解读柏拉图对话、在对话中寻找这种命运的表达和证据，抑或倘若我们亲身去经验柏拉图的政治-哲学意愿，就像他针对某个人那样——且他迄今仍针对每个读者——那么，柏拉图对话的关系比例就势必被改变。在柏拉图对话中，在读者身上所发生的和在苏格拉底的交谈者那里所持续发生的是一样的："苏格拉底式反讽"的经验，将自己认识为处于交谈中的一切真正意指的东西。因此，读者——不是处于某种哲学传统之偏见下，而是处于苏格拉底问题的强迫之下——会抵制将目光从其"实事"转向对在柏拉图政治命运中这一影响的创造性本源的阐释。而他也要越发遵循这一阐述的本质意图，亦即在一切历史性-自传性个别阐释的问题之外，充分显示柏拉图政治生存与其哲学爱欲的内在关联，并且通过直观其国家意义来充实对柏拉图著作的考察，这一考察[曾经]由西方哲学传统以固定的把握形式强加于柏拉图之上。

哲学在柏拉图对话中的形象化（Gestaltwerdung）是"某种一再要求重新阐释的秘密"，尽管遥远，却像一切生动的形象生成（Gestaltgewordene）那样切近。因此，这样一种对柏拉图政治形象的具身化——它本身所具有的东西有着形象生成的遥远与切近——必须要求哲学本身的原始形象获得全新的答案。

10. 柏拉图作为政治思想家

M. B. Foster, *The Political Philosophies of Plato and Hegel*. Clarendon Press, Oxford 1935. (M. B. 福斯特:《柏拉图与黑格尔的政治哲学》,牛津,1935 年)

(1936 年)

"哲学思考乃是,以哲学的方式从事哲学史。"(第Ⅶ页)通过前言中的这一纲领性解释,福斯特将自身置于某种历史性命运的关联内,这一关联在黑格尔对历史的哲学揭示和阐释中有其本源,并且一直——至少在德国——被哲学思考者有意识地着手执行。本书的作者也是在德国接受哲学教育的,其用德语写成的处女作《历史作为黑格尔哲学中精神的命运》(1929 年)通过其标题已经表明,他深谙其基本立场的起源。在他的新书中提出了一项强有力的使命:柏拉图与黑格尔的国家哲学;并且他是以哲学的意图提出这项任务的:探讨古代和近代国家观的基本洞见。合乎这种哲学彻底性之意愿的乃是,他不是分别根据柏拉图和黑格尔的全部著作而提出国家问题,而是分别就他们各限一部——且两者都是在历史上重要的——著作:柏拉图的《国家篇》和黑格尔的《法哲学原理》。

对于福斯特的哲学意义而言,这表明,他并不是为了单纯的对照而将两部著作摆在一起。他从黑格尔那里学到,"通过单纯的对照尚且无法最终满足学术需求"(《哲学百科全书》,第 117 节附注)。他的著作的重点是黑格尔的国家哲学,但这并非意味着,他想要从黑格尔出发,与黑格尔一道阐述国家问题及柏拉图国家哲学的意义。黑格尔之所以恰恰是分析的首要对象,乃是因为在黑格尔那里近代国家概念明确地与古代和基督教的遗产相争辩;而当他从其对柏拉图《国家篇》的批判出发去寻找通往黑格尔国家哲学的通道,那么,对他而言这种明确的批判既是批判性分析的对象,也是柏拉图《国家篇》中的国家思想这一对象。他对《法哲学原理》的讨论结果,在此我们无法详述,但大概可以总结为,尽管黑格尔自己的国家概念是对柏拉图的基础性批判,但它仍没有完全展开其近代意义,因为它过多地继承了古代,而无法真正采纳基督教造物思想的真理。黑格尔喜欢一再强调,柏拉图还尚未理解现代世界的原则,亦即自身意识之自由。但历史及其要素的真正意义,人类的创造性自由,恰恰被黑格尔(诚如经常所说的那样)屈从于古代概念。福斯特试图通过敏锐的分析表明,黑格尔以此扣留了现代国家概念的决定性之物,亦即作为自主意志之权力的、国家的历史性现实。

然而,诚如我所指出,对这一论题的实施遭受着某些思辨上的任意。很难准确把握和考察黑格尔的意图,倘若人们想要从辩证发展的流变中抓住溶解于其中的固定命题;在我看来,黑格尔在多大程度上试图有意识地"扬弃"霍布斯的开端,也恰恰经常被低估。而这一顾虑会越发强烈地被提出,倘若我们考虑到对柏拉图《国家篇》的讨论,它尽管不具备黑格尔那样的理念之自身发展的辩证法,但也有一种辩证法,亦即以卓越的方式超越自身的对话辩证法。福斯特的阐释对此基本上一无所知。他对《国家篇》的阅读就像亚里士多德那样(对此的阐释借助于亚里士多德的形式和质料概念!),并且倘若他知道从在此向他显现的"混乱"中赢获某种积极的哲学意义,那么他将其仅仅归功于其生动的哲学性意义。以此方式，他实质上看得完全正确，亦即柏拉图的国家思想是通过政治，而非通过经济而得到奠基的（理想城邦超出了"猪的城邦"，亦即动物城邦的分工式的生活共同体）。通过三个阶层的各司其职（Idiopragie），还无法完全把握 δικαιοσύνη（正义）之理想。国家的本质不是"形式本身，而是精神"，国家的德性不是正义，而是自由；只不过柏拉图将近代国家思想的这一"胚胎"局限于其城邦的统治阶级，并恰恰借此将其置于 τέχνη（技艺）和分工正义的理念下。

从许多方面来看，这种对柏拉图文本阐释的方法是建立在暴力和误解之上的。他没有认清，通过引入战争阶层，分工的起始原则会被明确克服：正义的真正意义是通过划分城邦和灵魂的三个阶层才达到的（434a9：ἀλλ' ὅταν...）。他忽视了，针对外在敌人，守卫是有必要的，且这恰恰是由于内在冲突的危机产生了，所以守卫是必要的。他没有认清柏拉图通过 ἀνδρεία（勇敢）和 σωφροσύνη（节制）这些"伦理"概念所带来的这种革命性的重新阐释，且柏拉图的灵魂划分学说并非终极话语（μακροτέρα ὁδός〔更长的道路〕问题，参见《国家篇》，435b）；借此他也没有认清决定性的一点：使得 λόγος τῆς πολιτείας（政治的逻各斯）单独成为可能的 μέγιστον μάθημα（至高学问），既没有将真正的政治存在刻画为某种技艺，也没有将其刻画为现代意义上的创造性自由。事实上，现代自由概念的"胚胎"是某种本已的成熟果实。在"理想"中创建国家同时也包含了对宇宙秩序的某种全新的理想创建。很容易详尽表明的是，对《国家篇》的对话—辩证关联的忽视如何导致了对柏拉图文本的暴力阐释和歪曲。但是我们指出以下两个基础性的重要忽视就够了：〔其一，〕福斯特没有考虑古代的诡辩术，后者不仅决定性地规定了柏拉图国家思想的意义和反向意义(《国家篇》的第1卷!),而且也规定了现代国家思想的起源(马基雅维里-让·博丹-霍布斯)。其二,他通过不加思考地将亚里士多德的范畴运用于柏拉图的提问,碾平了柏拉图的国家概念。

尽管如此,本书在古代科学的圈子里可以找到读者;这不仅仅是因为它在思辨上的敏锐,也主要是由于其侧重于历史哲学,且为更尖锐地讨论古代的政治概念提供了许多有益建议。

(王宏健 译)

11. 关于柏拉图的辩证法

Hermann Langerbeck, $\Delta OΞIΣ\ E\Pi IPY\Sigma MIH$. Studien zu Demokrits Ethik und Erkenntnislehre. [*Neue philologische Untersuchungen*,10. Heft,1935.](赫尔曼·兰格伯克:"意见之流——关于德谟克利特伦理学与认识论的研究",载《新近语文学研究》,第 10 期,1935 年)

(1936 年)

在一个有点古怪标题之下所呈现出来的这项语文学研究,就其对象和方法而言,对于理解前苏格拉底哲学与最古老的希腊自然科学有着浓厚的兴趣。关于这位古代思想家的"彻底的他在性"(radikalen Anderssein)以及克服现代哲学思想之偏见——这种偏见是与正确地理解前苏格拉底哲学家相对立的——的困难,兰格伯克具有一种清晰的意识。在该文的导论部分,兰格伯克深入剖析了一种毫无结果的历史主义责难。当哲学疑难的表面上的基本设定在阐明认识现象或道德现象的时候,出于对这些基本设定的有意怀疑,人们能够发起这种责难来反对作者的研究。我认为,人们必须承认他的方法开端的正当性:他把"将传承历史理解为效果历史"称之为阿基米德点,而且只有这个阿基米德点能够真正引导某种对前苏格拉底哲学家的解释。但这首先意味着:只有当人们理解了对于柏拉图的和亚里士多德的柏拉图主义而言对前苏格拉底哲学家进行阐释意味着什么的时候,他们才能从根本上解读前苏格拉底哲学家之教导的报告和箴言选集。他的研究成果是,"不管怎样,对于德谟克利特来说,实体(οὐσία)的理念性存在从一开始就被排除了——德谟克利特与所有前苏格拉底哲学家共同分享了这个前提;但是,另一方面,在试图消除形式(而非质料!)之变化和持存的二律背反中,相对于所有其他的前苏格拉底哲学家而言,德谟克利特更切近地达到了真正的存在概念……"(第6页)。

很可惜,作者在关于其任务的这种正确且富有成果的立场上,同时看到了对研究和表达的一种风格上的辩护。这种风格很少考虑到语文学读者的需求,甚至几乎完全没有考虑到那些对他的问题提法并非不感兴趣的哲学读者的需求。这与其说是呈献出一部作品,不如说是看到了整个工作场所。倘若古希腊的语言财富不是直接从这个被阐释的文本中获得,那么对这一语言财富的涉足就尤其是有害的。我之所以强调这一点,是因为这项研究是如此振奋人心和富有启发意义,以至于那些想致力于前苏格拉底哲学家研究的人,没有人可以免除他们[对这项研究]学习的辛劳。

这项研究分为两个部分。关于普罗泰戈拉的一个章节位于处理德谟克利特的主体部分的前面。德谟克利特的原子论没有克服感性认识的相对主义,一般而言也不想展现对认识问题的某种回答,如果这一点是正确的,那么普罗泰戈拉的感觉论和相对主义也必须被证明为一种正是根据柏拉图主义而产生的阐释。在柏拉图的《泰阿泰德篇》和《普罗泰戈拉篇》中关于普罗泰戈拉形象的分析可以被看作是这方面的证据。兰格伯克得出了这样一个有说服力的结果,即人是万物的尺度这一著名命题在一篇政治性的文章中有它的起源。通过苏格拉底对"善"的追问,它的相对主义后果才被揭示出来。(兰格伯克应该更清楚地指出,为什么这个由苏格拉底所得出的结论汇入了"享乐主义"的洪流中。)同样地,这一命题所包含的相对主义的感觉论是从柏拉图的存在概念和认识概念出发才被规定的。

我认为,这些论点夸大其词了,但仍然包含有一种决定性的正确的东西:普罗泰戈拉的这一相对主义的破坏性效果——以及由此而来的相对主义的认识论概念和伦理学概念——通过柏拉图才被发展起来。如果兰格伯克坚持拒绝存在与现象($\varphi\alpha\iota\nu\acute{o}\mu\varepsilon\nu o\nu$)这种概念上的对峙,犹如在前苏格拉底哲学家那里拒绝感觉与思想之概念对峙一样,那么他大概是对的。但埃利亚学派的辩证法毕竟还是一种对前苏格拉底哲学家的普遍赫拉克利特主义的持续骚扰,并且它仍然是某种相对主义的一个可能的竞争对手,当然,这种相对主义并没有意识到它的存在论结论。

德谟克利特的这一章首先探讨了涉及伦理学的诸多残篇。这里存在许多可疑的内容,但立足于柏拉图善的伦理学的对立概念之上而单独提出阐释,这样的做法还是完全可以澄清,德谟克利特关于人类生活的论述是某种生活经验和教育劝导的表达,因而具有劝诫意义,而这是毫无疑问的,就像在苏格拉底问题中所提出的东西所意指的那样。"确定性"的反面理想——这一理想贯通和支配着这些格言——被兰格伯克彻底误解地刻画为一种"典范伦理学",这一表述虽然正确刻画出它与苏格拉底-柏拉图的伦理学的对立,但它对古老格言警句中这种理想塑造的特殊性的刻画又非常令人迷惑。

对于德谟克利特的自然哲学而言,第四章是关键性的。这一章试图在对亚里士多德报告的分析中证明,原子论与认识问题的明确关联以及由此而来的、泰奥弗拉斯托斯*对其感知学说($αἴσθησις$-Lehre)的批判展现了一种对德谟克利特的解释与再解释。兰格伯克说得非常漂亮(第101页):"或许德谟克利特根本没有构想出感知概念,也就是说,没有构想出某种感性事物对某种精神之物的作用的概念;而且或许他完全承认譬如镜子也'观看'。"对我来说,他对类比推理对于古代自然科学之意义的限制也是非常值得牢记的,第48页中讲到:"也许说到底,这是一个没有被充分重视的事实,即对于[自然]进程而言,因而也对于它的合规律性而言,古代科学兴趣极低。古希腊人对"自然定律"这样的词语完全不了解,这确实不是偶然的。"并且,当人们习惯于说机械的世界观——对于阿那克萨戈拉来说,它规定了种子(Homoiomerien)之间的行为;对于德谟克利特而言,它规定了原子之间的行为——最后能够带出关于运动、撞击和事件的抽象定律的时候,兰格伯克正确地察觉到,这些定律恰好无法被表达出来。德谟克利特的原子论及其认识意愿指向的是物的真实存在,而不是"进程"。

---

* 泰奥弗拉斯托斯(Theophrastos),古希腊哲学家,先后受教于柏拉图和亚里士多德,后接替亚里士多德执掌"漫步学派"。——译者

尽管有些过分尖锐和术语上的误用(在第37页里面,他在亚里士多德那里完全无碍地谈到了"尺度-标准",就好像我们在这里已经置身于希腊化时代认识理论的"唯名论"中了!),但对我来说,头等重要的事情是,兰格伯克的研究是一种很有价值的、对消除现代认识论之偏见的推进,而这些偏见是与正确评价前苏格拉底的"自然哲学"相冲突的。

W. F. R. Hardie, *A Study in Plato*. Oxford, Clarendon Press; London, H. Milfrord, 1936. (W. F. R. 哈代:《关于柏拉图的一项研究》,牛津/伦敦,1936 年)

(1938 年)

作为德语读者,并且在德语读者面前对手头这部研究著作给出批判性说明,这项任务有着非同寻常的困难。哈代完全处在哲学与语文学的柏拉图阐释的英语传统当中。他不仅偶尔地,而且持续且明确地援引了他同胞的工作,与之相反,对德语工作的这种援引却没有发生。相对于他所针对的英语世界的读者来说,英语研究在我们德国自然没那么有名,因此正确地评估这部著作的独特和新颖并不容易。无论如何这部著作也应该获得一种特别的兴趣,之所以这样是因为,从这部著作出发,我们得知了哪些是正在蓬勃发展的英语研究之最重要的主题和论点。泰勒(A. E. Taylor)*的重要性尤其清楚地显示出来了,在德国,我们对他的了解乃是通过他的《蒂迈欧篇》注疏(这个注疏是一项在洞察力和博学方面都值得敬佩的成果),而非通过他的柏拉图著作。"今天所有柏拉图的学生都处在泰勒教授的巨大且明显的恩惠之下"(前言,第Ⅵ页;类似的说法可参见第 1 页)。泰勒这部伟大的柏拉图著作在德国很少被人所熟悉,我觉得这是毫无疑问的了。

但是,由于手头上的这部研究著作与柏拉图的文本保持了较

---

* 泰勒(Alfred Edward Taylor,1869—1945),英国著名的观念论哲学家和柏拉图研究的知名学者,早年受英国新黑格尔主义的影响。代表作有《柏拉图:其人其作》和《对柏拉图〈蒂迈欧篇〉的注疏》等。——译者

大距离,并且它详尽且完整地讨论了理解的各种可能性,而非仅仅呈现自己的观点,所以对它的评判也进一步变得困难了。在这里,这种注疏的风格——很久以来,英语的研究确实在这种注疏风格之下被特别地凸显了出来——本身蔓延到了研究的风格当中:这个本身被称为"一项研究"的论文,与其说是从它的作者的主观兴趣出发,不如说它显示为那种大概在德国称之为实用百科全书中的文章!德语读者恰好还不能逃脱这样一种姿态的强烈印象,这种姿态是如此地充斥着真理的客观性,以至于它认为其对真理之客观性的最本己贡献,不是在其他地方,而是在于它削弱了反方观点的若干论据。

不管怎样,详尽地追踪哈代的阐释路线是不可能的。从导论的原则出发,他的目标所指的地方就立马变得清晰:"对于一个哲学理论而言,在柏拉图的对话中看到并且询问在其中哪些因素是正确的或哪些是错误的,这一点是合情合理的"。对于德语研究来说,这两个原则绝对不是自明的,一个难题是柏拉图的"存在论"从苏格拉底问题和柏拉图国家政治的意愿中诞生,而后者与对这一"存在论"之真理的追问是无论如何不会同时发生的。在哈代那里,人们毕竟会承认,对于亚里士多德和所有后继者而言,理念论曾经是一种"哲学理论",其历史理解无法脱离对其"真理"的追问。对于哈代常常用以反对柏拉图的那些批判性论证而言,如下一点也被人们称赞,亦即这些论证并不是满足于给出对柏拉图的"混乱"和"失败"的确认,而是试图弄清楚在其中他的真正想法。对柏拉图理念论的讨论——这项研究开始于这种讨论——的目的在于,把《巴门尼德篇》这篇对话(更确切地说既包括这篇对话对理念论的异议,也包括第二部分中意图如此神秘的辩证法)带到这样一种解释中,这种解释不仅与亚里士多德的看法而且与新柏拉图主义的看法相一致。

哈代试图首先用柏拉图的《泰阿泰德篇》来证明亚里士多德以下阐述的正确性,即柏拉图[在这篇对话中]已经引入了理念,因为感觉事物不可能是科学的对象。他有充分的理由强调几何学对理念论的重要性,以及同样有充分理由通过柏拉图的《国家篇》表明亚里士多德报道的正确性。然而,对《巴门尼德篇》阐释的酝酿在关于"理念的分离"(众所周知,这是亚里士多德对柏拉图批判的要点)的这一章中达到了顶峰。哈代对柏拉图学说的辩护是原始的和充满矛盾的:为了使生成和流逝的事物之实存恰好也得到确保(因而出于与埃利亚学派相反的立场),理念的先验性变得不可避免(参见第56节、第57节)。事实上,这种阐释把柏拉图的中期对话(特别是《国家篇》)与晚期对话(《蒂迈欧篇》与《斐莱布篇》)紧紧地绑在一起了,并且给予《巴门尼德篇》一种支配性的地位。哈代在第9章中论述了对话的第一部分,在第10章中则论述了对话的第二部分。对这两部分而言,这种阐释——他以一开始就被刻画的谨慎和谦虚的态度推荐了这种阐释——非常一致,而且超出到如下情况:亚里士多德对此的报道(即从"一"和"无定之二"中产生出理想数字)支持这篇对话。如果苏格拉底从一开始就利用可分离的理念之"多"来反对芝诺的辩证法,那么在由巴门尼德最终唤起的理念本身之领域中的辩证法就意味着一种对处在理念对岸的"一"的暗示。并且,如果第二部分的辩证法既不应该被理解为单纯的练习,也不应该在"观念论的"阐释中被理解为对"一"的谓述的积极指明,那么这同样意味着,新柏拉图主义者和他们无数后继者的"否定神学"并没有错误地引用这种辩证法的第一前提来为自己作证明。这个不包含任何谓述,甚至也不包含存在谓述的"一",甚至不是一种新柏拉图主义的措辞,也不是那种在第二个假设中提出的、存在谓述的理智宇宙。一与多的问题同样而且正好支配着柏拉图辩证法的终极、至高维度,这种辩证法把握的不是事物的多,而是理念的多。事实上,这样就把对《巴门尼德篇》的这种阐释与柏拉图《国家篇》中的"彼岸"锁在一起了。新柏拉图主义者有理由把这两种暗示彼此连接起来①。

在第 11 章中,作者试图从如下事实来捍卫他的成果:在神学方面,柏拉图最晚期的两部著作(《蒂迈欧篇》和《法律篇》)丝毫没有显露出新柏拉图主义的倾向,而且在一个附录中,他从哲学上为在柏拉图那里已经看到的否定神学的观念和先验思想做了辩护。

客观地讲,这部著作的主要成果与马克斯·冯特*最近给出的对新柏拉图主义的《巴门尼德篇》解释的辩护不谋而合(载《蒂宾根古典学文献》,第 25 期,参见《德意志文献报》,1936 年,第 1 期,第 11 栏以下)。然而,除了这部著作以外,它有权要求一种本己兴趣,特别是由于那种借此到处针对实质性问题本身的直接性,更是如此。这是它的强项,当然这也是它的不足之处。尽管哈代也明确地尽力防止对文本理解的现代化思维,但对我而言,无疑他在细

---

① [对此,可参见我的论文"柏拉图的《巴门尼德篇》及其影响",载《哲学》(*Filosofia*),第 51 卷(1983 年),第 33—51 页(现收入我的著作集,第 7 卷)。]

* 马克斯·冯特(Max Wundt,1879—1963),德国哲学家、古希腊哲学史家。——译者

节上并不罕见地落入这种危险。如果人们(像哈代那样)忽视了这篇对话的戏剧性内容和教育性意义,并且"仅仅"想要把握住它的神学内容,那么这样的错误就尤其变得不可避免了。尽管如此,这本书仍传达了一些很有价值的想法,这首先要归功于以下这种深思熟虑的方式,通过这种方式,它评价了英语研究的成果并且把这种成果用于它的问题提法当中。我认为,哈代的《巴门尼德篇》阐释还是一直走在正确的道路上的,并且特别是,较之人们所普遍认为的,《国家篇》与《巴门尼德篇》的提问之共属一体要更为紧密。正如我认为的那样,对理念学说的"多元论"的克服不是柏拉图哲学的一个(较晚期的)阶段,而是柏拉图哲学本身。

Gerold Prauss, *Plato und der logische Eleatismus.* Walter de Gruyter, Berlin 1966.（格罗尔格·普劳斯：《柏拉图与逻辑埃利亚主义》，柏林，1966年）

(1974年)

　　人们不会立刻把本书的标题与这部优秀著作在主题和内容上的正确印象联系起来。因为柏拉图的理念学说利用了埃利亚学派对真实的自为存在的规定，对我们来说，这一点诚然立刻会被考虑到；但是人们也将此与所谓的埃利亚学派对话（Eleaten-Dialoge）联系起来，这些对话的主题是对这一存在思想的继续发展和克服。是的，人们首先想到的是对埃利亚学派的存在思想的批判，但这种批判确实无法简单地消除埃利亚学派的基本规定（特别像《蒂迈欧篇》教导的那样），即便这些规定是被修正了的。相反，本书想要用柏拉图的逻辑埃利亚主义来指称那种建立在早期理念论的基础之上——诚如作者认为的那样——并且通过回忆学说（Anamnesis-Lehre）而被奠基的知识理论，人们或许能够将这一知识理论更好地称之为一种逻辑原子主义。

　　经过准确的分析，普劳斯强调的是回忆学说对知识所具有的那种意义。正是可感事物被追溯到理念那里，亦即追溯到一种事先就被熟知的事物那里。作者出色地指出，在柏拉图思想发展的这一阶段之中，一种实体——诸如属性或谓述之类的性质附着于实体上——的表象是不恰当的，因为可感事物毋宁说是作为诸种潜能（Dynameis），亦即存在之可能性与知识之可能性的组合体而呈现出来的。因此，知识，甚至逻各斯（知识就是在逻各斯中表达出来的)也是一种单纯的话语组合体,古希腊词 διονομάζειν(用名字区别)就显露出了这一点。因而,逻辑埃利亚主义意指一种知识形式,这种知识形式不是从判断的谓述结构中被描述的,而是能够被更确切地称之为一种同一化的方式。由于理念以及一(这个"一"在它的单一性中被所有的"多"分有)的绝对分离性,普劳斯将这一论断称为埃利亚主义。

清楚的是,这样一个名称早就旨在暗示对这一立场的必要超越,并且这篇论文的第二部分过渡到了对逻辑埃利亚主义的一种批判,这种埃利亚主义支配着柏拉图自己的开端。这一点在《泰阿泰德篇》第二部分中被贯彻实施了。这项研究有它自身的精确性,并且对这项研究而言,值得表扬的事情是,人们在作者所进行的每一个思考步骤里面都能感觉到有明确目标的引导。在任何情况下,都可以从他的阐述中学到很多东西。不过,借助于这个论证,一种能够被逻辑埃利亚主义所刻画的早期理念论是否能够区别于其晚期的发展,对我来说显得很成问题。凭借小心谨慎和实事求是的洞察力,作者分析了《斐多篇》中的回忆学说和关于理念之假说(Hypothesis des Eidos)的发展。而真正的论证目标——这是《斐多篇》中的完整阐述所具有的——恰好不是容许对单一理念的孤立化,毋宁说是奠基于必要的连结和蕴含,这种连结和蕴含存在于一个理念和其他被规定性之间、存在于热与火(和雪的非持存)之间以及存在于灵魂与生命(和死亡的非存在)之间,这难道不是很引人注目的吗?对我来说,让作者的"埃利亚"论题与对话的论证意图和要求保持协调一致,这一点是毫无希望的。对我而言,类似的东西也适用于《美诺篇》,并且借此,作者试图在《泰阿泰德篇》

第二部分中揭示的过渡阶段以不同的视角显现出来。而在《美诺篇》中,通过理由而塑造的连结与知识的本质被带入了最紧密的关系之中,并且回忆绝不将自身局限于理念的单纯觉知。它的任务是,塑造这样一种连结,以便将理念连为一体,将意见连结以达到持存。

客观上讲,关于《泰阿泰德篇》第二部分的阐述想要证明——并且事实大致也是如此——这篇对话的作者已经拥有对原子主义-埃利亚主义的不充分性的深远洞见。此外,普劳斯以极强的洞察力研究了出现在判断形式中的命题,比如"泰阿泰德会飞行",这些命题极其顽固地对抗着逻辑分析。(对此可参见卡姆拉〔W. Kamlah〕以及他的学生洛伦茨〔Lorenz〕和米特尔施特拉斯的新近工作。)在所有这样的判断中必定涉及理念的某种组合物,这是分析的前提,他的分析乃是从这个前提出发,而在我看来显得非常成功。在首要援引英语研究者的情况下,如果他没有将"泰阿泰德"视作专名,而是视为可能事实的基底的再现(这些事实也包括飞行这个动作),那么他当然是对的。因此,以下这一点确实是正确的,亦即在晚期亚里士多德的存在论和逻辑学中被称为主体之同一性问题的东西是支持这种措辞的。尽管如此,一种特定的修正在这里也显得必不可少。在这个例子中所涉及的组合物必须是那种在人之理念与飞行之间的组合物。判断的错误一定是由于这里所涉及的两种理念互不相容。——我想知道这一点仅仅被理解为对其出色分析的补充。正是基于普劳斯的这种阐述,"泰阿泰德会飞行"这个判断表示一种理念的连接才变得容易理解,尽管需要坚持强调的是,此处所涉及的是在我们面前看到的这个泰阿泰德。

在这种确认中指的不是个别事物,毋宁说是承载着不同的可能规定的同一性、同一性环节。

但与基本问题相比,这种简短评论完全失去了它的光辉,而这个在我的补充背后的基本问题就是:"早期理念论及在二分式辩证法(dihairetischen Dialektik)意义上对它的批判和超越",这个模式是否真的与事实相符合。如果我对传统模式的怀疑没有被这项工作而动摇,那么这也首先是因为晚期柏拉图的数论和理念论——正如作者看到的那样——根本就没有进展到谓述性的判断理论,而是正好也把逻各斯的结构应用到数之模式上,亦即作为多中之统一的数之模式。然而不可否认的事实是,这个学说原则上远离了关于某物之为某物($\tau\grave{\iota}\ \kappa\alpha\tau\acute{\alpha}\ \tau\iota\nu o\varsigma$)的逻各斯,而这种逻各斯是亚里士多德的逻辑学和范畴理论的基础;同样不可否认的事实是,这个学说离早期的疑难非常近,而这一疑难不仅仅是关于德性统一性的疑难,也是关于《国家篇》中"总览式"辩证法(synoptischen Dialektik)的疑难。对于我而言,一种逻辑埃利亚主义与其辩证消解的区分似乎并没有正确地看待如下事实,即从一开始柏拉图就从数出发来试图思考逻各斯的本质,并且绝对没有背离过这个方向。[关于此参见我的文章:"柏拉图的未成文辩证法",载伽达默尔等编:《理念与数》,海德堡,1968年。现收入我的著作集,第7卷。]

Paul Stöcklein, Über die philosophische Bedeutung von Platons Mythen. [*Philologus*, Suppl. Bd. 30, H. 3.] Dieterich, Leipzig 1937.（保罗·施多克兰：《关于柏拉图神话的哲学意义》〔载《语文学家》，增补第 30 卷，第 3 期〕，莱比锡，1937 年）

（1939 年）

柏拉图的神话正好处在新近柏拉图研究的航道之中，这种研究与那种把柏拉图看成是逻辑学家和形而上学家的片面兴趣相决裂，而使柏拉图的神话再度成为探讨的课题。出自施多克兰的这本著作（它最初是一篇写于 1931 年的维尔茨堡的博士论文）在书名中已经说明了它区别于赖因哈特和弗里德兰德对这个题目的处理。该著作想把注意力集中于柏拉图神话的哲学意义。施多克兰在神话中看到了逻各斯的预备阶段，用黑格尔的话说，就是一种"思想的软弱无能"，但它仍然是一个必要的阶段，是图像和象征的阶段，这个阶段还处在通向概念的路上。这个论题符合以下这一任务，即想要"根据那些在此期间被广泛地按照年代顺序排列的作品，在一定程度上以经验的方式'解读出'预期的法则（也即贯穿于神话中的逻各斯法则）"（第 8 页）。第 2 章以四部分内容贯彻实施了柏拉图所关心的不同问题：(1)不朽的思想（《克力同篇》《高尔吉亚篇》《美诺篇》《斐多篇》）；(2)天界的报酬与惩罚（《高尔吉亚篇》《国家篇》《法律篇》第 10 卷）；(3)伦理意义上的自由（《国家篇》《斐德罗篇》《法律篇》）；最后是(4)神的理念（《蒂迈欧篇》《智者篇》《斐莱布篇》《法律篇》第 10 卷）。人们猜测到：处在每一个序列结尾的乃是对首先仅仅在神话中被预先把握的东西的概念把控。在该著作第 3 章中，作者（根据《政治家篇》第 277 页以下）给出了对关于寓言的哲学（Philosophie des Gleichnisses）的一些可观贡献。因为比喻对他而言就是"神话所包含的、独一无二且在哲学上意义重大的要素"。

考察对同一个问题的神话处理和辩证-概念处理之间的关系，是这项工作的基本想法，它无疑具有某种特定的丰富性。但是，从方法论上讲，这项工作是有缺陷的，因为作者不是每次都根据神话的哲学意义、在他所限定或中断了的逻各斯之上来考察神话的，而是将神话与一种（除此之外，还从传记上被解释的）对话的结果相关联。于是就产生了如此奇怪的过分要求，诸如柏拉图关于神的想法应该从《蒂迈欧篇》中的神话形式发展到《法律篇》第 10 卷中的哲学形式，以及柏拉图不是在《斐德罗篇》中，而是在《政治家篇》中才澄清"神话阐述的本质和价值"。但是，从细节上看，在这本著作中，尤其是关涉《法律篇》第 10 卷的那一部分内容（"恶的世界灵魂"〔bösen Weltseele〕的实现），可以找到许多机智和出色的观点。

（李成龙 译，王宏健 校）

12. 关于精神传承物

Alfred Körte, *Der Begriff des Klassischen in der Antike*. [Ber. über die Verhandl. der Sächs. Akad. der Wissensch. zu Leipzig. Phil.-hist. Kl. 86, 1934, 3.] Hirzel, Leipzig 1934. (阿尔弗雷德·科尔特:《古代的经典概念》,莱比锡,1934 年)

(1935 年)

这篇短文专注于在瑙姆堡经典古代科学专业研讨会(1930年)上被讨论的那些问题,并且尤其专注于[研讨会上作的]第一个报告:施特鲁克斯(Stroux)的《关于古代经典的种种考察》[①]。一种关于经典概念之语词史起源的再考察促使科尔特强调如下观点,亦即这个概念是作为纯粹的价值概念,而不是作为风格概念出现。根据他的观点,事实上类似的说法也适用于将古希腊作家

---

① 参见《经典问题与古代》(*Das Problem des Klassischen und die Antike*, Leipzig u. Berlin 1931),第 1 页以下。

纳入 κανόνες（正典）：它仅仅意味着一种价值判断，但并不意味着一种风格判断。他在这种论断上所做的强调极具特色。科尔特当然不会不尊重这种对经典概念之意义和正当性的狂热兴趣，这一兴趣促成了瑙姆堡研讨会，而且这一兴趣也表明：通过思考古代持续产生着影响的遗产，关于古代科学的工作在多大程度上能够被复兴；但他向如下危险发出警告，亦即将现代的概念与它在这种经典文献的起源历史和传承历史中的全部歧义相混淆。对于那种为了创建亚历山大里亚正典（κανόνες）的主导标准而援引柏拉图《法律篇》的做法，科尔特加以抵制，这在我看来似乎并不是毫无根据的。他的观点完全正确，即正典形成一般不可能被固定在某种确定的风格理想上，并且也不可能被固定在某种"经典"时期的历史概念之上。然而，对我来说似乎是这样，即他并不完全有理由带着这样一个要求来加重施特鲁克斯阐释的负担。如果他在阿里斯多芬的《蛙》（第89页以下）和吕库戈斯（Lykurgos）的戏剧规则中看到正典形成的开端，那么对于施特鲁克斯的问题提法来说，这无论如何是没有答案的。因为施特鲁克斯追问的是在正典化（Kanonisierung）中显露自身的价值判断的起源。价值判断的标准虽然的确不是一种被限定的风格理想，并且它并不建立在某种关于经典之理论的基础之上，但它有一个来源——即来自于修辞学的技艺和柏拉图-亚里士多德的哲学，而在这样一种美学理想教育明显后退的时代中，这一来源形成了那种在德国古典主义时代里尚且规定经典概念的风格理想的基本轮廓。

科尔特的这些解释能够遏制某种在施特鲁克斯报告中或许不是完全避开——或者至少不是完全排除的误解。但是，如果人们将这些解释关联到那场瑙姆堡研讨会的核心兴趣，那么这些解释正好证明了讨论会本身的倾向——看上去他没有察觉到这一点：实施经典范畴的历史性以反对纯粹审美的风格范畴。这确实是真实的，即在瑙姆堡[研讨会]的诸多报告中，审美的风格概念常常扮演着首要的角色。被科尔特所引用的、来自沙德瓦尔特（Schadewaldt）之报告的引文，听上去就有很浓的古典主义的审美风格概念。但是，真正的问题仍然是针对这一历史的发生事件的，这种发生事件将经典的历史表现提升到一种经受住历史的典范有效性（Mustergültigkeit）之上。科尔特正确地强调说，在这种历史关联中，对古希腊文献之经典作品的正典化并不是某种先行引导着的审美风格理论的结果。但反过来讲，他也不想否认，借助于这种正典化，经典的风格概念被一道构成了。并且人们将向他证明，关键的并不是这种风格概念本身。人们试图理解经典的历史效果力量，而这种效果力量恰恰超出了审美之物——并且沙德瓦尔特也说到了这一点（同上书，第23页）。这段令人不快的、科尔特借此来结束论文的歌德引文，让我们明显感受到他与在瑙姆堡[研讨会]上真正涉及的东西的对立。因为不存在"关于古[经]典主义与浪漫主义的杂音"，并且也或许不存在关于这一问题的杂音，即埃斯库罗斯是否是经典作家……这里不涉及风格范畴及其应用，毋宁说重要的是，存在着这样的经典，诚如它所能成为的那样，诚如作为"历史学家"的我们所能是乃至所知的那样。

Klaus Reich, Kant und die Ethik der Griechen. [*Philosophie und Geschichte.* 56.] Mohr, Tübingen 1935.(克劳斯·赖希:《康德与古希腊伦理学》〔载《哲学与历史》,第56卷〕,蒂宾根,1935年)

(1938年)

康德与哲学史的关系还没有被历史意识的兴起触动过。虽然康德在他的讲座中顺带探讨了哲学史,而且主要在他的文章中并不罕见地承认或批判地谈及过"古人";但是康德很少谈到对古代(尤其是柏拉图和亚里士多德的)原始资料的真正研究,这种做法跟谢林或者黑格尔完全不同。因此,这并不令人感到意外,即格哈德·莫洛维茨(Gerhard Mollowitz)能够(参见《康德研究》,第40卷,第13页以下)——跟随海泽(Heyse)的建议(参见《古典时代》,第8卷,第48页以下)——证明:康德的柏拉图理解完全是从布鲁克(Brucker)的《哲学历史批判》(1767年第2版)中获得的,并因而包括了柏拉图主义的所有奥古斯丁-中世纪传统。

尽管如此,在康德思想中与古代哲学(尤其是与柏拉图)的相遇却引人瞩目。1770年博士论文中的批判转向就发生在柏拉图的直接吸引和明显影响下。但是,不仅与启蒙时期形而上学之唯理论的决裂可以追溯到这样一种与柏拉图的相遇,而且他的伦理学从英国道德哲学家的人类学经验论到批判的法则概念之严格性的"颠倒"也可以追溯到这种相遇。这一点被赖希在手头上的这部著作中清楚地看到了,并且他试图通过敏锐的个别阐释和历史起源分析来详细地证明它。

[这部著作]第一部分的一般论题被赖希很好地贯彻实施了，这个论题是：康德通过门德尔松的《斐多篇》被引向了与柏拉图的相遇，这种相遇让柏拉图的理念论全然变成了真正的道德哲学之典范。诚然，对我而言，作者有时似乎遗忘了前言中的认识：对于康德而言，由于他对莱布尼茨主义者和罗马人的了解，"一种仅仅与哲学之开创者的临时且间接的相遇必定会产生与没有它时不同的效果"。对我来说，不是所有那些被他追溯到《斐多篇》的影响的东西都得到了确保，尤其不是赖希的出发点，亦即《道德形而上学奠基》的立场。从这里出发，对康德与其同时代先驱之关系的精确研究，尤其是与鲍姆嘉通（Baumgarten）及其他作者的著作（这些著作为康德的讲课稿奠定了基础）之关系的精确研究，才能够得到最后的澄清。

这也特别适用于[这部著作]第二部分的论题，即潘尼提乌斯-西塞罗（Panaitios-Cicero）的义务学说为《奠基》的第二部分提供支持（尽管前者由于以柏拉图为典范所赢获的立场而批判性地与后者相区分），而且康德通过克里斯蒂安·伽尔韦（Christian Garve）的西塞罗译本（1783年）很容易接近这一学说。赖希认为，在"通俗道德世训"（康德在这里借此展现了向"道德形而上学"的过渡）中了解潘尼提乌斯-西塞罗，并且在与义务学说的开创者争辩的过程中看到康德对"世界公民原则"的使用，这些都显示出对他的前辈的尊敬。实事求是地讲，康德从此踏上了正确的道路，即《奠基》中给出的绝对命令的三条"规则"被理解为道德法则的直观形式，而且追问这些表象形式的起源。但是，在这里，在潘尼提乌斯-西塞罗中的历史起源确实不是康德想充满敬意地证明的东西，因为他恰恰想要维系于"置身于摇摆不定"中的诸表象。实际上，不是潘尼提乌斯-西塞罗本身，而是在莱布尼茨主义者那里，这种西塞罗主义的传统是有生命力的。如果赖希一并重视这个传统的承载者的话，对这个材料——康德在其绝对命令的"规则"中讨论过这个材料——的古代起源的证明会更有意义、更富教益。

除此之外，这项厚实的研究是建立在卓越的康德知识和生动的康德理解的基础上的，而且通过其历史的个别阐释的透彻性，这项研究恰好从方法论上也将使得古典学者感到满意。其客观的结果完全配得上他的兴趣。因为这部著作表明，就算一个人（不带有任何历史目的）依据自己的本源而进行哲学思考，然而他仍然无法排除持续产生影响的传统以及源始地与古代重新相遇。

Hans Rose, *Klassik als künstlerische Denkform des Abendlandes*. Beck, München 1937.（汉斯·罗泽：《作为西方艺术性思想形式的经典》，慕尼黑，1937年）

（1940年）

本书的广告发布姗姗来迟。这一情况有着内在的原因。笔者在处理本书时一次又一次动摇，考虑是否将书评任务退回给主编，以便未来让一个考古学家或者艺术史家来作评价。说到底，这部由一个艺术史家写成的著作竟是如此规模广泛且决定性地超越了一切专业界限，以至于对他的重要意义的评价不能着眼于个别科学的知识，而需着眼于其方法及其整个目标。

在历史实证主义的时代，经典问题根本不显现为一个学术问题。然而，从历史真理概念开始脱离对自然科学的事实概念的依赖关系以来，就表明了，诸如经典概念这样的概念绝非某种主观评价的单纯表达，毋宁说是一个真正的历史概念。在1930年瑙姆堡经典古代科学专业研讨会上，经典概念对于历史研究重新获得重视就从不同的方面出发得到了讨论。罗泽的书尝试在这条道路上继续前行。他直接指向经典的某种体系，而非屈服于历史性的抽离，后者使得经典概念成为某种无时空的风格概念或价值概念。相反，沃尔夫林（Wölfflin）的学生——他是从文艺复兴研究及对巴洛克艺术理论的研究出发接近经典这个问题的——没有将经典看作某个艺术史的基本概念，毋宁说，他将其看作某个规范思想，其唯一的历史性本源在古希腊的造型艺术和建筑之中。"经典在这一语境中意味着任务与解答的关系。""在一个短暂的历史瞬间，似乎产生了毫无残余的生活期待。"(第3页)罗泽恰恰在零散的独一性和连续的权威性之间看到了经典问题,同时他远离任何对历史的先验的、目的论的意义阐释。与这一任务相应的是,他也探讨了当前一种新经典的可能性——并且着眼于经典的条件的独一性、其"自然相似性"而否认了这种可能性,或者说,将其托付给某种新古典主义的有意形式。

无疑,将某种经典体系的诸种开端——这些开端分别呈现了新近的艺术史和考古学——联系起来是一种有望成功的思想。巴洛克艺术是罗泽自己的研究领域,他的立足点一定在此。因此他着手批判罗登瓦尔茨(Rodenwaldts)在1916年的文章中的怀疑,并概括了他自己的观点:他将经典不是看作某种发展史的风格概念,而是看作"对某个特定瞬间的艺术性的思想形式",因此也是一个"没有对极的极点",一个"中心"。本书就致力于探讨希腊造型艺术与建筑中的这个被重新阐释的现象。

罗泽的正面阐述的出发点是一个关于经典"词汇"的方法论意义章节,它提出了一个罕见的要求:"仅仅使用为古典时期而产生,因而在古典时期才具有历史和心理可能性的词语和概念"。诸如艺术家、性质、英雄的、人性、地形、创造这样的词语会被完全拒斥,其他词语,诸如宇宙、自然、节奏,则首先要清理其后古典主义的转义。然而这一要求的基础却是某种转换。根据其本已概念去处理对某种历史现象的直观是正确的——对于每一位真正的历史学家而言也是权威性的,然而,想要将解释者自己的词汇局限于这一概念世界或词语世界的设想却是幼稚的。作者也认为这个要求本身是困难的(第125页),而且幸运的是,他没有严肃对待这一要求,以至于他在接下去的一个章节中继续谈论经典的人格性理想,且在其中客观地提出了朝向客体的个体主义与主体主义的后古典时期存在之间的区别。

借此,贯穿全书的主导动因首次被提出。它所传达的经典图像,乃是通过持续地抵制主观之物而赢获的,后者在表达形态和灵魂深度上的丰富性——以及它对于我们所有人的强力——决不能误认。在此不可能详尽地讨论,在哪些视角之下,对经典的直观被彻底改变了。罗泽自己在一开始就强调了研究的核心关注点,后者带领他从不同的出发点走向同一个目标。以此方式,在一个关于古代政治的章节里,他表明,古典时期集体主义的国家精神如何能够足以有效针对后古典时期,以便保存个体的丰富教化,以抵制主观主义转向。关于《建筑与人》的章节极具启发性,它根据造型艺术与建筑的关系显明了经典和谐的本质。关于《希波克拉底的世界图像》的章节则寻求在医学和自然科学中证明存在着某种相同的、"刻意塑造的秩序"的经典性。"即便在此,经典仅仅形成了在广袤的宇宙秩序和最紧凑的兴趣集合(对主观的、被诸种观点所推动的个人的兴趣)之间的某种短暂的过渡阶段。"(第95页)通过经典的国家思想和自然理想,罗泽将希波克拉底"出于整体"的精神方法——并不那么顺利——总结为"演绎方法",后者也构成了艺术性经典及其对西方的普遍有效性。

从这里出发,艺术性经典的一些基本问题将得到观念史的探讨:它在正确性图像和有效性图像之间的位置,它与古代晚期业已形成的实在论之间的疏离,遴选思想(诚然,这一思想本身和美之理念一样在后古典时代才得到明确的思考)的支配地位,最终还有对自然整体中的各种地形分门别类,后者同样源于对"表达"的主观主义追求。

最后,在"主体和客体"这一标题之下,借以赢获经典形象的标准被提出:"这里的论题是,真正意义上的经典无法被表象,与客观主义思潮的更质朴阶段紧密联系、不可分离,这种联系是如此紧密,以至于一旦出现某个复杂思想进程的第一次活动,或者出现主观主义映射的第一次征兆,艺术就会丧失它的经典特征。"(第124页)于是,从古典到后古典的历史性转变就是从"客观主义"表象转换为主观主义世界观的多样性,诚如罗泽所见,这种转变灾难性地限定了现代人认识经典的、本己的方法处境。就这样,关于亲身性、原创性乃至天赋的说法失去了其合法性——行会集体拥有某种朴素—自明的支配性,它尚且有别于中世纪建筑工人的那种观念自觉的行会。在古典时期,时间被体验为"客观的合成物",作为延续,作为某种处身之物(Zuständliches)——而后古典向主观之物的转向又在于,将时间呈现为进程,因此产生了对运动和行动的偏好。对光的真正发现也仅仅是因为,光被当作表达和伦理(Ethos)的最重要载体。

最后,在结语里经典才作为世界而被探讨。事实上,尽管整体来看可以感受到某种风格意愿,以及作者依据经典的"客观"图像以克服对表达和理解的"主观"评价的意图,然而支配着全书的是某种历史性洞见的意愿。在此体现出全书的动人之处,亦即将经典历史性地把握为西方的思想形式,而这也同时意味着,(经典)处于朝向它的他者的持续运动之中。

作者为他的使命做好了准备:他的出发点是巴洛克艺术理论

和文艺复兴经典,鉴于远为缄默的古代传统,这个出发点给予他富有价值的类推性。很明显他也很好地掌握了与他相距甚远的科学领域。然而对于这部有着机智评论和健全的基本方法原理的著作而言,我们又无法完全满意。它缺少直观的直接性,而又陷入对细枝末节的零碎处理中,最终这令人疲惫。他的语言形式也给人一种模棱两可的印象。除了令人惊讶的准确表述之外,也有如此糟糕的句子诸如上文中从第 124 页所引用的;除了极其简洁而具有客观性的用语之外,也有对可疑的联系的主观强调。最后人们不无惊奇地发现,全书被分解为三个主体部分:经典的人格意识,经典的自然观念与"朝向客体"的思想形式,三者的统一性刻画出经典的精神。罗泽甚至想要赋予这种三位一体以某种普遍历史周期律的意义。然而这种建构性思想并不适合这样一部著作,其优缺点确实不在于建构的严格性,而在于变化的多样性,后者覆盖着此书的基本思想。

Geistige Überlieferung. Ein Jahrbuch. In Verbindung mit Walter F. Otto und Karl Reinhardt, hrsg. von Ernesto Grassi. Küpper, Berlin 1940.（埃内斯托·格拉希编：《精神传承物》[《年鉴》]，柏林，1940年）

(1943年)

目前在柏林大学担任名誉哲学教授的埃内斯托·格拉希，与语文学家瓦尔特·F.奥托和卡尔·赖因哈特一道，编撰并出版了这部年鉴，其标题是《精神传承物》。这部著作集合了这三位编者的文章及一些旨在"澄清概念"的短文，其中包括指挥家富特文勒（Wilhelm Furtwängler）的某个发言，它是对音乐领域的"历史主义"的反思。

全书意图的特征一方面在于，两个重要的古典语文学家的名字和一个哲学的代表人物的结合；另一方面还在于，德国和意大利学者在同一项事业中的合作。"精神传承物"这个标题与其说是一个口号，不如说是一个难题，亦即我们对于过去的关系问题，与古代希腊和罗马的特殊且显著的关系问题。而这并非一个狭义上的学术问题——当然它也的确涉及经典古代科学对于我们与古代的联系的权界问题。编者对此大概是了然于心的。在一封具有引导和纲领性质的"公开信"中，格拉希追溯到尼采对语文学家的攻讦，这一攻讦似乎先行开启了古代传统的当前危机；而奥托在他同样纲领性的回应信中，讨论了在现代人类的文化危机下希腊人的遗产之意义的全部规模。他将作为古代"精神传承物"真正遗产的希腊神话刻画为人类的凭证，这一凭证并没有将一切现实都阐释为技术可用性。我们必须要对古代科学本身中的这样一个纲领有清楚的理解。因为它将一种一开始就属于经典古代科学的要求提升到我们精神处境的普遍意识之中。诚然,这样一种尝试始终被教授式傲慢(hybris)所限定。要想保证避开这种限定,就要让个别文章在科学研究的界限内富有成效地表明自身,尽管它们深谙其精神坐标。现在,本《年鉴》第 1 卷带来了赖因哈特的一篇文章,它作为对希罗多德研究的重要推进值得古代科学的注意。但我们也要简单报道前述文章,它们合乎另外的、但并非无关的研究任务。

《年鉴》的第一篇文章是格拉希对"现代思想的开端"的研究,仅仅其基本思想就令人感兴趣。它的论题是:现代思想根本并非开始于笛卡尔将哲学奠基于自身意识之中,毋宁说,笛卡尔的奠基仅仅开启了唯心主义思想,它认为真理的场所仅仅在判断,亦即在知识形式之中。相反,现代思想需要回溯的真正开端在于意大利人文主义的人类研究(studia humanitatis)之中。在布鲁尼(Leonardo Bruni)那里,乃至更清楚的,在维柯(Giambattista Vico)有意识的反笛卡尔主义那里,提出了真理在其真正敞开性中的形而上学问题,且依据于语词问题,它通过雄辩现象指引到完全不同的维度,而非仅仅是知识维度。我们看到:如今不再新鲜的反笛卡尔主义的历史观在此被置于一个仍然崭新的基础之上——对意大利科学的提示值得重视,即便它在格拉希所要求的范围内还尚未那么令人信服。根据格拉希的看法,一种语文学在此成为了哲学。语言表达所采取的不同解释视角,同样也是形而上学真理的维度:科学的、艺术的和政治—目的性的真理。语文学的真实和原初意义无非是语词的展开,且无非意味着:"发展人类本身的本质"。这种语文学乃是哲学,只要它是"源始之物的激情",亦即遭受了某种"超越我们而存在"的神性之物,在所谓的"现实的自身展开的不同形式"之中。

格拉希的这一极其简短的阐述并非完全清楚。然而上述提示表明,当格拉希引出某种哲学语文学时,他在何种意义上对于精神传承物的问题有所言说。诚然,他是否正当地利用了这一"现代思想的开端"去针对唯心主义的"知识学",只能通过更为详尽的阐述而决定。仅仅将维柯和笛卡尔对立起来还不足以表明,维柯已经拥有了优越于唯心主义的哲学开端。至少作者无法如其所愿地从维柯那里得出自行开启之形式学说。这一学说与产生自唯心主义的自由主义文化哲学具有极大的相似性。此处重要的尚且是对差异的突出。无论如何,格拉希的研究所提供的主意是值得感谢的。

语文学家奥托在对荷尔德林"恩培多克勒"的研究中,探讨了他业已经常讨论的问题"神话与仪式"。与现代批判-历史科学的宗教史思想片面偏好仪式有所不同,他对神话的兴趣颇深,而这在他关于"希腊神祇"和"狄奥尼索斯"的著作中就已经为人周知。特别是"狄奥尼索斯书"的导论告诉我们,他借此知道自己继承了谢林。在本文中奥托尝试,从他对神话和仪式的本质的本己洞见出发去解释荷尔德林关于"恩培多克勒"的戏剧及其理论阐述,并且将其联系到其本源的问题。每个人内行人都知道,思想家荷尔德林对我们来说一直是那么神秘和密闭。奥托一直知道,从那里出发去说明他的一些洞见。在此他的主导思想是:恩培多克勒的高度和没落及荷尔德林自己的冒险,亦即创造性地与神性事物相照面,乃是悲剧性的个体命运,它合乎在诸民族神话与仪式中对上帝经验的持续的创造性建构。神话与仪式的内在共属一体,特别也包括节日的宗教意义,极其完美地亮相。奥托懂得给予其材料的内在现实意义,也极其透彻:荷尔德林对此在的纯粹要素的源始经验与"对自然的自由精神式的无视相对立,它警示着,同时创造性地回指到希腊时代的更为幸福的典范之上"。

  奥托所给出的荷尔德林形象,在此极其突出地抹上了哀歌的色彩。荷尔德林自己在其独在之中最终竟看到的东西大概不是诗人在无神的末期的悲伤,而是与每一种宗教传道一道产生的、先驱性和不合时宜的经验,"首位牺牲者"。无论如何,在荷尔德林赞美诗的意义上,事情并非像奥托所做的那样——他根据荷尔德林在无神的时期的孤立,推出了在现代虚无主义的时代对古老诸神的"真正轮回"的悲剧性放弃,但却将此联系于"人文主义"的有所塑造的预期:"让我们建筑对于古老诸神不可见的庙宇(这与其说是荷尔德林不如说是里尔克!);并且在仅仅被预知的、将世界承载于自身之中的诸神形象面前,我们人类又可以在世界上自行扩展,并且可以在将来的曙光中看到真正的人类共同体,他们能够看到最高贵之物。"荷尔德林自己的意识尽管染着承受孤独的色调,但他不知道放弃或限制他的期望。按照经验的生动性,在回忆和变换之中被召唤回的诸神时代并不位于希腊时代的背后,并且尚且通过希腊诸神与"独一者"的融合而超越了希腊时代。

  这位语文学家要重新完成被交付给他的方法问题,亦即对创造性事物和自然(奥托从这里出发)的主观的体验现实是否一开始就是按照晚期的、希腊化时期的宗教性范畴来表述古代神话学的问题。在我看来，对此以下这个命题大概是标志性的，这个命题想要将旧的宗教性区分于希腊化时代的宗教性，但又从后者出发来把握前者："尚且有一个晚辈，就像亚历山大的卡利马科斯（Kallimachos）*，能够将我们拽入震撼，让我们一道感受到，尚且与诸神一道生活的古老的宗族到底对什么保持沉默。"

赖因哈特的研究对象是"希罗多德的波斯史"。这看上去是一个极其特殊的主题，对这个主题的探讨也绝非是大略的，而是通过确实极其扼要的个别分析。然而赖因哈特的论文不仅值得研究的特别重视，此外也是对公共使命的透彻论述。因为他让我们把希罗多德的波斯史看作"精神传承物"的一个片段，亦即在希腊的、以宗教方式被奠基的历史哲学的广义框架内，东方-波斯精神的某个片段。赖因哈特的一个重大成就是，借此他为希罗多德的历史描述赢获了某种本己的把握和评价形式，这让希罗多德被当作独特的历史学家。因为长久以来这位"历史之父"的确处于现代历史科学的偏见之下，现代历史科学更喜欢通过修昔底德，而非希罗多德去认识。"修昔底德一下子把整个希罗多德变成了业余人士。"赖因哈特的这个表述准确地刻画出，自19世纪初以来对希罗多德这个历史叙述者的评价被颠倒了。（在18世纪情况有所不同，就像赫尔德的例子所表明的。）

赖因哈特将希罗多德的"内在形式"描述为从传说到历史性回忆这一过程中的回忆，亦即描述为某种"精神传承物"，当他这么做

---

* 卡利马科斯（Kallimachos），古希腊诗人、学者、目录学家。——译者

的时候，这却绝非仅仅是某种通过年鉴的主导性视角所导致的外在转变，毋宁说这对于理解希罗多德的确是揭示性的。通过回忆而被传承的东西，并非历史事实本身，而是历史事实的某种特定特征，这种特征令历史事实值得保存，亦即征兆性特征，"对人有效的体态的形象性"。"将历史创造者的体态阐释为他们的命运，能这么做的只有希罗多德。"而在这一要求的统一性中所照面的是波斯叙述艺术和波斯材料的多重历史。赖因哈特试图把握这种历史的特质，他的方式是，既不信赖某种混杂着一切实质性区分的"动因"研究，也不信赖将希罗多德描述为希腊艺术家的内在形式分析，而是——用他自己的话说——注重"处境"。"处境依赖于时间、种族、国家、社会——历史精神在这些东西之中越发丰富和尖锐地塑形和显示自身。"赖因哈特所做到的乃是，在希罗多德的波斯史中不仅仅认识到希腊形式的波斯材料，而且也恰恰认识到了波斯形式和波斯精神，甚至有时候在其材料源自希腊的历史之中。如此一来，希罗多德这个历史中的人性的阐释者，就成为了某种多彩流传物的承载者，在这一流传物中也还可以把握到波斯-亚细亚的精神。

　　研究始于巨吉斯的故事（Gygesgeschichte）（第1章，第8页），在此我们可以通过柏拉图（《国家篇》，第2卷，359）了解更古老的传说形式，因此能够准确规定希罗多德对这个故事所做的形式转换的意义方向。一开始人们就将其中童话主题的消失看成是具有希罗多德特征的。赖因哈特表明，在希罗多德的历史中活跃着哪些另外的、非希腊的精神。巨吉斯成了国王的大臣（Vezier）。一方面是他对国王的忠诚，[另一方面是]在他亵渎王后被发现之后自我保存的欲求，两者构成了斗争的处境，而这是叙述者想要阐述的东西。此外,这一极其"辩证"的处境,发生在东方-宫廷的独裁氛围之中,证实了某种源自波斯-东方的精细的叙事艺术。即便我们业已想要将希罗多德历史中的古老童话的除魅化称为理性主义的,但在此无论如何希罗多德并非一个理性主义者。

同样方向的还有哈尔帕格*的故事(Harpagosgeschichte)(第1章,第108页)。根据传说的核心,这看起来无非是对被母狼养大的居鲁士**的冒险故事的某种理性主义解释,这个故事在希罗多德那里是统治者之权力和奴仆之怯弱性之间的一场动人的戏剧,是独裁者复仇和奴仆复仇的范例,简而言之,是一个纯粹世俗精神的故事,完全是非希腊的、但又完全不同于等待(希腊式)塑形的单纯原料,毋宁说是一个有意识地乐于处境的反讽性的、充满艺术的故事。

在此,赖因哈特的阐述从细节来看不如从整体来看那么有说服力(第 1 章,第 108 页):μηδὲ ἐμέ τε παραβάλῃ καὶ ἄλλους ἑλόμενος ἐξ ὑστέρης σοι αὐτῷ περιπέσῃς ("倘若你欺骗了我,且将它〔这一使命〕推到其他人身上,那么你必然会在你自己身上感受到后果。")(这段译文)在我看来不那么准确。在此 ἄλλους ἑλεῖν 这个词组肯定意味着"转向另一方"。词组 ἐμέ παραβάλλειν(欺骗我)的语言反题必然导致这一点。从内容上讲,赖因哈特的翻译很好理解。向他人卸责事实上指的是阿斯提阿格斯***通过如此骇人

---

* 据希罗多德的记载,他是米迪亚王国的一位将军,阿斯提阿格斯手下的一名贵族,在居鲁士二世的故事中扮演着核心角色,帮助他登上王位。——校者

** 此处指的是居鲁士二世,波斯国王。——校者

*** 米迪亚最后一位国王,他的外孙居鲁士二世起兵反抗他的统治,并最终建立波斯王国。——校者

听闻的复仇行为所回应的过程。但是借此所表明的、统治者指挥权的界限,不是叙述的本质主题。毋宁说,真正的 fabula docet(寓意)乃是(我们从赖因哈特的整个阐述中所能学到的恰恰是这一点)始终依附他人的、始终被危机所环绕的奴仆的特定的东方-宫廷处境,这种处境尚且让顺从变得危险,因此使得一切忠诚变得模糊。一个独裁者在这样的任务下必须一开始就考虑到这一点,而阿斯提阿格斯在分配任务时的威胁确实表明,他做了这件事。仅仅这样才可以理解整个复仇的规模。事实上,由于哈尔帕格已经考虑到未来对女儿的依赖的可能性(第 109 页),因此他的不顺从是一种(潜在的)背叛。于是,客观来看"转向另一方"也是正确的阐释。

  故事的结尾被赖因哈特阐释为对复仇的意义的怀疑。然而,在我看来,这个故事的处境和精神不能如此加以反思。在这个故事本身中所讲的仅仅是,奴仆的复仇失败了。但是复仇失败完全没有触及复仇的意义,相反预设了复仇的意义。阿斯提阿格斯通过提醒哈尔帕格,他没有在其整个私人和政治生活中改变他低下的奴仆命运,从他那里夺走了复仇的胜利感和喜悦感。因此,这个故事的充满意义的结尾也包括,居鲁士没有对阿斯提阿格斯做什么恶事。奴仆在其复仇之中同样也没有赶上主人。因此我不会说:"人性的愚昧与自身相矛盾",而是说:"奴仆的愚昧支配着整体"。①

----

  ① 第 155 页。关于居鲁士出生的两次梦肯定不是伪造物,但我在这两次梦中也无法发现祝福与诅咒的映衬:这两者对于做梦者阿斯提阿格斯来说,都同样是威胁他的统治的不祥征兆。此外,这根本不是一个对待产的母亲的两次梦,而是阿斯提阿格斯自己反复预感到不祥。由此重复的动因就变得清晰了:正是通过重复,这个梦导致了去巩固王位的措施,而这些措施最终令他失去王位。

在波斯、东方理性主义可以把握的地方,诸如在希腊与亚细亚之间的敌对起源的起始故事中,赖因哈特具有特别的说服力。在此,希罗多德明确遵照着一则波斯史料,后者无法理解,掠夺妇女要如此严肃地对待。而在这则,也包括在其他所有波斯故事中根本上活跃的是对于希腊人的感受尤其陌生的罪责与复仇的概念。在此,和在其他地方一样,缺乏任何一种对罪行的宗教推崇。也许可以将其称作理性主义,但这与希罗多德的那种全然不同(与其说这仅仅是表面的相似,不如可以这么说)。赖因哈特强调,希罗多德及其伊奥尼亚同志的朴素明确,有别于波斯人将惊奇之物转换为精细的反讽心理学,他的这种见解十分正确。

其次,普利卡萨佩斯*的故事这一真正的反讽悲剧被十分恰当地呈现出来,还有关于冈比西斯**的结局的故事。这里对于在希罗多德历史中所反映的波斯世界的"高贵联盟"而言,富于教益的不再是与希腊要素的区分,毋宁说是与后期对材料的粗略化相区分。除了复仇故事之外,赖因哈特还讲述了奴仆故事,在其中忠诚的服务得到了赞赏,最后还有薛西斯***的故事,他已经背负着模仿行为的诅咒。

这些研究所赢获的意义无疑是重要的。首先,我们获得了眼光(以及去使用这种眼光的兴趣),去重新惊叹希罗多德世界的丰富性。倘若我们的目光恰恰被导向非希腊的、波斯-东方的形态,那么令人惊叹的恰恰却是,要使得希罗多德自己和希腊要素(首先

---

* 他是冈比西斯二世手下的贵族,曾随其出征埃及。——校者
** 居鲁士二世之子,波斯国王。——校者
*** 波斯国王。——校者

是真正希罗多德的东西)更易理解,是通过这种方式,而非通过对其叙述艺术或者其历史观的某种"内在"分析。在我看来,这特别是因为,在希罗多德的叙述中所传达的陌生世界,不仅仅是一个陌生和另外的世界,毋宁说它恰恰也显示了富有成效的一致性。在我们针对希罗多德所传承的陌生之物的目光变得锐利之后,这个中介之物本身也获得了全新的特征。此外,我们也确实可以认为,在亚细亚边境的伊奥尼亚文化不仅仅被波斯的政治强权所克服,也被其"精神"所克服,就像被色诺芬尼和赫拉克利特所证明的那样。在亚细亚与希腊的这一具有世界史意义的遭遇所带来的力量游戏中,希腊的本质曾被塑造为其西方的规定。而赖因哈特的这篇出色论文以前所未有的方式为我们呈现了亚细亚在这一游戏之中的力量。

(王宏健、李成龙 译,曹忠来 校)

本书论文版源

1. **柏拉图的辩证法伦理学**

   Platos dialektische Ethik.

   《〈斐莱布篇〉的现象学解释》(1929年马堡大学教职论文)，Felix Meiner出版社，莱比锡，1931年；第2版，补充了前言和4篇论文，汉堡，1968年；第1版重印版(增补了一个新的前言)，汉堡，1982年。

2. **亚里士多德的《劝勉篇》与对亚里士多德伦理学的发展史考察**

   Der aristotelische Protreptikos und die entwicklungsgeschichtliche Betrachtung der aristotelischen Ethik.

   原载《赫尔墨斯》，第63卷(1927年)，第138—164页。

3. **柏拉图与诗人**

   Plato und die Dichter.

   1934年1月24日在马堡人文高中校友会发表的演讲。刊登于《科学与当前系列》，第5期(克洛斯特曼)，法兰克福，1934年。

4. **新近的柏拉图研究**

   Die neue Plato-Forschung.

   原载《逻各斯》，第22卷(1933年)，第63—79页。

5. **实践知识**

Praktisches Wissen.

至今未发表；保罗·弗里德兰德50岁寿辰纪念文册（未刊）文稿（1930年）。

6. 柏拉图的教育城邦

Platos Staats der Erziehung.

首次刊登于 H. 柏夫编：《古代的新形象》，莱比锡，1942年版，第317—334页。

7. 古代原子论

Antike Atomtheorie.

首次刊登于《自然科学全刊》，第1卷（1935—1936年），第81—95页。

8. 关于希腊形而上学

Zur griechischen Metaphysik.

W. D. 罗斯：《亚里士多德的〈形而上学〉》，包含导论和评注的修订本，两卷本，牛津，1924年。后收入《逻各斯》，第17卷（1928年），第130—132页。

维尔纳·耶格尔：《亚里士多德：其发展史奠基》，柏林，1923年。后收入《逻各斯》，第17卷（1928年），第132—140页。

尤利乌斯·斯坦策尔：《古代形而上学》，A. Baeumler 与 M. Schröter 编《哲学手册》丛书系列，奥登堡/慕尼黑/柏林，1929年版。后收入《康德研究》，第37卷（1929年），第160—164页。

哈拉德·席林：《中道的伦理：亚里士多德〈尼各马可伦理学〉研究》（《海德堡哲学及哲学史论文集》，第22卷），J. C. B. Mohr

出版社,蒂宾根,1930年。后收入《日暮》,第8卷(1932年),第63—79页。

埃内斯托·格拉希:《柏拉图式形而上学之问题》,巴里,1932年。后收入《康德研究》,第39卷(1934年),第66—70页。

埃内斯托·格拉希:《论逻各斯的优先性——意大利哲学与德国哲学争辩之中的古代问题》,C. H. Beck出版社,慕尼黑,1939年。后收入《德意志文献报》,第61卷(1940年),第893—899页。

9. 苏格拉底

Sokrates.

埃尔温·沃尔夫:《柏拉图的〈申辩篇〉》(载耶格尔编:《新近语文学研究》,第6期),柏林,1929年。后收入《哥廷根学者报道》,第193期(1931年),第193—199页。

赫尔穆特·库恩:《苏格拉底:关于形而上学的本源的某种尝试》,Die Runde出版社,柏林,1934年。后收入《德意志文献报》,第57卷(1936年),第96—100页。

10. 柏拉图作为政治思想家

Plato als Politischer Denker.

京特·罗厄:《柏拉图的历史观:方法论阐释研究》(哈特曼、克诺勒、斯坦策尔编:《认识:关于哲学及其界限论文》),柏林,1932年。后收入《德意志文献报》,第53卷(1932年),第1979—1984页。

库尔特·希尔德布兰特:《柏拉图:精神为权力而斗争》,G. Bondi出版社,柏林,1933年。后收入《德意志文献报》,第

56卷(1935年),第4—13页。

M. B. 福斯特:《柏拉图与黑格尔的政治哲学》,Clarendon 出版社,牛津,1935年。后收入《日晷》,第12卷(1936年),第331—332页。

11. 关于柏拉图的辩证法
Zur Platonischen Dialetik.

赫尔曼·兰格伯克:"意见之流——关于德谟克利特伦理学与认识论的研究",载耶格尔编:《新近语文学研究》,第10期,柏林,1935年。后收入《自然科学全刊》,第2卷(1936—1937年),第243—245页。

W. F. R. 哈代:《关于柏拉图的一项研究》,Clarendon 出版社,牛津/伦敦,1936年。后收入《德意志文献报》,第59卷(1938年),第5—8页。

格罗尔格·普劳斯:《柏拉图与逻辑埃利亚主义》,柏林,1966年。后收入《哲学评论》,第20卷(1974年),第292—294页。

保罗·施多克兰:《关于柏拉图神话的哲学意义》(载《语文学家》,增补第30卷,第3期),E. Dieterich 出版社,莱比锡,1937年。后收入《德意志文献报》,第60卷(1939年),第44—46页。

12. 关于精神传承物
Zur geistigen überlieferung.

阿尔弗雷德·科尔特:《古代的经典概念》(《莱比锡萨克森科学院会议报告》,哲学-历史类,第86卷〔1934年〕),R. Hirzel 出版社,莱比锡,1934年。后收入《日晷》,第11卷(1935年),

第 612—613 页。

克劳斯·赖希:《康德与古希腊伦理学》(载《哲学与历史》,第 56 卷),J. C. B. Mohr 出版社,蒂宾根,1935 年。后收入《日暑》,第 14 卷(1938 年),第 391—393 页。

汉斯·罗泽:《作为西方艺术性思想形式的经典》,C. H. Beck 出版社,慕尼黑,1937 年。后收入《日暑》,第 16 卷(1940 年),第 433—436 页。

埃内斯托·格拉希编:《精神传承物》(《年鉴》),与瓦尔特·F. 奥托、卡尔·赖因哈特相关,由埃内斯托·格拉希编辑出版,Küpper(原 G. Bondi)出版社,柏林,1940 年。后收入《日暑》,第 19 卷(1943 年),第 1—8 页。

概念索引

（索引所标页码均为德文原书页码，即本书边码）

A

Affekt 情绪、激情。见 Pathos 情绪、激情

Aisthesis 感知。见 Doxa 意见

Aitia 原因。见 Grund und Ursache 基础与原因

Akademie 学院、学园。见 Staat 城邦、国家

Akribeia(Genauigkeit) 精确性。与混合和尺度相关的精确性,176f.；数学的精确性,144

Anamnesis 回忆。见 Doxa 意见

Andere 他人、他者。对话（对话、辩证法）中他人的功能,16,23ff.,30f.,34f.；仅当他人是朋友时,他才能建议,239；对领先于他人的操心($\varphi\theta\acute{o}\nu o\varsigma$),133f.

Anschauung 直观。意见中的直观特征,120ff.；关于对某个东西的愉悦的纯粹直观,其与感知和思想之纯粹直观的无差异性（直观—真理）,137ff.,140

Anwendung 运用、应用。运用问题作为晚期柏拉图的问题,177

Anwesenheit 在场状态。神性之物作为始终在场者,293；存在者作为被发现的在场者,137

Apeiron 无定、无限。见 Mischung 混合

Aporie(Euporie) 困境、疑难（顺畅）。疑难作为首要的一致性认同,43f.；疑难在苏格拉底德性对话中的意义,57ff.

Arete(Tugend) 德性。在必要的德性知识的要求中对苏格拉底解释要求的奠基,39ff.；通过对其原因给出解释的能力对德性的拥有,41ff.；德性的不可分,57f.；德性即知识,124；对真正德性的追问,189；德性之不可教,237；德性与实践智慧,241f.；德福合一,251；柏拉图的四主德,257；将德性规定为柏拉图心理学的目的,258f.；德性之不可定义的动因,318；苏格拉底作为柏拉图德性和哲学理想的具体体现,320f.；德性与习惯,303；对德性的苏格拉底-柏拉

图式追问,307;德性作为人之存在,309;只有德性问题才导向形式,309

-Sitte(Ethos) 习俗(伦理)。伦理作为未成文法则,其对于教育的意义。着眼于现存伦理缺陷的诗人批判,194ff.;通过弥合在人的本性中的不一致所实现的伦理之统一性,教育,197ff.;被净化的文学作品作为伦理在理想城邦的表达,201f.;在文学阐述中习俗的表现形态,202f.;诗人批判作为对同时代伦理的批判,203;由苏格拉底-柏拉图哲学带来的伦理之崭新形态,204;对文学作品的批判作为对其中所呈现的伦理的批判,204ff.;伦理先行给出,有待施行的是什么,207;伦理先行给出德性的多重性,307f.;人的习俗与存在作为行为之预先规定,308;苏格拉底作为矛盾的伦理现象,318;苏格拉底对伦理的批判,320f.

Aristotelismus 亚里士多德主义。亚里士多德主义的教条性与非历史性,287

Ästhetisches Bewußtsein 审美意识。审美意识批判,207

Atomistik 原子论,263ff.;古代原子论对存在的整体阐释,268;古代原子论与阿提卡存在论之间的不相容性,269;德谟克利特对虚空的假设,269f.;虚空作为显现着的形态单元的原因,271;原子论允许对自然事件的某种机械说明方式,271;原子的实存与不可分,273;物理学的、而非数学的原子,273;柏拉图关于基础三角形的原子论,278

Aufklärung 启蒙。智者启蒙运动,200;启蒙与柏拉图神话的界限,208f.;原子论作为希腊启蒙运动的终结,268;哲学并非对神话的除魅,295

B

Bedeutung 含义、意义。语言的含义作为被意指者的同一性,52ff.

Begriff 概念。见 Dialektik 辩证法

Begründung 论证、奠基。见 Grund 原因、根据

Besonnenheit 审慎。审慎作为关于属己之物的知识,235;审慎作为实践智慧的可能性基础,247

Bestimmtheit 被规定性。数对于被规定性之意义的方法功能,88f.,98f.;术之被规定性,其存在论意义,95ff.;被规定存在作为混合,94ff.,101f.,153

Bewegung 运动。一切快乐皆是运动,140

Bild 图像、形象。观念与图像,201f.

D

Dasein 此在。见 Seele 灵魂

Definition 定义。见 Dialektik (Dihairesis)辩证法(区分)

Dialektik 辩证法。柏拉图伦理辩证法在劝勉上的临时性,6f.;在人的本质中对辩证法的奠基,7ff.;柏拉图的辩证法与亚里士多德的

概念索引　545

演绎推理学，15ff.；埃利亚学派的，否定辩证法，其预备性的功能，16f.；肯定的柏拉图辩证法，16f.；苏格拉底对话和柏拉图辩证法——实事性的相互理解作为辩证法的主导动因，38ff.，81ff.；辩证法作为理念预设，48ff.；在解决根据问题中辩证法的意义，50ff.；通过理念预设解决一与多之辩证法基本问题，54ff.，辩证法结构在修辞学中的映射，61ff.；辩证法作为对言谈的人为控制的前提条件，64f.；辩证法的存在论前提，66ff.；συναγωγή (συνόψις) 与 διαίρεσις (综合与区分) 作为辩证法的环节，56ff.，68，82ff.；辩证法是对科属之结合的认知，68ff.；辩证法的真正对象（政治家、哲学家、演说家）是人类实存的可能性，73f.；辩证法检验的全面性，76；辩证法作为对逻各斯中一与多的实证功能的显明，83ff.；ἄτομον εἶδος（反常的理念）作为辩证划分的目的，87；辩证法作为一切技艺的基础，86，89f.，65f.；辩证法作为科学的至高可能性，147f.；理念学说在辩证法中被预设，262

-Begriff　概念。亚里士多德对概念的铸造，8；伦理概念的自身限制，9；哲学与概念，10

-Dihairesis　区分、二分法。区分与综合，56ff.；区分的目的在于排除对被设定的理念中的实事区别的掩盖 (οἰκεῖος λόγος 恰当的逻各斯)，63ff.；συναγωγή（综合）与区分作为辩证法的环节，56ff.，68，82ff.；辩证法作为相互理解的自然实行方式，108

-Eine und Viele　一与多。通过理念预设解决一与多之辩证法基本问题，49ff.；早期对话中的一与多之辩证法，57；《巴门尼德篇》中的一与多之辩证法，70ff.；辩证法作为对逻各斯中一与多的实证功能的显明，83ff.；在纯粹单元中一与多的问题设置，84ff.；通过一与多辩证法的消解来取代不可解决的分有问题，70f.，86；对于原子论而言每一个都是多，270f.

-Einheit　统一性，单元。对言谈内容的统一性与同一性的操心，48；科属统一性作为对实事差异的掩盖之源头，63ff.，78ff.，83ff.；混合之统一性，统一性与被规定性，97ff.，insb. 102

-Selbigkeit und Verschiedenheit　同一性与差异性。同一性与差异性的可能同在——辩证法的可能性条件，69ff.；同一性与差异性，78ff.

Dialog　对话。见 Logos　逻各斯

Dichtung　文学（作品），诗。文学的知识缺陷，189；创作热情，189f.；诗与神话，190，208f.；诗与诡辩术，192；人类生活的真正诗作，202；文学的教育要求，193ff.，201f.；文学的知识要求的可疑性，203ff.；诗作为模仿，自身遗忘状态，205ff.；颂歌作为柏拉图城邦中被允许的文学作品，207；对话作为真正的文学，207ff.；柏拉图

神话中灵魂的自我呈现,208ff.
-Dichterkritik 诗人批判。诗人批判的原因在于苏格拉底哲学活动的必然性中,187ff.；荷马批判,188；诗人批判作为神话批判,190；对诗作形式的批判,191；诗人批判的意义基于其在教育城邦守卫者的规划中的位置,193ff.；诗人批判的无尺度性,194ff.；诗人批判的存在论批判,同时是对柏拉图作品(对话)的证成,201ff.；诗人批判作为对现成教育的批判,202ff.；对诗作的存在论批判作为对其影响的批判,204ff.
-Nachahmung(Mimesis) 模仿。文学作为模仿,189；模仿作为文学形式,191；模仿作为艺术的本质,模仿作为自我异化与自我遗忘,对它的批判,201ff.；柏拉图对话作品中的模仿,207ff.
Dihairesis 区分、二分法。见Dialektik 辩证法
Doxa 意见。情绪中的意见环节(快乐与痛苦),118ff.；记忆与感知作为意见的构成性环节,错误意见的可能性,120ff.
-Anamnesis(Erinnerung) 回忆。苏格拉底式回忆作为回指到某种业已被意识之物,91f.；记忆与回忆的差异,回忆作为灵魂的可能性,以成为非当前之物,111ff.；对话与回忆,254；回忆不是对理念的单纯感知,而是对诸种理念的联结,347
-Aisthesis 感知。逻各斯的同一性与感知的可模仿性,52ff.；感知作为肉身与灵魂的共同相关性,111ff.；记忆与感知作为意见的构成性环节,120ff.；德谟克利特那里感知的真实性与似真性,275f.
-Mneme 记忆。记忆作为奠基着的激情之灵魂快乐,111ff.；记忆与感知,112；记忆的内容,对未来的期望,122；记忆与感知作为意见的构成性环节,120ff.
Dynamis 潜能。善之潜能与美之自然,149f.

E

Eidos 形式、理念。见Idee 观念、理念
Eine und Viele 一与多。见Dialektik 辩证法
Einheit 统一性、单元。见Dialektik 辩证法
Eins und unbestimmte Zwei 一与不定之二。见Mathematik 数学
Energeia 实现。将本真存在规定为实现,293；亚里士多德的潜能,实现论同时是宇宙论神学,300
Entdecken 发现。技艺与知识作为对根据的发现与显示,18ff.；存在者之被发现状态与可支配性,善作为存在论原则,99ff.；此在的发现性存在作为面向未来者的存在,75,114ff.,118,124；在对于某物的愉悦中对美的发现,137ff.
Epithymia(Verlangen) 欲求。见Hedone 快乐
Erfahrung 经验。技艺相对于经验

的优先性,19f.;经验作为授课的前提,175f.;在诸伦理学与《劝勉篇》中的经验,182f.

Erinnerung 记忆。见 Doxa 意见

Eristik 论辩术。见 Kampfgespräch 争论、辩论

Eros 爱欲。灵魂诸力量的不可澄清性:正当性与爱,209f.;爱欲者与哲学家,261;爱欲的统一性意义,218;苏格拉底式爱欲作为理解对话的关键,335

Erwartung 期待。见 Hedone 快乐

Erziehung 教化、教育。见 Staat 城邦、国家

Ethos 伦理。见 Arete 德性

Euporie 顺畅。见 Aporie 困境、疑难

F

Frage 问题。根据对问题的先行理解刻画被追问者,44ff.,insb. 47,76ff.

Freude 愉悦。见 Hedone 快乐

G

Gegenwart 当前。在对于某物的真正愉悦中消融于纯粹的当前性,137ff.

Genus(Gattung) 科属。科属统一性作为对实事差异的掩盖之源头,63ff.,78ff.,83ff.;存在论诸科属的科属特征,94ff.;在四种属学说中的普遍存在论意图,153。见 Eidos 形式、理念

Gerechtigkeit 正义、正当性。见 Staat 城邦、国家

Geschichte 历史。柏拉图将历史作为沉沦史,331;柏拉图的历史观,328ff.

Geschichtlichkeit 历史性。城邦的历史性,198f.;经典范畴的历史性,351

Gespräch 对话。见 Logos 逻各斯

Grenze 界限。见 Mischung, Peras 混合,界限

Grund, Begründung (Arche, Aitia) 原因[根据]、论证[奠基](本原、原因)。技艺作为对原因的四重含义的拥有,18ff.,insb. 21;对知识与支配的操心作为对论证的操心,21ff.;通过对原因的洞见而获得的支配可能性,41ff.;对逻各斯中根据问题的解决作为理念预设,48ff.;善之理念作为终极原因,49,56ff.;阿那克萨戈拉自然哲学与努斯对于解决根据问题的不充分性,51f.;语言作为根据问题之可解决性的基地,52ff.;根据的统一性与被奠基者的多样性,57ff.;智者的反逻辑作为对原因和结果的混淆,59f.;对本原的探究作为原子论的哲学规划,180;在两部亚里士多德伦理学中对本原的不同主题化,183f.;$πρῶτα$ 的存在优先性,180

-Rechenschaft 解释。通过排除嫉妒而给出解释,34,对解释的要求,在对善之知识的必然要求中为此奠基,39ff.;通过对其原因给出解释的能力而支配德性,41ff.;对给

出解释的意愿作为实事性对话的实现,76

Gute 善、善好之物。善之理念的存在论意义,5f.,11,54ff.,91f.；对善之知识的要求作为人类实存的存在方式,38ff.；对作为"为何之故"的善的先行理解的共同性乃是相互理解的终极原因,44ff.,insb. 47；在善之理念中为知识奠基,47ff.；善之理念作为终极原因,49,57ff.；人类生活中的善,75,76；善之知识的不可消除性,91f.；善之目的论概念作为柏拉图存在论的基础概念,91f.；完善性作为善之问题的主导线索,91,92；人类善之理想与本身至善生活（神性的生活）之间的差异,111；对犬儒主义善之理论的批判,141f.；在善之理念中为辩证法奠基,146；为在快乐和实践智慧之间做决断而阐明善,147ff.；善作为快乐和实践智慧的混合之美的原因,149ff.；在合尺度性、美和真之中的善的理念,149ff.；善之潜能在美之自然中的逃遁,150f.；善作为混合和尺度,177；苏格拉底将有用等同于善,233；善作为 μέγιστον μάθημα（至高知识）,235；善之理念的意义,238；有用和美作为对善的规定,247f.；正义作为着眼于善之秩序的公共性,254；善之理念的存在现实性,262；善之理念的多重性,298

H

Harmonie 和谐。和谐作为健康,肉身的和谐,108ff.；教育作为将人教化为意志力与哲学的和谐,197ff.

Hedone(Lust,Freude) 快乐（快乐、愉悦）。对快乐的统一性的追问,77ff.；对快乐种类的辩证区分之目的：快乐与善的存在论特征的能够共在,90；知识与快乐的必然的共同被给予存在,91f.；快乐作为此在的自身遗忘状态,92,130；快乐和实践智慧与某种良好混合的存在论诸环节之间的关系作为其判断线索,104；快乐的无尺度性与它对于某个他者的依赖性,105f.,107；快乐与界定者的可联结性问题作为其辩证分析的动因,108；对快乐种类的分析线索：其出自何种情绪,109；快乐与痛苦的共同被给予存在,109ff.；身体快乐作为肉身和谐的重新制作,109f.；灵魂快乐作为对愉悦之物的期待（希望）,109ff.；对纯粹的、没有与痛苦混合的快乐的寻求以判断其善的能力,灵魂快乐的优先地位,111；中间状态（快乐与痛苦的不在场）作为神性状态,111f.；努斯的共同此在对于享乐生活的必要性,111；记忆之情绪作为灵魂快乐的原因,111ff.；通过分析记忆与感知对所谓身体快乐的深入理解,111ff.；痛苦和快乐的存在者层次上的共时性与对这一混合的存在论分析,114ff.；期待之愉悦作为欲求的快乐,117ff.；其陷入意见难题中,117ff.；快乐作为开启世界的某种方式,快乐的真与假,181ff.；快乐的情感被给予性之意见环节的不可分离性,119ff.；通过被期待者的距离对可愉悦性的尺度的幻觉,125ff.；通过两种情绪的并列(快乐与不快之混合)对状况的可愉悦性的幻觉,127ff.；对真实快乐的发现作为混合快乐的分析线索,128f.；纯粹快乐的不可能性之理论,129ff.；此在在快乐中的自身遗忘状态,130；根据最强烈的享受对快乐本质的研究,130ff.；臆想状态作为混合快乐的虚假,135；对始终令人愉悦之物的纯粹、非混合的快乐,135ff.；对美本身的快乐,136ff.；对某物(被发现的纯粹美)的愉悦作为真实的快乐,137；愉悦所关涉的东西和所相关的东西,138f.；在对某物的愉悦中令人愉悦之物的当前性,138f.；纯粹与非纯粹的快乐之区分与其存在特征的关系,139；快乐的直观特征,138,140；快乐是运动,140f.；快乐与实践智慧的混合,147ff.；根据善的三种视角检验快乐与科学的要求,152ff.；快乐的遮蔽趋势,150；快乐的虚假性作为盲目性,154f.

-Hedonismus 享乐主义。享乐主义作为与有效习俗的断裂,其不可能性作为统一的此在理解,41f.,45ff.；享乐主义之错误的自身理解之动因的人性,92f.；享乐主义主题由于痛苦与快乐一道被给予而成为不可能的,198f.,129ff.

-Epithymia(Verlangen) 欲求。欲求作为灵魂能力,113f.；先行特征(期待之愉悦)与缺乏作为欲求的同等源始的环节(快乐与不快之混合),114ff.；欲求作为灵魂的部分,258ff.

-Erwartung 期待。期待与希望,122ff.；通过距离对被期待者的幻觉,125ff.

-Hoffnung 希望。希望与期待的区分,122ff.

-Pathos(Affekt) 情绪、激情。情绪：对快乐种类之分析的主导线索,108ff.；记忆之情绪作为灵魂快乐的根据,111ff.；通过情绪的共时性而导致的幻觉,127ff.；情绪的意向本性,其真实性的可能性,113ff.,135f.,138ff.,118f.

Historismus 历史主义。历史主义的相对主义问题,331

historische Forschung 历史研究。传记作为历史研究的对象,286；在学述与教条之间,204f.；历史研究的概念工具,354

Hoffnung 希望。见 Hedone 快乐

Humanismus 人道主义、人本主义,187,197f.,288,290f.

Hymnos(Loblied) 颂歌。颂歌作为公共语言,柏拉图对话与神话,207ff.

Hypothesis 假说、预设。见 Idee 理念、观念

I

Idee 理念、观念。辩证法作为对理

概念索引　549

念的发现,146；理念知识作为政治学中哲学性实事知识的必然性,176；图像与理念的关联,201f.；理念与现实的差异,256,261；理念作为假说(纳托普),304；在德性问题中的理念之本源,309

-Ideelehre 理念学说。理念学说的存在论视角,100；面向辩证法的教育中对理念学说的预设,262；理念学说对于"客观主义"刨根究底,309；对理念学说中多元主义的克服,346；早期和晚期理念学说之分离的可疑,347,348(298)

-Eidos 形式、理念。逻各斯(原因)中的理念预设,48ff.；άτομον εἶδος (反常的理念)作为区分的目的,64,87；以逻各斯为线索探究形式的可联结性,66；形式问题由疑难而提出,309；对个别形式的孤立的不容许,347

-Hypothesis 假说、预设。假说与否定辩证法,16；理念预设作为逻各斯中的根据,48ff.；通过理念预设解决一与多的辩证法基本问题,54ff.

-Koinonie der Gattungen 科属之结合。存在论科属之结合(辩证法),66ff.；通过科属之结合假设诸理念的可能性,86

-Methexis 分有。通过一与多之辩证法的消解来取代不可解决的分有问题,70ff.,86

Idiopragie 各司其职,198,257,258

Ironie 反讽,14,41f.,44,53,190,209,226f.,317f.,320,322

K

Kairos 时机,176

Kampfgespräch(Eristik) 争论、辩论(论辩术)。论辩术作为言谈的沉沦形式,36f.；论辩术作为苏格拉底式反驳的环节,柏拉图逻辑学的"虚假",42f.；争论,通过对手规定对话的视域,255

Koinonie der Gattungen 科属之结合。见 Idee 理念

Komödie 喜剧。喜剧的快乐与痛苦相混合,132ff.

Körper(Leib) 身体(肉身)。肉身的和谐,身体的快乐与不快,109f.；对身体快乐的深入理解,111f.

Kosmologie 宇宙学。原子论者的激进宇宙论,268；原子论宇宙论的基本预设,270；对原子论宇宙论的阿提卡式修正,275；宇宙论神学中的亚里士多德的潜能,实现学说,300

Kosmogonie 宇宙起源学。原子论者的世界图像也在宇宙论的图式之中,270；宇宙是一个幸运的偶然事件,274f.

L

Leben 生活,生命。经由在统一性上的优先性而获得的生命物的优先地位,107

Leben(gemischtes) (混合的)生活。见 Mischung 混合。诗人,192,204ff.,261；正义与灵魂的生活,257ff.

Leere 空无。德谟克利特对空无的假设，269；空无作为原因，271

Leidenschaft 激情。诸神和英雄的激情，190；通过对真理的观看兴趣和观看激情（哲学）而唤起激情，261f.

Lob 赞美。赞美作为实存之自身理解的尺度呈现，对话作为对正义的赞美，206ff.

Loblied 颂歌。见 Hymnos 颂歌

Logik 逻辑学。将希腊存在论塑造为逻辑学，27；柏拉图逻辑学（苏格拉底式论辩术）的"可错性"，非逻辑性的急迫，41ff.

Logos 逻各斯。给出解释作为逻各斯的首要意义，22；对话与逻各斯，23ff.；存在于逻各斯本身中的假象可能性，34ff.；逻各斯在其好斗的使用中的优势，35ff.；智者的逻各斯的不充分性，42f.；逻各斯与善之理念，47ff.；在逻各斯中通过给出解释而获得的有所知晓的支配，逻各斯中的理念预设作为根据，48ff.；遁入逻各斯，26，52ff.；οἰκεῖος λόγος(恰当的逻各斯)作为区分的目的，64；在逻各斯中使得被意指的实事的形式可支配，64f.；逻各斯作为对诸形式的可联结性的研究之主导线索，66；沉沦于逻各斯的遮蔽可能性（诡辩术），83；在逻各斯中对一与多问题的解决（辩证法），84ff.；逻各斯作为对存在之关系规定性的称呼，103；通过辩证法对实事本身的逻各斯的支配，146；苏格拉底式逻各斯，203；逻各斯与神话的关系，220f.；辩诘也是某种苏格拉底式申辩，321；在柏拉图历史观中逻各斯的优先地位，328f.

-Dialog(Gespräch) 对话。对话作为引导，5；希腊科学概念的本源在于苏格拉底对话之中，17ff.；苏格拉底对话与柏拉图辩证法，38ff.；对话作为知识的实行方式，38；对话文学，188；对话的场所在于柏拉图的精神世界，207；对话作为哲学活动的呈现，209f.；柏拉图对话作为戏剧的哲学形式，222ff.；对话必须被一道实行，以便得到理解，223；柏拉图对话的封闭世界，224；柏拉图对话的两面性：呈现与被呈现者，320；对话的哲学内涵，304；对话的理想阐释，335；柏拉图对话和戏剧的区分，336

-Gespräch 对话。对话与逻各斯，23ff.；对话与揭示实事，27ff.；通过排除嫉妒而获得对话的实事性，34ff.；通过给出解释的意愿确保实事性对话的可能性，75f.

-Sprache 语言。语言与先行意见，其在否定辩证法中的消解，16；语言的形式上的先行功能作为根据问题之可解决性的基础，26，52ff.；颂歌作为公共语言，207；在某种语言中词语收缩的含义，240

-Sprechen 言说。根据纯粹的实事揭示的理念对言说功能的限制，28ff.

Lust 快乐。见 Hedone 快乐

M

Makrologie 长篇大论。长篇大论作为言谈的沉沦形式, 36f.

Maß 尺度、量度。尺度与数作为规定者与被规定者（界限与混合）, 95ff.；快乐的无尺度性, 104f., 107；通过对尺度的运用而获得科学的价值, 143；快乐和实践智慧通过合尺度性的混合之善, 148f.；在合尺度性、美和真中的善之理念, 149ff.；知识的合尺度性和快乐的无尺度, 152

Mathematik 数学。数学作为数和尺度的科学, 其精确性, 143f.；穿越数学对假象和真理的洞见, 197；自然的数学化, 264；柏拉图物体的数学, 278；远古形而上学的数学方面, 296f.

-**Zahl** 数。数对于被规定性之意义的方法功能, 88f.；数之被规定性的存在论意义, 95ff.；数字对于逻各斯结构的模型功能, 348

Mensch 人、人类。见 Seele 灵魂

Meßkunst 测量术。测量术作为生成问题之解决, 176

Metaphysik 形而上学。柏拉图的理念形而上学与灵魂形而上学, 323；希腊存在论的形而上学前提, 269；亚里士多德的自然形而上学, 276；远古形而上学的思想方式, 296；柏拉图的无所不包的善之理念, 298

Methexis 分有。见 Idee 理念

Mimesis 模仿。见 Dichtung 文学、诗

Mischung 混合。人类的善作为（由快乐与实践智慧）混合的生活, 91；对混合中快乐和实践智慧的组分的追问, 93；界限与无限的混合作为存在论科属, 94ff.；混合的存在论功能, 从生成到存在, 99ff.；存在乃是作为被规定存在的混合, 94ff., 101f., 103f.；规定者（界限）与被规定者（混合）的概念差异之难题, 97ff.；通过其关系被规定性而获得的混合的可支配性, 102ff.；被混合者的存在者层次上的含义与存在论含义的共时性, 96, 101f.；正当混合的存在论结构与存在者层次上的混合, 106f.；快乐与实践智慧的混合的美与真, 148ff.；对正当混合的两种阐明方式, 153f.

-**Apeiron** 无定。无定作为区分的终结, 87；作为存在论科属, 94ff.；无定的科属特征, 94f.

-**Peras** 界限。界限作为存在论科属, 94ff.；界限的科属特征, 95f., 99；规定者（界限）与被规定者（混合）的概念差异之难题, 97ff.

-**Ursache** 原因。混合生活的原因, 并非某个存在者, 93；混合的原因作为存在论科属, 93；在制作（技艺）视域内对原因的存在论意义的阐明, 102ff.

Mneme 记忆。见 Doxa 意见

Muße 闲暇。理论之前提：在世存在之操心的某种样式, 21

Mythos 神话。清除神化流传物,

概念索引　553

190f.；真正的诗作：柏拉图神化作为灵魂的自我呈现，208ff.；神话作为苏格拉底真理的形象化，220；哲学从神话中诞生，295；神话每每与其逻各斯共属一体，349；神话与仪式的共属一体，359

N

Nachahmung　模仿。见 Dichtung 文学、诗

Natur(Physis)　自然。美之自然与善之潜能，150；对自然的认识作为政治学的前提，175；原子论思考自然，267；原子论中机械的自然说明方式，271；柏拉图那里自然作为被激活的秩序，275

Naturwissenschaft　自然科学。近代自然科学，263f.；现代自然科学与古代原子论，266；柏拉图与德谟克利特是现代自然科学的鼻祖，277f.；现代自然科学的自身确定性，279

Nichtsein　非存在。见 Sein　存在

Noesis　意向活动。感知与意向活动，138

Nous　努斯。见 Wissen　知识

Nützliche　有用之物。苏格拉底将有用等同于善，233；对有用之物的分析，240f.；有用与美作为善之规定，247f.

O

Ontologie　存在论，本体论。此在的动因在于希腊存在论，27；辩证法的存在论前提，66ff.；追问混合生活之善的原因的存在论转向，93；四科属(界限、无限、混合和混合之原因)的存在论意义，104ff.；从生成到存在的存在论意义，99f.；理念学说的存在论视角，100；混合的存在论功能，99ff.，106f.；欲求作为记忆的存在论前提，113f.；对文学的存在论批评，201ff.；希腊存在论的形而上学前提，269；存在论主题，285；西方存在论作为苏格拉底的见证，323

Orexis　欲求。欲求与想象作为情绪中意见的环节，121ff.

Ousia　实体、存在。见 Wesen, Sein 本质、存在

P

Pathos　激情、情绪。见 Hedone　快乐
Peras　界限。见 Mischung　混合
Phänomenologie　现象学。回溯到此在的原初动因，18
Phantasia　想象。欲求与想象作为情绪中意见的环节，121ff.
Philosophie　哲学。苏格拉底式哲学活动，189；根据哲学重建城邦，193ff.；哲人王，193，261，262；哲学：对人的城邦本质的实现，199ff.；哲学本性与权力意志的统一性：教育的目的，199f.；柏拉图哲学决不能从字面上理解，218；哲学作为面向哲学的教育，219；面向城邦的教育作为面向哲学活动的教育，249ff.；智者对哲学的抵制世界，251；柏拉图哲学起源于苏格拉底的存在，256；教育中的

哲人王统治的可能性,260ff.；哲学家：警醒者,哲学与爱欲,261；哲学与哲学史,286
-praktische Philosophie 实践哲学。亚里士多德诸伦理学的方法差异和实事差异,183；希腊实践哲学并非理智主义的,231；与理论哲学的区分,240f.；德谟克利特原子论中的实践哲学,277
-Sophistik 诡辩术。诡辩术的根源在于言谈的沉沦,38；智者的逻各斯与苏格拉底的论辩术,41ff.；智者的反逻辑作为因果关系的颠倒,59f.；诡辩术作为沉沦于逻各斯的遮蔽可能性,80,83f.；诗人作为智者,192；智者教育,195；智者启蒙运动,200；艺术与诡辩术,201f.,203f.；诗人的教育要求面对智者精神的无能,204；德性作为智者的可教知识,232；亚里士多德对智者的批判,243f.,175；智者的正义学说,252ff.；智者国家理论作为现代国家理论的根源,340

Phronesis 实践智慧。见 Wissen 知识

Phtonos(Neid) 妒忌。对话的实事性,34f.；妒忌作为对喜剧的快乐的原因,132ff.；妒忌作为对领先于他人的操心,133f.

Physis 自然。见 Natur 自然

Plato -Forschung 柏拉图研究。"新"柏拉图,212；为柏拉图研究重新赢获《申辩篇》,327；针对政治上的柏拉图的德国柏拉图研究,331f.；德国和英国柏拉图研究的区分,344

Platokritik(aristotelisch) 柏拉图批判(亚里士多德的)。亚里士多德通过投射到概念层面对柏拉图的批判,8ff.；对善之理念的存在论要求的批判,156ff.；晚期对话作为亚里士多德的柏拉图批判的先行阶段,182；亚里士多德实体学说与他的柏拉图批判的邻近性,290

Prinzipien(Archai) 原则(本原)。πρῶτα(首要者),ἀρχαί(本原)的优先地位

Pseudos 虚假。通过科属的统一性对实事差异的遮蔽,63ff.,78ff.,83；对逻各斯的遮蔽可能性(诡辩术),83；快乐因其意见特征的虚假性,118ff.

R

Rechenschaft 解释。见 Grund 原因、根据

Rhetorik 修辞学。辩证法结构在修辞学中的反映,61ff.；修辞学只有在哲学基础上才是可能的,227

S

Sachlichkeit 实事性。对话与实事揭示,16ff.,27ff.；通过排除妒忌获得实事性,34ff.；苏格拉底论辩术的实事性,41ff.；通过实事在逻各斯中的奠基而获得的相互理解,48ff.；通过科属的统一性对实事差异的遮蔽,63ff.,78ff.,83；对话的实事性,75f.

概念索引　555

Schein　假象。在言谈本身中存在的假象可能性,34ff.；知识假象与苏格拉底的解释要求,40ff.；真理与假象,196,200；假象作为艺术的中介,202；柏拉图神话中的假象,206ff.

Schmerz(Lype)　痛苦。见 Hedone 快乐

Schönheit　美、美好。美作为完善性,100f.；对美本身的发现之纯粹、非混合的快乐,136ff.；快乐与实践智慧之混合的美与真,149ff.；善之潜能遁入美之自然,150f.；在美、尺度和真之中的善之理念,150ff.

Seele　灵魂。人类生活中的善作为灵魂机制,77；肉身的灵魂与整全的灵魂,105ff.；灵魂作为生命物的本质,197；记忆,对灵魂能力的保存,是灵魂与肉身快乐的根据,111ff.；灵魂的突出能力,亦即能够面向非当前者而存在:回忆(记忆),112ff.；灵魂的先行特征,面向未来而存在,118；灵魂作为城邦的可能性根据,194；灵魂的认识道路,196；教育作为朝向灵魂之和谐的教化(知识与权力的统一性),197f.,200f.；灵魂:内在的城邦,207；灵魂的确定性,207；灵魂在柏拉图神话中的自我呈现,208ff.；城邦与灵魂,251,256ff.；灵魂的三部分(对德性的规定作为柏拉图心理学的目的),258ff.；灵魂的自我分裂,258f.；灵魂的正义,258；灵魂的健康,260

-Dasein　此在。科学植根于此在的某种源始可能性(此在是一切意义的本源),17ff.；在此在的愿望和选择中刻画善之存在,75ff.；此在关乎自身的知识作为纯粹快乐之不可能性的根据,92；此在在快乐中的自身遗忘状态,92f.；此在的发现性存在作为面向未来者的存在(在快乐与不快中),75,114ff.,118,124；作为面向世界的操劳着的存在,此在基于世界而理解自身,118；快乐与痛苦作为此在基于其意向本性而自身感知的基本样式,118f.；此在在享受中自身遗忘,痛苦作为对自身遗忘的破坏,129f.,155；此在经由快乐而理解自身的可迷惑性,155；此在的自身理解(智慧、审慎),258,260；自行理解着的此在的界限,309

-Mensch　人。辩证法作为人对其被要求的实存可能性做出解释,73；对世界的理解性支配作为人类此在的可能性,75；人类善的理想与自在至善生活(神性生活)的差异,111f.；人类实存的真理,151；基于存在论的善之理念阐明人类生活的善,156f.；守卫者的阶层作为人的本真阶层,198ff.；人的沉迷于进步的本质,199；人作为城邦的动物,194,200；在文学中对人的呈现,202；人之存在,6f.,117,256；教育城邦,对人的某种筹划,6,201,210ff.；人的自身分裂,258f.

Sein　存在。在技艺视域下的科学的存在概念,21；存在作为希腊存

在论中当前的现成之物,27;存在与非存在作为存在论科属,69ff.;存在乃是作为被规定存在的混合,94,96f.,101f.,103f.;从生成到存在(其存在论意义),99f.;存在者作为被发现的在场者,137;存在之为被制作存在或被规定存在,153;真正的存在,262;希腊原子论产生于存在问题,267f.;作为ἐνέργεια(实现)的存在,293

Selbigkeit 同一性。见 Dialektik 辩证法

Selbstvergessenheit 自身遗忘状态。快乐作为此在的自身遗忘状态,92,129;审美的自身遗忘状态,其通过哲学的除魅,206ff.

Sitte 习俗、伦理。见 Arete 德性

Sokrates 苏格拉底。苏格拉底式生存,5;苏格拉底对话,17f.;苏格拉底对话与柏拉图辩证法的起源,38ff.,81ff.;苏格拉底对德性本质的追问和对给出解释的要求,40ff.;苏格拉底式反驳,其形式作为反讽,苏格拉底论辩术,40ff.;苏格拉底式回忆作为对某个始终已知者的回溯,91f.;苏格拉底式哲学活动与苏格拉底问题,189;苏格拉底式逻各斯,202f.;苏格拉底的真理与柏拉图的神话,208f.;柏拉图哲学起源于苏格拉底的存在,256;伦理现象的悖论,318;苏格拉底式反讽,320;苏格拉底作为矛盾英雄,321;苏格拉底作为对伦理意识的全新批判形式,321f.;苏格拉底问题的前存在论的目的论,325;苏格拉底申辩作为对其教育职责的终极实施,325;苏格拉底作为唯一真正的政治家,334;柏拉图通过苏格拉底说话,336

Sophia 智慧。此在的自身理解,258;"智慧者"与"实践智慧者"的差异,240,243

Sophistik 诡辩术。见 Philosophie 哲学

Sorge 操心、烦。对知识和拥有的操心作为对论证的操心,亚里士多德的理论概念,21ff.;言说与命题,对存在者之被发现状态的操心,23ff.;欲求作为外求某物,情绪的意向性,113ff.

Sprache 语言。见 Logos 逻各斯

Sprechen 言说。见 Logos 逻各斯

Staat 城邦、国家。哲学的城邦治理术与其说是经验,不如说是技艺,179f.;在哲学话语中创建城邦(理想城邦),262,193ff.;人的城邦本质(正义),194,200f.;在教育的本质中创建城邦,194ff.;城邦作为正义的图像,196ff.;建立城邦的力量,196,201;猪的城邦(城邦的历史性),198f.,339;教育城邦,6,201,209ff.;城邦与灵魂,251;理想城邦作为文学性科属,251;城邦(阶级)正义,256f.;对城邦之可能性的追问,260ff.;柏拉图对城邦产生史的神话阐释是纯粹解释性的,328;在理想中创建城邦,339;柏拉图的城邦思想并非奠基于经济,339

概念索引　557

-Akademie　学院、学园。柏拉图学园作为教育城邦，197，251
-Erziehung(Paideia)　教育。教育规划作为诗人批判的场所，191f.；智者教育，195；教育之崭新秩序的意义（阐明建立城邦的力量），196ff.；教育作为面向灵魂之和谐的教化，197f.；柏拉图从人的理念中赢获了教育的理念，219；面向城邦的教育作为面向哲学活动的教育，249ff.；对守卫的哲学教育，259；教育中的哲人王统治的可能性，251；缺乏教育是城邦堕落的原因，330
-Gerechtigkeit　正义。正义作为人的城邦机制，智者的正当理论与柏拉图诗人批判的动因，194ff.；柏拉图城邦作为对正义的赞美，196；只有正义是幸福，200，208；正义仅仅作为正义的疑难辩证法，254ff.；正当：强者的利益，264f.；城邦植根于正义理念，256；城邦与灵魂中正义的统一本质，258；柏拉图正义的真正意义，340
-Wachen　看守。看守之存在，199；哲学家：一个看守者，261
-Wächter　守卫。守卫教育，197f.；守卫的阶层作为人的本真阶层，198ff.；看守：士兵的本质，199；守卫的本质：哲学本性与权力意志的统一性，199f.；正当的守卫，200；对战争阶层的引入超出了分工的经济原则，340
Stimmung　情调、声音。情调的意向本性（快乐与痛苦），118f.

Substanz　实体。希腊存在论的实体概念，269；第一实体与第二实体的区分，284f.

T

Takt　节奏。历史节奏，265；节奏作为与经典文本的恰当交往，283，327
Techne(Verfügen, Herstellen)　技艺(支配、制作)。技艺作为对原因的四重含义的支配，18ff.，insb. 21；技艺与辩证法，15f.；技艺相对于经验的优先地位，19ff.；技艺视域下的科学的存在概念，21；对支配世界的确定性的操心作为科学理念的根据，26f.；辩证法作为一切技艺的基础，19f.，86，88f.；对世界的理解性支配：人类此在的可能性，75；通过洞见关系规定性（混合）而获得可支配性，102ff.；制作作为对原因的存在论意义的阐明视域，102ff.；对技艺与政治学的对比，175；政治技艺必须是哲学性的，179f.；技艺作为关乎有用之物的可制作性的知识，233；技艺作为实践性考虑，241；制作自身（正义），258
Theologie　神学。亚里士多德神学，291ff.；宇宙论神学中的亚里士多德潜能、实现学说，300
Theoria　理论。见 Wissen　知识
Tragödie　悲剧，188
Tugend　德性。见 Arete　德性
Tyrann　暴君、专制统治者。暴君的非正义与忧郁，255；暴政与哲学

作为人的同等源始的可能性，187ff.，insb. 200

U

Unabgeschlossenheit　不完满性、非封闭状态。原则上的不完满性作为一切向前推进的相互理解的必要相关项，135

Unendlichkeit　无限性。原子的不可计数性，273；世界的无限性，274

Ursache　原因。见 Mischung　混合

Utopie　乌托邦，249，251

V

Verfügen　支配、拥有。见 Techne 技艺

Verlangen　欲求。见 Hedone，Epithymia　快乐、欲求

Verschiedenheit　差异。见 Dialektik 辩证法

Verständigung　相互理解。相互理解与辩证法，39ff.，89；对无知的一致性认同与必知的公共性，44；对善的先行理解的共同性作为相互理解的终极原因，44ff.，insb. 47，54ff.；相互理解与在逻各斯中拥有存在和本己自身，47f.；相互理解作为辩证法的动因，38ff.，81ff.；区分作为相互理解的自然实行方式，108；原则上的不完满性作为一切向前推进的相互理解的必要相关项，135

Verstehen　理解。此在的自身理解，308；对历史现象的理解，354；

实践知识与理解的邻近性，245

Vollkommenheit　完善性。完善性作为善之问题的主导线索，91，100f.；美作为完善性，100f.

Vorfreude　期待之愉悦。见 Hedone 快乐

Vorurteil　前见、偏见。历史性前见，330；认识论的前见，343

W

Wachen　看守。见 Staat　城邦、国家

Wächter　守卫。见 Staat　城邦、国家

Wahrheit　真理、真实性。ἀλήθεια τῶν ὄντων（存在者之真理）作为逻各斯中的根据，52ff.；辩证法与真理，76；真理作为被发现状态，118；快乐的真实性，118ff.；对于柏拉图的直观真理，137；真正的快乐作为对于某物的愉悦，137f.；精确性与真理，142ff.；快乐与实践智慧之混合的美与真，148ff.；在美、尺度、真之中的善之理念，149ff.；人类实存之真理，151；真理与假象之间的区分，196；哲学：热爱真相，200f.，161；图像与真理之间的距离，201f.

Welt　世界。世界作为此在的实存实行的中介（而非环境），18；将世界发现为此在之操心，21ff.

Wesen　本质。本质作为存在者之存在，285

Widerlegung　反驳。苏格拉底式反驳，反讽作为它的形式，苏格拉底式论辩术，41ff.；在对逻各斯的可反驳性的共同检验中的相互理

解,47f.

Widerspruch 矛盾。言谈的矛盾和实事性,28;辩证性矛盾,33;通过排除矛盾的可能性而加强逻各斯,35ff.;对矛盾问题的积极解决,71

Wirklichkeit 现实性。知识道路向现实的回归,196;城邦的理念和现实性,194,201;对理念与现实的区分,256

Wissen(Wissenschaft, Phronesis) 知识(科学、实践智慧)。希腊科学概念的本源在苏格拉底对话中,17;科学植根于此在的某种原初动因,18f.;对话作为知识在其给出解释的要求中的实行方式,38;对德性知识的要求作为人类实存的存在方式,苏格拉底对给出解释的要求之奠基,39f.;对无知作为赢获真正知识之前提的一致性认同,44f.;在善之观念中对知识的奠基,47f.;知识与快乐的必然的共同被给予,92;德性即知识,124;对于知识的纯粹、非混合的快乐,136f.;对努斯与知识的种类的分析与检验,142ff.;科学的精确性,143ff.;辩证法作为科学的最高可能性,146ff.;快乐和科学对善的三种视角的要求之检验,151ff.;知识的合乎尺度性,152;文学作品中知识的阙失,189;无知,190;士兵的知识,199;根据知识的文学作品,202ff.;知识的确定性与本己的自身,208,258;实践知识与技艺之类比的不可实施,231f.;关于善的知识先行于实事知识,236;理论知识与实践知识,240;实践知识之诸形式,243;实践知识与相互理解,245;关于普遍之物的知识作为理论哲学与实践哲学的分离基础,240;哲学家针对一切知识,261

-Nous 努斯。阿那克萨戈拉的努斯在解决根据问题上的不充分,51f.;人类努斯的缺陷性,75f.,156f.;努斯属于原因的科属,105f.;人类努斯超越并指向神性努斯,105,107;努斯对于快乐的独立性,111;对努斯和知识之种类的分析和检验,142ff.;努斯与善的亲缘性,152

-Phronesis 实践智慧。快乐和实践智慧与某种良好混合的存在论诸环节之间的关系:其判断线索,104ff.;快乐与实践智慧的混合,147ff.;实践智慧与技艺,231f.;实践智慧与智慧之差异,240,243;实践智慧与相互理解之间的邻近性,245;实践智慧:此在的有所知晓的存在,260

-Theoria 理论。理论的实存理念,5ff.;理论作为在世存在之操心的实行特征,21f.

Z

Zahl 数,数字。见 Mathematik 数学

人名索引

（索引所标页码均为德文原书页码，即本书边码）

A

Achill 阿基里斯 319,322,320
Anacharsis 阿那卡尔西斯 188
Anaxagoras 阿那克萨戈拉 190, 240,268
Anaximander 阿那克西曼德 296
Alexander von Aphrodisias 阿芙罗蒂西亚的亚历山大 289
Amphiaraos 安菲阿拉俄斯 320
Antisthenes 安提西尼 129
Apelt 阿佩尔特 111
Aristipp 阿里斯提珀斯 141
Aristophanes 阿里斯托芬 187,191
Aristoteles 亚里士多德 5,7,8,9, 10,15,16,19,23,70,84,98,100, 101,112,121,133,135,138,141, 156,157,164ff.,182,190,239ff., 251,260,266,272,273,277,283, 284,286ff.
Augustinus 奥古斯丁 168,309

B

Badham 巴哈姆 98(Anm.),110 (Anm.),139(Anm.)
Baeumker 博伊姆克 101(Anm.)
Baumgarten 鲍姆嘉通 352
Bernays 本内斯 164,165,181
Bodin 博丹 340
Bonitz 波尼茨 283
Bremond 布兰穆德 12(Anm.)
Blondel 布隆代尔 309
Burnet 柏奈特 125(Anm.),139(Anm.)
Bury 巴瑞 99(Anm.),105(Anm.)
Bywater 拜瓦特 288

C

Charondas 卡伦达斯 188
Cireco 西塞罗 168,352,353
Croce 克罗齐 310

D

Demokrit 德谟克利特 129,266, 268,269,271
Descartes 笛卡尔 314,358
Diels 第尔斯 165,179(Anm.), 181,184,289
Diogenes v. Apollonia 阿波罗尼亚的第欧根尼 105

人名索引

Diogenes Laertios 第欧根尼·拉尔修 141
Dion 迪昂 251,260

E

Empedokles 恩培多克勒 268
Eudemos 欧德谟斯 184
Euripides 欧里庇得斯 203,319

F

Foster 福斯特 338f.
Frank 弗兰克 273
Friedemann 弗里德曼 214,332
Friedländer 弗里德兰德 14(Anm.), 85(Anm.),149(Anm.),203(Anm.), 221ff.,212,327,328

G

Galilei 伽利略 270
Garve 伽尔韦 352
George 格奥尔格 332
Goethe 歌德 187
Gorgias 高尔吉亚 16
Grassi 格拉希 304ff.,310ff.,357ff.

H

Hades 哈德斯 322,320
Hardie 哈代 343f.
Hartlich 哈特里希 169
Hartmann 哈特曼 301
Hegel 黑格尔 17,54,205,230, 259,286,310,313,314,338ff.
Heidegger 海德格尔 18(Anm.), 23(Anm.),25(Anm.),26,56 (Anm.),118(Anm.),124(Anm.), 293,294,304,310,311,314
Heraklit 赫拉克利特 127,190, 297,363
Herder 赫尔德 360
Herodot 希罗多德 360
Hesiod 赫希尔德 200
Hildebrandt 希尔德布兰特 249 (Anm.),331ff.
Hirzel 希策尔 169
Hobbes 霍布斯 340
Hölderlin 荷尔德林 358,359
Hoffmann 霍夫曼 34(Anm.)
Homer 荷马 187,188,190,191, 192,193,195,200,202,203,208,319

J

Jackson 雅克松 98(Anm.)
Jaeger 耶格尔 2,5,197(Anm.), 164ff.,203(Anm.),212,224, 228f.,286ff.,299,319

K

Kamlah 卡姆拉 348
Kant 康德 242,256,351f.
Kapp 卡普 185,279
Körte 科尔特 350f.
Kohoutek 库泰克 301
Kierkegaard 克尔凯郭尔 243
Kranz 克兰茨 268
Kuhn 库恩 322ff.

L

Langerbeck 兰格伯克 279,342f.
Lasswitz 拉斯维茨 265
Leibniz 莱布尼茨 353

人名索引

Leukipp 留基波 266,269
Lorenz 洛伦茨 348
Löwenheim 勒文海姆 271
Löwith 洛维特 32(Anm.)
Lukrez 卢克莱修 265

M

Machiavelli 马基雅维里 340
Maier 迈尔 322
Mendelssohn 门德尔松 352
Mittelstrass 米特尔施特拉斯 348

N

Natorp 纳托普 54,68(Anm.),85(Anm.),88,91,100,119(Anm.),121,146,212,228,299,304,313,333
Newton 牛顿 264
Nietzsche 尼采 230,327,332,357

O

Otto 奥托 357,358ff.

P

Panaitios 潘尼提乌 352,353
Parmenides 巴门尼德 269,296
Periander 佩里昂达 254
Perikles 伯里克利 240
Philolaos 菲洛劳斯 94
Pindar 品达 187,190
Prauss 普劳斯 346f.
Proklos 普罗克洛 168
Prometheus 普罗米修斯 86,233
Pythagoras 毕达哥拉斯 143,188,190

R

Reich 赖希 351f.
Reinhardt 赖因哈特 212,213,220f.,357ff.
Ritter 里特尔 110(Anm.)
Rohr 罗厄 327f.
Rose 罗泽 353f.
Ross 罗斯 283ff.

S

Salin 萨林 327
Sachs 萨克斯 270
Scheler 舍勒 301
Schilling 席林 301f.
Schleiermacher 施莱尔马赫 54(Anm.),68(Anm.),110(Anm.),139(Anm.)
Simonides 西蒙尼德 253,254
Singer 辛格 148(Anm.),213ff.
Solmsen 苏尔姆逊 17,55(Anm.),204(Anm.)
Solon 梭伦 188,202
Speusipp 斯彪西波 334
Stallbaum 斯塔尔鲍姆 79(Anm.),81(Anm.),85(Anm.),120(Anm.),148
Stenzel 斯坦策尔 17,53(Anm.),55(Anm.),68,82,88,120(Anm.),215ff.,228,231,294ff.,304,322,328,334
Stöcklein 施多克兰 349f.

T

Taylor 泰勒 344

Teiresias 特伊西亚斯 320
Thales 泰勒斯 188,240,267,268
Theiler 泰勒 105(Anm.)
Thomas von A. 托马斯·阿奎那 285
Thukydides 修昔底德 329,360
Toeplitz 特普利茨 102(Anm.)

V

Vahlen 瓦伦 98(Anm.)
Vico 维柯 358

W

Walzer 瓦尔策 119(Anm.)
Wilamowitz 维拉莫维茨 79(Anm.), 85(Anm.),98(Anm.),129(Anm.), 199(Anm.),228(Anm.),249(Anm.),259(Anm.),316,332
Wolff 沃尔夫 316ff.,322
Wundt 冯特 346

X

Xenokrates 色诺克拉底
Xenophanes 色诺芬尼 190,363
Xenophon 色诺芬 318
Xerxes 薛西斯 254,363

Z

Zeller 策勒 141,266
Zeno 芝诺 16

文献索引

1. Plato 柏拉图

Alkibiades I 《阿尔喀比亚德前篇》
  130c S. 91
Apologie 《申辩篇》
  S. 189, S. 316f., 28c S. 320; 32a 5 S. 318;
  S. 325
Charmides 《卡尔米德篇》
  158d S. 40; 161b S. 234, 166ff. S. 257;
  166a S. 144
Euthydemos 《欧绪德谟篇》
  291ff. S. 257; 293a S. 105; S. 38; S. 236
Gorgias 《高尔吉亚篇》
  451b S. 144; 461c S. 40; 494b S. 152,
  494b S. 108; 501a 8 S. 89; 501b 4 S. 86; S. 76
Kriton 《克力同篇》
  S. 64, S. 325
Laches 《拉凯斯篇》
  187e S. 40; 190eff. S. 41; 194c S. 105;
  196dff. S. 47
Lysis 《吕西斯篇》
  S. 335
Menexenos
  235c S. 318
Meno 《美诺篇》
  100b S. 91; S. 121; 73a 4 S. 307; 73cff. S.
  308; 73d 6 S. 308; 77bff. S. 308
Nomoi 《法律篇》
  963d 9ff. S. 33; 963e 1 S. 79; 968de S. 34;
  S. 211; S. 330
Parmenides 《巴门尼德篇》
  131b S. 85; 132a S. 84; 133b S. 299;
  135ab S. 299; 136e S. 299;
  135c S. 299; 135c S. 71, 84;
  135d S. 16; S. 70, 71, 86
Phaidon 《斐多篇》
  82bff. S. 204;
  96e 6 S. 51; 98a S. 51; 100af. S. 49;
  100d 4 S. 50; 105e 1 S. 50; 55, 56, 59

Phaidros 《斐德罗篇》
  230a S. 259; 235a S. 36;
  237ff. S. 62; 237c 1–5 S. 63;
  244a S. 36, 64; 245b S. 63;
  258e 3 S. 137; 262ab S. 62;
  263a S. 73; 263aff. S. 62;
  263e S. 63; 265a S. 64;
  265c S. 63; 265c 5 S. 63;
  265d 3–7 S. 63; 265e 1 S. 64;
  266cff. S. 65;
  270d S. 65; 270d 6 S. 89;
  271b S. 65; 271cff. S. 66;
  273e 1 S. 89; 275a S. 42, S. 62, 68, 70
Philebos 《斐莱布篇》
  12c 1 S. 78; 13a 4 S. 89; 13a 3 S. 83;
  13a 6 S. 78; 13b 3–5 S. 79;
  13d 3ff. S. 80; 13e 10 S. 81;
  14a 7 S. 81; 14b S. 81;
  14d 9 S. 84; 15b S. 84;
  15c 9 S. 75;
  15e S. 83; 16c 2 S. 86; 16c 9 S. 94;
  17a 1 S. 87;
  17b S. 90; 19a 5 S. 91; 19c S. 91;
  19c 2 S. 91; 20a 6 S. 91;
  20bff. S. 77; 20c 4 S. 91;
  20e 5 S. 91; 21b 6, c 1, c 4, c 5 S. 92; 21c 7
  S. 93, 92;
  21d 3, e 3 S. 77; 21d 9ff. S. 93;
  21eff. S. 111; 22c 5 S. 107;
  23a 1 S. 93; 23b 7 S. 94;
  23d 9 S. 94; 23e 4–5 S. 94;
  25a S. 98; 25b S. 98;
  26b 8, c 1 S. 105; 25bc S. 106;
  25d S. 98, 25cd S. 98;
  25de S. 98; 25eff. S. 101;
  25e–26c S. 98; 26c S. 100;
  26d 9 S. 98; 27a 9 S. 103;
  27b 8 S. 99; 27c 7 S. 104;
  27e 5 S. 119; 28b S. 104; 28c 6 S. 105;

文献索引　565

28d ff. S. 105; 29a 10, b 1 S. 105;
30a 9-b 7 S. 106; 32 ff. S. 90;
31a 8-10 S. 105; 31a 10 S. 107;
32c 6 ff. S. 110; 32c 6-d 6 S. 110;
33c 9 S. 111; 30d 3 S. 110;
34d 1 S. 111; 34e S. 79;
35a 7 S. 112; 35d 8 ff. S. 131;
38b 13 S. 120; 38c 5, d 6, d 9 S. 120;
38 d S. 120; 40d 8 S. 125;
40e 9 ff. S. 124; 41a 7 S. 125;
41c S. 127; 42ab S. 125;
42b 2 S. 126; 42b 8 S. 127;
42d 6 S. 127; 44a 9 S. 126;
44a 4 S. 128; 44b 9 S. 129;
44c S. 140; 44c 1 S. 131;
44d 2 S. 129; 45d 7 S. 131;
46c 3 S. 114; 46c-47c S. 131;
47d 3 S. 114; 47e 1 S. 135;
47e 5 S. 132; 48 ff. S. 34;
48b 4 S. 132; 50d S. 75;
51a ff. S. 110; 52ab S. 136;
51b 5, c 8 S. 110; 51d 1 S. 136;
52e 3 S. 139; 53c 6 S. 140;
55a 5 S. 141; 55e S. 143;
55c 8 S. 139; 56a S. 143; 56 b S. 175;
56d 11 S. 144; 56e 7 S. 144;
57c 9 ff. S. 144; 58a 1, a 3 S. 146;
59a S. 86; 63c S. 92; 64a 3 S. 148;
64c S. 149; 64de S. 149;
64e 5 S. 150; 65c 5 S. 151;
66b S. 153; 66c 5 S. 110;
Politeia 《国家篇》
327a ff. S. 261;
331d 2 S. 253; 331d 8 S. 253;
331d 5, e 5 ff. S. 253; 332ab S. 253;
332e 5 S. 253; 333b 10 S. 253;
334ab S. 253; 332d 2 S. 253;
335a ff. S. 254; 336a S. 254; 336d S. 234;
338c S. 254; 339b-e S. 254;
342c-e S. 254;
343c 3 S. 254; 348c 12 S. 255;
349-354 S. 255; 354a ff. S. 255;
354a 12 S. 255; 358e f. S. 255;
359a ff. S. 361; 367a 2 S. 256; 367d 2
S. 256;
369b-74e S. 198; 372a S. 199;
372d 2 S. 198; 375c 7 S. 198;
394a S. 191; 399e 5 S. 199;
403c S. 261; 410c ff. S. 197;
427d ff. S. 257;

428d 1 S. 257; 429a-430d S. 257;
430d-432a S. 257; 433b 2 S. 257;
434b S. 257; 434c S. 257;
435bc ff. S. 258; 435d S. 259;
434ab S. 198; 434a 9 S. 340; 435b S. 340;
435d S. 91;
443bc S. 258; 443cd ff. S. 258;
443d, e S. 198; 443e 6 S. 258;
444a 1 S. 258; 444de S. 259;
471c ff. S. 260; 472a S. 105; 472cd S. 260;
473d S. 260; 474c ff. S. 261;
475ab S. 261; 475d ff. S. 261;
476b f. S. 261; 476c S. 261;
492 ff. S. 200; 499b 7 S. 261;
494c S. 261; 501e S. 262;
503b S. 259, 262; 503e S. 259;
504a 4 S. 259; 505d S. 238; 508 ff. S. 56;
511b S. 55; 517c S. 56; 520 ff. S. 325;
531a S. 143; 531d 1 S. 54;
531cd S. 54; 531d 7 S. 54;
533d S. 56; 536de S. 54;
537a 1 S. 55; 537dc f. S. 54;
538d S. 41; 612a S. 259;
619b ff. S. 204; 621c S. 203;
S. 6, 49, 59, 91, 142 (VII. Buch);
149, 188 (X. Buch), 192 (X. Buch), 201
(X. Buch); S. 346
Politikos 《政治家篇》
258d ff. S. 142;
262b S. 64; 263d 5 S. 120; 264ab S. 87;
277 ff. S. 319;
277a 7 f. S. 87; 285d-286a 73;
285ef S. 72; 302b 9 S. 73;
306 ff. S. 198;
Protagoras 《普罗泰戈拉篇》
318de S. 45; 321d 1 S. 86; 323b S. 40;
328d S. 36;
329b S. 42; 350c 6 S. 43;
355e S. 46; S. 47, 57
Siebenter Brief 《第七封信》
324c ff. S. 249; 325b ff. S. 250;
327e ff. S. 251;
331d 6 S. 251; 343de S. 299;
344b S. 325; 344b 1 S. 334;
S. 6, 34, 121, 194, 260, 332
Sophistes 《智者篇》
217c S. 75; 218b S. 73;
250bc S. 67; 251a S. 16; 253c S. 66;
253c 1, d 5 S. 68; 253d S. 68;

257c S. 67; 258c 7 S. 71;
264b S. 121, S. 34, 69, 70
Symposion 《会饮篇》
175e 3 S. 7; 183b S. 151; 198a f. S. 317;
Theaitetos 《泰阿泰德篇》
198d S. 121;
Timaios 《蒂迈欧篇》
55c S. 274; S. 346;

2. Aristoteles 亚里士多德
Cat. 《范畴篇》
2b 31 f. S. 284
De Anima 《论灵魂》
Γ 3, Γ 10 S. 121; 432a 5 S. 184;
De gen. et cor. 《论生成与毁灭》
A 2, 315b ff. S. 272; 326a 29 S. 273;
A 9, 327a 15 ff. S. 276;
De Memoria 《论记忆》
2, 451a 20 S. 112
De Sensu 《论感觉》
437a 3 S. 19
Ethica Eudemea 《欧德谟伦理学》
A 6 S. 182
Ethica Nicomachea 《尼各马可伦理学》
A 4 S. 157; 1096 b 20 S. 157; 1098 a 24 S. 175; 1098 b 1 S. 180; 1098 b 9–18 S. 184; 1102 a 26 S. 184; B 5 1106 b 9 S. 101; Γ 5 1112 b 10 S. 319; H 12–15 S. 156; 1140 b 8 S. 240; 1140 a 25 S. 241; 1140 b 11 S. 260; 1140 b 22 S. 241; 1141 a 27 S. 172; 1141 b 3 S. 240; 1141 b 33 S. 243; 1142 a 2 S. 244; 1142 a 23 S. 244; 1142 a 29 S. 244; 1142 b 2 S. 244; 1144 a 7 S. 246; 1144 b 11 S. 247; 1155 b 19 S. 232; K 1–5 S. 156; K 2, 1172 b 26 ff. S. 157; K 6, 1176 b 35, b 6 S. 25; K 10 S. 175; 1181 b 8 S. 175
Metaphysica 《形而上学》
A 1 S. 66; A 3 S. 21; 981b 6 S. 22; A 9 S. 291; E 2 S. 23;
Z 4 S. 285; Z 17 S. 23;
Z S. 70;
I 1 S. 98; 1076b 20 S. 274
Physica 《物理学》
A 2, 185b 12–16 S. 84; B 4, S. 272; Δ 10 S. 184; H 5, 246b 5 S. 101
Politica 《政治学》
1288b 40 S. 175; 1323a 21–35 S. 184;
Protreptikos 《劝勉篇》
10. Kap. S. 174; 55,24 S. 178; 55,27 S. 176;
55,3 S. 175; 56,12 S. 178;
Ars Rhetorica 《修辞学》
B 9, 1386b 34 ff. S. 133
B 2, 5, 10, 11 S. 134
Sophistici Elenchi 《辩谬学》
I 1, 165a 7–17

3. Simplicius 辛普里丘
in Phys 82,1 S. 273

4. Vorsokratiker (Diels-Kranz)
《前苏格拉底残篇》（第尔斯-克兰茨）
54 A 8 S. 273; 54 A 9 S. 274; 54A 15 S. 273; 55 A 37, 38 S. 271; 55 A 47, 43 S. 273; 55 A 69 S. 275; 55 B 10 S. 276; 55 B 11 S. 273; 55 B 125 S. 276; 55 B 155 S. 273

译校后记

本书的译事启动于 2018 年初,完成于 2019 年 8 月。这部译著是通力合作的一个结果。参与本书翻译的译者有马小虎、王宏健、田洁、李成龙、缪羽龙、毕波,参与校对的学者(除了上述译者外)还有洪汉鼎、高语含、石海翔、曲立伟、曹忠来、陈巍。全书共计 35 万余字,其中,马小虎翻译了约 16 万字,王宏健翻译了约 9 万字,其他译者共翻译了近 10 万字。

全书分为两个部分:论文和书评。其中,论文的第 1 篇是伽达默尔的教职论文,在他的学术生涯中有着重要的位置。可以看到,这部早期伽达默尔的著作是十分"海德格尔"的,无论是主题还是方法都延续着作者在马堡时期跟随海德格尔学习到的东西。有兴趣的读者可以联系海德格尔的"智者课程"(《海德格尔全集》第 19 卷:《柏拉图:〈智者篇〉》)来阅读这篇论著。值得注意的是,海德格尔在这门课程中原计划讲授柏拉图的《智者篇》和《斐莱布篇》,但由于课程时间原因,只完成了《智者篇》的讲授。而在海德格尔指导下的这篇教职论文可以说是延续了海德格尔未完成的计划。

如果说《智者篇》和《斐莱布篇》的主题分别是存在与善,其对应的关键词分别是存在论与伦理学,那么,我们似乎可以将海德格尔与伽达默尔的差异界定为存在论与伦理学的差异。当然,考虑到早期伽达默尔对海德格尔的依赖性,这种简单的界定显然是不恰当的。海德格尔没有讲授《斐莱布篇》,并不表示他没有这样的计划,只不过这种计划一再被搁浅;伽达默尔的写作针对的是阐释《斐莱布篇》,但如果没有海德格尔的基础,这种阐释是难以实施的。值得注意的是,伽达默尔在纳托普指导下的博士论文也是针对"快乐"现象对柏拉图对话的解读,其中也涉及《斐莱布篇》。尽管研究者们对它非常感兴趣,但伽达默尔生前一再叮嘱,不可公开出版其博士论文,因为它的学术价值不大。由此可见,倘若没有海德格尔,伽达默尔对《斐莱布篇》的解读可能完全是另一个样子。

而从全文结构上看,这部论著也和海德格尔的《柏拉图:〈智者篇〉》有类似之处。我们知道,海德格尔的"智者课程"有一半是在讲授亚里士多德。他的基本信念是,只有理解了亚里士多德,对柏拉图的理解才是可能的。这是海德格尔的"诠释方法"。在正式处理文本之前,需整理出一套应对文本的"前见":我们乃是通过亚里士多德观看柏拉图。而伽达默尔的这部论著则也分为相对独立的两个部分:第一部分是对阐释之"前见"的交代,亦即对柏拉图辩证法的考察;第二部分则是详尽地对文本展开阐释。更为重要的显然是第一部分。在此,伽达默尔在海德格尔的基础上又尝试超越后者。如果说海德格尔还完全站立在亚里士多德的基础之上,伽达默尔则突出了柏拉图的位置,特别是后者关于"对话"和"辩证法"的理论。当然,伽达默尔的出发点仍然是亚里士多德。只不过,他在讨论中牢牢抓住了海德格尔所忽视的一个概念,即"相互理解"(Verständigung)。如果说在海德格尔那里,理解归根结底是一种自身理解,那么,伽达默尔则强调自身理解和理解他人之间的诠释学呼应。于此我们可以看到伽达默尔超越海德格尔的艰难的思想努力。

在其余的几篇论文中,值得重视的是《实践知识》一文。我们知道,后期伽达默尔曾经提出"作为实践哲学的诠释学",后者也被学界认为构成了他的"实践哲学转向"。而当我们回顾早期伽达默尔对于实践哲学的讨论时,这篇当时未曾发表的短文就成了这一题域的重要文献资源(此文是本卷中所收入的唯一一篇初次发表的论文)。"实践知识"对应于亚里士多德的实践智慧,在伽达默尔看来,这是一种"自为知识",有别于那种一般意义上的实事知识或专业知识。对实践知识的讨论关乎伽达默尔对希腊伦理学,乃至对希腊生活的本己规定的理解。这当然在很大程度上也源于海德格尔,后者对亚里士多德实践智慧的存在论化(亦即将其关联于其基础存在论)及其对技艺与实践智慧的区分(制作与实践的区分)指引着伽达默尔的思考。但在这里伽达默尔也有进一步的考虑。他并没有将两种知识作为相互排斥的知识类型而加以对立,相反,他认为,在希腊人那里,两种规定至善之物的可能性是相互均衡的:一方面是有用之物,另一方面是美好之物。

如果说海德格尔哲学的基本要义是提醒我们防止技术(技艺)对现代人类生存的腐蚀,这种防范甚至导致了我们完全忽视了有用之物而陷入空洞的"存在"之中,那么,伽达默尔则提示我们重视两种要素的平衡。他富有洞见地指出以下情形的可能性:"人们始终还是想要拥有看上去正义者及诸如此类的东西,即便这些东西并非真正的正义者。"正义或者"美"可能是欺骗性的假象。这其实也是对"海德格尔主义"的一种间接批评:倘若我们将海德格尔的"存在"理解为纯粹的虚空和抽象之物,那么,"存在"又何尝不是一种欺骗性的假象?而伽达默尔的办法是提出实践智慧和伦理德性的统一性,实践智慧或实践知识(作为逻各斯)引导着伦理德性,同时,伦理德性又充实着实践智慧。在这个意义上,我们才能真正理解苏格拉底的等式:德性即知识。

尽管书评相对次要,但仍有重要的文献价值。一方面,我们可以从中看到伽达默尔对当时的重要古希腊研究者的赞同与批评,从而反映他的某些观点,以及他在调和正统古希腊哲学研究和海德格尔的全新研究范式中所做出的努力。另一方面,由这些评论我们也可以体会伽达默尔深厚的古希腊研究功底。我们知道,在伽达默尔1960年出版《真理与方法》并成为知名哲学家之前,他其实是以古典哲学专家的身份知名于学界的。

本书在翻译、校对完成后,由王宏健按照原书统一整理了概念、人名和文献索引,书中的希腊文分别由马小虎(第1篇)和李成龙(第2—12篇)输入。在整理过程中,我们也发现德文版索引的一些错误,例如有些人名本是在某页注释中出现,但索引中只标明页码,而未标明"在注释中"(Anm.)。再如概念索引第370页,Dialektik条目中,第一行的proteptisch应该是protreptisch的笔误。有部分索引条目由于是词组,因此相同的条目出现在不同的词条下,但德文版中给出的对应页码却有时不一致,如此等等。由此可见,此种错漏实难避免,我们所能做的只是尽力校对,去减少错漏。

此外,我们还参照了第1篇论著《柏拉图的辩证法伦理学》的英译本 *Plato's Dialectical Ethics. Phenomenological Interpretations*

Relating to the Philebus(Yale University Press,1991),特别是其中对原著中希腊文的翻译。我们发现，英译本中对希腊文采用的是拉丁转写的形式，并且原文注释中的希腊文都没有给出相应的英译。而对于眼下的这部中译本而言，译者们虽然学过希腊文，但谈不上精通。因此，对于文中的希腊文，我们尽量争取在需要的时候给出相应中译（某些希腊文和德文是互相阐释，这种情况下则无须再重新翻译，除非是希腊语的一般含义和语境中的含义有所不同）。

译事艰难，尤其是多人合作的译事，由于种种原因，难免错漏、不完满。值得指出的是，本书中的一部分译稿，在交稿的时候不达意、不准确，这严重影响了全书的校对、完成进度。尽管翻译团队在时间和精力所容许的范围内，对相关译文做出了尽力的补救（有些篇目进行了重译，有些篇目则进行了多人、多次的反复校对），但最终成稿的质量仍难以令人满意，只能请读者包涵和指正。

马小虎、王宏健
2019 年 8 月 31 日

图书在版编目(CIP)数据

伽达默尔著作集.第5卷,希腊哲学.Ⅰ/(德)伽达默尔著;马小虎等译.—北京:商务印书馆,2023(2024.9重印)
ISBN 978-7-100-22439-0

Ⅰ.①伽⋯ Ⅱ.①伽⋯ ②马⋯ Ⅲ.①伽达默尔(Gadamer,Hans-Georg 1900—2002)—哲学思想—文集 Ⅳ.①B516.59-53

中国国家版本馆 CIP 数据核字(2023)第 076898 号

权利保留,侵权必究。

洪汉鼎 主编
伽达默尔著作集
第 5 卷

希腊哲学 Ⅰ
马小虎 王宏健 等译

商 务 印 书 馆 出 版
(北京王府井大街36号 邮政编码100710)
商 务 印 书 馆 发 行
北京盛通印刷股份有限公司印刷
ISBN 978-7-100-22439-0

2023 年 8 月第 1 版　　开本 710×1000　1/16
2024 年 9 月北京第 2 次印刷　印张 36
定价:168.00 元